心战

深度解析围棋顶尖棋手的巅峰对决

胡耀宇 著

中信出版集团 | 北京

图书在版编目（CIP）数据

心战：深度解析围棋顶尖棋手的巅峰对决 / 胡耀宇著 . -- 北京：中信出版社，2020.12（2020.12重印）
ISBN 978-7-5217-2205-5

Ⅰ . ①心… Ⅱ . ①胡… Ⅲ . ①人工智能—应用—围棋 Ⅳ . ① G891.3-39

中国版本图书馆 CIP 数据核字（2020）第 169513 号

心战——深度解析围棋顶尖棋手的巅峰对决

著　　者：胡耀宇
出版发行：中信出版集团股份有限公司
（北京市朝阳区惠新东街甲 4 号富盛大厦 2 座　邮编　100029）
承 印 者：三河市中晟雅豪印务有限公司

开　　本：880mm × 1230mm　1/32　　印　　张：16　　字　　数：292 千字
版　　次：2020 年 12 月第 1 版　　印　　次：2020 年 12 月第 2 次印刷
书　　号：ISBN 978-7-5217-2205-5
定　　价：98.00 元

服务热线：400-600-8099
投稿邮箱：author@citicpub.com

让我们一同走进围棋顶尖棋手的内心世界

目录

第3节 第4届百灵杯世界赛决赛（柯洁对战申真谞）

第二章 自战解说篇：心之明己

第1节 我与李昌镐的三局棋

第2节 第16届倡棋杯复赛（我与李轩豪之战）

第三章　大师名局篇：心之相惜

推荐序一

中国围棋协会副主席
围棋世界冠军
常　昊

我和耀宇常年代表上海去全国各地参加围棋甲级联赛，在旅途中，我们不仅会探讨围棋的技艺，也会聊起彼此在对局时的心理状态。

我最喜欢的小说之一是《福尔摩斯探案集》，它给我留下了深刻的印象：小说中的涉案人物，总会在不经意间流露出自己的思维习惯和行为痕迹，而这一切都会成为福尔摩斯断案时重要的破案线索。

其实围棋对弈也是如此，两位对局者的思维会在不经意间体现在他们的着法上。我们可以通过这些着法来解读棋手的思维，进而体会两位对局者的心理状态。这就像是在看福尔摩斯破案一样，让人非常愉快。

再厉害的顶尖高手也是人，是人就一定有其逻辑脉络。棋局的走势与对局者本人的个性及思考习惯有着密不可分的联系。所以围棋高手之间的对决，不仅仅是双方在技术上的比拼，更有心理上的博弈。

耀宇在他的新书《心战》中向我们展示的，就是以上这些肉眼无法察觉的精彩内容。

《心战》通过三个章节，揭秘了围棋顶尖高手在对局中是如何思考的，以及当他们在面临胜负的考验时是如何做出决策的。这些决策的背后不仅仅是精算的结果，也体现着棋手自身的性格特点以及他们对风险的评估。以上这些因素悄无声息地左右着棋局的胜负。

耀宇在本书中也讲到了我职业生涯中最重要的一局——第5届应氏杯决赛第三局和崔哲瀚之局，这盘棋不仅仅是我最终夺取世界冠军的天王山之局，也是我经历丰田杯的失利后，在精神上的蜕变之局。这也说明了，一个人精神的改变，会充分地体现在其着法中。

自从AlphaGo（阿尔法围棋）出现以来，人工智能给围棋界带来了很大的改变，今年我在贺岁杯央视直播讲解时将人工智能作为辅助工具。AI（人工智能）提供的胜率数据可以让我们在判断两位对局者到底谁具有优势时，有更具体的数据作为参考，这是件很好的事情。

但同时，我们不能过分依赖胜率数据，毕竟围棋千变万化，若没有理解AI胜率背后所蕴含的规律性棋理，没有思考两位对局者的心理状态对棋局的影响，那这个胜率就只是一串冷冰冰的数字。真正让这些数字变得有温度的，是我们对两位对局者在棋盘上的思考的解读。

希望各位读者能通过《心战》这本好书，对围棋顶尖棋手的内心世界有更深入的了解，感受围棋这没有硝烟的战争，以及棋局背后的波澜壮阔。

推荐序二

北京大学哲学系教授
杨立华

第一次听到《心战》的书名，是在 2019 年 4 月初耀宇来北大找我喝咖啡的时候。一段时间以来，读耀宇的棋评是我工作之余不可多得的享受。每次有新的棋评出来，我都会留到晚上，等各种忙碌暂时停下后，再一个人静下心来慢慢地看。将这些棋评结集，并放在《心战》的标题下，体现了耀宇对围棋的理解，我很期待这本书的出版。

在我看来，围棋是一种为无限赋形的艺术。在极简的规则下，围棋将对于人的有限性而言可以视为无限的变化导向通往胜利的道路，目标单纯、冷酷。与能超然于胜负的其他艺术不同，由于有这至为单纯的目标，围棋之美集中体现为对一切不必要环节和要素的剪除。所谓的必要，就是“应该如此”与“必须如此”的统一。然而，面对无限的可能，每一个决断的必要性都悬在深渊之上。如果说每个棋局都是不可复制的作品，那么，一切时代的棋手尽其心力所在的，就是那体现了围棋极致之美的不朽者——在有限认知的基础上向无限生长的精神印迹。围棋当然离不开计算，但在巅峰的对决中，总有计算所不能穷尽者。断念下的一念闪光，有俯向不测深渊的忘身之勇。

心之力不可量化，一切量化的计算皆依心力展开。围棋不能不追求胜负，然而，胜负心的自我克制又是优秀棋手的基本素养。越是在关键时刻，就越需要有置胜负于度外的超然。“心战”指向的首先是心的自战。

围棋 AI 时代猝不及防的降临，既是考验，也是棋手进行调整和改变的契机。AlphaGo 战胜李世石九段的一年之后，耀宇开始在微信公众号里写棋评。我想这种尝试本身就意味着一种根本的见识：即使人类不再能跟围棋 AI 对等地一较短长，围棋终归还是得还原为人的语言，才能获得理解。在最初的震惊之后，人们开始思考和消化 AI 给围棋带来的一切。

我个人的体会是：AI 在某种程度上使围棋世界的无限性不再抽象。而当“无限”以具象的方式呈现在面前时，我们才恍然于长久以来的桎梏，重新见到久违的自由。耀宇的棋评，让我欣喜地看到，AI 围棋并不违背数千年来人们在探索棋艺时积累下来的棋道和棋理。与此同时，也让我对那些被各种围棋之外的因素束缚了探索自由和想象的勇气的人类棋手略感失望。机器竟然比人自由，还有什么比这更令人沮丧的？我常在出差的路上看职业棋手与 AI 的对战。每当看到人类棋手缩手缩脚、患得患失时，我就不免愤然：无关紧要的胜负，有什么不能去尝试的？一切艰苦的训练，如果不是朝向自我完成和解放的自由之境，始终不过是庸俗功利而已。计算的背后如果不是心灵的自主和自由，就有可能沦为彻头彻尾的算计。所以我想，“心战”还意味着对心的唤醒。

极致状态下智能和体力的对抗，将时代的心智高度的某个侧面凝聚为一个个棋局，在这个意义上，围棋是智性和美感交融的竞技。每一局棋后面都有遗憾，遗憾是围棋的体温。机器不会遗憾，所以，它仅仅是机器而已。《心战》记录的是人们浓缩到棋盘上的，注定不完满的人生。

耀宇喜欢阅读和思考，跟着我读过四书、《庄子》等中国哲学经典。有时课后小聚，他会跟我下指导棋。坐到棋盘前的耀宇渊渟岳峙，完全是另外一个人。那份如如不动的自足，让我想起海子的诗里那块“坐满整个天空”的孤独的石头。我想，这大概是找到了一生痴醉所在的人才会有的样子吧。

前　言

2016年3月9日，由谷歌研发的人工智能AlphaGo战胜了围棋世界冠军李世石九段。从此，世界上最复杂的棋类游戏——围棋，与世界上最新的科技——AI，结下了不解之缘。一转眼四年多过去了，这四年间，人工智能给围棋界带来了巨大的变化。

首先，AI改变了职业棋手们的训练模式。现在职业棋手在探讨棋局时，AI的建议已经成为他们必不可少的参考及学习对象。几乎每一位棋手的身后都有一台装有围棋AI单机版的高性能电脑。比完赛后，两位对局者会各自掏出手机，让手机中的AI参与复盘。

其次，AI改变了职业围棋比赛的规则。以往职业比赛是有中午封盘暂停时间的，但现在为了防止棋手在独处时利用AI来作弊，已经实行几十年的中午封盘规则不得不被取消了。比如中国国内最重要的甲级联赛的规则已改为上午11点开始比赛，棋手们将从11点直接下到比赛结束为止。在这个过程中，棋手的手机需要上交给裁判长。

另外，AI还削弱了围棋职业棋手的权威性。AI出现以后，即时胜率已经成为人们评判职业棋手着法质量好坏的重要标准。围棋爱好者们可以通过胜率来衡量职业棋手在比赛时的表现。而且，赛后发表棋评原本是职业棋手的特权，但 AI 让不少业余爱好者也可以在网络上发表棋评了。虽然这些棋评的内容主要以 AI 提供的胜率为主线，但起码人们已经有了一个评判对错的标准。

以上这些改变，既令人猝不及防，又令人忧虑重重。

令人猝不及防的是，谁能想到短短四年间，AI 居然让围棋界产生了如此巨变。令人忧虑重重的是，当 AlphaGo 如少林寺扫地僧般横扫世界围棋顶尖高手时，职业棋手头上的神秘光环渐渐消失了。竞技围棋的魅力将何去何从？围棋对弈的意义又将如何诠释？围棋的文化是否需要重新定义？这些问题悬在围棋人的心中，令人久久不能释怀……

2017 年 3 月，我创办了“耀宇围棋”公众号。很多人问我：“马上 AI 的胜率就可以成为判断对局者着法质量的标准了，到时候大家只看胜率即可，你写棋评还有什么意义？”

我认为 AI 的胜率只能作为一种数据上的支持和辅助，因为围棋是两个有血有肉的人在进行博弈。人类的围棋对弈，基于以下几个前提：

1. 对弈双方由利益最大化所驱动。

2. 对弈双方彼此不知道对方在想什么。

3. 对弈双方的计算力是有限的，很多时候，对局者是在未知和非理性的状态之下对决的。

既然如此，那么决定棋局胜负的条件就绝不仅仅是两位对局者的技术。有多种因素决定和影响着职业棋手在对局中的决策，比如这位棋手的心胸格局、性格、风险偏好、阅读比赛的能力以及对手带给他的压力等等。

由于棋局的不确定性，对局者往往会在对局中感到迷茫。而这一点，越到重要大赛的时候，更会显现。受到体力、用时以及计算力的限制，在比赛进行到最后的关键处时，两位对局者可能都已经拼得筋疲力尽了。这时候胜负往往由我们所说的“运气”来左右。我们总会说“强者运强”，但是，我们进入对局者在当时实战的内心深处后会发现：能获得“好运”的棋手，都是那些能坚持到最后一刻而不轻言放弃的人。所谓“尽人事，听天命”，他们能得到天命的眷顾，很大程度上是因为他们尽了人事。

所以，在围棋世界的白刃战中，要想成为一名优秀的棋手，除了需要具备高超的技艺外，还需要洞察人性，拥有面对未知的勇气和坦然。

我写棋评的目的，就是想通过分析职业顶尖棋手在棋盘上的着法，带领大家沿着他们的逻辑痕迹，一点点走进他们的内心世界，找到这盘棋博弈的关键之处，并将以上这些肉眼无法看到的信息通过自己的文字展现出来。

对于人类而言，围棋依旧是一门犯错的艺术，这使得围棋对弈充满着不确定性和戏剧性。而这正是人们喜爱下围棋和观赏围棋的原因。当技艺与人性结合，当两位对局者的内心冲突左右着棋局的胜负时，围棋竞技的艺术才彰显出其不可替代的魅力和价值。

胡耀宇

2020 年 10 月于北京

第一章

世界决赛篇：

心之迷雾

世界冠军，是每一位职业棋手的目标。但每一次世界大赛的冠军只有一个，而具备冲击冠军实力的棋手有很多。在单淘汰的过程中，多少英雄好汉在半路铩羽而归。最后能进入决赛的两位选手，都是经历了千辛万苦才拿到这张决赛入场券的。所以一般来说，他们都拥有极强的实力。因此可以想象，决赛的争棋是多么的激烈！决赛一般至少是三番棋。与一盘决胜相比，番棋对棋手的考验更大。

首先，是体力问题。番棋决胜一般是三天三局，这对参赛棋手的体力是一个考验。其次，是心态问题。如果有一方棋手在第一局出现了好局痛失的情况，那么如何调整自己的心态去进行接下来的比赛是他必须要面对的考验。再次，是意志力的较量。在比赛被拖到决胜局的时候，双方都会比较谨慎，所以局面很容易僵持，往往到了最后才能决出胜负。这时棋手的意志力很可能将决定最后的胜负。

所以决赛番棋舞台是最能体现棋手综合素质的舞台。本章收录了三次番棋决赛，而且都是中韩棋手之间决战。近年来的世界决赛舞台，总是少不了柯洁的身影。本篇三次决赛争棋，柯洁占了两次。而且在这两次决赛中，柯洁都曾面临极大的考验。

三星杯决赛时，面对黑马安国铉，柯洁首局就遭完败，决胜局更是与安国铉拼到了连 AI 都无法算清的半目胜负局面。百灵杯决赛对阵韩国天才少年申真谞，柯洁首局下到中盘时，胜率一度只有 10%……

通过这两次决赛可以看出，在 AI 时代，由于任何棋手都可以从 AI 这里吸取技术的养分，所以职业棋手之间的技术差距在逐渐缩小。在这样的时代，柯洁还能在世界决赛的舞台上笑傲江湖，实在是难能可贵。这背后的原因是什么？相信你在看完本章后会找到答案。

而申真谞，这位韩国“00 后”天才少年在百灵杯和天府杯中两次打进决赛，却分别遭到了柯洁和陈耀烨的阻击，付出了昂贵的学费。那么申真谞的学费都付在了什么地方？下面，我们就一起进入这三次跌宕起伏、震撼人心的番棋决赛，一探围棋的玄妙以及顶尖棋手的内心世界吧。

第1节
第23届三星杯世界围棋公开赛决赛
（柯洁对战安国铉）

第一局

（此照片由蓝烈先生提供）

2018年12月3日，第23届三星杯世界围棋公开赛决赛的首局在韩国打响。争夺冠军的是中国棋手柯洁和韩国棋手安国铉。与柯洁相比，安国铉的国内外战绩显然逊色很多，因此大家在赛前普遍看好柯洁。而且客观来说，在实力上，柯洁的确有一定优势。

但能站在决赛舞台上的棋手都是击败各路英雄豪杰，一路血战杀上来的，所以就算柯洁的实力比安国铉强，也是相对的强。在围棋对弈中，实力强的一方若是没有把自己的优势发挥出来，那最后的胜负也很难说。

● 柯洁　○ 安国铉

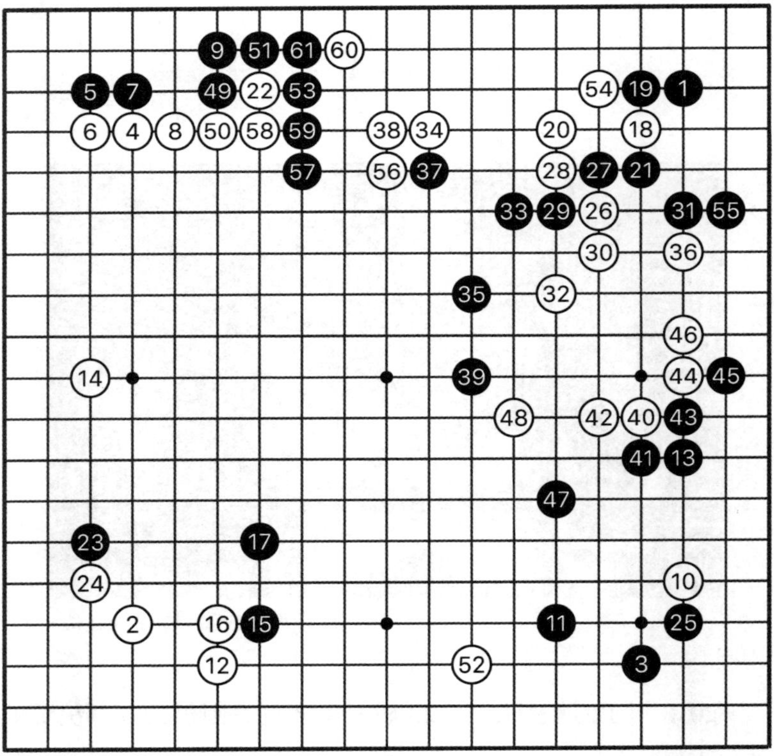

实战谱 1（1–61）

就像这盘决赛的首局，若把对局双方的姓名隐去，估计大家都以为执白的是柯洁。

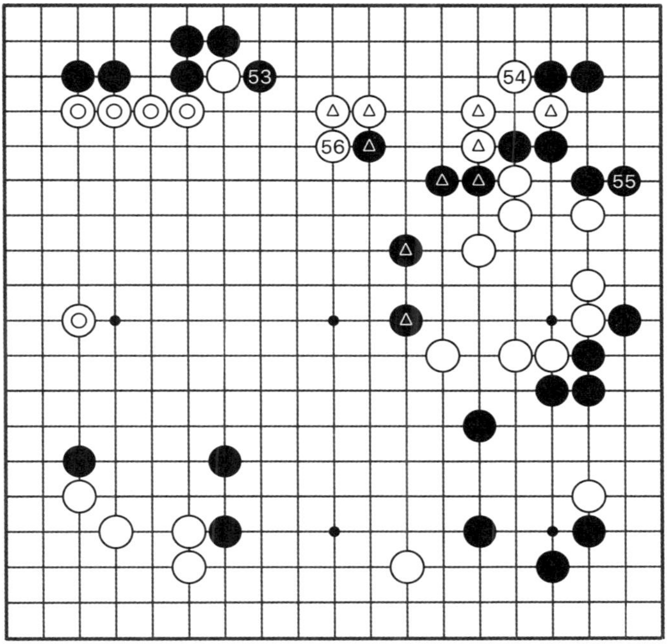

图 1–1–1

图 1–1–1：柯洁执黑。相对于安国铉，柯洁的优势主要在前半盘。所以正常来说，柯洁会在前半盘领先，但是在这盘棋的前半盘，柯洁非但没有领先，反而率先弈出问题手：黑 53 打吃既限制了左边白圆圈阵势的扩张，又威胁着右上白三角数子。对此安国铉白 54 先手与黑 55 交换一下，确保右上白三角大块暂时无忧，然后白 56 拐，既加强自身，又威胁着黑三角大块。接下来问题来了。

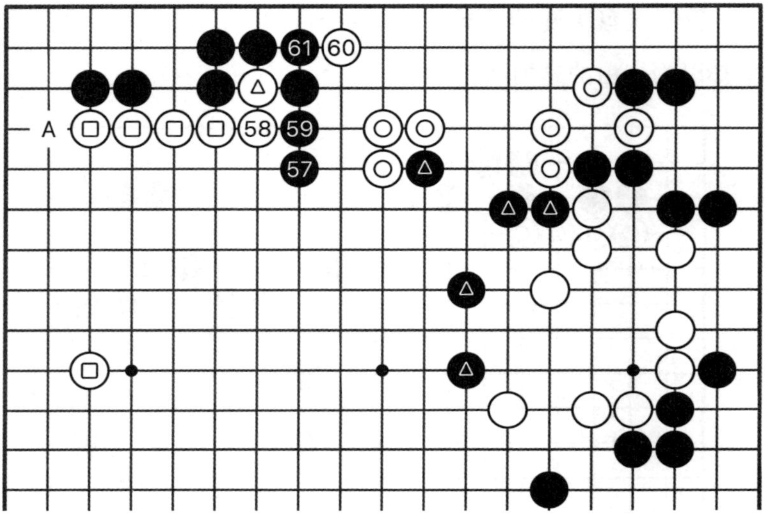

图 1-1-2

图 1–1–2：柯洁黑 57 跳出，在方向上没有太大问题，在限制了左边白方块阵势的同时，还威胁着白右上圆圈大块，顺便接应了一下黑三角大块。但这步棋在细节上出现了问题。

安国铉白 58 将白三角一子救出，这颗子看似无用，其实有很大价值。白三角一子被救出后，白 60 二路刺就变成绝对先手。不要小看这两下交换，这两下交换后，白不仅在实地上赚了便宜，而且由于多了白 60 一子，白右上圆圈大块得到加强，基本无忧了。

反观黑左上大块，虽然没有生死问题，但今后白在 A 位处有先手，并且劫材一大堆，为之后的实战埋下了伏笔。

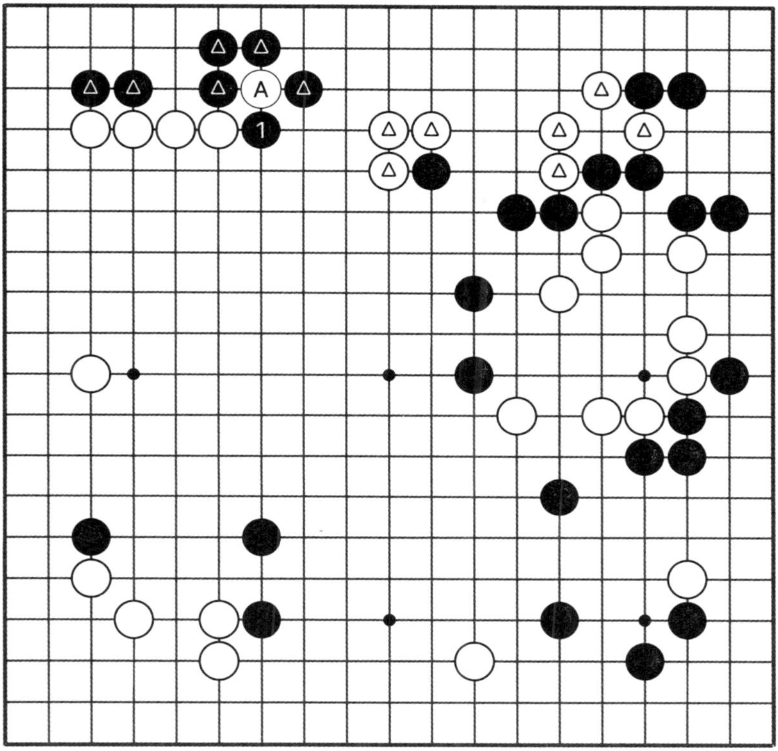

图 1–1–3

图 1–1–3：黑 1 将白 A 位一子提掉，看似笨拙，却是绝对的一手！在此图中，黑三角大块与白三角大块之间的实地、厚薄关系与图 1–1–2 实战相比，一出一入相差不少。

黑 57 的不当，导致了柯洁在前半盘处于不利的地位。当然这棋离胜负还很早，只不过柯洁本该拿分的地方，非但没有得分，还失分了。

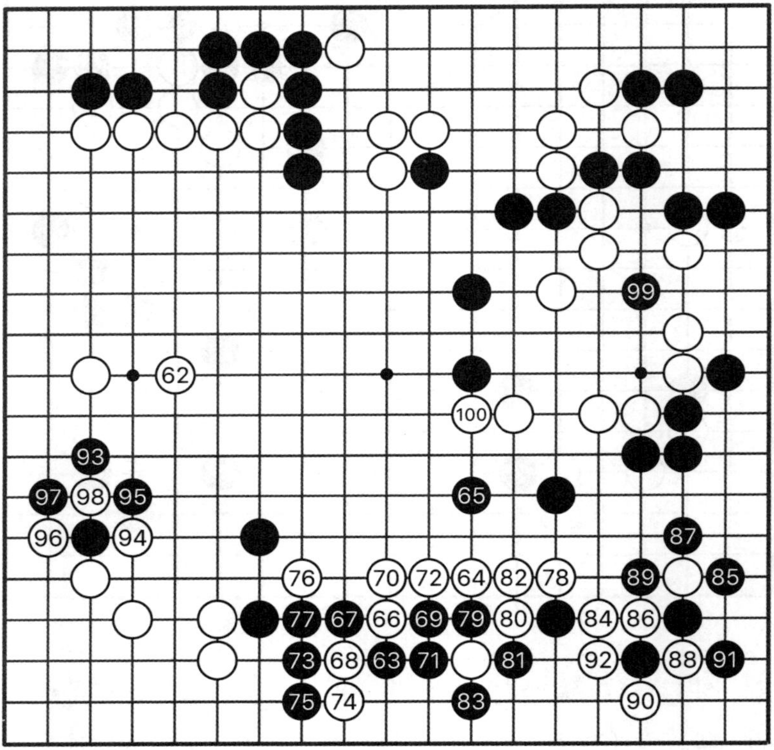

实战谱 2（62–100）

中国棋手柯洁是 1997 年出生，下这场决赛时 21 岁。

而韩国棋手安国铉则是 1992 年出生，比柯洁大 5 岁。

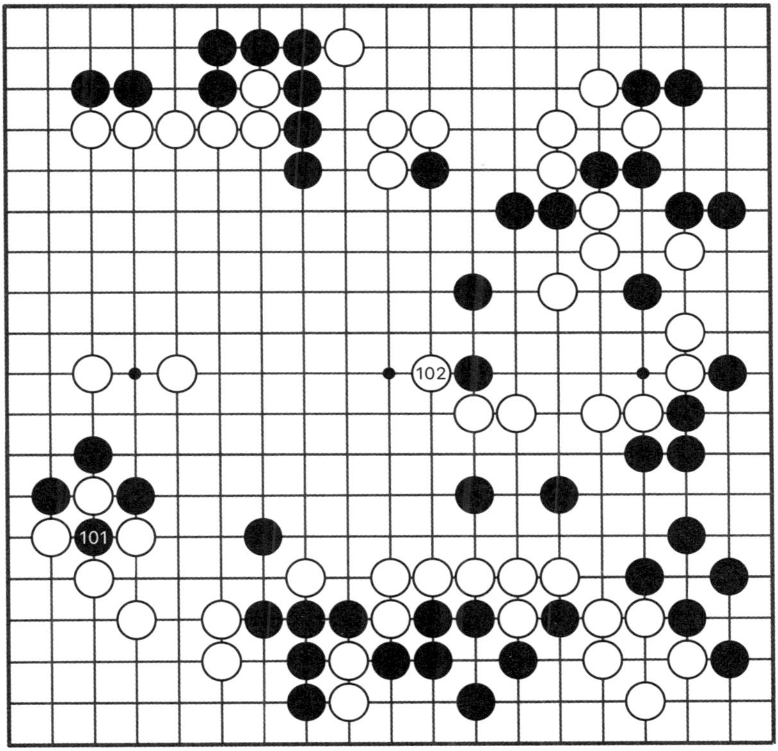

图 1–1–4

图 1–1–4：这是数回合后的局面，下方刚刚打完一场战役，双方平分秋色。柯洁一看局面没什么优势，就在左边挑起了劫争。黑 101 提劫后，白 102 扳找劫材。

这时候局势进入了复杂的中后盘战，头绪非常多。此时安国铉已经进入了读秒阶段，柯洁则还有 45 分钟的自由保留时间。现在这个局面，由于有个劫争，所以变数特别多。在这样复杂的局面下，别说是正在读秒，就是有很多自由保留时间来思考，棋手都未必能保证自己不会出错。

所以虽然此时的形势对柯洁稍稍不利，但他在时间上占有绝对的优势，因此我还是看好柯洁的。但在之后的实战中，安国铉在读秒阶段几乎没有出现失误，让我大吃一惊。相比之下，还有充裕时间的柯洁却连连失误。

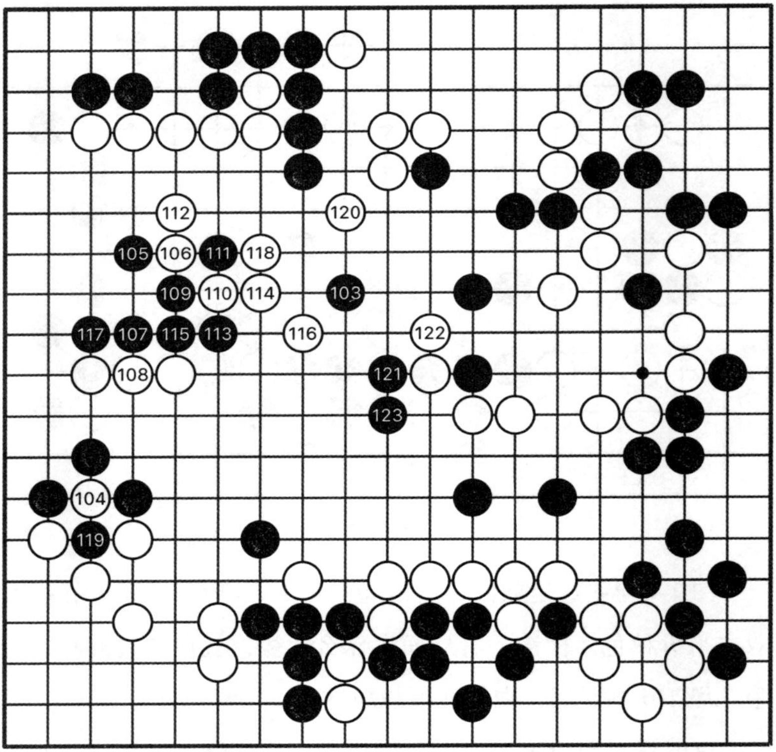

实战谱 3（103–123）

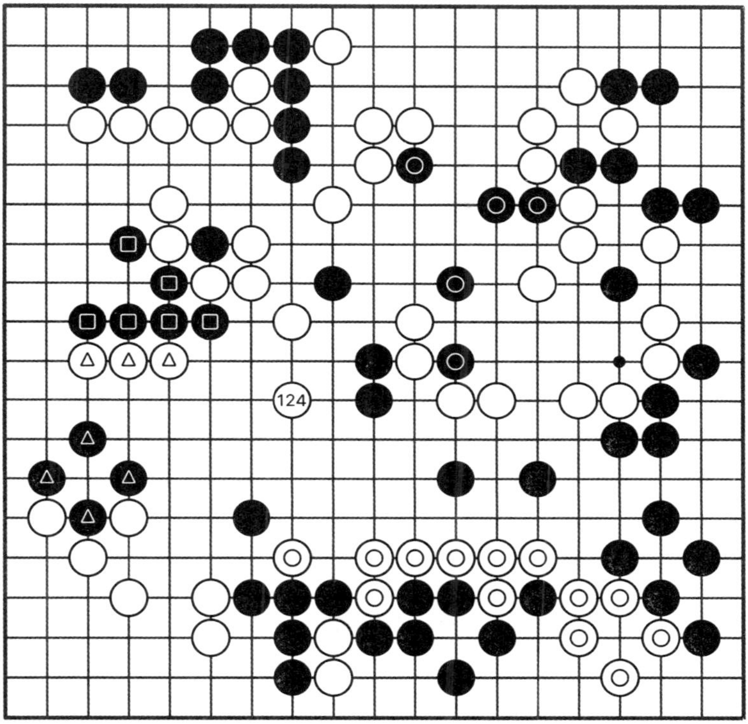

图 1–1–5

图 1–1–5：这是十几个回合后的局面，左下黑三角处的劫争还在继续，而双方围绕着这个劫争的博弈导致全局的态势翻天覆地。首先，左边白的阵势已经被黑破坏，而且连带出黑方块未安定六子与白三角未安定三子。而白棋的收获则是把黑棋中央圆圈数子给吃掉了。虽然白棋收获不小，但黑圆圈数子还有各种余味和借用，而且右下白圆圈大龙还未活净，客观来说，这盘棋还处于非常复杂混乱的状态。这时候黑棋可以利用中央残子余味做文章。

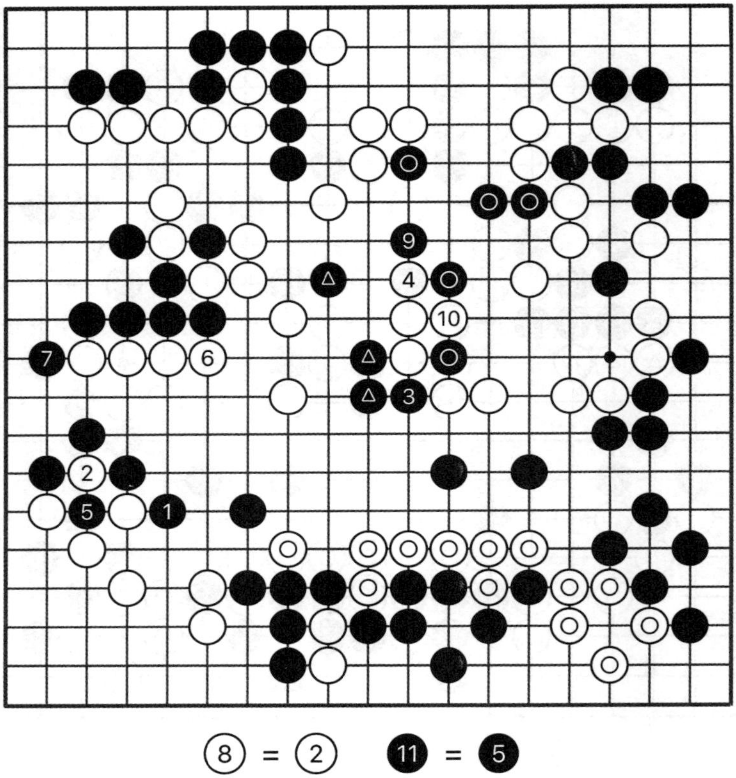

图 1–1–6

图 1–1–6：黑 1 温柔地开劫，给自己留有余地，这样可保证左下的劫争负担不是很重。黑 3 断、黑 9 扳都是绝好的顺手劫材。黑 3 非常关键，这颗子使白右下圆圈大龙有所忌惮，而且把黑三角数子解放出来，使白中央存有薄味。

如此进行的话，虽然黑棋还是处于被动状态，但是局面存有太多不确定因素，安国铉想赢下这盘棋不是那么容易。但在实战中，柯洁似乎有些急躁了。

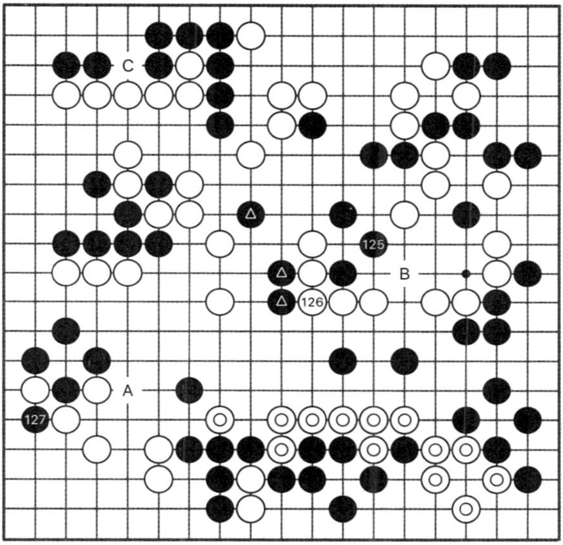

图 1–1–7

图 1–1–7：在实战中，柯洁觉得 A 位开劫太温柔，但在黑 127 位激烈开劫又没有合适的劫材。所以决定黑 125 与白 126 交换一下，为了生出 B 位的大劫材，然后黑 127 打在二路，挑起黑白负担均很大的天下劫。但是黑 125 和白 126 交换实在太损了！上图中，白 126 一子本来是黑棋的子，现在变成了白棋的子。这颗子的战略价值非常大。

首先，有了这颗子，白棋右下圆圈大块已经彻底无碍。其次，黑中央三角三颗子顿时成了废子，白棋中央也变厚了，这等于解了安国铉原先的两个心头大患。没有了后顾之忧的安国铉，现在只需要专心把左下角劫争打赢就行。而左上角白棋 C 位冲之后一共有四枚顺手免费劫材，所以柯洁打起来很吃力。

最关键的是，黑若按上图那样进行，由于局面的头绪很多，安国铉在读秒中需要顾及和处理的地方很多，所以忙中出错的概率会大增。但若按本图实战这样进行，安国铉由于多了白126这一子，两处后顾之忧都没了，他只需要把这个劫打好就行了，这样他出错的概率会大幅降低。可以说，柯洁的黑125犯下了很大的错误。

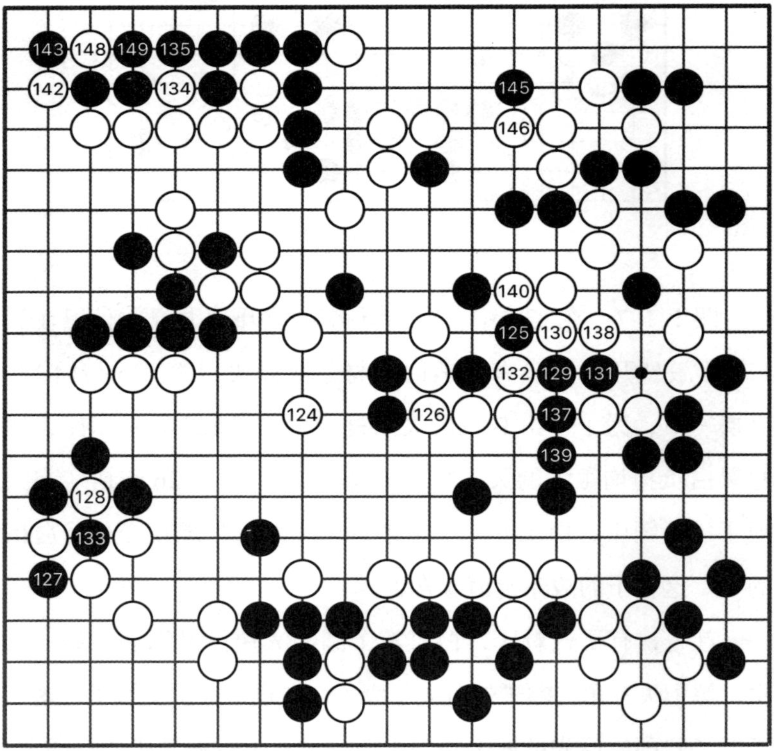

136 144 150 = 128　　141 147 = 133

实战谱4（124–150）

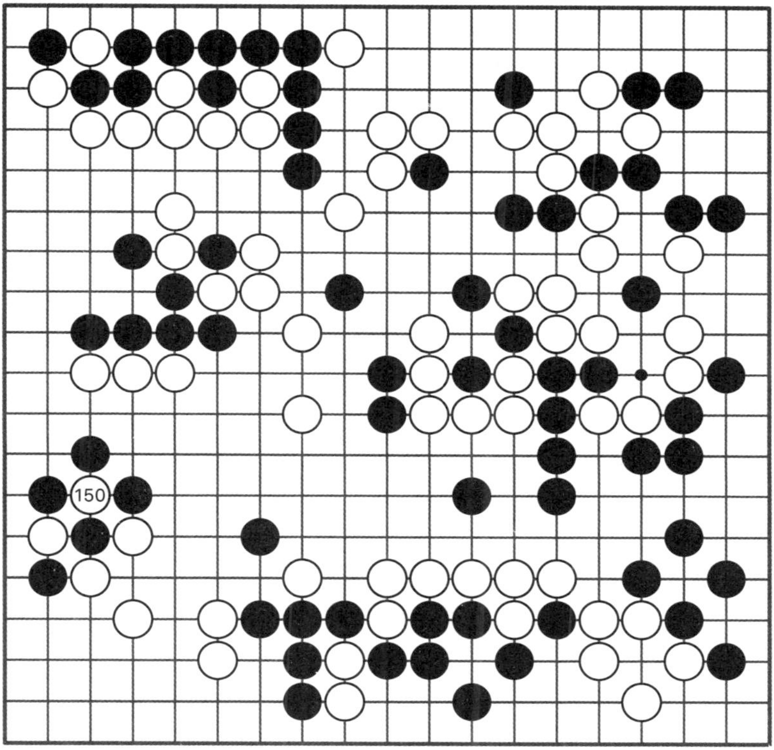

图 1–1–8

图 1–1–8：这是双方争夺左下天下劫数回合之后的局面。安国铉白 150 提劫后，柯洁面临难局，原因有两个：一是劫材未必够，二是劫材不好找。

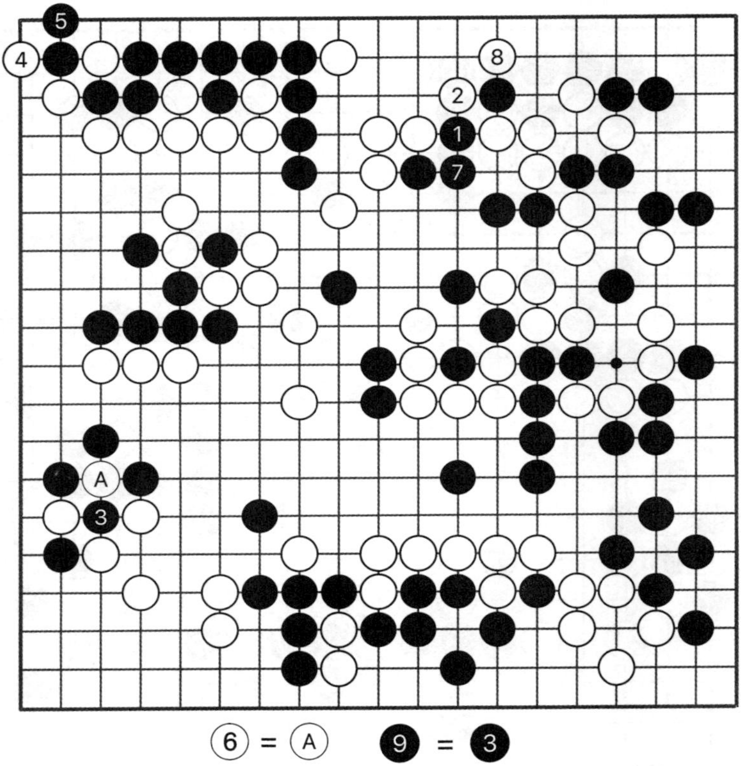

图 1–1–9

图 1–1–9：黑 1 挖虽然是劫材，但这个劫材损实地。黑 3 提劫后，白 4 则是顺手劫材，这就是我说之前柯洁黑 125 不当的原因之一。黑 7 还需要继续找损劫，这样黑棋的确极为勉强。但无论如何，柯洁也只能这样下。按此图进行的话，起码还有个天下劫在，安国铉犯错的可能性不是没有。

在实战中，柯洁不知道是觉得找损劫难受，还是看安国铉最后一次读秒想压迫他的时间，下出了下图一手。

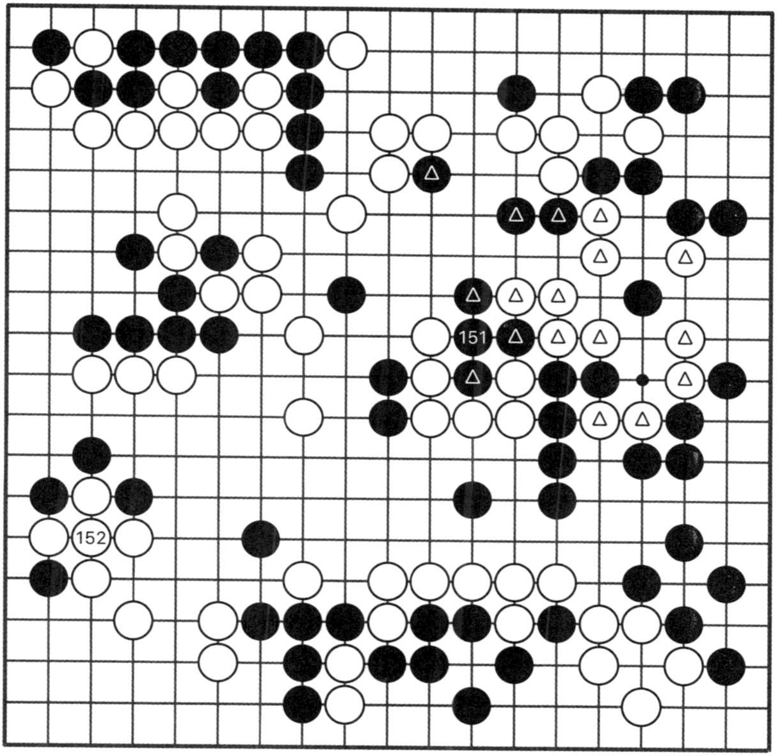

图 1–1–10

图 1–1–10：柯洁黑 151 粘上找劫材，期待白棋跟着应一手。没想到安国铉在一分钟读秒内算清了黑白三角两块的对杀变化后，白 152 果断把左下天下劫消掉。

这时候柯洁才发现黑三角大块杀气杀不赢白三角大块，也就是说柯洁黑 151 找了个瞎劫，这下棋局没有任何变数了。之后柯洁虽然坚持了数手，但大局已定，棋局不可能再出现逆转了。

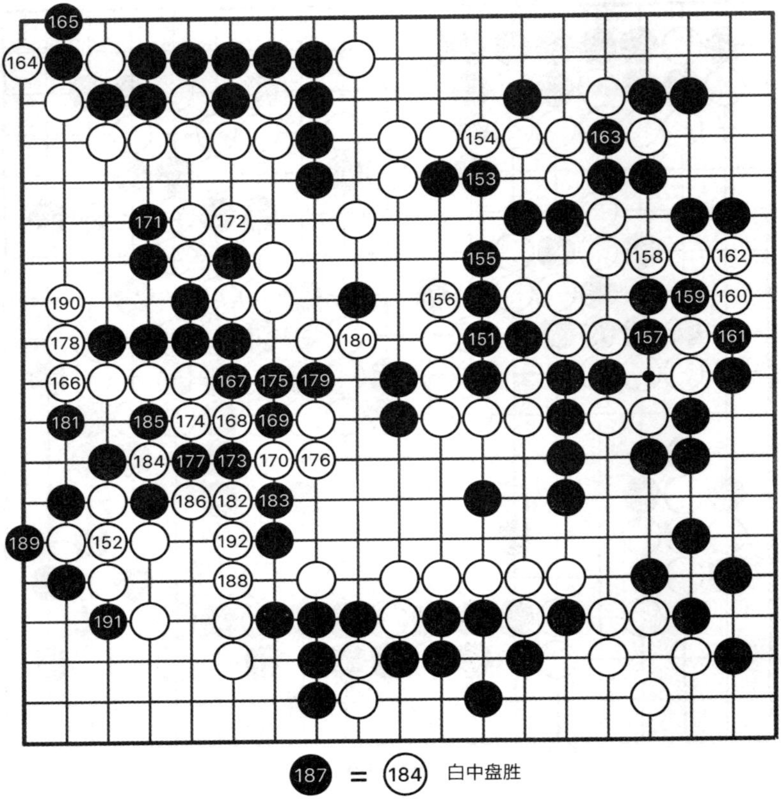

实战谱 5（151–192）

可以说，这盘棋柯洁完败。面对柯洁，安国铉居然有如此出色的表现，使得人们不得不重新审视这次三星杯决赛的前景。围棋是人与人之间的博弈，只要是人，就一定有长处和短处。因此，根据对手的特点来制定相应的策略，是影响胜负的重要因素之一。所以首局失利后，要想拿下冠军，柯洁还需对安国铉有更深的了解。我认为安国铉的特点是：

1. 后半盘韧劲十足，不会被轻易打垮。

2. 读秒功夫了得。在第 23 届三星杯半决赛第二局，安国铉在胜率只有 10% 并且早早读秒的情况下，居然奇迹般地逆转了唐韦星，并且没有出现明显的失误。

当然，安国铉也存在不足之处。相对来说，前半盘甚至中盘前期是安国铉的软肋，这一点在他和唐韦星的半决赛中已经有所体现[①]。在那盘棋中，安国铉没出现误算，但在不知不觉中，他的胜率就只有 10% 了。由此可见，他在前半盘相对容易出问题。但我没想到的是，安国铉居然在这盘棋的前半盘发挥得不错，丝毫不落下风。

针对以上分析，我想给柯洁提以下几点建议：

1. 柯洁下棋的速度相对较快，所以在正常情况下，安国铉肯定会先于他进入读秒，这时候柯洁需要注意不要因为安国铉读秒而去“欺负”他。因为安国铉读秒的功夫非常好，若是在自己没有把握的情况下贸然出手，反而容易被安国铉抓住破绽。这盘棋就是一个很好的例子。

2. 柯洁在这盘棋的前半盘没有取得优势，我觉得很大原因是双方下的都是当下最流行的 AI 布局。AI 布局宝典，人

① 安国铉在第 23 届三星杯世界围棋公开赛半决赛时，以 2∶0 的比分击败了中国棋手唐韦星，进入决赛。

人手上均有一本，安国铉也一定对此非常熟悉，所以柯洁无法拉开差距。因此我建议，柯洁可以考虑把棋局导入双方都没有AI布局宝典可背的陌生格局。一旦进入陌生的格局，对局者就只能凭着自己对围棋的理解来临场发挥了，这时候，技术水平高的一方，就更有优势。

其实棋友们可能也经常会遇到两种情况。第一种就是自己还有保留用时，而对手此时已经读秒或快超时了，于是就下得飞快，想去追对手的时间，结果下了十几个回合后发现，对手还没慌，自己却因为下得过快而破绽百出。其实倒过来想想，人家没时间了，但你下得比人家还快，那你不是把自己的时间优势拱手让出了吗？在这种情况下，棋友们还是应该稳扎稳打，该严谨时严谨，只要你的棋没有破绽，对手在时间上的劣势就会慢慢体现出来，所以不要着急立刻击倒对手。而第二种，是觉得自己布局水平明明比对手高，却每次都没有占到便宜，原因很可能是你下的定式和布局都是对手会的，或者是大众都会的，那你自然占不到便宜。有时候你需要在常见的布局和定式中加一些变化，把格局引向双方未知的开放局面上，那么这时候对手犯错的概率就会增加，而你的优势就能体现出来。所以围棋对弈，还需知彼知己、因人而异，方得立于不败之地。

那么在接下来的决赛第二局中，柯洁有没有改变策略呢？安国铉还能像决赛首局一样发挥出色吗？请看下回分解。

第二局

2018 年 12 月 4 日，第 23 届三星杯世界围棋公开赛决赛的第二局在韩国落子。在首局完败的柯洁发挥出色，执白轻松完胜安国铉。柯洁能如此轻松拿下这盘棋，我觉得有两个原因：

1. 安国铉的软肋在这盘棋中暴露无遗。下到 70 手的时候，安国铉就已经处于绝对下风了。
2. 柯洁在大赛上执白的胜率一向很高，这盘棋一开始就下得顺风顺水，之后又稳扎稳打，没有给安国铉任何翻盘的机会。

应该说，这盘棋下到 70 手的时候，安国铉就已经陷入了困境。所以我就重点说说在这盘棋的前半盘，安国铉的问题出在了哪里。

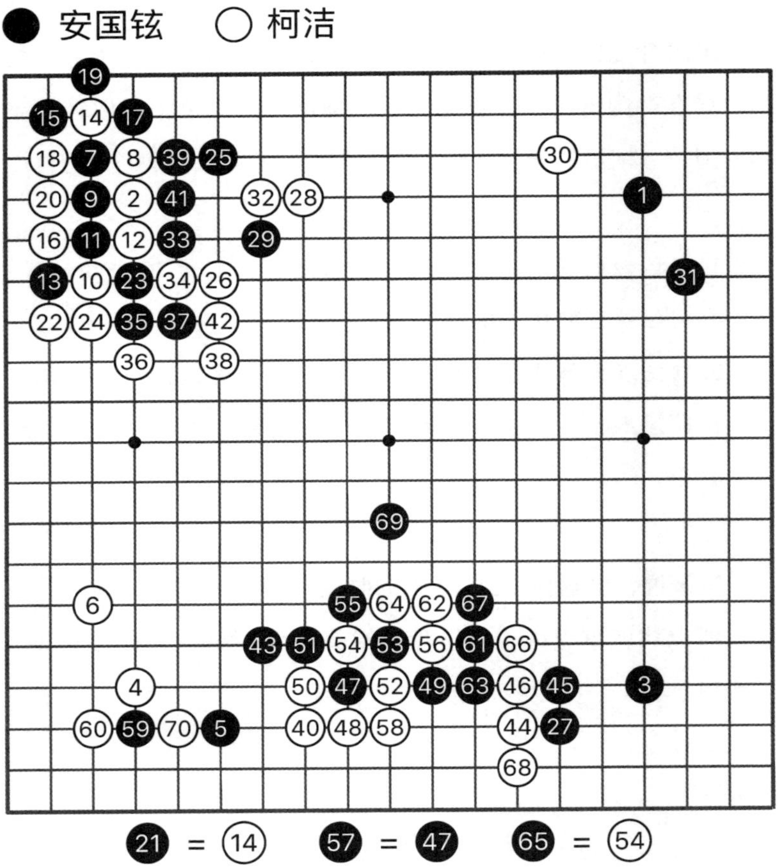

实战谱 1（1–70）

2018 年三星杯决赛的三番胜负是 12 月 3 日、4 日、5 日连下三天，对参赛棋手的体力来说是个很大的考验。

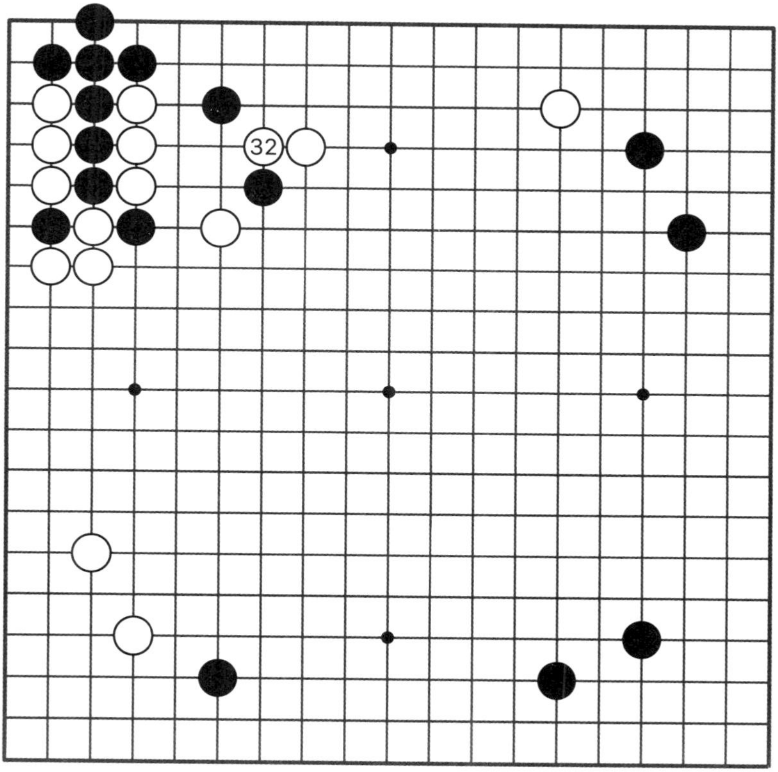

图 1–2–1

图 1–2–1：柯洁执白。左上角是 AI 时代很流行的局部下法。白 32 冲的时候，黑棋应该如何应对？

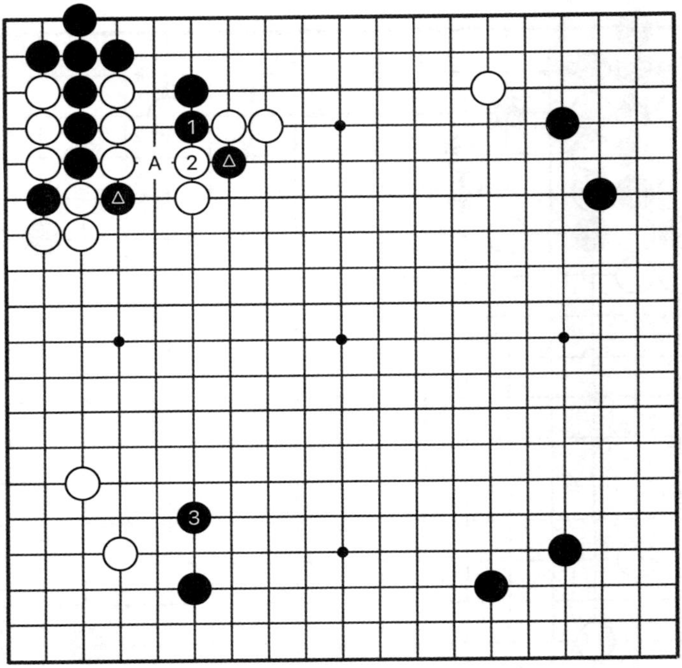

图 1–2–2

图 1–2–2：这时候第一感就要意识到，黑 3 跳是绝对的全局好点。因此，黑棋此时的策略应该是黑 1 冲和白 2 断交换一下后，确保左上角黑棋随时留有 A 位挖的手段，因此无生死之忧。而今后黑三角两颗子还有充分的活动余地，白外势并不厚实。然后黑 3 跳是此时全局必争之点！此手不仅限制了白左边的阵势，还扩张了下方黑阵势。

黑 3 是绝对的战略要点，如果要比喻的话，黑 3 是西瓜，左上角在黑棋无死活问题的前提下，再行棋就像是捡芝麻。可在实战中，安国铉对西瓜视而不见，却对捡芝麻兴趣十足。

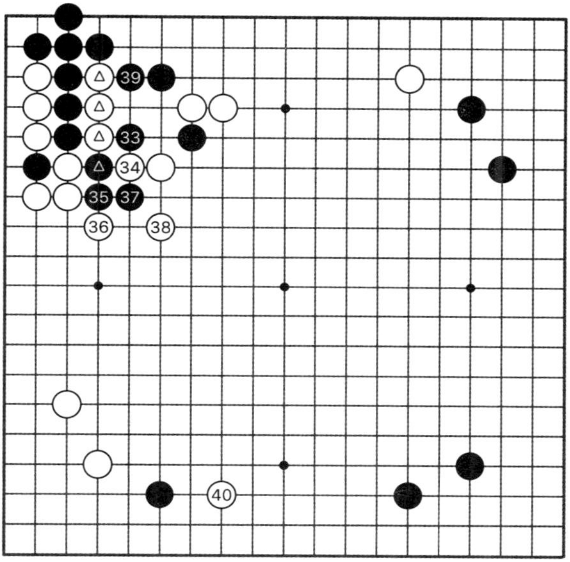

图 1-2-3

图 1-2-3：安国铉选择了黑 33 扳，意图在救出黑三角一子的同时吃掉白三角三子。柯洁白 34 以下可利用枷的手段先手封住黑棋，然后抢占左下白 40 的绝好点。

安国铉黑 33 之后的行棋等于在左上花了一手棋，我来给他算一下账：安国铉吃掉白三子，实地上大概收获了 6 目。而在附带价值上，安国铉也有收获，他让黑左上角变得巨厚，但黑本来就是活棋，因此这个厚的价值没那么大。不过安国铉这一串在附带价值上也有亏的地方，本来左上黑三角一子留有各种活动空间，现在白棋通过弃三子，外围全是先手，外势比原来厚了不少。

整笔账算下来，左上局部安国铉在附带价值上收获不大，实地收获也仅仅 6 目。更关键的是，他为此付出了后手的代价——左下战略要点被柯洁白 40 占去了。所以说，安国铉是捡了左上的芝麻，丢了左下的西瓜。

黑 33 贪吃白三子，是安国铉本局失利的最主要原因。下面，我们再来看看安国铉的第二个问题。

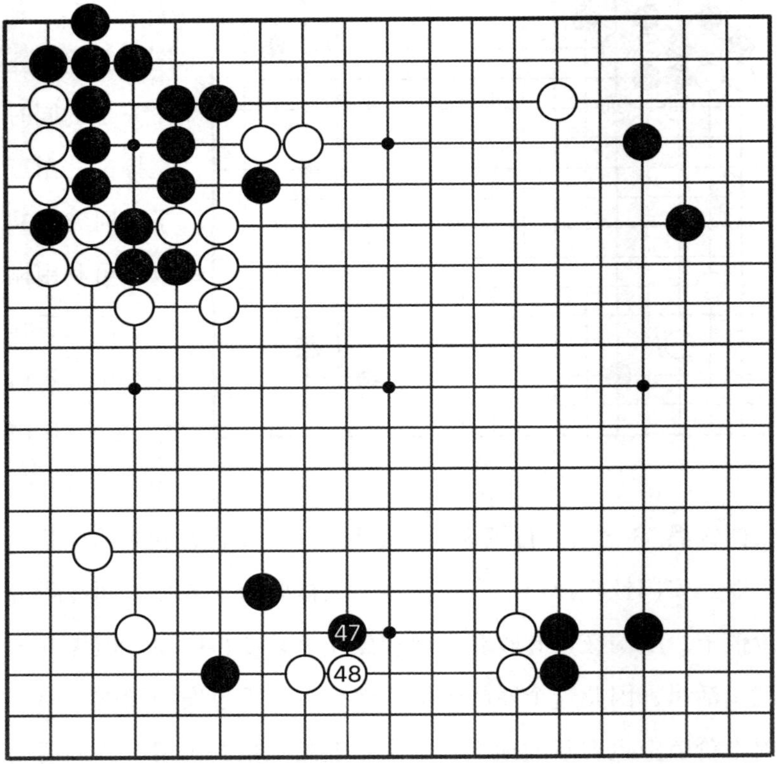

图 1–2–4

图 1–2–4：局面的焦点来到了下方，白 48 爬的时候，黑棋应该如何应对？

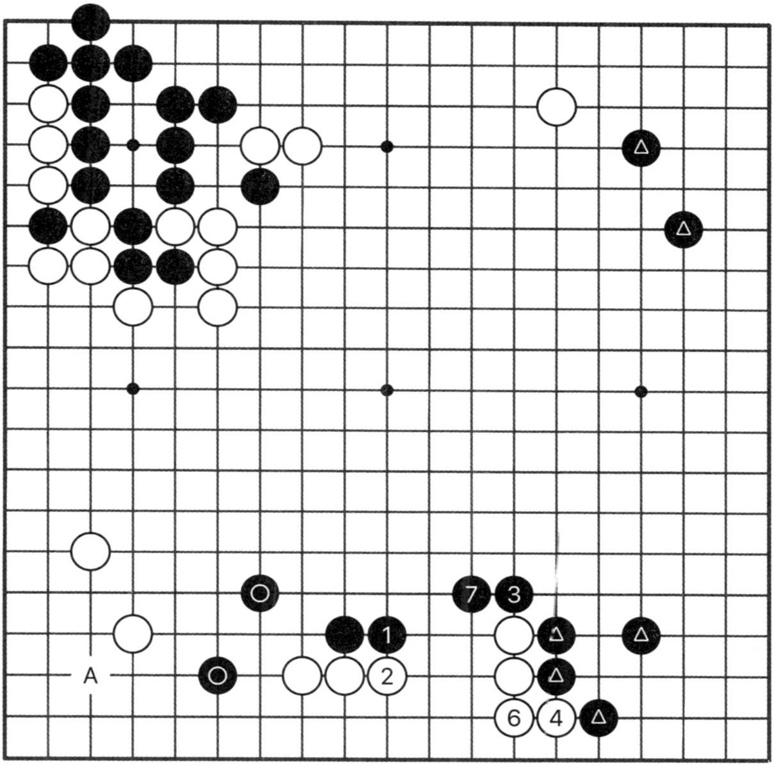

图 1–2–5

图 1–2–5：黑 1 先手长一下后，黑 3 扳是要点，白二子气紧动弹不得，所以只能白 4、白 6 扳粘就地安定。黑 7 长后，黑下方形成了一片外势。左下黑圆圈两子虽然有些薄弱，但由于随时有 A 位点角的转身手段，所以暂时无碍。

如此进行的话，虽然形势不利，但安国铉可以利用右边黑三角阵势做资本，慢慢与柯洁周旋。在实战中，安国铉却急于发力。

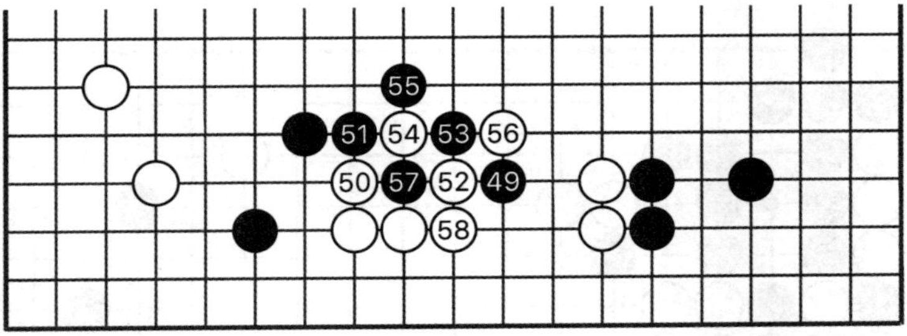

图 1–2–6

图 1–2–6：安国铉下出了黑 49 跳，故意卖了个破绽。柯洁白 50 至白 58，将黑 49 一子切断。对此，安国铉当然不会放弃黑 49 这颗子。

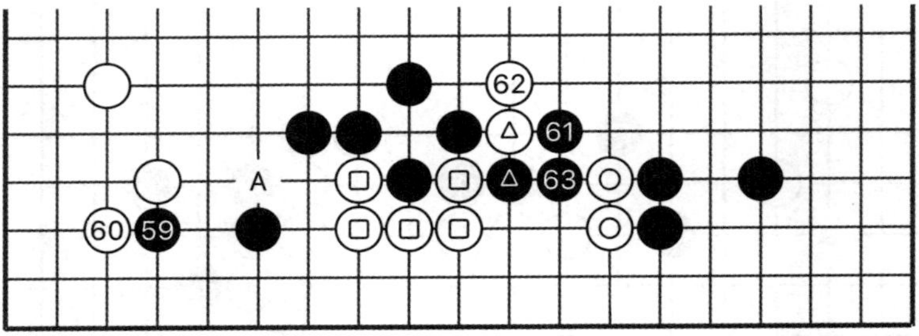

图 1–2–7

图 1–2–7：安国铉为了先手防住 A 位的弱点，不惜代价地将黑 59 与白 60 交换，把原本白 60 位点角转身的手段给卖掉了，损失不小。但安国铉也管不了那么多了，黑 59 做好准备后，黑 61、黑 63 救出黑三角一子，毕其功于一役。

粗粗一看，白棋有三角和白 62 两子、圆圈两子、方块五子这三块棋要处理，似乎难于兼顾。但柯洁在此时展现了灵活的思路和清晰的大局观（见图 1–2–8）。

图 1–2–8：柯洁根本没有恋战，而是选择弃掉白三角两子。白 66 先手冲一下，然后白 68 二路立，在确保与下方主力部队联络安定的同时，对黑右下角施加了很大的压力。而白 64 多送吃一子，也是为了让黑 69 只能飞吃白三子，将来白棋还留有 A 位等处的先手借用。抢得先手后，白 70 吃掉黑圆圈一子实地价值巨大，不仅确保了左下角地姓白，还把黑方块一子含在白棋的嘴里，随时可以吃掉。

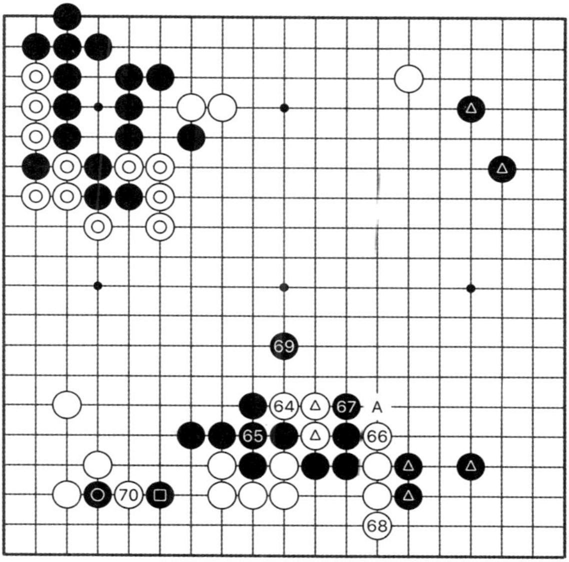

图 1–2–8

粗粗一看，安国铉这次发力吃掉白三角和白 64 三子似乎收获很大，但若与图 1–2–5 相比，在附带价值上，黑棋的所得是自身外势更厚了些。不过白左上圆圈外势太厚，所以黑下方的厚发挥不了太大价值。由于白 66 一子的存在，黑右下角变得非常薄弱，黑右边三角阵势基本烟消云散、难有作为了。其次，在实地价值上，黑仅仅是吃掉了白棋三颗子 6 目实地，但黑圆圈一子被白 70 吃掉了，明显得不偿失。

经过以上分析，我们可以看出，安国铉精心设计的发力操作不仅在实地上亏损，还把右边的阵势给丢掉了。在下方这个局部战役上，柯洁弃子后海阔天空，安国铉则钻入吃子的迷宫中不可自拔。白 70 后，黑胜率已经不到 10% 了。而且白空多棋厚，安国铉很难逆转。

之后安国铉虽然在右下挑起劫争，但柯洁依然稳扎稳打，不在局部与安国铉纠缠，通过劫争转换奠定了胜局。

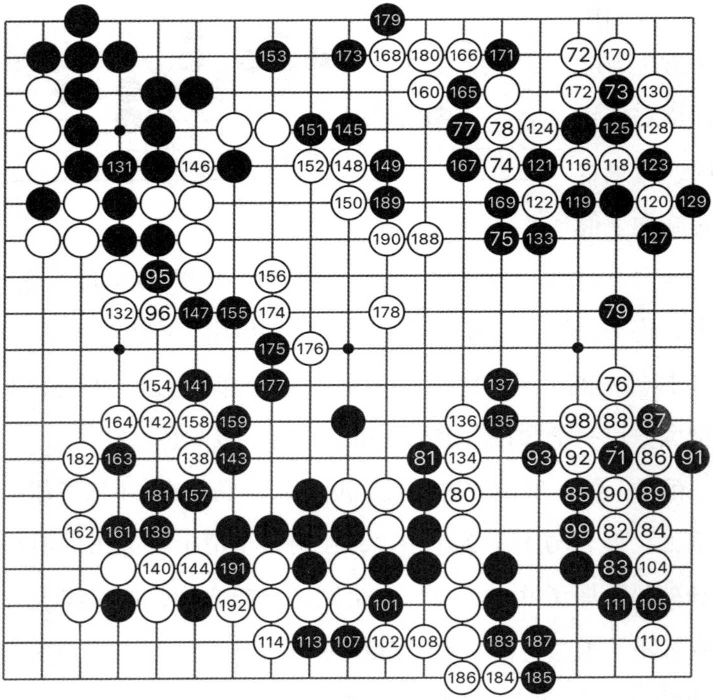

94 100 106 112 117 = 86　97 103 109 115 = 71　126 = 121

白中盘胜

实战谱 2（71–192）

这盘棋，从吃子的角度来说，安国铉打赢了所有的局部战斗，却早早地陷入了败势，原因是他的行棋子效太低了。通过决赛前两局，我们可以看出，安国铉的优点就是他的弱点：

1. 安国铉的优点，是他可以很专心地把局部战术贯彻得很好，他想达到的局部效果基本上都能达到。这就可以解释为什么他的后半盘读秒功夫了得，因为后半盘相对需要解决的是局部战术问题，而他能够专注于局部战斗，不会被其他全局因素干扰，因此时间的长短对他影响不大。而有些对全局因素考虑多的棋手，在读秒中这也要顾及，那也要判断，这样一来，反而无暇应对当下的局部。

2. 但由于他过于专注于局部战斗，所以往往忽视了两个问题。一是打赢了这个局部战斗到底能获得多少利益，二是局部打赢了，全局会不会失去更多。这就可以解释为什么他在与唐韦星的第二局以及这盘棋都早早陷入败势：相对后半盘来说，围棋的前半盘更讲究子效的运用和全局的谋略。局部战术虽然重要，但棋手若过于陷入局部而忽略全局，就会导致像这盘棋一样的结果——前 70 手两个局部共吃了六颗子，子效却落后很多了。

因此柯洁第一局贸然出击，其实正中安国铉的下怀。第二局时，柯洁不在局部与安国铉纠缠，以对子效的理解和运用来获取优势，效果就特别好。安国铉就像是一艘战列舰，在他的射程范围内，谁都经不起他的重炮轰击。但航空母舰说，当我不在你的射程范围内时，你还敢跟我玩吗?

其实当我们遇到战术能力很强，类似战列舰的对手时，柯洁在这盘棋中使用的策略和具体着法非常值得我们学习、借鉴。

在决赛的前两局，柯洁和安国铉各下了一盘好局，双方战成了 1∶1 平手。所以对于双方来说，接下来的第三局，也就是这次三星杯决赛的决胜局，将会是一场悬崖边的决斗，不知道双方在这场决战中又会上演什么样的好戏?请看下回分解。

决胜局

2018 年 12 月 5 日，第 23 届三星杯世界围棋公开赛决赛的决胜局在韩国落子。柯洁在不利的形势下逆转安国铉，夺得了职业生涯第 6 个世界冠军。这盘棋是近年来围棋世界决赛中最刺激的一局棋，双方在战斗了 325 手后才分出胜负。可以说，这绝对是一盘争棋名局。

这么精彩的争棋名局，很难在一篇之内将其说清楚，所以我将本局分成上篇和下篇来解说。下面我们就一起进入两位对局者的内心世界。

上 篇

● 安国铉 ○ 柯洁

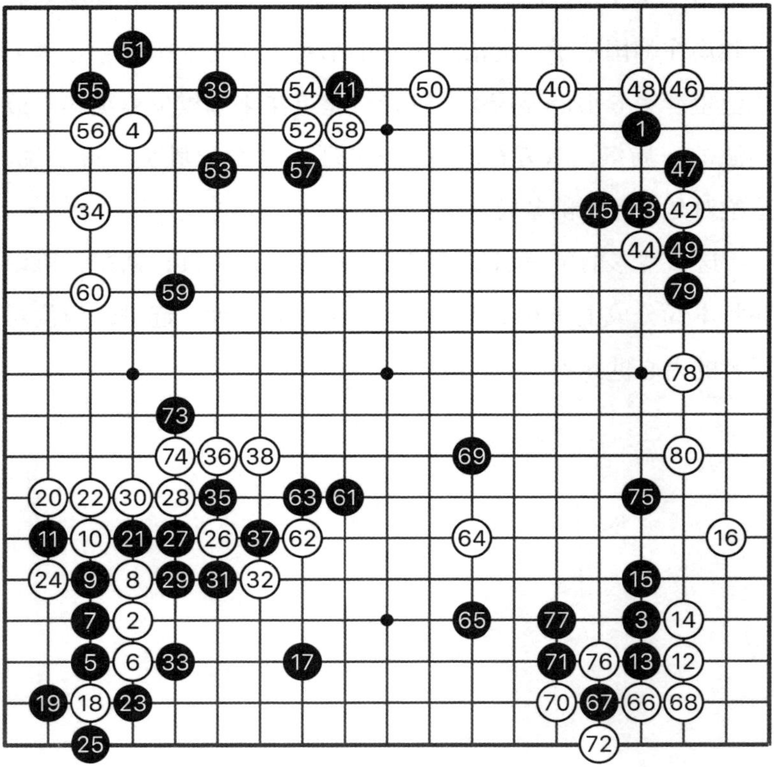

实战谱 1（1–80）

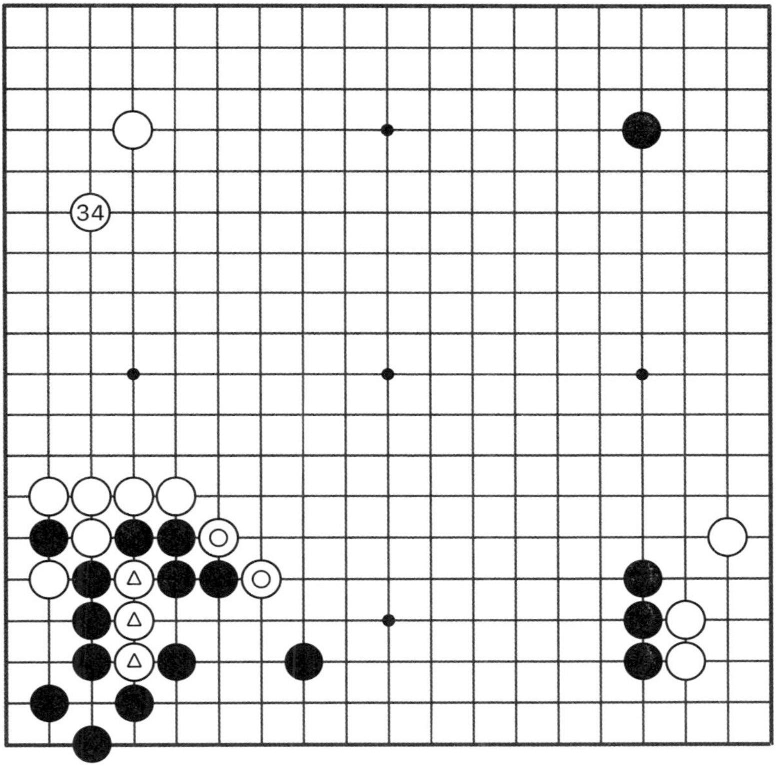

图 1–3–1

图 1–3–1：决胜局需要重新猜先，猜先结果是柯洁执白。我们就从开局左下局部开始看起。左下角暂时告一段落，整个局部的过程是柯洁弃子，安国铉吃子。巧合的是，安国铉不多不少吃了柯洁三角三颗子。第二局时，安国铉就是因贪吃柯洁三颗子而致败的。不过在这盘棋中，安国铉吃这三颗子的处境还是比第二局好多了，因为当白 34 呼应白左下厚势时，安国铉可利用白圆圈两子做文章。

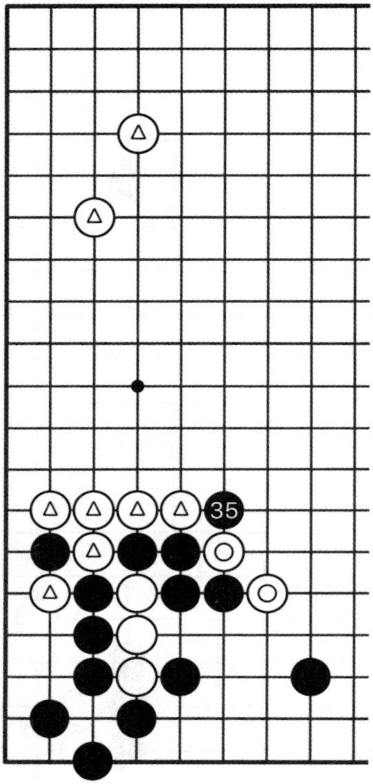

图 1–3–2

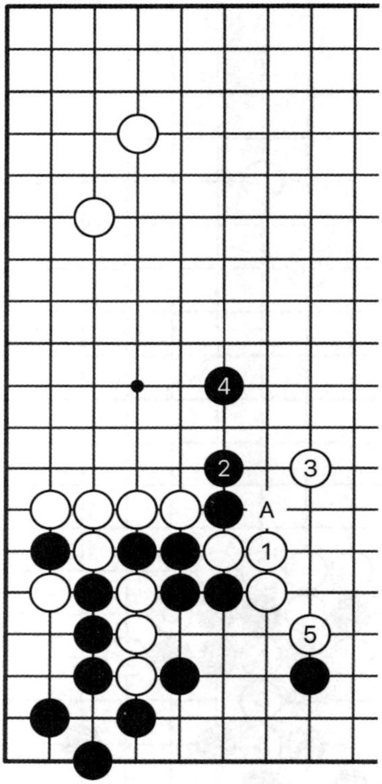

图 1–3–3

图 1–3–2：黑 35 断打，想利用白圆圈两子的薄弱来顺势破坏白左边三角阵势。对此，绝艺[①]认为白棋应该正面作战。

图 1–3–3：白 1 粘出正面迎战，黑 2 长，白 3 先手飞一下后，白 5 补 A 位的弱点。虽然绝艺推荐此下法，但是黑 2、黑 4 两手棋对白左边阵势有一定的限制效果，所以柯洁需要斟酌一下这个下法的前景。最关键的是，柯洁在思考正面迎战是否符合

① 绝艺，由腾讯人工智能实验室自主研发的围棋 AI。——编者注

他这盘棋的中心策略。

柯洁在第二局中发现了安国铉“擅长局部战斗，缺乏全局视野”的问题，所以他本局的策略是尽量避免没把握的战斗。柯洁思考再三，觉得这个战斗不是很有把握，于是决定还是以原定的策略为主，哪怕局部亏一些。

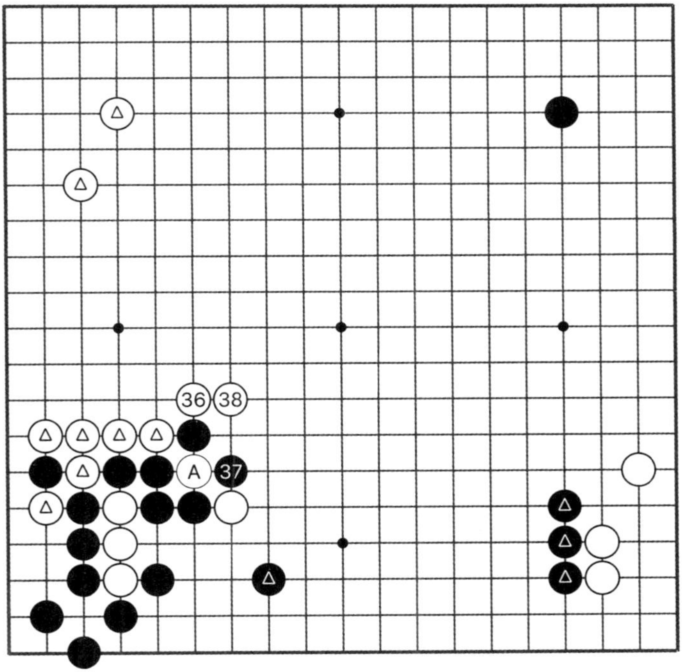

图 1–3–4

图 1–3–4：柯洁决定白 36、白 38 弃掉 A 位一子，同时确保白左边三角阵势的规模。但白 A 位这颗子不仅有实地关系，其附带价值也不小。黑 37 提掉这颗子后，黑下方三角阵势顿时有了规模。

绝艺认为柯洁这个下法掉了胜率，但柯洁为了贯彻战略思想放弃了胜率的点数。在之后的实战中，有两个地方可以体现出柯洁的这一中心思想。

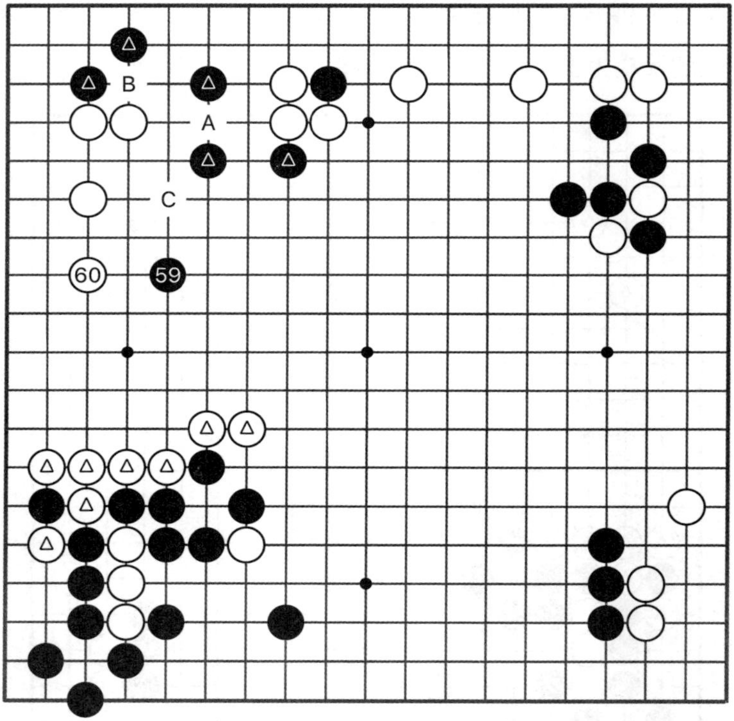

图 1–3–5

图 1–3–5：安国铉不顾左上黑三角五子有 A、B、C 等处的弱点，黑 59 大飞侵消白左边阵势。柯洁背靠左下白三角厚势，很想反击。但他考虑再三后觉得把握不大，于是白 60 生生忍让了。

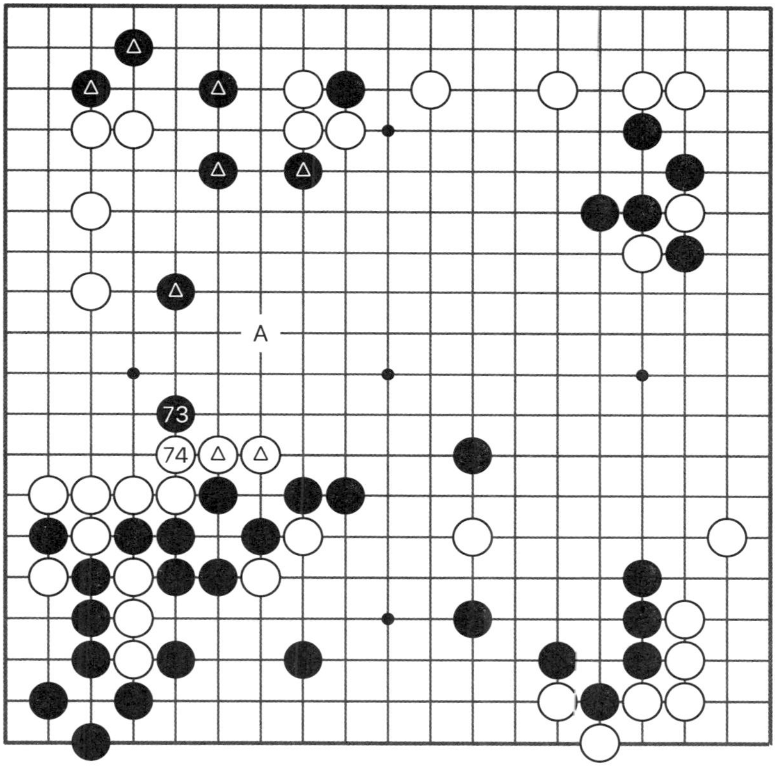

图 1–3–6

图 1–3–6：安国铉黑 73 点刺，下一手可切断白三角两子。柯洁很想在 A 位一带反击，因为黑左上三角数子有些薄弱。我当时看棋的时候都觉得白棋忍无可忍，但柯洁再次白 74 忍了回去。

就技术而言，我觉得柯洁的这两次忍耐可能吃了些小亏，但从中更能体现出他本局的战略思想：绝对不打无把握之仗。而安国铉在这两次出击后，就没有再贸然出手了。双方就这样相互试探了数个回合。但战斗总是会到来的。

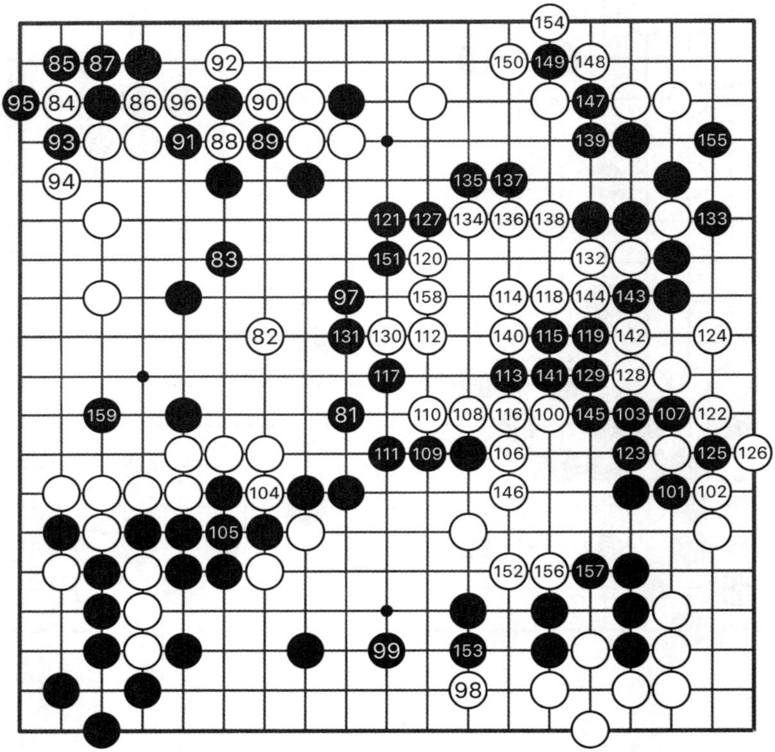

实战谱 2（81–159）

三星杯的用时规则是每方 2 小时自由支配时间，将这 2 小时用完的棋手，就要进入一分钟之内必须落子的读秒阶段。

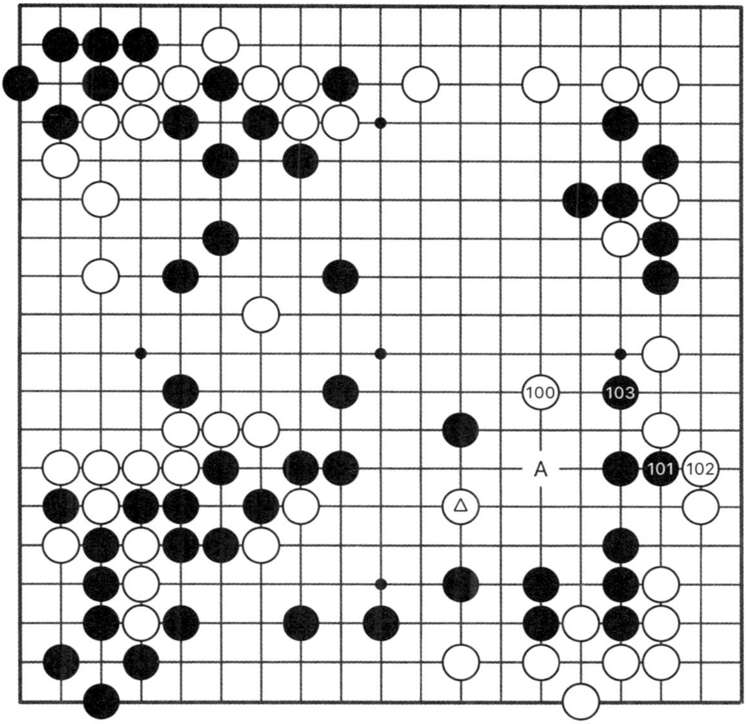

图 1–3–7

图 1–3–7：柯洁白 100 是想利用白三角这颗残子先手侵消一下黑下方阵势，指望黑会在 A 位处应一个。但安国铉这时开始发力，黑 101、黑 103 强行分断白 100 这颗子。客观来说，安国铉这个下法相当有风险。

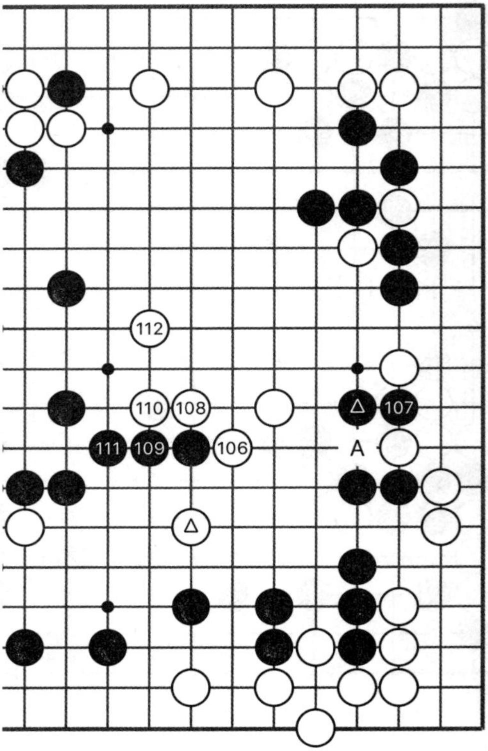

图 1–3–8

图 1–3–8：黑三角虽然强行分断白棋，但在 A 位处留有明显弱点。因此白 106 尖是先手，黑 107 必须补 A 位弱点。这样一来，白 108、白 110 连压两下就是先手。白棋中央这块棋顿时有了空间和眼形。白 112 一跳后，黑已经很难对白中央大块产生有效攻击，而且黑还需随时注意下方白三角一子被白连回，因此安国铉这串发力并没什么收获。

眼看柯洁就要取得领先，接下来棋局却突然来了个大转折。

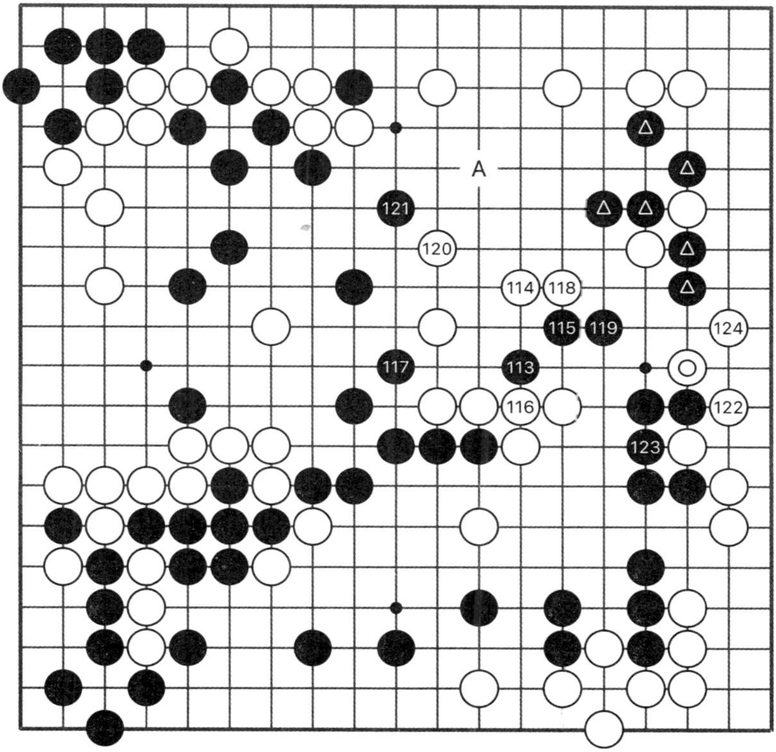

图 1–3–9

图 1–3–9：黑 123 落子时，本来柯洁中央三角大龙只需下在 A 位就可稳稳与上方联络。但或许是看安国铉快读秒的缘故，柯洁白 124 不顾中央大龙危险，跑到右边去救白圆圈一子。白圆圈一子价值并不大，柯洁救它并不是因为“贪财”，而是为了在抢实地的同时威胁黑三角数子的薄味，准备围魏救赵。

但估计是柯洁出现了误判，这围魏根本就救不了赵。接下来柯洁要为他这步轻率之着付出代价。

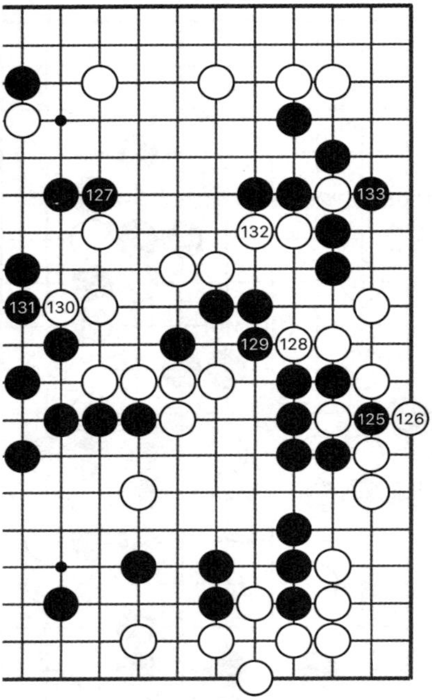

图 1–3–10

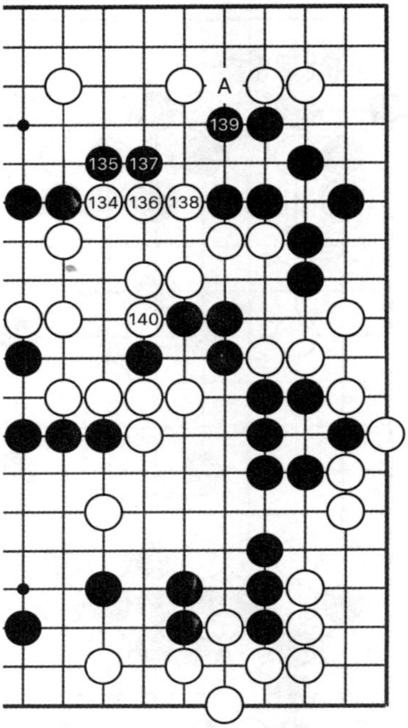

图 1–3–11

图 1–3–10：虽然已经进入读秒阶段，但安国铉是不会放过这种机会的。黑 127 压，切断白棋中央大龙的归路。柯洁白 128 以下连续交换三手棋后，发现白中央大龙已经回不了家了。

图 1–3–11：无奈之下，柯洁只能就地做活。还好白 134 以下连续三下俗手加上白 140 挤可确保大龙无碍，但他也为此付出了很大的代价。本来当初联络回去的话，上方白阵势不仅稳固还有潜力。现在不仅潜力全无，还给黑棋留下 A 位冲的严厉手段。整笔账算下来，当初白右边 124 捞的实地明显得不偿失。这时候，安国铉只需正常收官即可。

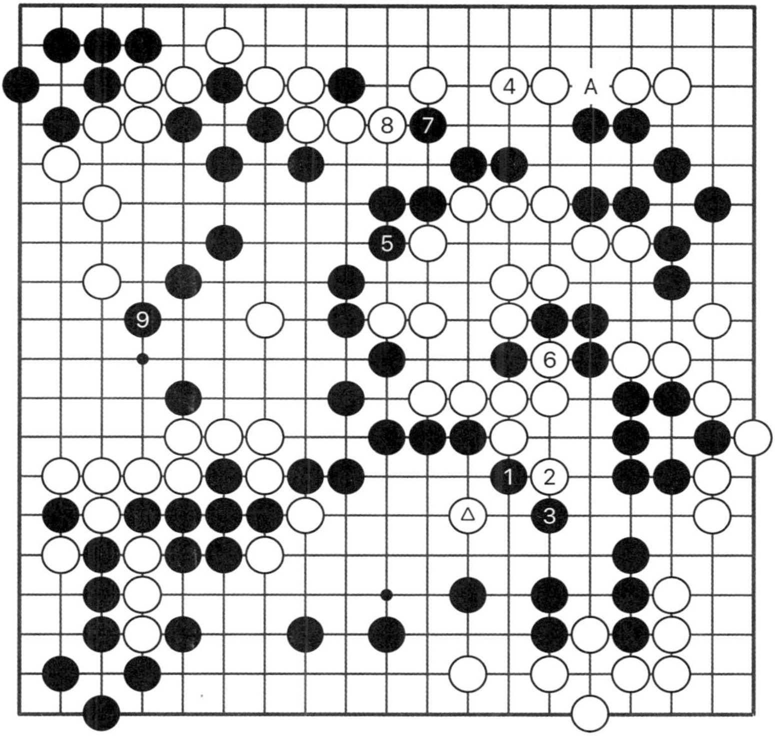

图 1–3–12

图 1–3–12：黑 1、黑 3 只需要牢牢吃住白三角一子。以下白 4 必须补右上 A 位弱点，黑 5、黑 7 先手加强黑中央后，黑 9 抢到左边大官子。如此进行的话，黑棋明显优势，即使在黑贴 7 目半（三星杯黑贴 6 目半）的情况下，安国铉都有 72% 的胜率。

这时安国铉突然出错了。

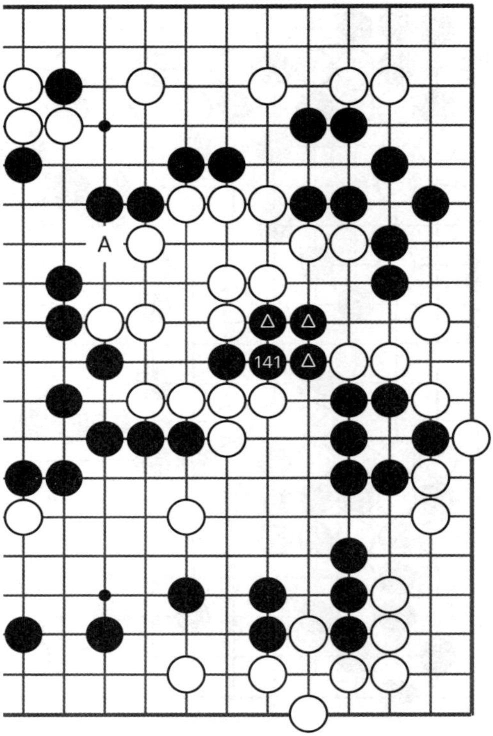

图 1–3–13

图 1–3–13：安国铉突然跑去黑 141 粘了一个，想逼白棋做活。但这个逼白棋做活的方式和时机太有问题了！一般来说，棋手总是为了图些什么而出错。就像第二局中安国铉开局那么明显的问题手，就是因为贪吃白三颗子所致。但这步棋，我实在是没看出来安国铉想得到什么。首先，这步棋没有任何附带价值，因为黑三角三子的缘故，黑 141 这颗子没有对周围产生任何积极的影响。其次，就局部利益而言，要走也应该走在 A 位拐，逼白棋做活。而现在白棋若是冲在 A 位做活，黑局部就亏损了。

经过以上分析，我们可以看出，安国铉这步棋就局部而言不仅无利可图，甚至还有可能亏了，而且为此冒的风险可不是一点点。

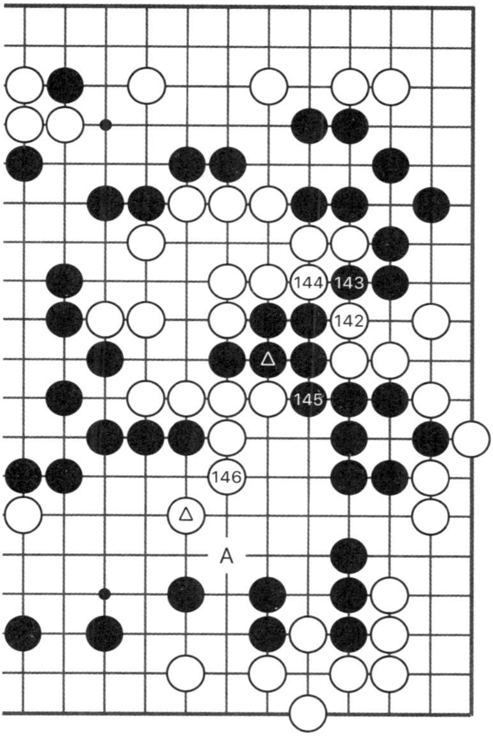

图 1–3–14

图 1–3–14：据说柯洁接下来是秒下，可见他看到了多么好的机会。白 142、白 144 先手断开黑棋并确保自己的眼位完整，然后白 146 直接将白三角一子连了回来！柯洁没准备就地补活，而是想救回白三角的同时，顺便到下方黑棋的家里去搭眼位。

事实上也是如此，由于白三角一子被救回，白 A 位刺变成先手，可以马上搭个眼位（白在这里有半只眼）。再加上原先白棋有一个半眼，白棋大块已是活棋。

这下安国铉傻掉了，自己白白让白棋多了白 146 这颗价值巨大的子，而这一切都是黑三角（黑 141）这步没有任何必然性的一粘造成的。

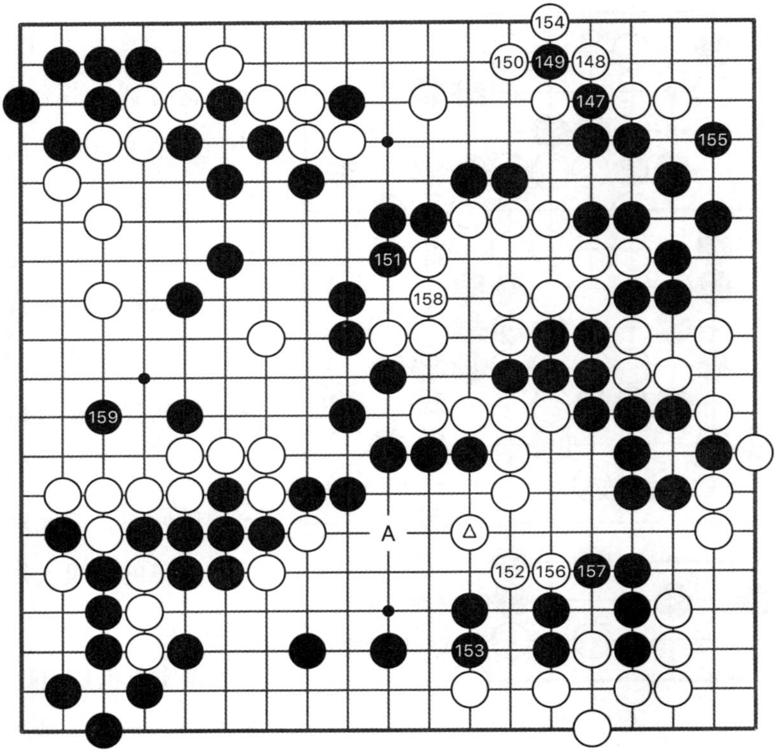

图 1–3–15

图 1–3–15：当棋局进行到黑 159 跳之后，我们来和当初安国铉若正常收官的图 1–3–12 比较一下：花的手数是一模一样，图 1–3–12 中黑棋也是抢到了左边的大官子。那么利益得失呢？

黑棋所得仅仅是右上角黑 155 小尖，而所失则是下方白三角一子被救了回去。白三角这颗子本身的实地价值很大，更何况还因此生出了 A 位跳入黑下方大本营的大官子，其价值远超右上黑 155 小尖。由此可见，之前安国铉黑 141 的过失所带来的损失有多大。

但要不是安国铉这步黑 141，我们也无法看到之后在进入半目胜负的官子争夺时，双方进行的一场激烈的劫争。

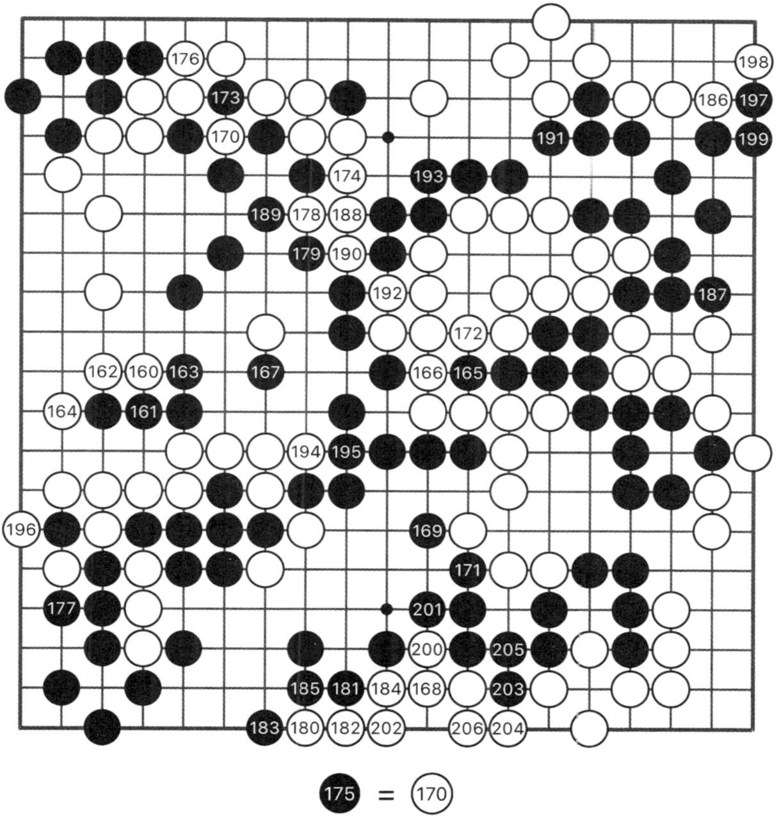

实战谱 3（160–206）

在开始下篇前，我先来总结一下本篇的内容：经过前两盘棋，柯洁对安国铉的技术特点已经有了一定的了解，因此他在本局的一开始就采取了“不让安国铉这艘战列舰轰到他”的策略。本来效果挺好的，但不知为何，在忍了大半盘后，柯洁突然白 124 不顾自身大龙安危，捞了一把并不大的利益，导致大龙陷入苦战。

虽然后来大龙做活，但柯洁也为此付出了很大的代价，得不偿失。而接下来安国铉在正常收官即可的情况下，黑 141 突然出现大问题。黑 141 是没有任何必然性和逻辑性的错误。这一错误让安国铉损失巨大，从而错失一举确立胜势的良机。不过，好戏才刚刚开始……

下　篇

柯洁和安国铉的决赛已经尘埃落定，但决胜局最后的劫争依然是个谜。相比之下，上篇只是一道开胃菜，真正的大餐是这盘棋最后的劫争。为了更好地展示出这顿大餐，我尝试以新的点评方式来为这顿大餐添上佐料，帮助大家理解棋手的内心世界。

以下内容中，柯洁和安国铉的视角纯属推测，局后研究结论则代表着棋手们赛后研究的结果。下面就让我们从黑 207 手开始看起吧。

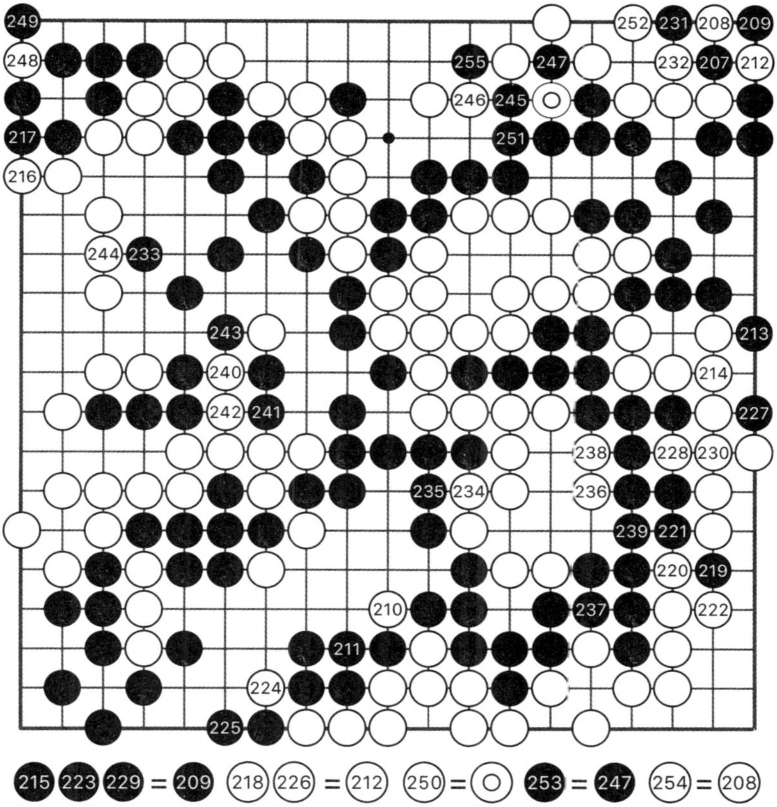

实战谱 4（207–255）

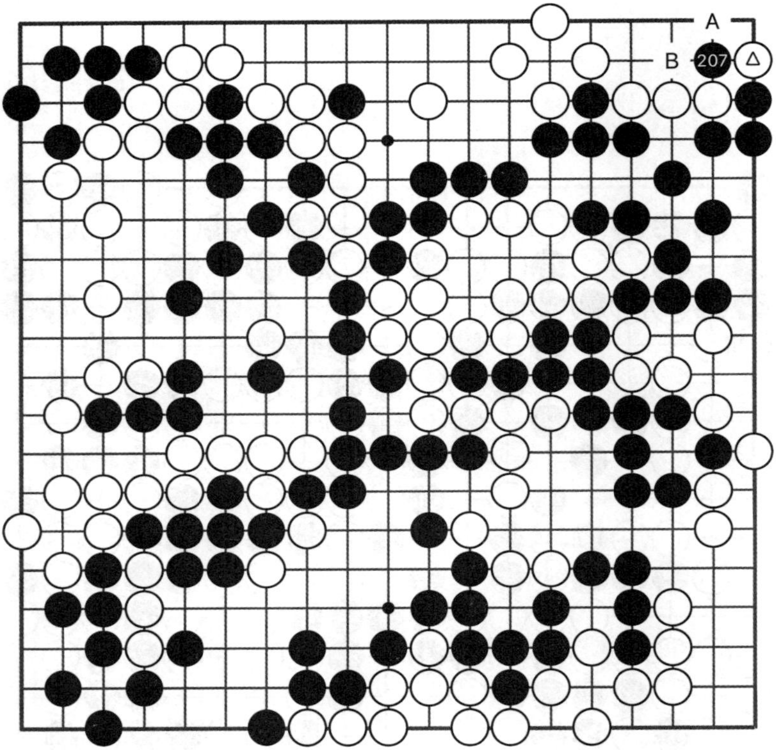

图 1–3–16

图 1–3–16：当安国铉黑 207 右上打吃白三角一子的时候，柯洁面临 B 位妥协或 A 位打劫拼搏两种选择。此时安国铉已经在读秒中下了 40 手棋了。

柯洁判断了一下形势：这安国铉太能扛了，读秒那么长时间，居然阵脚还未乱。这棋是半目胜负，B 位妥协我没有把握，A 位拼搏同样没有把握。我也快进入读秒了，反正横竖不知道哪个好，那就往最强的拼吧！我选在 A 位打劫。

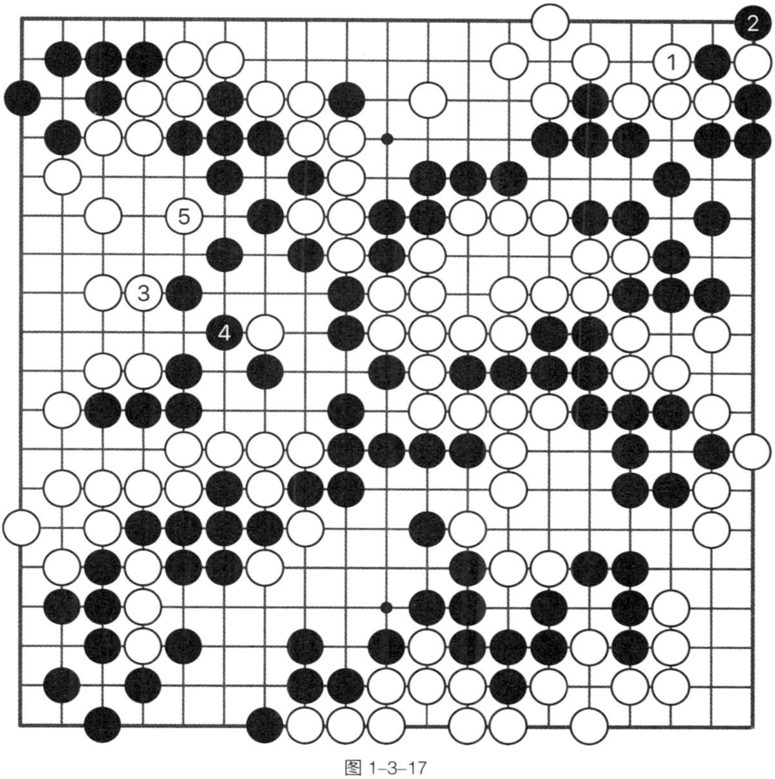

图 1–3–17

图 1–3–17：局后研究结论：白 1 妥协收官，至少可以胜半目。不过柯洁在实战中无法计算清楚后面的变化，因此选择拼搏也在情理之中。

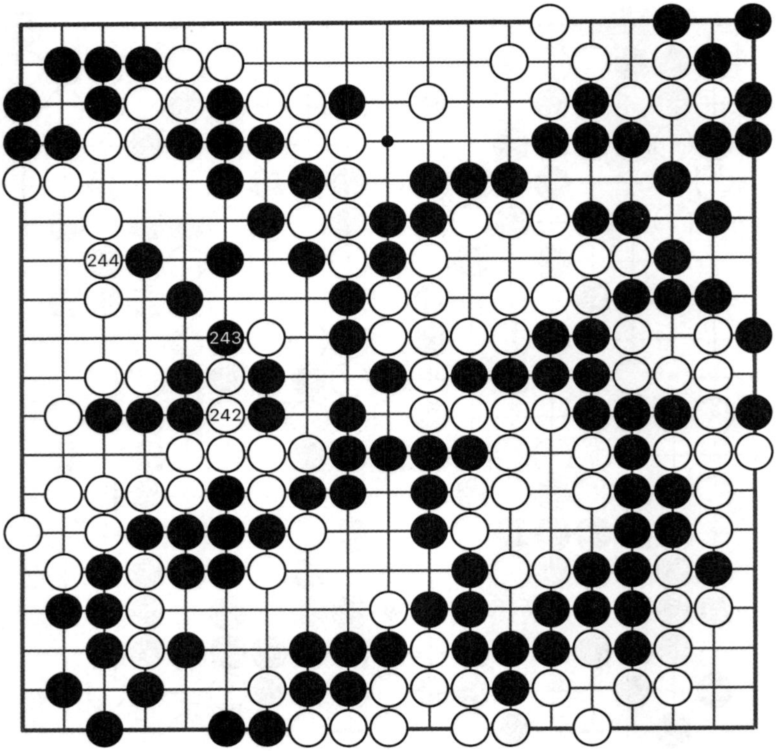

图 1–3–18

图 1–3–18：柯洁一边下出白 242、白 244，一边在想：右边打劫拼搏后形成了连环劫，然后双方形成了转换，得失不清楚。但这棋怎么还是半目胜负？而且感觉自己输面更大，看来还需拼搏！

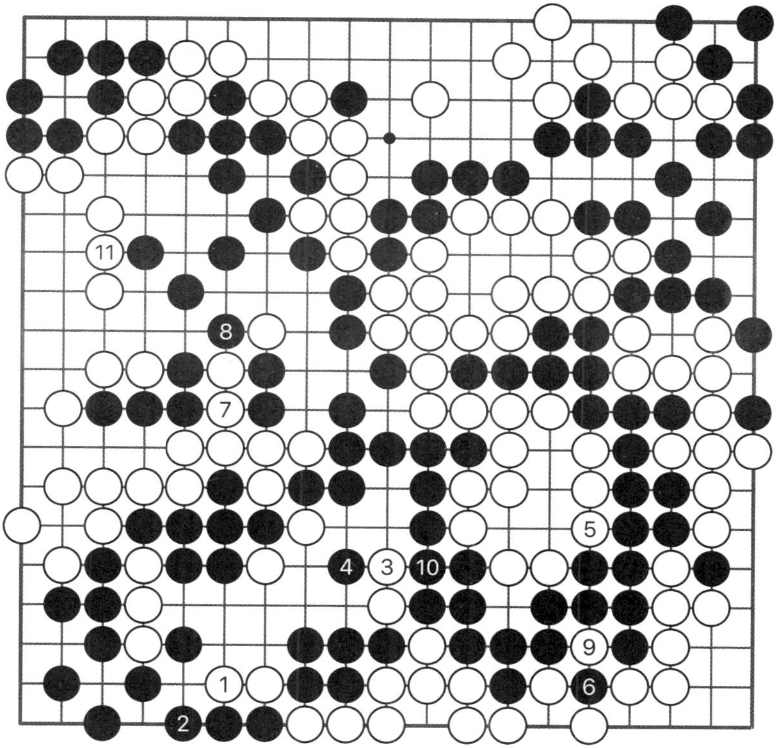

图 1–3–19

图 1–3–19：局后研究结论：柯洁啊，你右上拼搏虽然勇气可嘉，但实战转换结果你不便宜。不过你白 242 本可机会便宜三分之二目，为何你没有下出来？

柯洁：我看到白 5 可以趁黑还没在 6 位提的时候，利用黑气紧的弱点，逼迫黑 10 补回去，这样在实地上便宜三分之二目。 但弊端是我在黑棋空里的劫材少了很多，我觉得这棋形势吃紧，所以想保留劫材，这样棋局更有变数。

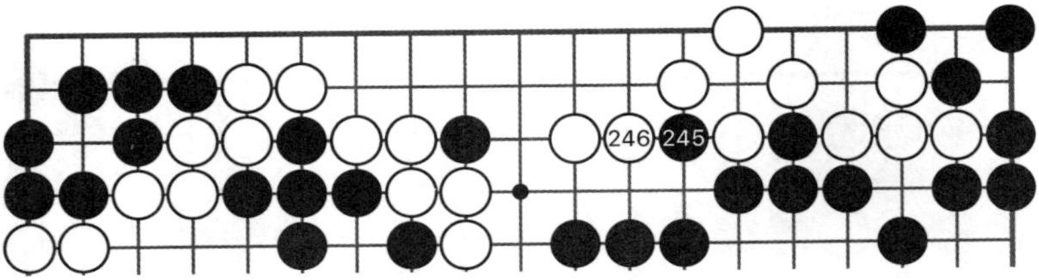

图 1–3–20

图 1–3–20：安国铉落下黑 245 打吃后，柯洁突然兴奋起来：我左下有个劫库，你敢打吃？那我肯定要白 246 撑住这个劫！其实本来我有些担心你下在白 246 位靠。

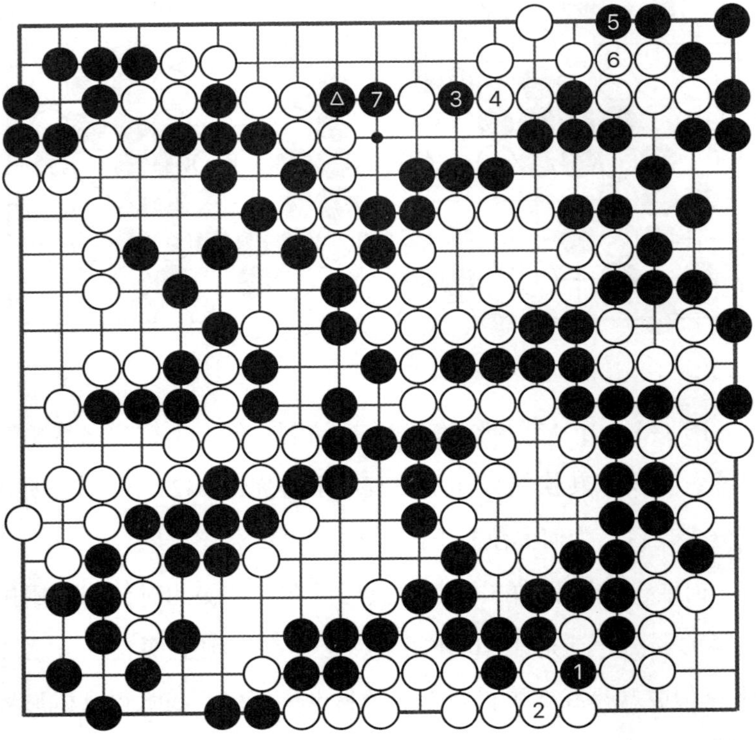

图 1–3–21

图 1–3–21：局后研究结论：柯洁的担心是对的，安国铉应该黑 1 先手提个劫，然后黑 3 靠才是要点。对此你只有白 4 团，他黑 7 动出三角一子。

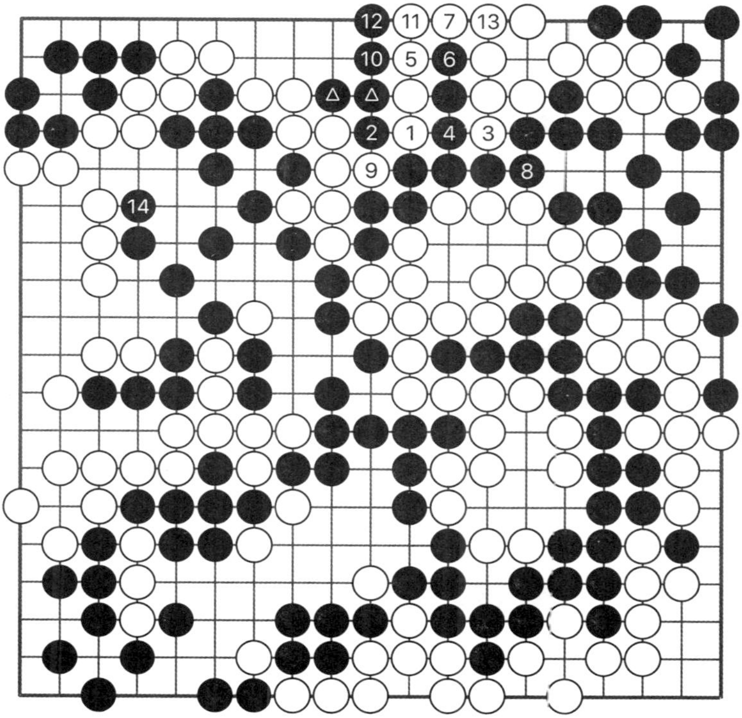

图 1–3–22

图 1–3–22：接上图，白 1、白 3 虽可用精妙的次序吃掉黑三角两子，但由于白 3 与黑 8 交换损了不少，因此黑可弃掉三角两子，今后白棋还要收气吃。这个变化结果肯定优于安国铉实战的下法。黑抢得先手后，抢占黑 14 贴的最大官子，如此黑棋必胜半目。

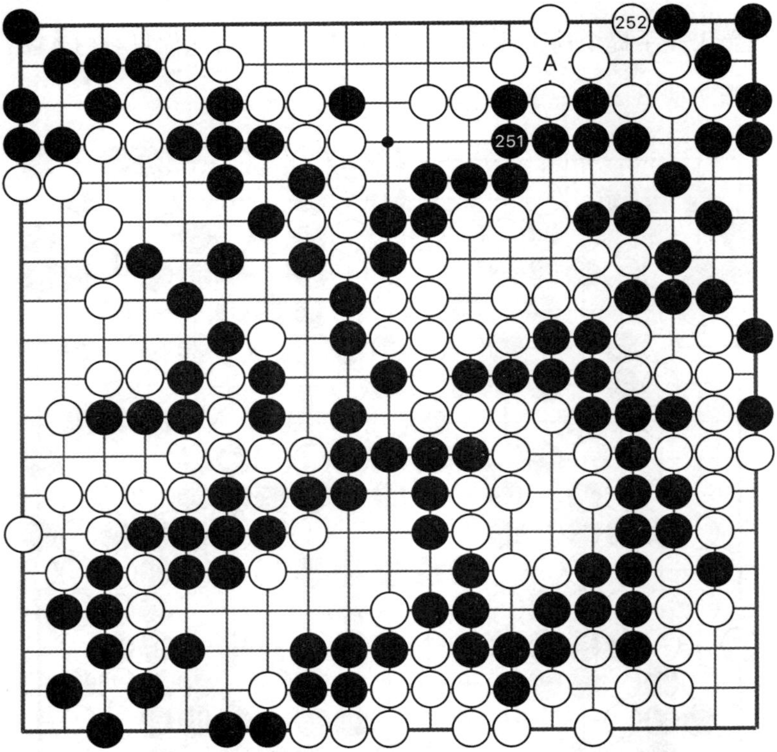

图 1–3–23

图 1–3–23：在实战中，安国铉一看劫材明显不利，只能黑 251 退让劫争。此时的柯洁：这劫把你打回去，感觉我得分了。但问题是接下来我是在 A 位粘劫妥协？还是白 252 继续撑劫？

已经进入读秒的阶段柯洁，一时也不知道 A 位妥协到底能不能赢，于是决定白 252 继续撑劫拼搏。

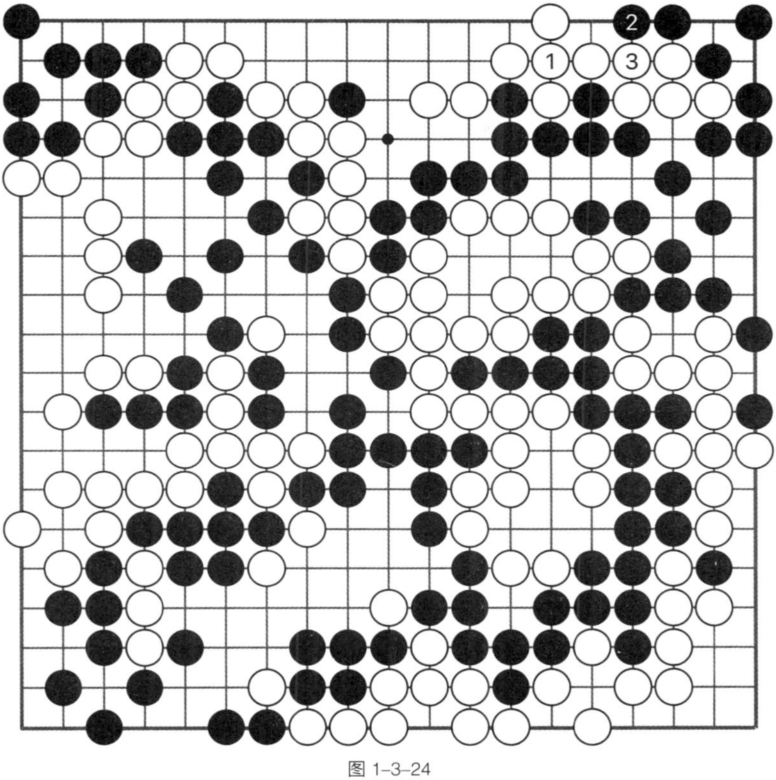

图 1–3–24

图 1–3–24：局后研究结论：柯洁我真为你着急，你只需白 1 粘劫妥协，即可稳胜半目。不过也不能怪你，毕竟你既要看棋局变化，又要判断局势，没有那么多精力来确认自己是否稳胜，追求最强着法也合乎情理。

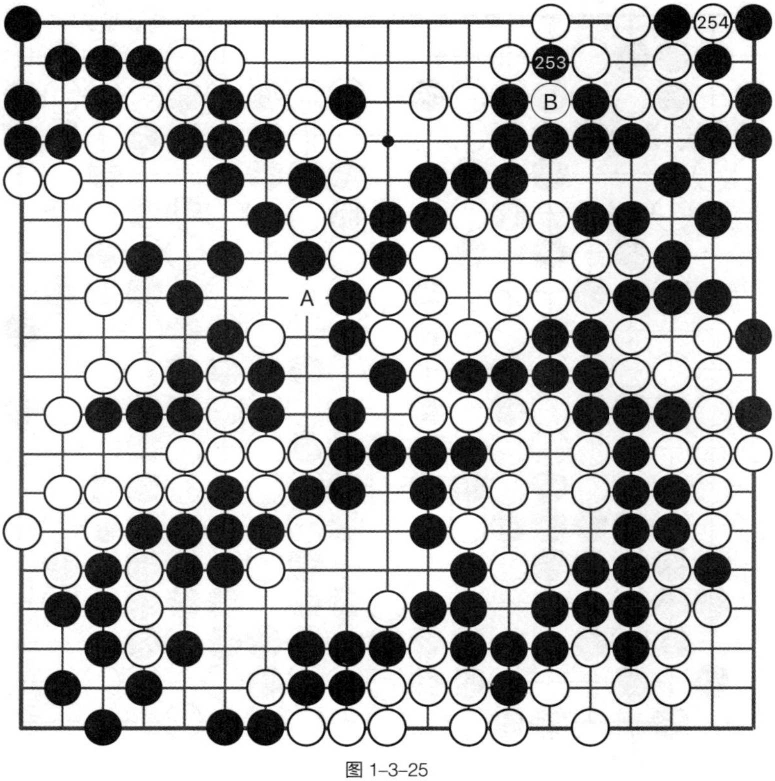

图 1–3–25

图 1–3–25：安国铉黑 253 提劫的时候，柯洁白 254 秒提。

局后研究结论：柯洁你白 254 拼过头了！你只需要在 A 位找劫，仗着左下的劫库打赢 B 位处这个劫就可赢棋，你玩火玩大了。

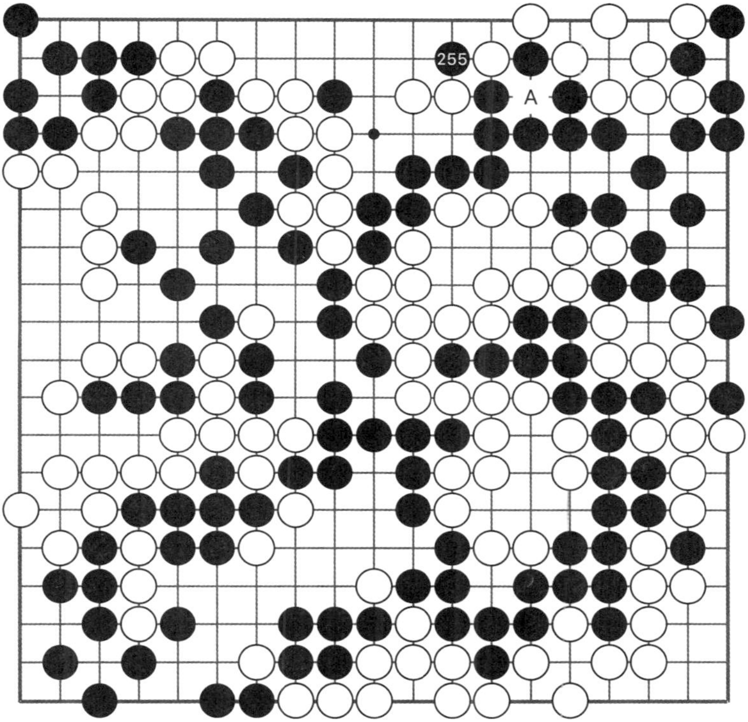

图 1–3–26

图 1–3–26：下面我们把镜头切到安国铉的视角。

安国铉：我在读秒中已经下了 60 个回合了，又累又晕，这柯洁太不好对付了。关键这棋就一直没看到简明的胜利图，判断不清局势，但感觉肯定是半目胜负。咦？柯洁白 254 什么意思？不要命了？机会来了！

局后研究结论：安国铉黑 255 开劫十分严厉！本来白 A 位处的劫可稳胜，但现在被黑 255 叫吃着打劫，白这个劫顿时变重。

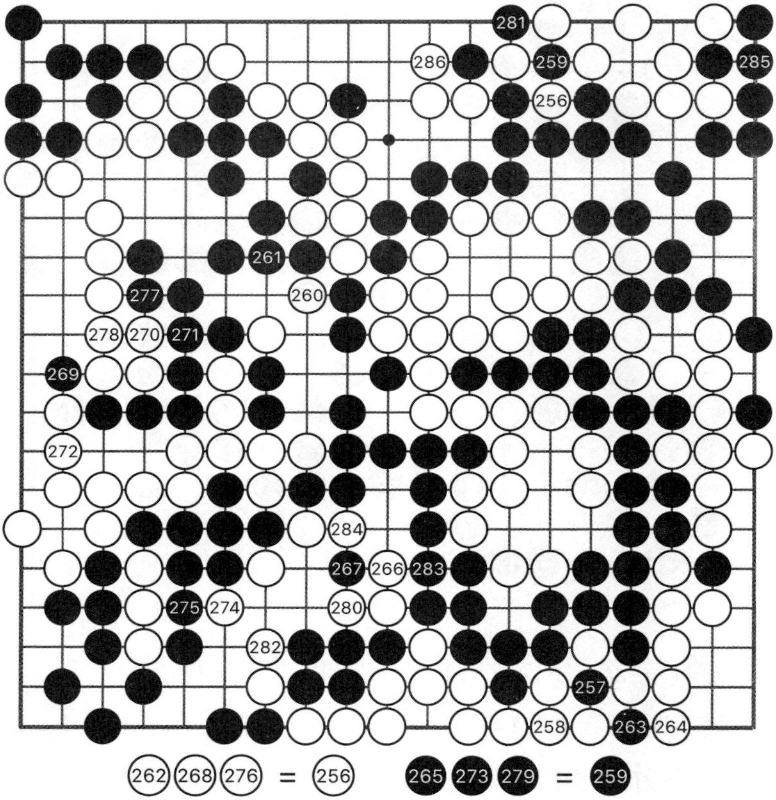

实战谱 5（256–286）

此时柯洁也进入了一分钟内必须落子的读秒阶段。局势越来越白热化。

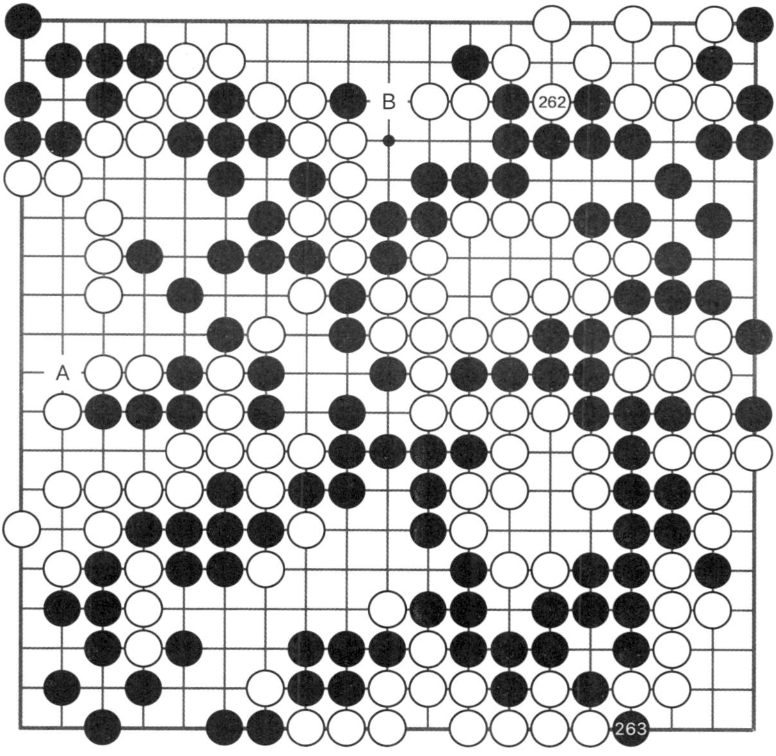

图 1–3–27

图 1–3–27：柯洁白 262 提劫时，安国铉陷入了疑惑。黑 263 和左边 A 位处都有劫材，但 B 位处是本身劫。B 位处本身劫的好处是可以让右上白劫争变得更重，但弊端是有可能损目。到底先找哪个劫材好？

这时，安国铉只有一分钟的时间来思考，在实战中他没有选择找 B 位处本身劫材，而是黑 263 先找外面的劫材。

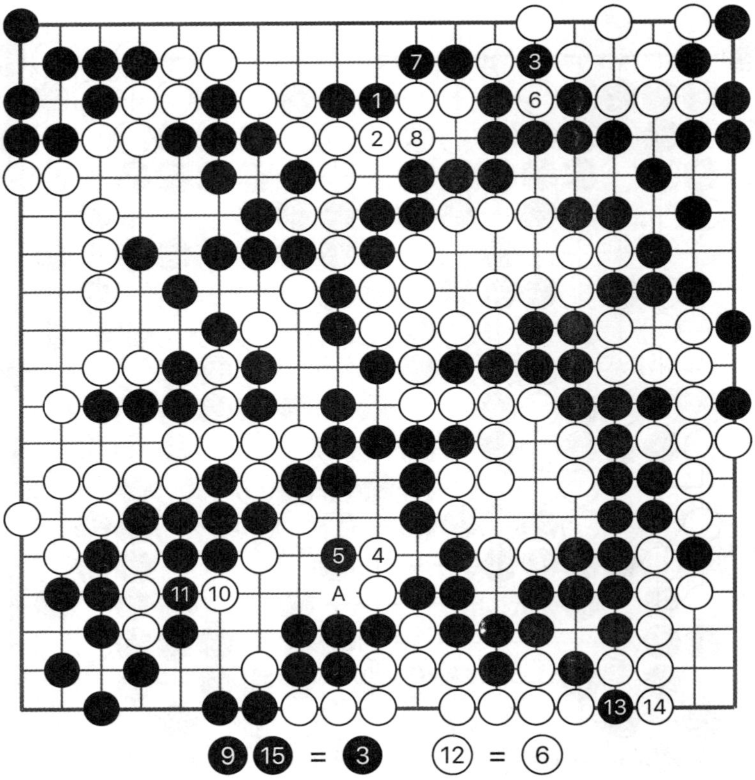

图 1–3–28

图 1–3–28：局后研究结论：安国铉你错失了良机！此时黑1、黑 7 的劫材损目数不是关键，关键是你要用黑 1、黑 7 这两枚劫材把白棋养大吃肥。黑 1、黑 7 先手交换后，白棋上方的劫顿时变得更沉重了，导致白在左下黑空里 A 位处都不是劫材。这样黑棋可稳稳打赢这个劫。

安国铉若是这样找劫材的话，柯洁基本上就要输了。实战则使棋局复杂莫测。

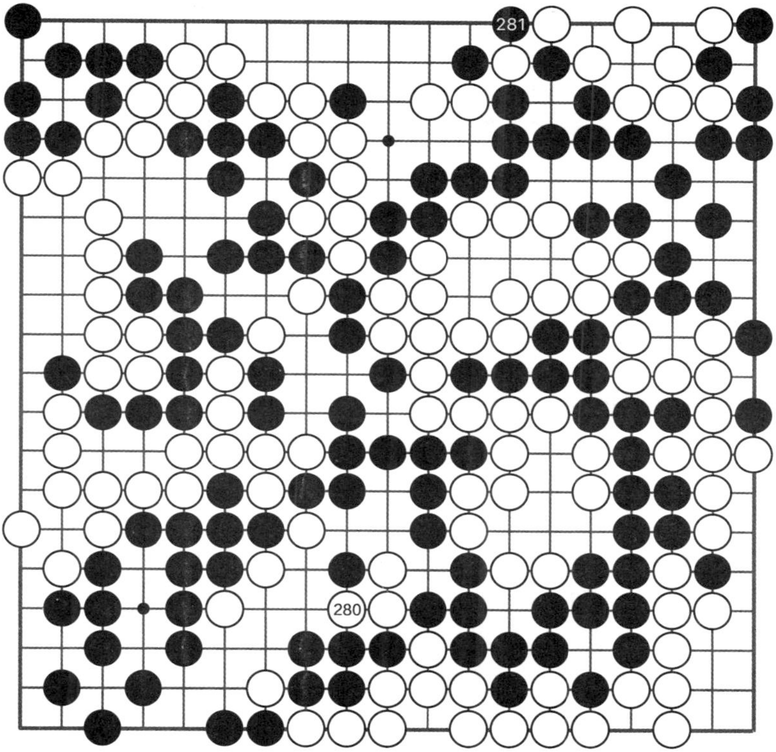

图 1–3–29

图 1–3–29：随着棋局的发展，本局最高潮的部分即将到来，当白 280 冲找劫材的时候，柯洁想：这个劫感觉自己危险，虽然已经快筋疲力尽，但也只有硬撑下去了。啊！我没看错吧？幸福来得太突然了！安国铉黑 281 居然放弃劫争了！这转换白棋不是明显赚了吗？三星杯终于到手了。

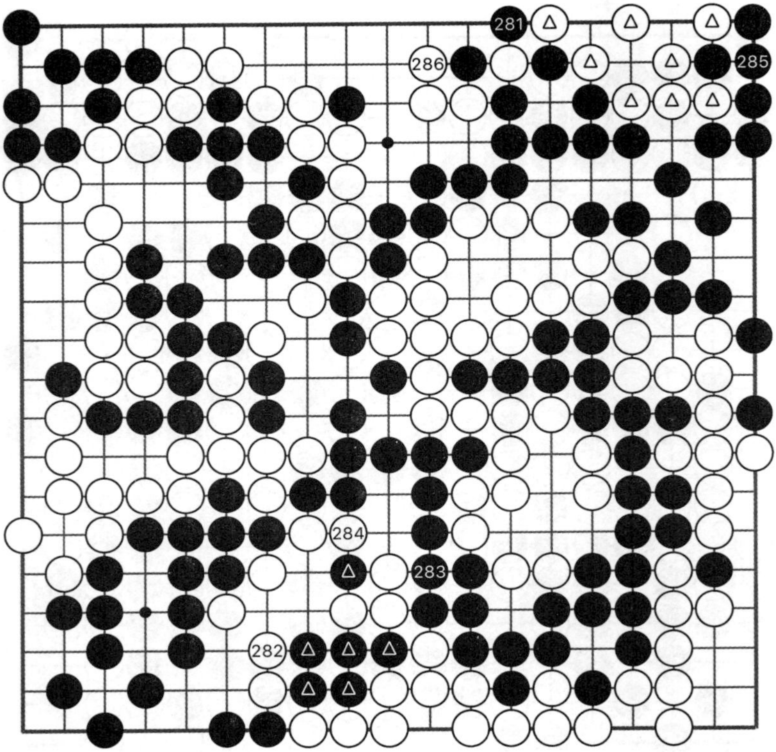

图 1–3–30

图 1–3–30：我实在无法理解安国铉此时的想法，黑 281 放弃劫争等于认输。而如果他继续劫争的话，首先保证还没输，其次赢的希望还很大！

局后研究结论：黑 281 消劫后，白 282、白 284 吃到黑三角六子，黑 285 粘上吃掉白三角八子，形成了一场大转换。但问题的关键是柯洁白 286 可抢先占到全局剩下的唯一超级官子，一下子打破了双方实地的平衡，胜负顿时失去悬念。安国铉黑

281 消劫突然放弃比赛，让人无法理解。

如果黑 281 继续劫争的话，会怎么样呢？

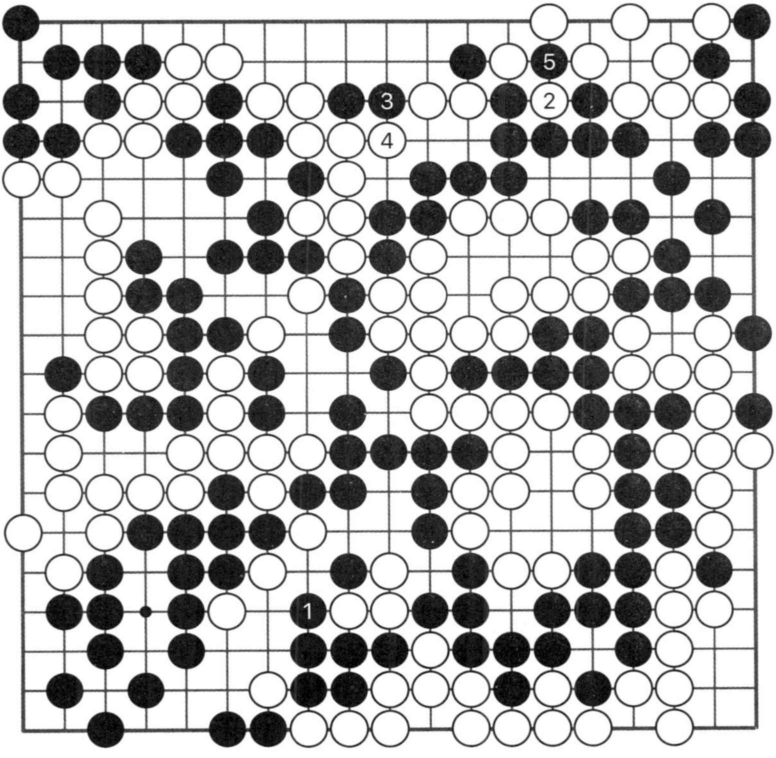

图 1–3–31

图 1–3–31：黑 1 必须应劫，然后白 2 提劫。黑 3 顶找劫材后，黑 5 提劫。这时候白棋有两种选择。

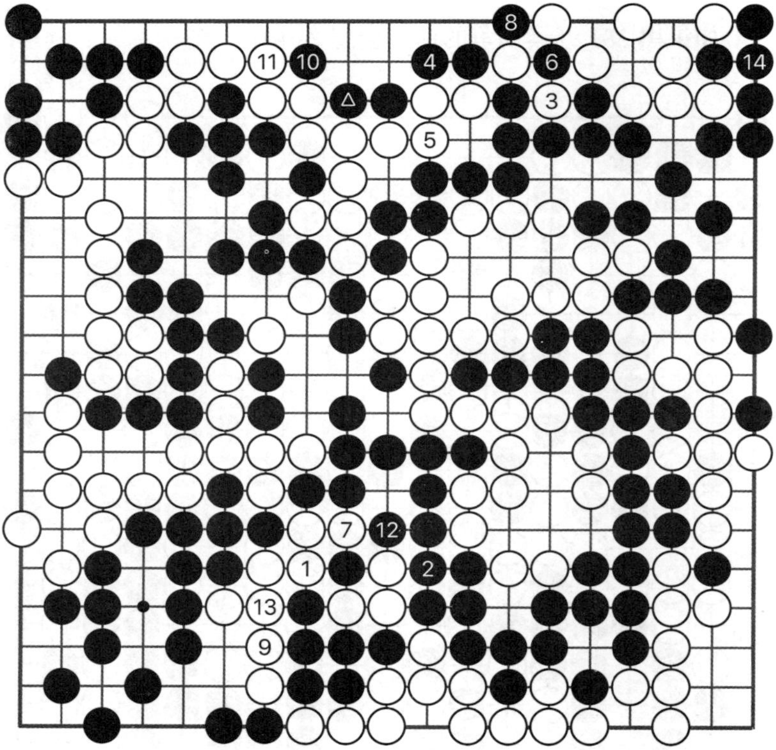

图 1–3–32

图 1–3–32：第一种选择是白 1 继续打劫顽抗，但黑 4 这枚劫材找劫的同时，顺势把黑三角一子给救回来了。只要黑三角一子救回来，黑棋就有放弃劫争与白转换的资本。至黑 14 吃住白角，虽然和实战是一样的转换，但是大家一定要注意：此图与图 1–3–30 实战相比，黑三角一子已经连回去了，这差别太大了！如此黑可稳胜半目，因此白棋不能打劫顽抗。

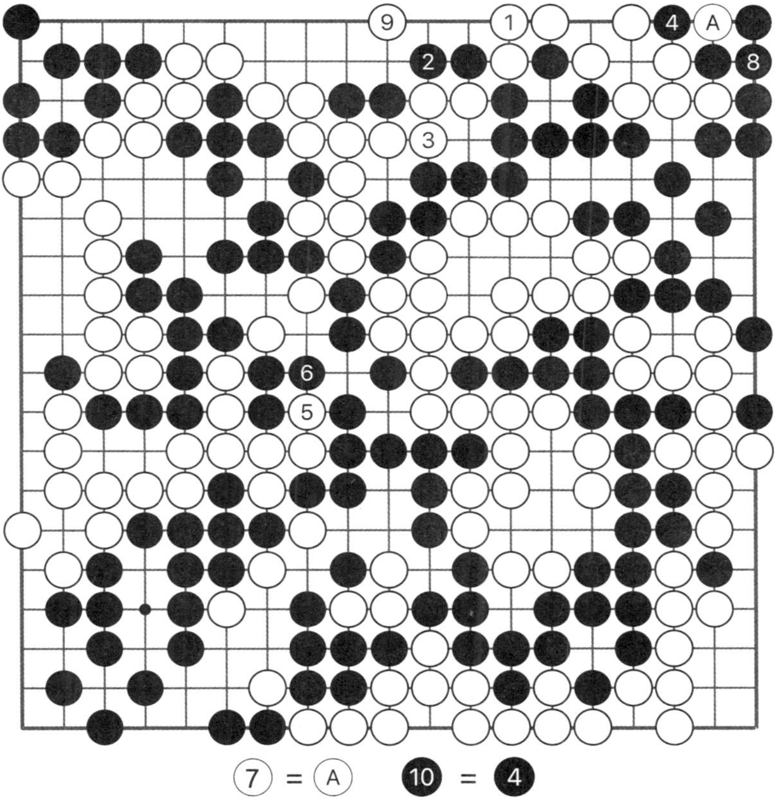

图 1–3–33

图 1–3–33：所以白 1 只能暂时退让劫争，黑 2 先手连回两子后，黑 4 提劫。局面的焦点顿时变成了黑 10 处的劫争。黑 10 之后的后续变化非常复杂，而胜负则在 1 目和 1 个劫材之间[①]。不过此图中还蕴含着一个新问题。

① 这一结论是由就职于弈客围棋的杨冬四段研究出来的。

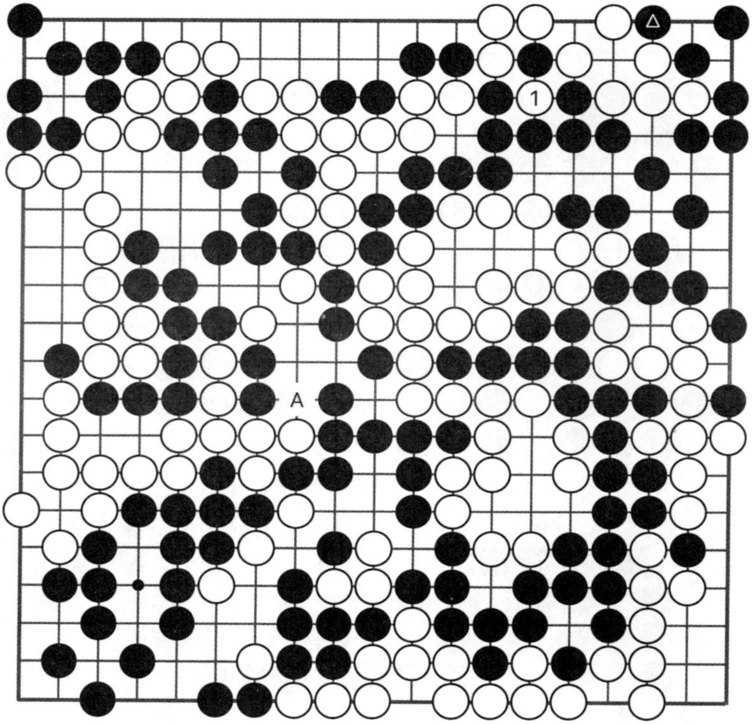

图 1–3–34

图 1–3–34：上图中黑 4（黑三角一子）提劫的时候，白除了在 A 位找劫材去争黑三角处的劫，还有白 1 提另外一个劫的手法。白 1 提劫后，由于白棋没有使用掉 A 位这枚宝贵的劫材（因为胜负在 1 枚劫材之间），右上的劫争顿时新生变数。

关于白 1 之后的变化，我和国家队众高手在赛后研究了一上午。其中的变化要是展示出来的话，估计有 50 多张图。虽然黑棋胜面大，但我们还是没有得出黑棋是否能赢的结论。大家摆得肚子都咕咕叫了，最后只能暂时作罢。

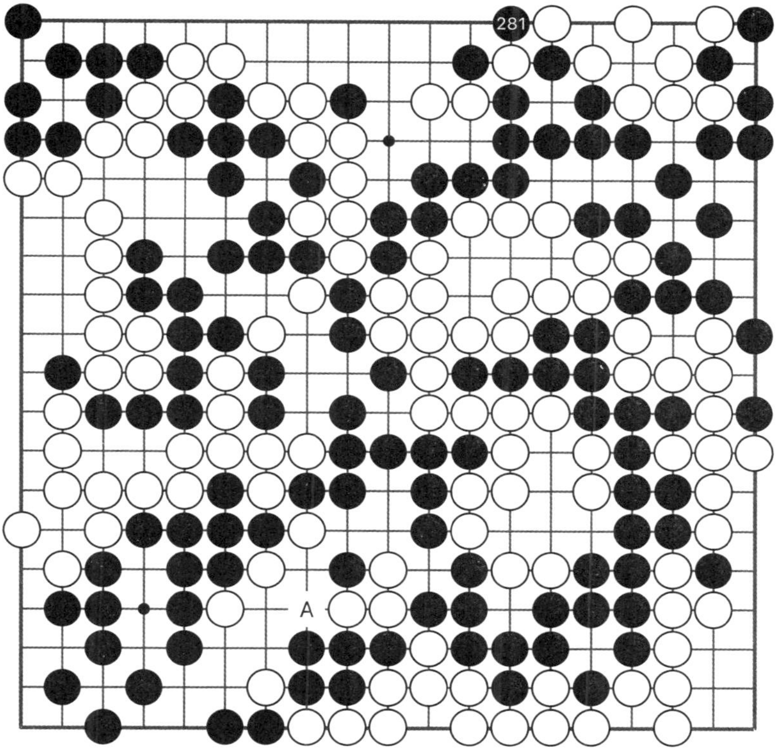

图 1–3–35

图 1–3–35：从目前已知的信息来看，安国铉黑 281 若继续在 A 位应劫的话，黑棋就算能赢，胜负也是在 1 枚劫材和 1 目之间的钢丝行走。其次，白棋有各种顽抗的手段，其中涉及紧气劫、缓气劫、两手劫等劫争套餐。大家都知道，只要涉及劫争，变化就不会少，更何况还是个套餐。所以我这里想说的不是安国铉黑 281 继续劫争的话是否能赢，而是安国铉绝对不能黑 281 去消劫。

大家通过我的分析可以看出，这盘棋到了最后，由于胜负在半目之间，棋局又极为复杂，所以无论柯洁还是安国铉都已处于实战的迷雾中，根本无法把握客观的份寸，双方你来我往地错进错出。棋下到这个份儿上，他们都已经是下着看了，能撑就撑，能拼就拼，完全是放手一搏了。这时候比的已经不是你能不能一拳把对方打倒，而是你能不能继续站着。只要你能站着，对方就有可能倒下去。虽然不能说安国铉黑281继续劫争，柯洁就一定会倒下去，但至少安国铉有了争胜的可能性。

人们常说："尽人事，听天命。"我认为安国铉黑281若是继续劫争，起码是尽了人事，至少有争胜的机会。

赛后大家都说柯洁强者运强。我以前一直以为这个"运"是抽象无形的，但这次看完棋后，我发现"运"其实有一半是有形的。有形的这一半就是你必须尽人事，继续拼搏，这样才有资格争胜。你不知道哪一步可以赢棋，但你起码应该知道哪一步不会输棋。所以若想赢棋，你就要先从学会不输棋开始。

强者之所以运强，很大程度上是因为他们知道下哪步棋是绝对不行的，这样才有好运的可能性。围棋如此，人生亦是如此。

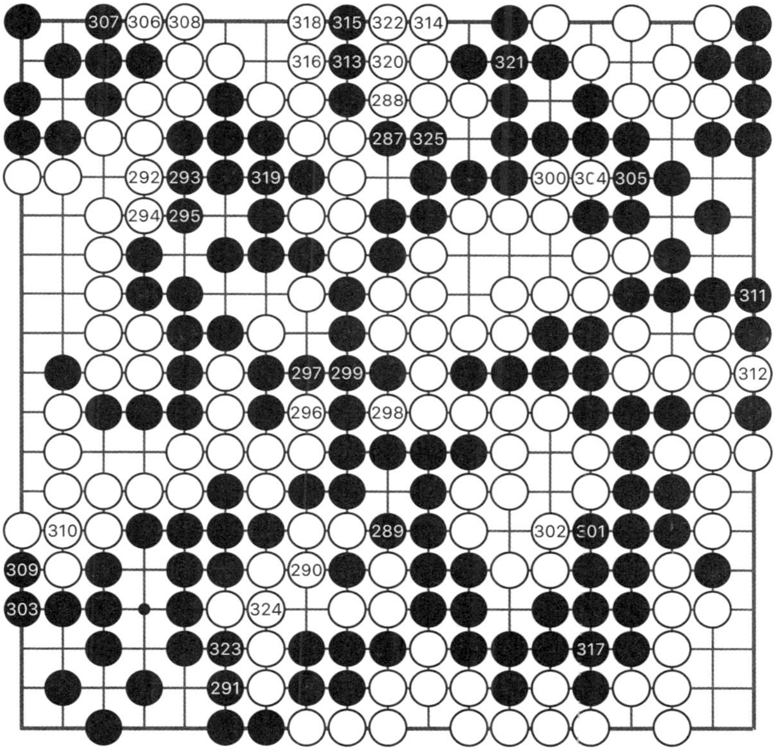

白胜 5 目半

实战谱 6（287–325）

第2节
第一届天府杯世界赛决赛
（陈耀烨对战申真谞）

第一局

（此照片由蓝烈先生提供）

2018年12月23日，第一届天府杯世界围棋职业锦标赛决赛三番棋首局在四川落子。“80后”中国棋手陈耀烨执白中盘战胜了“00 后”韩国第一人申真谞，先拔头筹。这盘棋双方都下得很好，棋局一直处于胶着状态，直到最后才突然决出胜负。

既然局势一直很胶着，而且双方都保持着很好的竞技状态，那么申真谞为什么在最后阶段突然就垮了呢？其背后的缘由又是什么？下面我就与大家分享一下我对这盘棋的分析和感想。

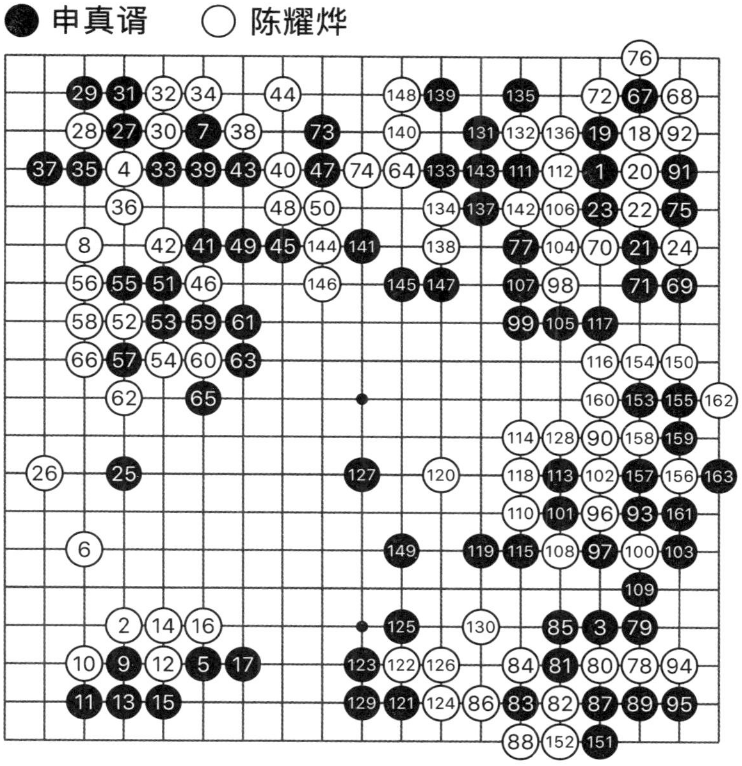

实战谱 1（1–163）

中国棋手陈耀烨是 1989 年出生，当时 29 岁。
韩国棋手申真谞是 2000 年出生，比陈耀烨小 11 岁。

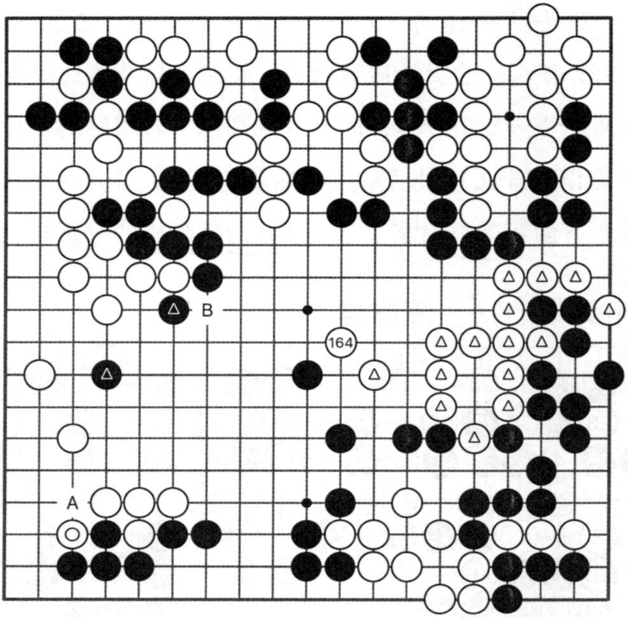

图 2-1-1

图 2-1-1：陈耀烨执白。棋局已经进入了后半盘，当时的棋局是白棋空多，黑棋厚实。由于右边白三角数子没有安定，所以白 164 小尖不可省。白 164 一边搭眼，一边往外出逃。而黑棋当下要想吃掉白棋右边这块棋是不可能的。不过大家一定要注意此局面下的两个重点：

1. 左下角黑 A 位断吃白圆圈一子实地价值巨大。

2. 左边黑三角两子不仅有些薄弱，还留有 B 位的断点。

在此局面下，从实地的角度来看，左下 A 位这个点就像是铁矿里的小金矿。因此黑棋只要能占到这一点，就可以挽回实地上的劣势。反之这一点若被白棋抢到，那黑棋在实地上的差距将进一步被拉大。但黑棋需要提防自己 B 位的断点，看来 A 位这个金矿似乎不好挖。大家看到这里，估计会想利用白棋右边未安定的大块来做文章。

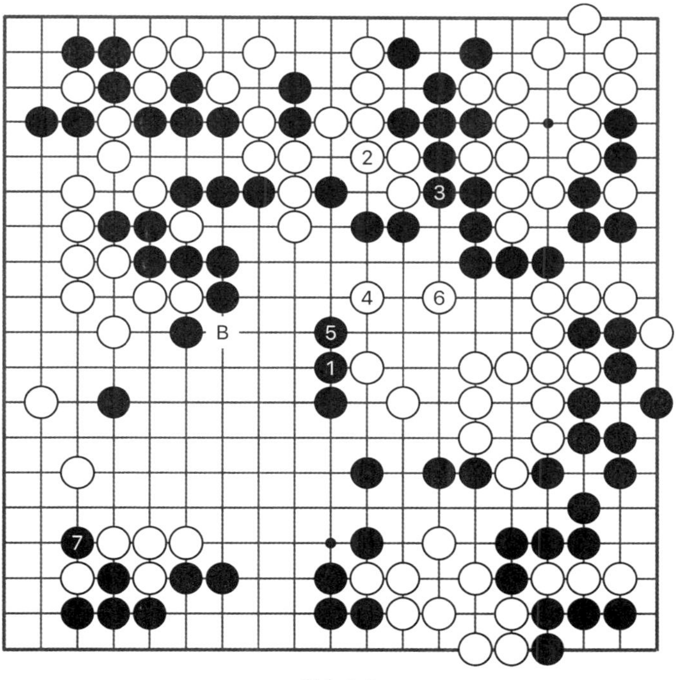

图 2–1–2

图 2–1–2：黑 1、黑 5 先手压迫右边白大块，逼白 6 做活。这样一来，由于黑 1、黑 5 两颗子的援兵存在，黑当初担心的 B 位断点就不严厉了。如此黑 7 就可以放心地跑到左下角挖金矿去了。多么完美的计划！但我前面忘了说第三个重要问题了。

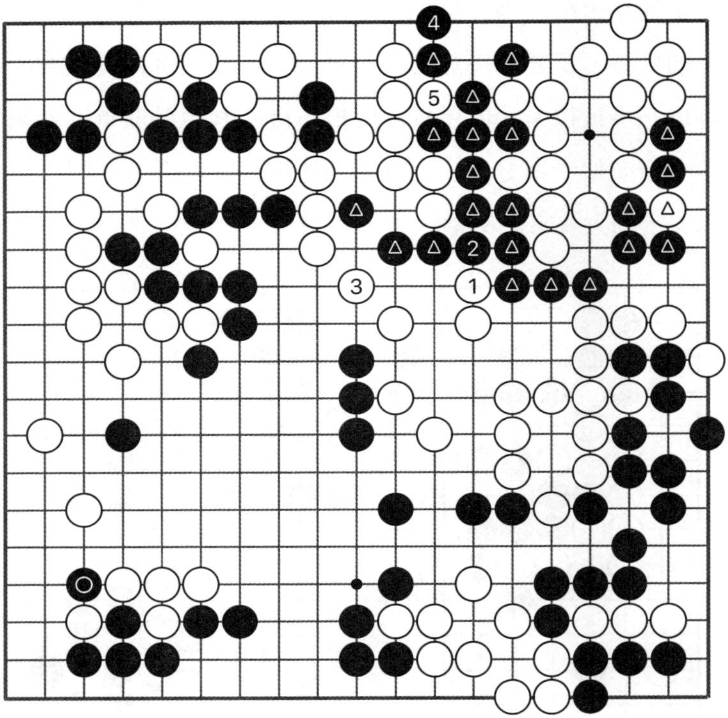

图 2–1–3

图 2–1–3：黑圆圈的确是抢到金矿了。但是，右上黑三角大龙并没有安定。白 1 先手冲一下后，白 3 封锁黑右上大龙。这时候黑右上大龙除了白三角一子处有一只眼外，已经做不出第二只眼了。黑 4 看似可以搭眼，但白 5 一挤后，黑棋局部没有眼位。看来问题没那么简单。那黑棋这时候到底应该怎么办呢？

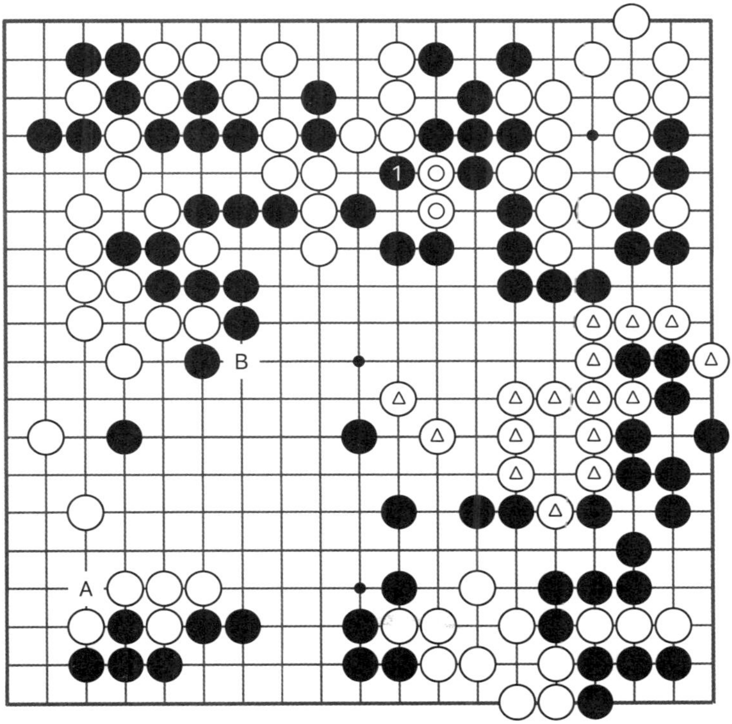

图 2–1–4

图 2–1–4：黑 1 冷静地自补一手，吃住白圆圈两子的同时彻底将右上黑大龙活净。这步棋的实地价值并不大，但它起到了两个作用：

1. 将右上黑大龙活净。

2. 右上黑大龙活净，导致右边白三角大龙变得更薄弱。而白棋由于要顾及右边大块，所以不敢在 B 位断开黑棋。黑等于间接补了 B 位的弱点。

可问题是黑 1 落了后手，若这样的话，左下 A 位的金矿不是被白棋抢走了吗？黑棋如何挽回实地上的损失？我估计申真谞在读秒时也有此疑问。所以他在实战中没有选择黑 1 的下法。黑 1 是围棋 AI 的首选，我们来看看 AI 的后续想法是什么。

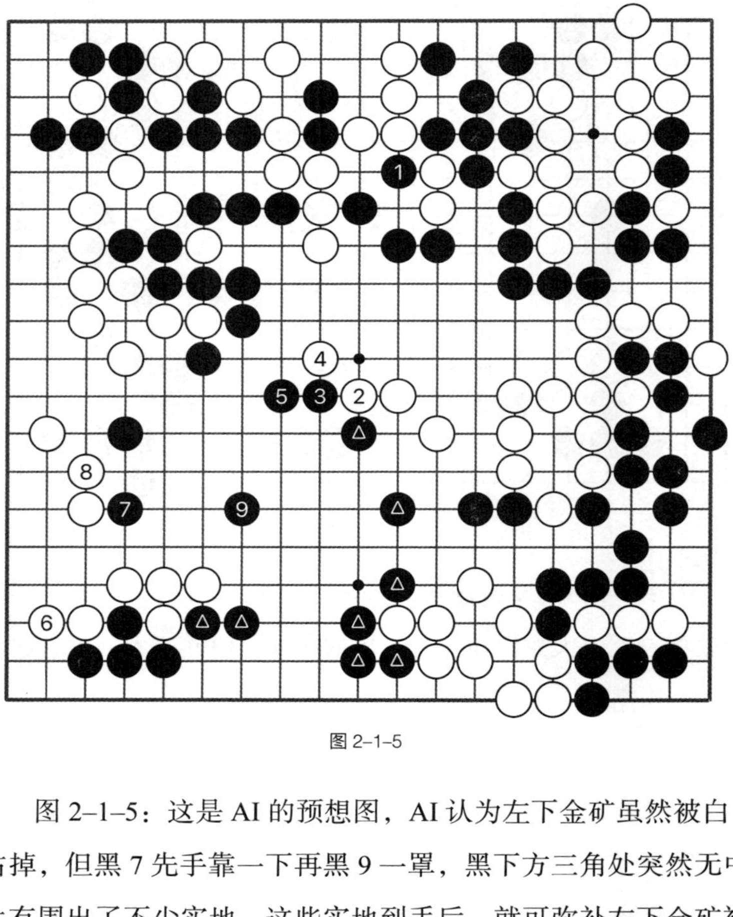

图 2–1–5

图 2–1–5：这是 AI 的预想图，AI 认为左下金矿虽然被白 6 占掉，但黑 7 先手靠一下再黑 9 一罩，黑下方三角处突然无中生有围出了不少实地，这些实地到手后，就可弥补左下金矿被白 6 占去的损失。如此进行的话，AI 认为黑棋的胜率在 50% 左

右，这将是极为细微的局面！

但我觉得申真谞在读秒中很难冷静地去黑 1 自补，而且他在短时间内无法预见黑 9 围出的隐形实空。他的注意力都集中于左下的金矿上。我们来试着分析一下他接下来的思路。

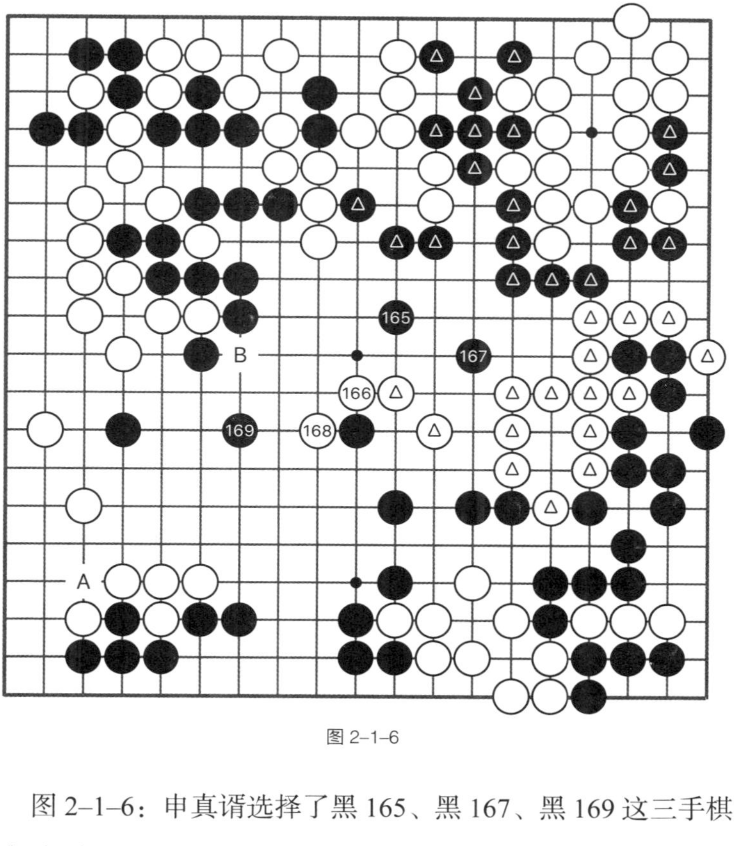

图 2–1–6

图 2–1–6：申真谞选择了黑 165、黑 167、黑 169 这三手棋。我们来看看这三手棋的用意。

黑 165、黑 167 这两手棋的作用之一是搭了一只铁眼，彻底将右上黑三角大龙活净了，二是破坏了白右边三角大龙的眼位。而黑 169 则是补住了 B 位断点的弱点。可以说黑棋这三手棋消除了自身两个隐患，同时破坏了白棋右边大龙的眼位。

但在这个过程中，白 166、白 168 在出逃时顺便将黑中央的潜力（AI 认为可以围空的地方）给破坏了。这是黑棋这三手棋所带来的弊端。那么申真谞此举到底是为了什么？

我想，他是为了在确保自身无碍的情况下去抢左下 A 位的金矿。而他此举所有的赌注都在于由于黑 167 破坏了白棋大龙的眼位，所以白棋大龙需要补一手做活。

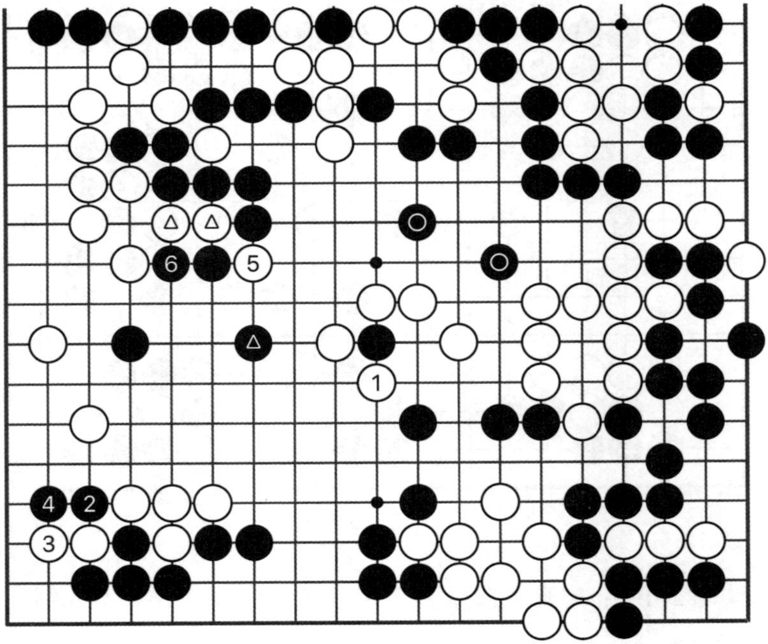

图 2-1-7

图 2–1–7：陈耀烨若是白 1 补活右边白大龙，那申真谞的算盘就实现了：黑 2 抢到全局唯一的金矿，顿时挽回了黑白实地上的差距。这时我们就会发现黑之前的三手棋闪闪发光。黑三角一子防住了白 5 断的手段（黑 6 一打，白 5 和白三角两子无法兼顾），黑圆圈两子则安定了左上黑大龙。

但是申真谞似乎忽略了一个棋盘外的关键因素：陈耀烨靠治孤吃饭已经快 20 年了。虽然陈耀烨也早已进入读秒，但是他可不会因为怕死棋而错过左下的金矿。

图 2–1–8：白 172 直奔金矿！是本局的胜着！

局后陈耀烨跟我说："一直都感觉很难说，直到抢到白 172 左下立的时候，我才觉得要赢。"

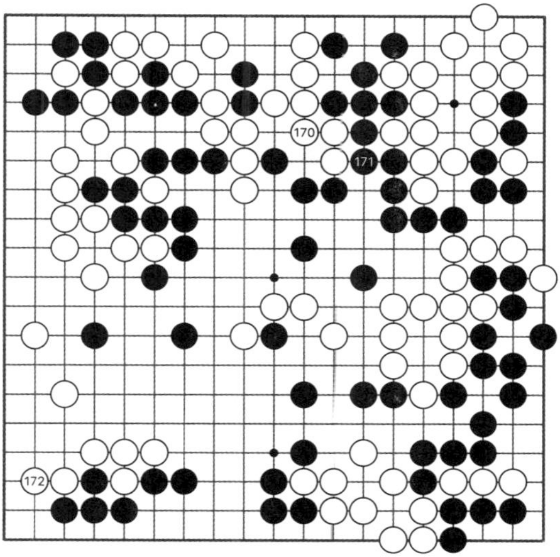

图 2–1–8

我很好奇地问："那你中央大龙不怕死吗？"

"那时候中间不可能死。"这句话从陈耀烨嘴里说出来是那么的自然。估计申真谞要是听到这句话，肯定不敢赌这一下了。

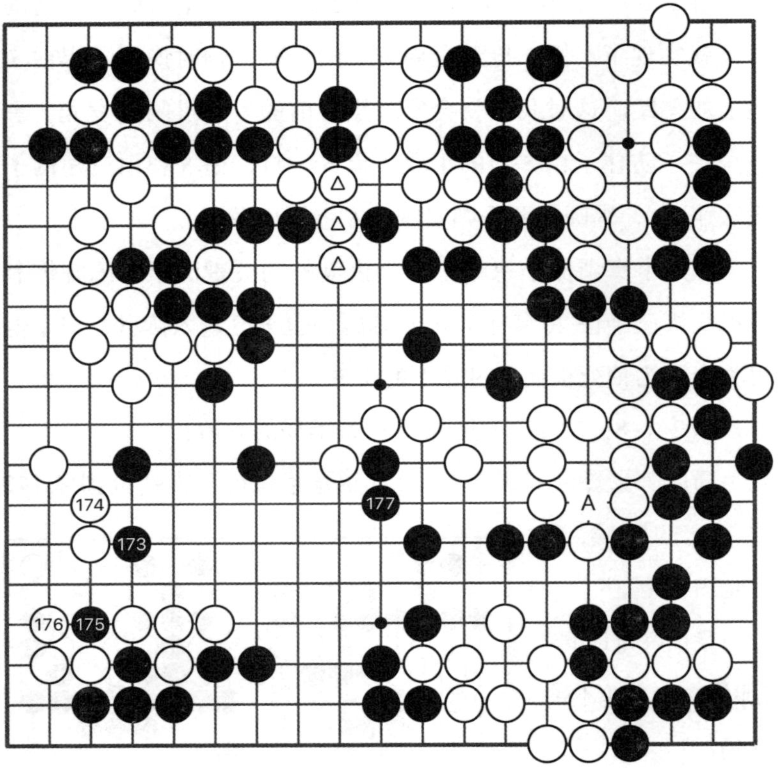

图 2–1–9

图 2–1–9：陈耀烨抢了左下角的金矿后，申真谞数目肯定数不过陈耀烨。于是黑 173、黑 175 做好准备后，黑 177 开始屠龙。白右边大龙身陷黑阵，自身只有 A 位处半只眼，而且与上方白三角的联络不是很容易，似乎一下子没了活路，但陈耀烨早就看好后路了。

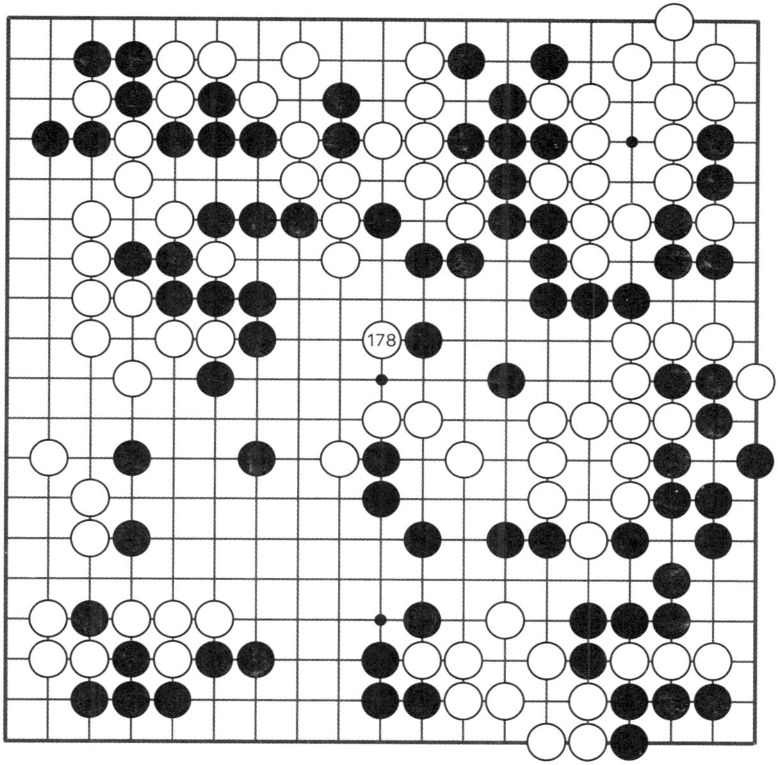

图 2–1–10

图 2–1–10：白 178 靠，是陈耀烨早就看好的着法。

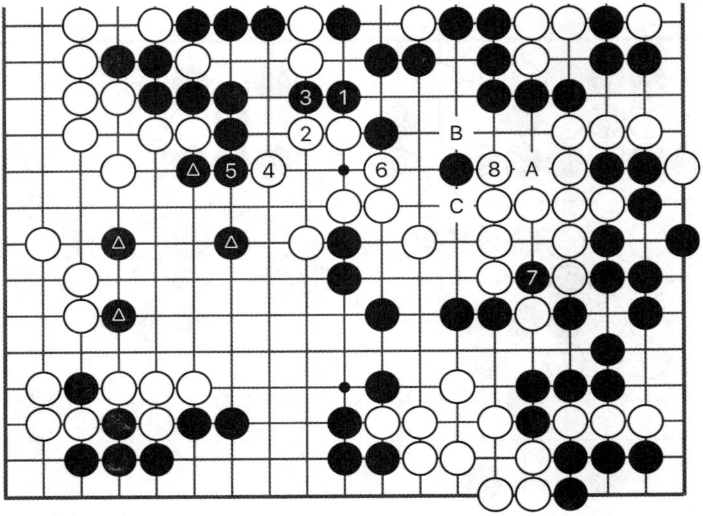

图 2–1–11

图 2–1–11：黑若想杀白棋，就必须黑 1、黑 3 切断白棋归路。对此白 4 尖是先手，黑 5 若不应的话，白在黑 5 一断，黑三角四子危险。有了白 4 的先手，白 6 就可搭出一只眼位。但黑 7 灭掉白剩下半只眼后，白第二只眼位去哪里找?

陈耀烨早就看到了隐藏着的第二只眼。白 8 一勾后，接下来 A、B 两点必得其一，黑棋已经无法阻挡白棋第二只眼的诞生。其实黑 7 在破白棋眼位时，最强手是在 C 位先冲，但是白不用接上，而是可以直接补在白 8 位，这样白棋还是活了。

这里眼形的要点有两处：一是白 4 尖的先手，二是白 8 勾的要点。这两处要点虽然现在来看似乎挺简单，可难就难在陈耀烨在实战中早已预判和看到这两处要点，这正是他的成名绝技。

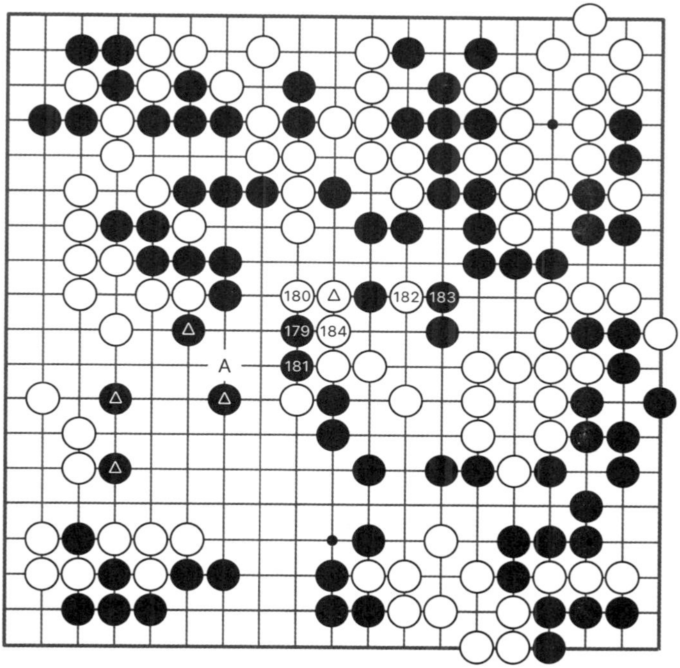

图 2–1–12

图 2–1–12：白三角靠的时候，申真谞也算到了无法杀白棋，只好黑 179、黑 181 临时撤退。白 184 顺利联络前，白 182 顺便揩了一把油，这时候申真谞已经无力回天了。

现在这个结果的黑棋与图 2–1–5 中 AI 的推荐相比，不仅实地亏损，而且黑 179、黑 181 这两颗子气太紧，给白棋留下了 A 位靠的严厉手段。所以黑三角四子显得很薄弱，黑根本无法有效围下方的实空了。

早知今日，还不如当初听 AI 一计。不过，人类棋手在实战时的确很难想到 AI 这一计。就算想到了，也未必有勇气去下。

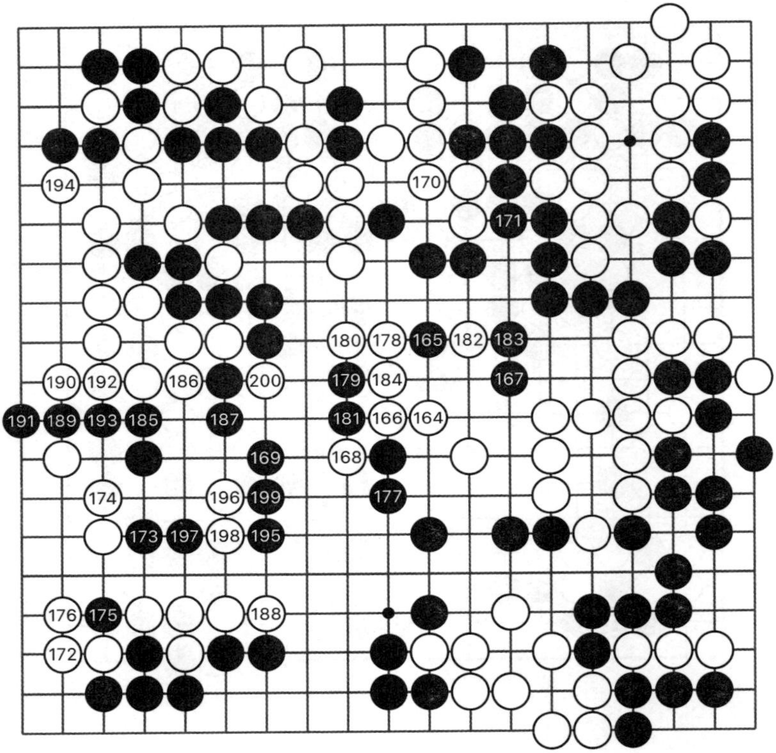

白中盘胜

实战谱 2（164–200）

局后复盘时，申真谞没有摆后半盘的变化，他和陈耀烨主要探讨了开局的变化。看来他应该觉得白 164 的时候，这棋已经不太好下。

此局看似是申真谞在最后关头一泻千里，但其实从整个进程格局来看，申真谞进入了陈耀烨擅长的调子，所以他每步棋都尽力了，却输得没脾气。反观陈耀烨，他一直在贯彻自己的围棋观：不管什么诱惑，我都坚持下我自己的棋。

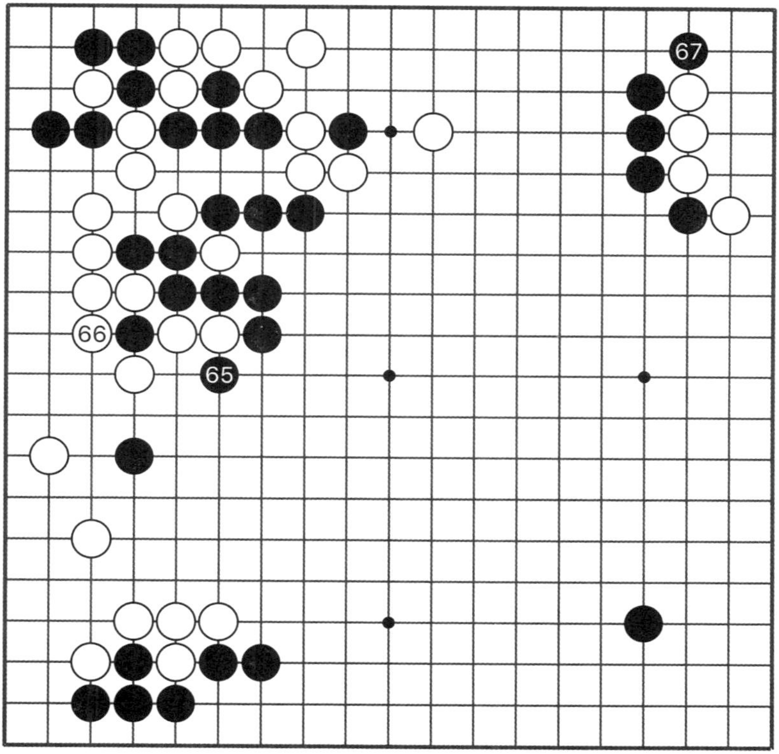

图 2–1–13

图 2–1–13：我印象很深的是，当申真谞黑 65 打吃的时候，陈耀烨冷静地在白 66 位提黑一子，确保自身安全。这里黑 65 能先手把白棋打回去，心情还是挺愉快的。其实黑 65 时，白棋并非没有反击手段。

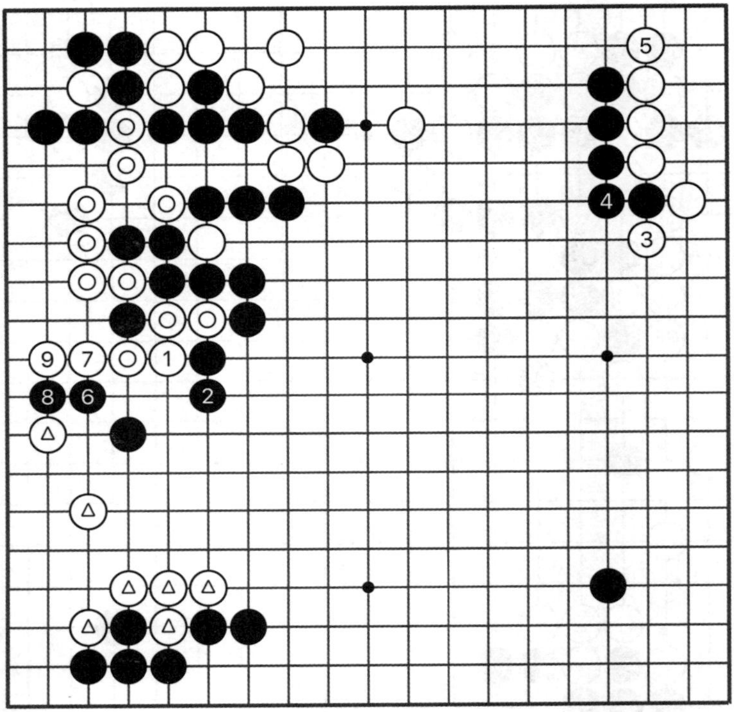

图 2–1–14

图 2–1–14：白 1 粘上是 AI 推荐的反击手段，对此黑 2 只有长。然后白脱先抢占右上白 3、白 5 绝好点。左边黑 6、黑 8 虽可分断白三角和圆圈两块棋，但白 9 冷静应对是可战的。从事后的角度来看，AI 推荐的反击手法是对的。

但陈耀烨就是为了避免棋局偏离了他擅长的轨道，才放弃了这个反击手法。那到底是 AI 说得对，还是陈耀烨选择走自己的路对？我想，这个问题真的没有答案，完全因人而异。

若是让我来选的话，我也会和陈耀烨一样选择适合自己的路，哪怕因此掉些胜率。因为所谓的胜率，只是 AI 眼中的胜率，而人类棋手和 AI 之间的算力是有明显差别的，更别提人类棋手之间的算力也有很大的差别，所以我认为还是选择自己擅长的棋路更为重要。而且，棋手只有在自己擅长的棋路上一直下下去，才能产生可叠加性的成长和进步。我想这一点，也同样适用于正在阅读本书的各位读者。

第二局

2018 年 12 月 25 日，第一届天府杯世界围棋职业锦标赛决赛第二局在四川落子。申真谞执白 2 目半小胜陈耀烨，扳回一局。这盘棋的焦点在于陈耀烨黑 133 脱离主战场。

那么到底是什么原因导致陈耀烨突然脱离主战场？下面我们来回顾一下黑 133 前后的那段时间，看看当时到底发生了什么。

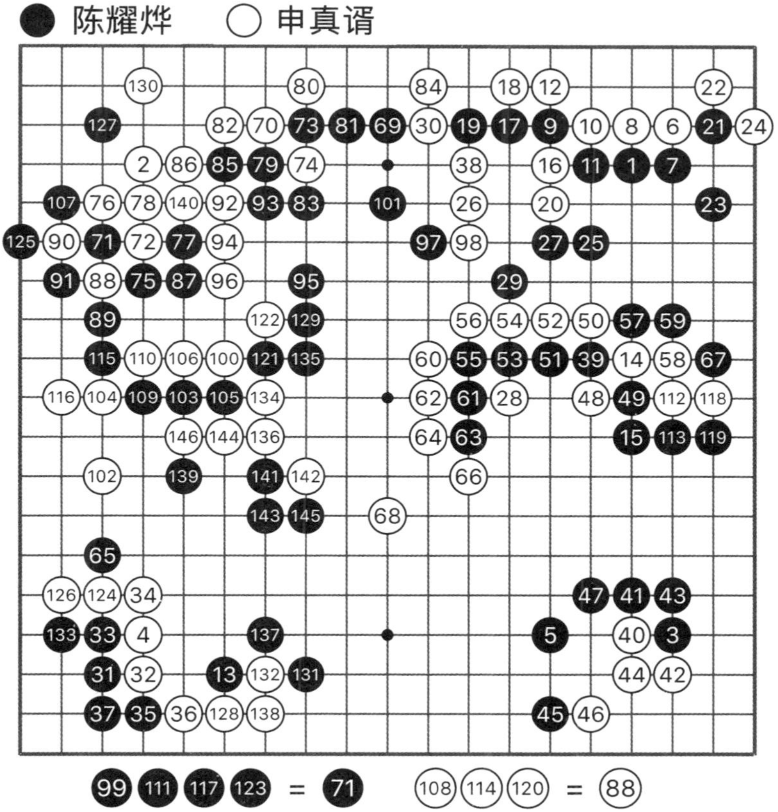

实战谱 1（1–146）

天府杯是中国主办的比赛，所以它的比赛规则是参考中国的围棋规则：黑棋需贴白棋 3 又 3/4 子（也就是 7 目半）。而三星杯是韩国主办的比赛，因此是参考韩国的围棋规则：黑棋贴白棋 6 目半。所以这两个世界比赛在贴目规则上有 1 目之差。

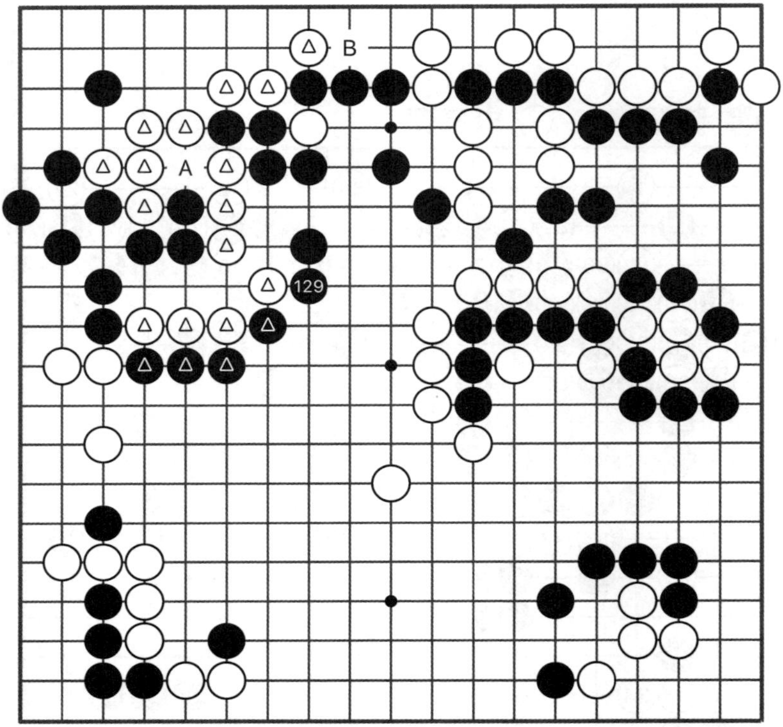

图 2–2–1

图 2–2–1：我们来从陈耀烨黑 129 挡开始看起，黑 129 挡的时候，虽然黑外围三角四子留有断点，很薄弱，但白左上三角大块更危险。不仅是因为有 A 位的断点，更关键的是，白若不走，黑 B 位二路一挡后，白左上整块大龙全阵亡了。因此申真谞的当务之急是补活自身大块，先求自保。

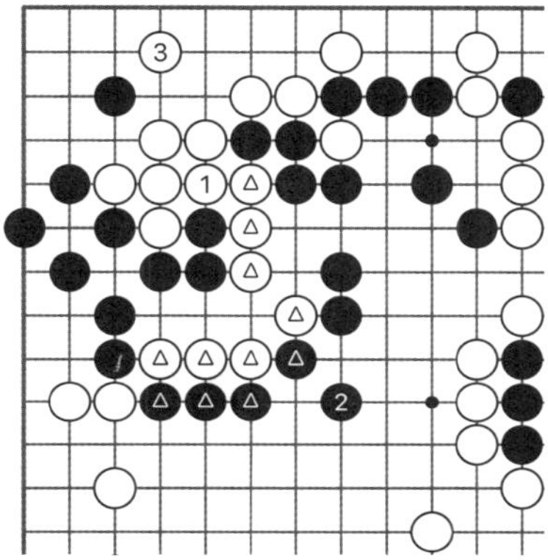

图 2-2-2

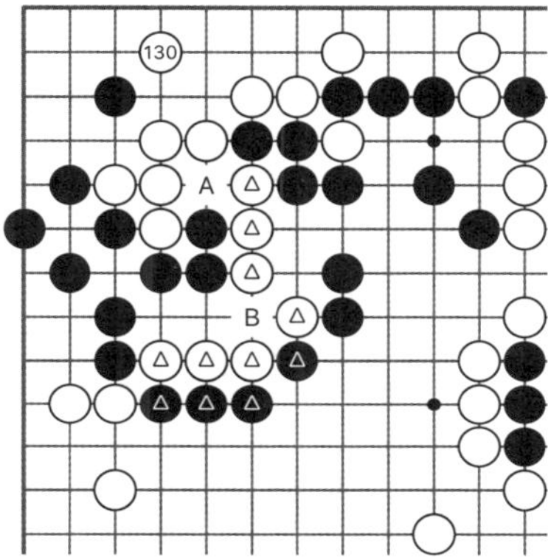

图 2-2-3

图 2–2–2：白 3 补活是必须的，但在这之前，白 1 应先把白三角七子救回来，这样黑三角四子顿显薄弱。黑 2 必须虎补一手，白 3 再跳补做活。这样白棋不仅大部队做活了，还能把白三角七子的小部队也救了。但申真谞偏偏不走寻常路。

图 2–2–3：申真谞明明可以先手救回白三角七子，却偏偏不救。他选择白 130 直接跳补做活。这样一来，他就给黑棋留下了随时可 A 位断吃白七子的变化。由于黑 B 位扑可让白气变紧，黑棋真断吃白七子的话，白再断开外围黑三角四子与黑对杀是杀不赢的。

看到这里，棋友们肯定会想：那黑棋接下来 A 位一断，把白棋三角七子吃掉不就完了？的确，要是吃掉这七子的话，连子带目数价值 20 目，关键还是逆收 20 目，多诱人。但要是现在就去吃，那就中申真谞的计了。

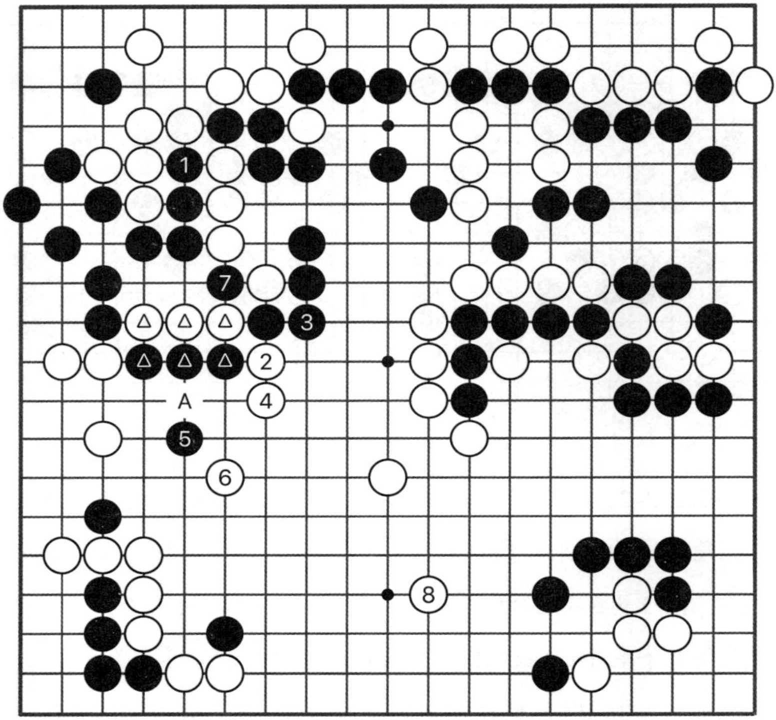

图 2–2–4

图 2–2–4：黑 1 若是断吃白七子，白 2 以下可利用弃子先手在外围多了不少子力。白 6 飞封的时候，由于接下来白 A 位挖后黑三角三子只有两气，所以黑 7 必须扑着补一手。不然白三角三子就可反杀黑棋。抢得先手的白 8 将下方口袋一封，白顿时在下方围出了一块相当可观的阵势。白这块阵势的所得足以弥补左上七子的所失，因此黑得不偿失。

所以申真谞是有所图的，他一直憋着白 2 断打弃子的手法。

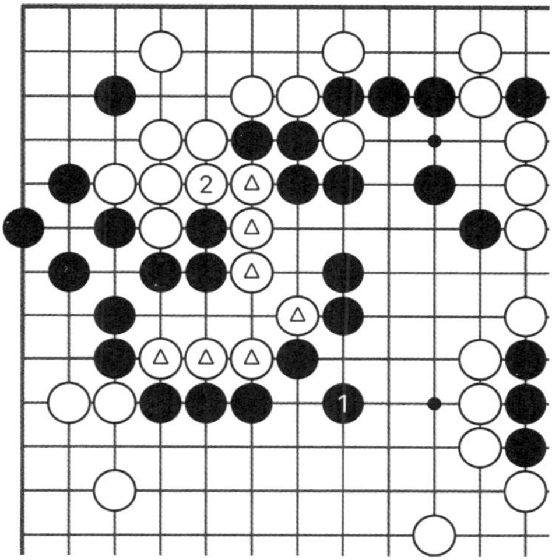

图 2–2–5

图 2–2–5：如果这时候陈耀烨黑 1 外围虎补一手，由于白三角七子的价值是目前全局最大的，所以白 2 也得赶紧连回去。大家拿这张图和图 2–2–2 对比，就可以发现这两张图的效果是一样的。不一样的地方只是图 2–2–2 是申真谞主动先手定形掉，而这张图是陈耀烨主动先手定形掉。AI 肯定会觉得这里剪枝还来不及，还保留什么变化？但戏剧性一幕正是从保留变化开始的。

申真谞这手棋，让陈耀烨多了很多想法。本来陈耀烨是可以接受图 2–2–2 的结果的。那按理说，现在陈耀烨赶紧黑 1 一虎，让白 2 连回去，不是和图 2–2–2 一样的吗？

可人心就是如此微妙，说是贪婪在驱动也好，说是追求更好在驱动也罢，总之，陈耀烨已经不满足于此图的简单定形，他想追求更高的效率。

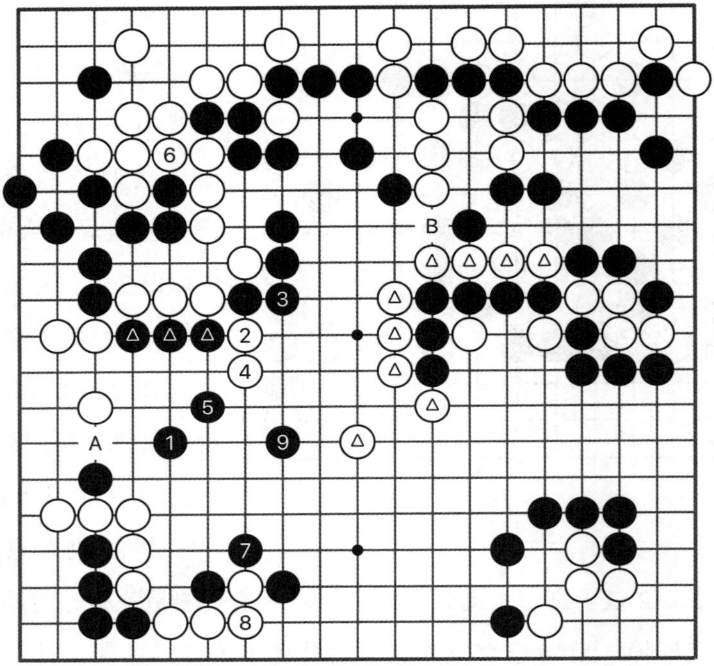

图 2–2–6

图 2–2–6：黑 1 大跳，瞄着 A 位顶的手段，是追求效率的补法。对此白 6 在连回白七子之前，白 2、白 4 必须先手分断黑棋，同时化解黑 A 位手段的严厉性。然后至黑 9，黑白在下方形成激战。看着黑棋左下大块未安定，但由于白中央三角大块随时要被黑棋 B 位断其后路，所以白棋自身也有压力，这将是一场复杂的战斗。

不过绝艺是力挺黑 1 的下法，而且它认为此图黑有 60% 的胜率。但这是绝艺的判断，而且胜算也就六成。这时候陈耀烨刚刚进入读秒阶段。他很想采取黑 1 高效的补法，但又觉得没有充分的把握。毕竟他没有绝艺那强大的计算力，没法算得很远。更何况这时候他每步棋只有一分钟的思考时间。

一分钟之内，他既不肯像图 2–2–5 那样简单定形，又对图 2–2–6 那样追求高效的补法没把握。在时间的催促下，他下出了黑 133。

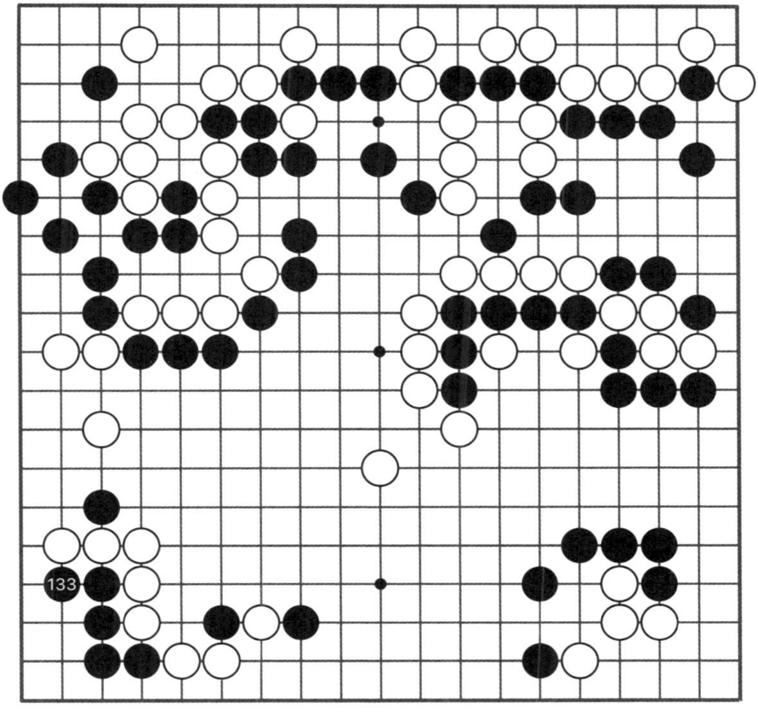

图 2–2–7

图 2–2–7：黑 133 在左下角二路挡试白应手，同时也有通过打将延时的意思。就左下局部本身而言，这步棋是让白棋很头疼的试应手。

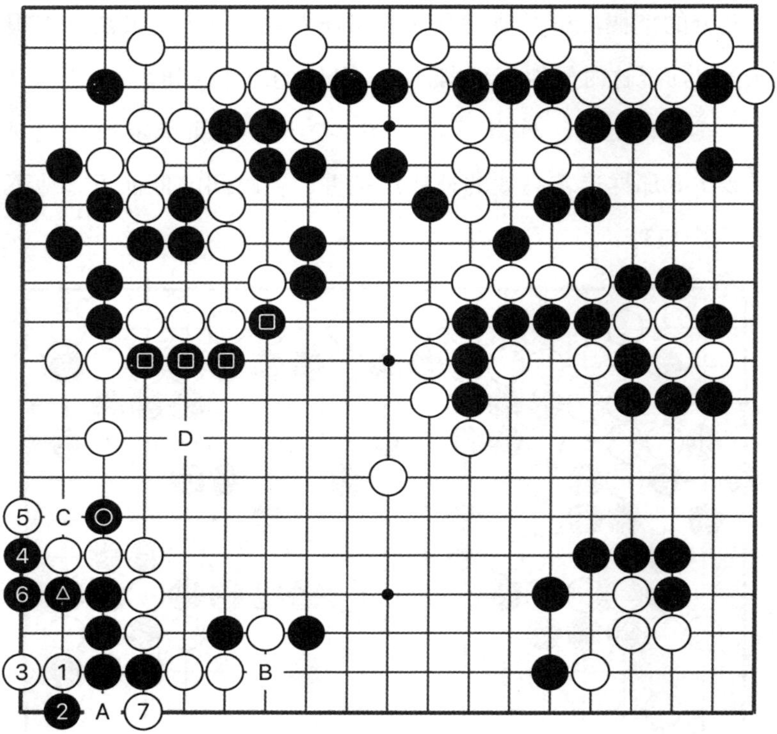

图 2-2-8

图 2-2-8：黑 133（黑三角一子）挡后，白杀黑角的话，会让自身味道很坏：白 1 得靠着杀（白 1 若在 7 位扳的话，黑有 3 位跳的手段，以下白 2、黑 1，白 A、黑有 B 位二路打吃的手段），黑 4 扳是先手，白 7 必须破眼，不然黑下到白 7 的位置上就是净活了。现在大家可以看到，黑外围随时有 C 位打出的手段可利用。而且就算退一步说，黑 D 位一带肯定是先手，这样黑中央方块四子就多了不少援兵。

若申真谞真的按此图跟着杀黑角的话，那陈耀烨不仅有很多“打将”可利用，而且也可解他中央如何补棋的进退纠结之扰。应该说，在这一瞬间，陈耀烨对申真谞还抱有一丝侥幸心理，希望申真谞会跟着应，毕竟左下角价值也不菲。而申真谞这时候还有 30 分钟的时间可理性考虑，他会跟着应吗？

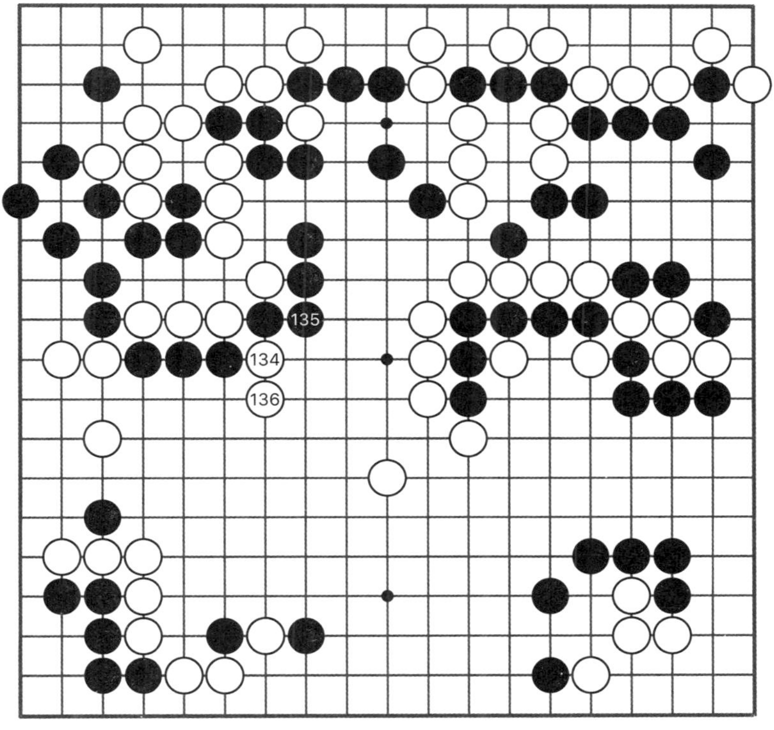

图 2–2–9

图 2–2–9：申真谞断然脱先，白 134、白 136 直接冲击黑中央弱点。陈耀烨的侥幸幻灭了。黑棋这时候可以选择反杀白棋，却得不偿失。

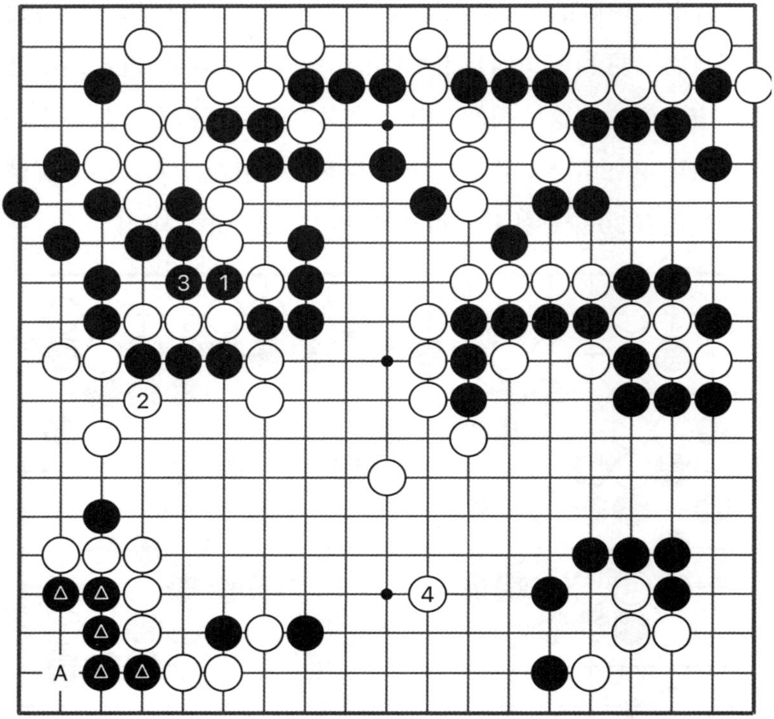

图 2–2–10

图 2–2–10：黑 1 是可以扑死白三子的，但白 2 先手虎后，白已经先手把黑棋全封进去了。白顿时变得巨厚。接下来白就算在左下 A 位杀黑角也可行。左下角虽然价值 25 目，却已经不大了。白 4 封住下方口袋后，白下方突然围起了一块大空。此图黑棋断然不行。

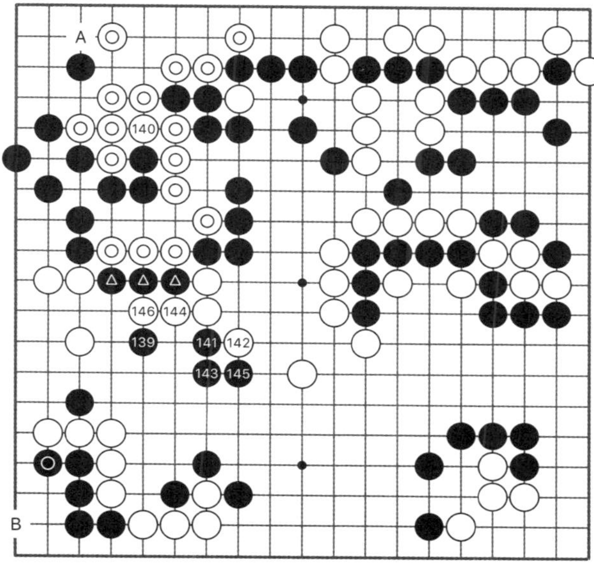

图 2-2-11

图 2-2-11：在实战中陈耀烨只能选择黑 139 出逃，但处境十分凶险。毕竟黑 133（黑圆圈一子）已经慢了一拍。白 144 冲的时候，陈耀烨已经不敢救黑三角三子了，于是选择了黑 145 转身弃黑三角三子的下法。虽然大部队跑了，但是黑三角三子被吃，损失惨重！损失惨重的最重要原因是白左上圆圈大块由于吃通了黑三角三子，当初左上黑 A 位挡的先手就变成了后手，这个附带的实地损失特别大。黑三角三子被吃后，陈耀烨再无胜机。

黑棋接下来还需要继续处理下方孤棋，根本无暇去 B 位做活左下角。之后双方在下方还战斗了数回合，都没空去搭理左下还未活净的黑角。所以从事后来看，陈耀烨黑 133 等于是在让了白棋一着后，再继续战斗。岂有不挨打之理？

那么陈耀烨当初黑 133 这步棋到底下在哪里是最合理的呢？虽然绝艺已经推荐了它认为最好的着法，可这一着法还是有风险的，不然陈耀烨也不会如此纠结。作为人类棋手来说，我们也需要探索一个在我们有限计算力下最合理的着法。那么真有这一步棋吗？

我想了半天没想出来。为此，我请教了我的良师益友，世界冠军常昊九段。常昊推荐了一招，解了这个难题。

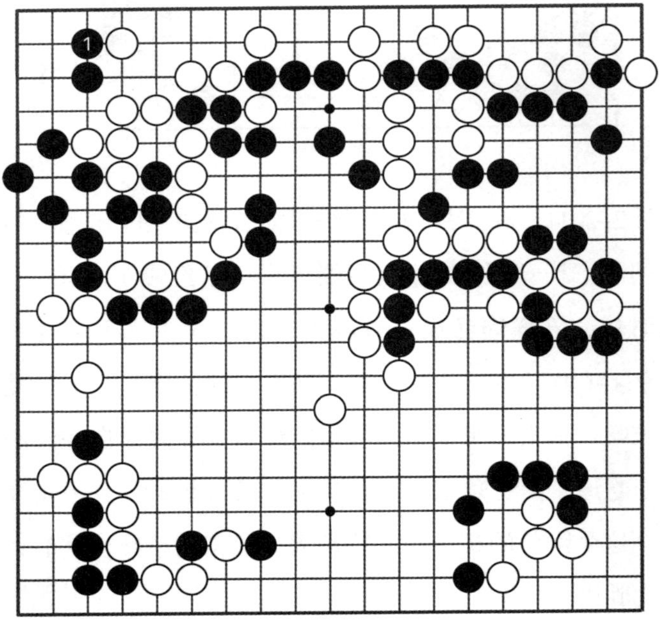

图 2–2–12

图 2–2–12：黑 1 左上角二路挡，是常昊推荐的一手。大家看到这步棋，也许会想：这步棋也太平淡了吧。但就是这看似

平淡的一手，蕴含着无限的妙味和人情味。对此白棋有三种选择，我们来分析一下。

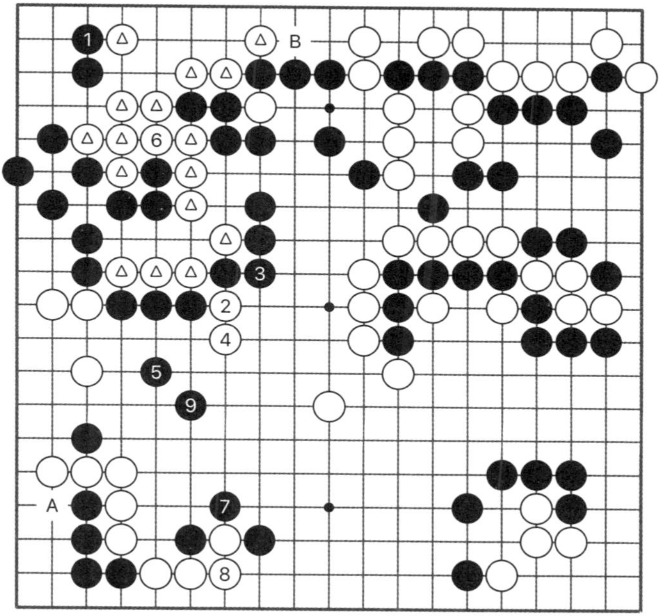

图 2–2–13

图 2–2–13：黑 1 挡的时候，白 2 若还是像实战那样反击，黑 9 杀出后，陈耀烨的处境要比实战好得多。相比于实战左下 A 位挡的位置，左上黑 1 这颗子的作用大多了。由于黑接下来随时可以在 B 位杀白左上大块，白棋压力顿增。白若强攻，就要小心黑随时可以回马枪 B 位反杀白棋，毕竟白左上大块的气并不长。白若赶紧左上大块连回家，那陈耀烨处境比实战好多了，因为他此刻肯定不会去左下 A 位挡。

如果黑 1 挡的时候，白 2 不反击呢？

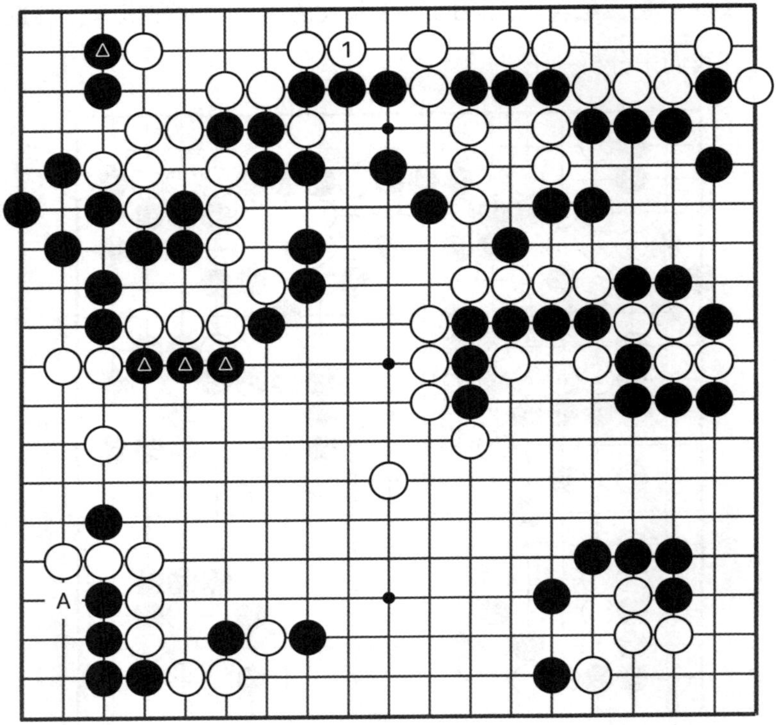

图 2–2–14

图 2–2–14：黑三角挡的时候，白 1 若是冷静联络，那黑这一下交换实地大得，黑三角三子顿时贬值，可弃可取了。接下来陈耀烨将会从容得多。就算他一下子没反应过来，还是在左下 A 位试白应手，导致像实战那样被迫弃黑三角三子，黑棋损失也小多了，因为左上黑三角和白 1 早已交换了。

既然撤退也被黑棋便宜了，那么白棋只剩最后一个选择。

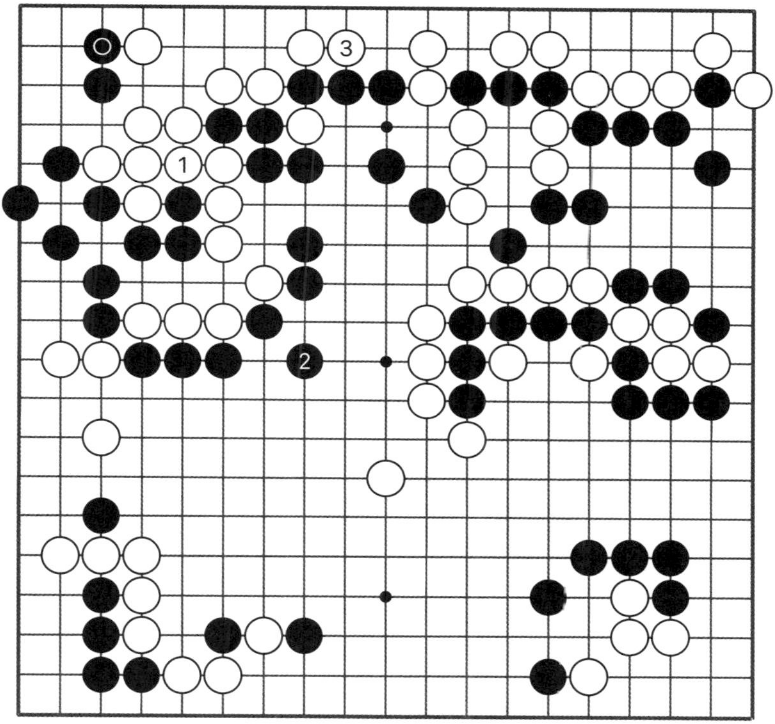

图 2–2–15

图 2–2–15：白 1 粘上是最佳的选择，这样逼迫黑 2 必须虎补，然后白 3 再连回。但从申真谞当初在图 2–2–2 中“本可以白 1 和黑 2 做交换却保留了变化”的心理作用和思维惯性来看，申真谞此刻恐怕不会选择白 1 先手粘掉。

而就算申真谞这时候选择了白 1 先手定形掉，黑棋也立于不败之地（绝艺认为黑棋此图至少有 50% 的胜率）。所以黑圆圈左上二路挡，正是利用申真谞之前不肯先手定形的心理，拷问他内心的好时机。

因此，陈耀烨黑 133 如果要试应手的话，不应该在左下角挡，而是应该在左上角挡。同样是试应手，同样是挡，却相差千里：左下挡，白棋没有选择，必须反击，而且反击很严厉。左上挡，白棋有三种应对，却很纠结，因为反击风险很大，不反击又被便宜。

这种微妙之处，对 AI 来说意义不大，但对人来说，就是艺术。

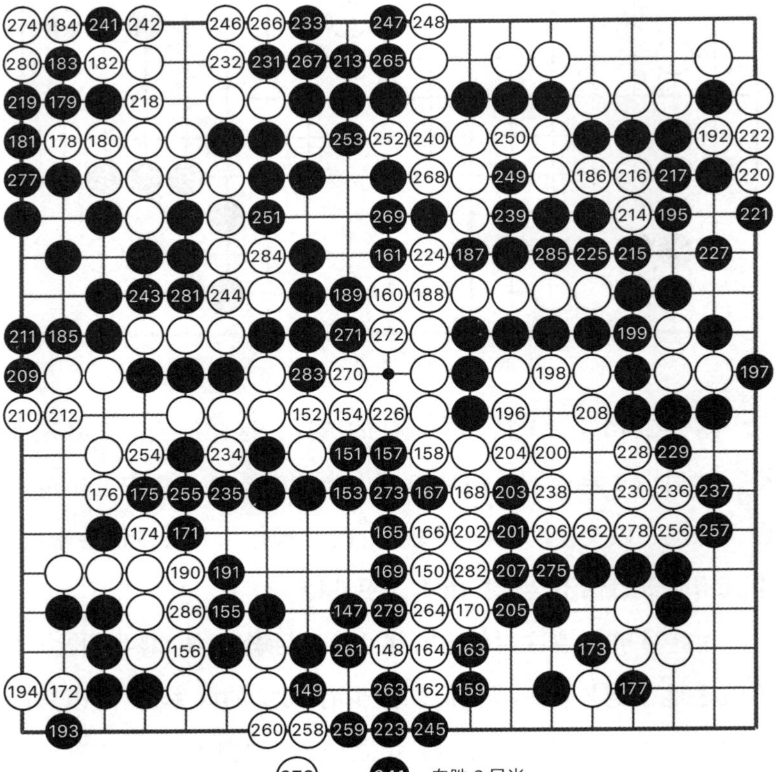

276 = 241　白胜 2 目半

实战谱 2（147–286）

2018 年 12 月 26 日，第一届天府杯世界围棋职业锦标赛决赛的决胜局在四川结束。陈耀烨执黑中盘战胜小他 11 岁的申真谞，夺取了自己职业生涯中第三个世界冠军。

这盘棋申真谞主要是输在了最后的劫争上。申真谞为什么会输在最后的劫争上？他又是怎么一步步走向劫争的深渊的？

下面我用三个小节来与大家分享一下我的分析和感想。

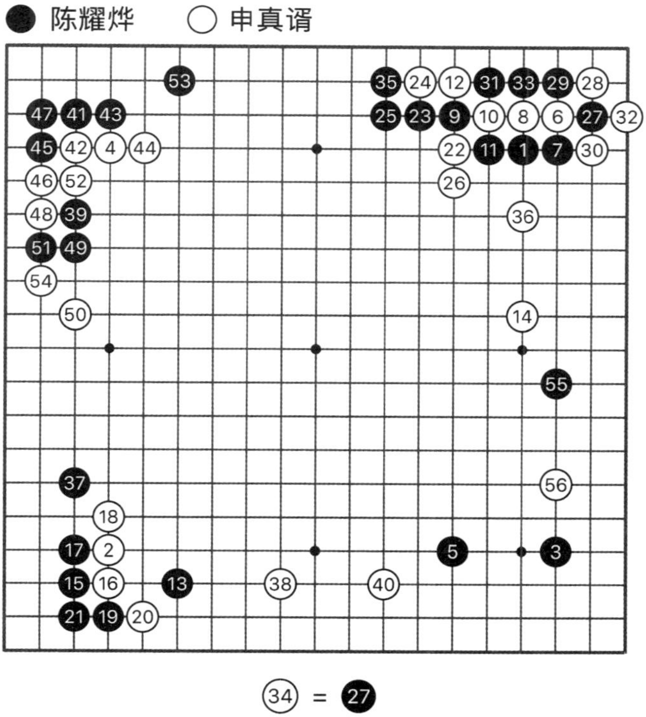

实战谱 1（1–56）

一

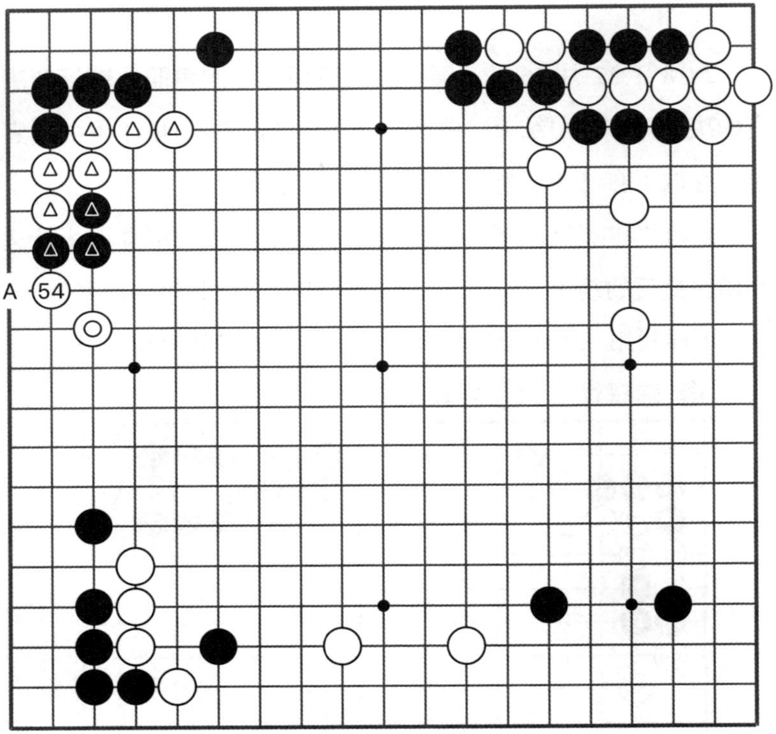

图 2–3–1

图 2–3–1：此时尚处于开局阶段，左上黑白共有三块棋未安定。这三块棋分别是：黑三角三子、白三角六子以及白圆圈一子。这时候申真谞白 54 试黑应手，让黑棋面临抉择。

黑可以选择暂时脱先，因为毕竟白 54 都往二路低效处走了一颗子，黑三角三子轻了不少，可弃可取。黑也可选择阻渡，但令人有些难受的是，这个阻渡必须得下在 A 位的一路。大家都知道一路行棋效率是很低的，因此陈耀烨在这里面临一个战略抉择：是强硬阻渡，还是从长计议？以绝艺为首的AI认为黑棋应该强硬阻渡。

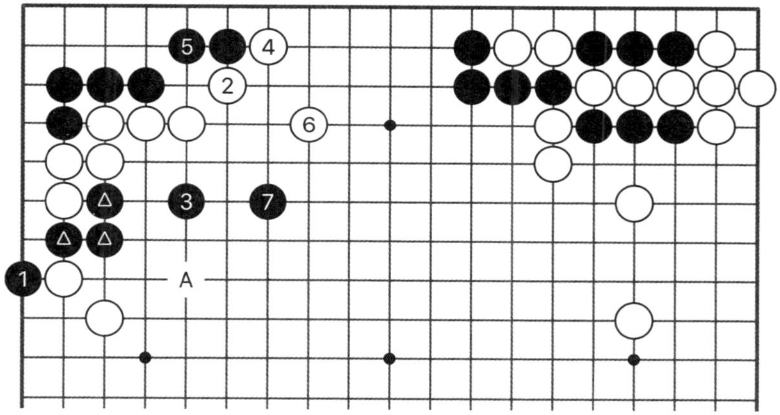

图 2–3–2

图 2–3–2：黑 1 一路强硬阻渡，是绝艺的首选。对此，白正面作战不妥，所以白 2 尖顶借力。黑 3 很想在 4 位跟着白 2 应，但白有了白 2 这颗援兵，就可以 A 位飞封黑三角三子，黑三角三子不好处理，因此黑 3 跳出正确。这样白 4 能先手扳一下很愉快，不过至黑 7 后，由于白左上大块依然未安定，未来将是一场双方均没有把握的战斗。

绝艺认为黑胜率有 50%。那陈耀烨当时是怎么想的呢？

赛后，他与我聊起此局时说道："我想过此图作战的下法，但我觉得没有把握。"

图 2-3-3：于是陈耀烨在实战中选择从长计议。左上暂且不管，先黑 55 占据右边虚处要点。绝艺认为陈耀烨这个选择掉了 13 个胜率点。但我认为，绝艺若是把人的因素考虑进去，恐怕就不会给陈耀烨降点了。下面我们来揣摩一下陈耀烨脱先的动机：

1. 对手是年轻气盛的申真谞，所以过早地发生了自己并没有把握的战斗，从策略角度来看，并不合理。
2. 这盘棋是申真谞职业生涯首次夺取世界冠军的赛点，所以相对来说，他更急于求胜，因此如果陈耀烨暂时不走，没准儿申真谞也不会去老实自补。若他一直撑着，那说不定陈耀烨可以找到更好的时机动出左上三子。

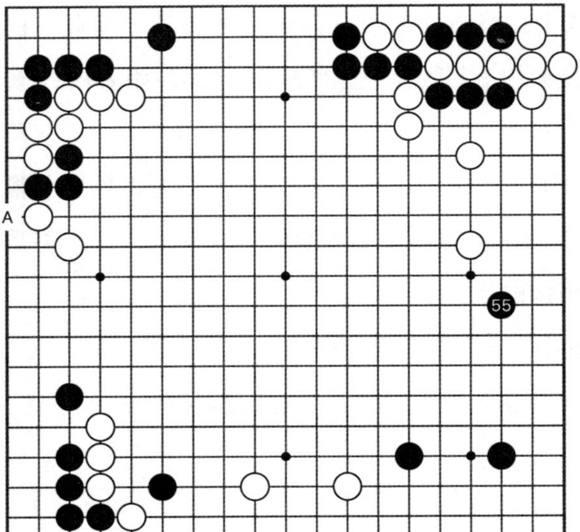

图 2-3-3

当然，陈耀烨没有跟我说那么多，他只是留下一句话："我一直瞄着左上 A 位一路扳。"如果绝艺有以上那些"心机"，那我们人类就麻烦了。黑 55

脱先后，绝艺认为申真谞应该赶紧左上补棋消除隐患。那么申真谞听绝艺的了吗？

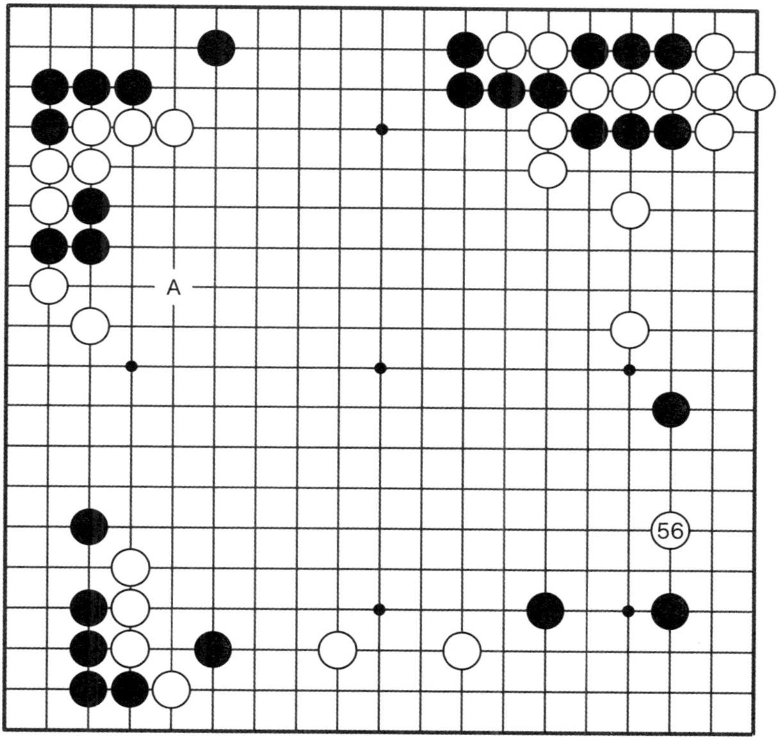

图 2–3–4

图 2–3–4：申真谞没有听绝艺的“劝告”，在 A 位补一手，他选择了白 56 跟着陈耀烨在右边行棋。这倒也符合对局思路的逻辑。他认为陈耀烨既然左上不走了，那就说明起码短时间内他不会在左上行棋了。既然如此，我干吗着急去补一手呀？话虽如此，但本局的一个因，已经在这时种下了。

二

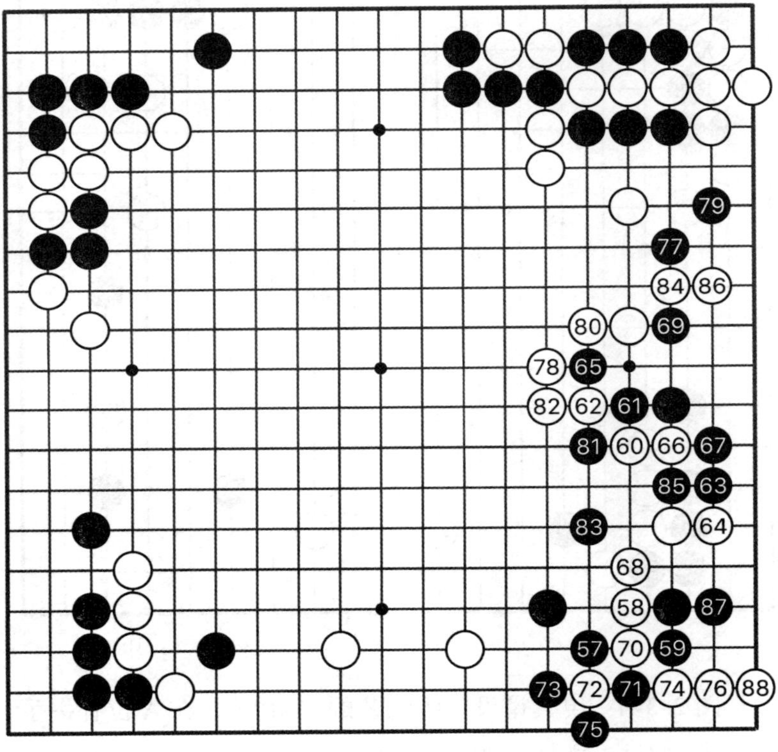

实战谱 2（57–88）

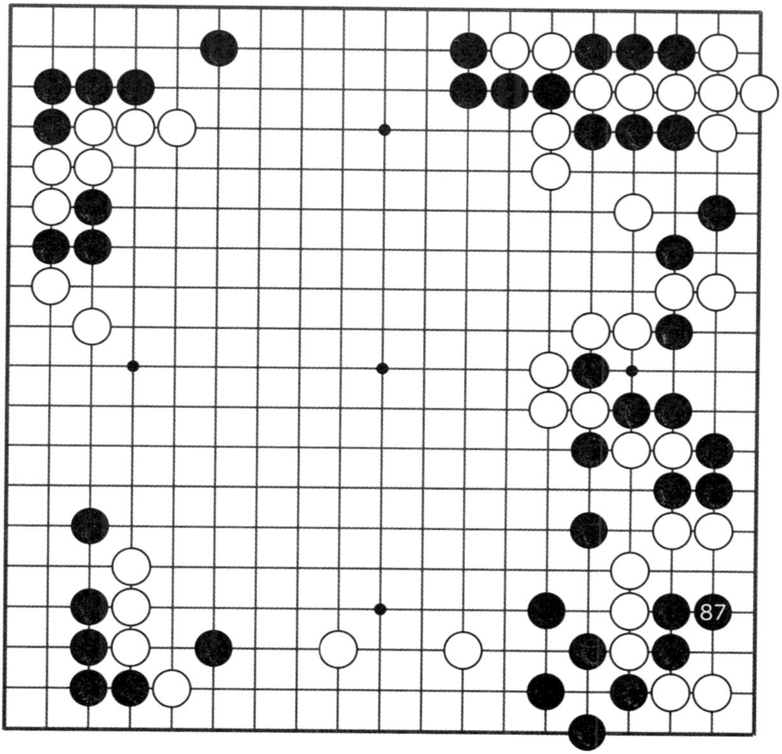

图 2–3–5

图 2–3–5：这是右边进行数回合后的局面，双方进行了两次转换。现在陈耀烨黑 87 二路勾试白应手。

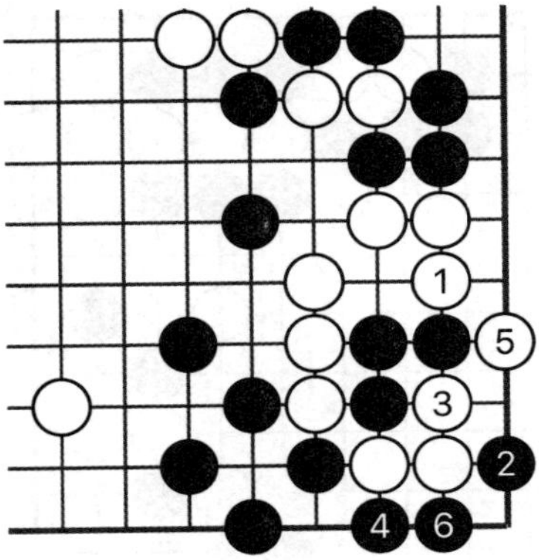

图 2–3–6

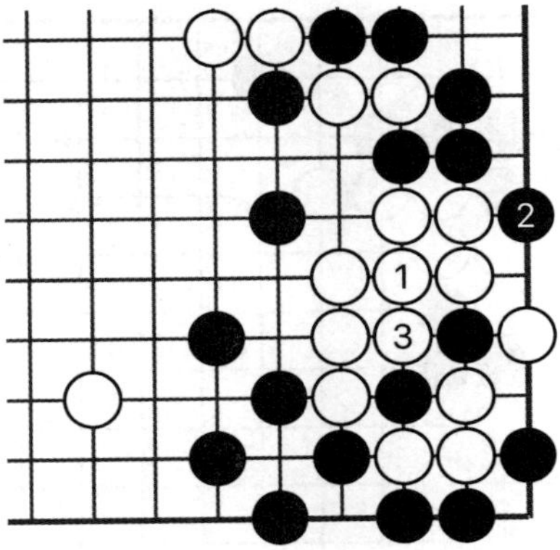

图 2–3–7

图 2–3–6：白 1 二路顶是正常应对，对此黑 2 托，是局部好手段，白 3、白 5 以下无法反击。

图 2–3–7：上图中的黑 6 打的时候，白 1 提三子，黑 2 一路扳是先手，白 3 做活。这样白棋右下角是 5 目实地。而申真谞实战则亮了一步局部妙手。

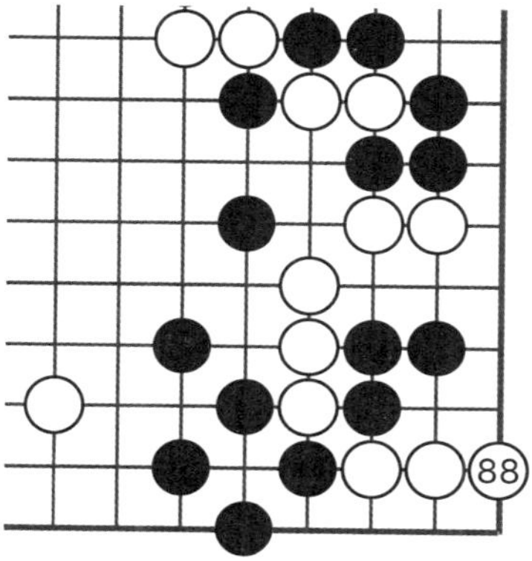

图 2–3–8

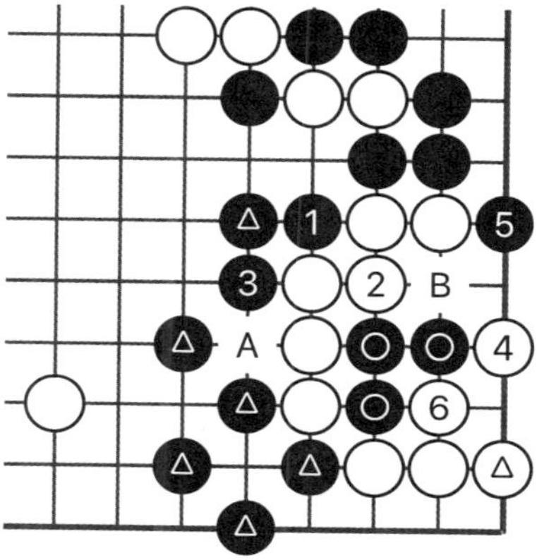

图 2–3–9

图 2–3–8：申真谞下的是白 88 一路立，这步棋看着很奇怪，却对增长实地很有好处。

图 2–3–9：白 88（白三角子）立，与图 2–3–6 中的 B 位顶相比，好处是守住了下盘，但弊端是没有紧住黑圆圈三子的气。因此黑 1 以下可利用黑圈圈三子气长，先手收气，将外围全部收紧（A 位打吃也是先手）。此图白右下角有 9 目实地，比上图整整多了 4 目。但与白 B 位顶着补相比，此图黑外围显然厚实得多。

经过以上分析，大家应该知道申真谞白 88 一路立是什么意思了吧？在 4 目和外围黑厚薄的选择上，他毫不犹豫地选择了将 4 目拿到手再说。至于黑外围变厚，申真谞应该也权衡过利弊，他显然认为此局面是打散的小块格局，黑厚一些关系也不大。

而绝艺对申真谞白 88 的选择提出了严厉的批评，它认为白 88 降了 23 个百分点的胜率。

其实我觉得申真谞这个选择不至于降那么多胜率。我不知道绝艺给白 88 如此差评是因为白 88 给黑棋留下一堆劫材，还是它揣摩到申真谞似乎没有把左上不确定因素考虑进去。不过申真谞要是事先看到本文的内容，我想他绝对不会再选择白 88 捞 4 目实地了。好，本节介绍了本局的第二个因，下面我们将迎来大结局。

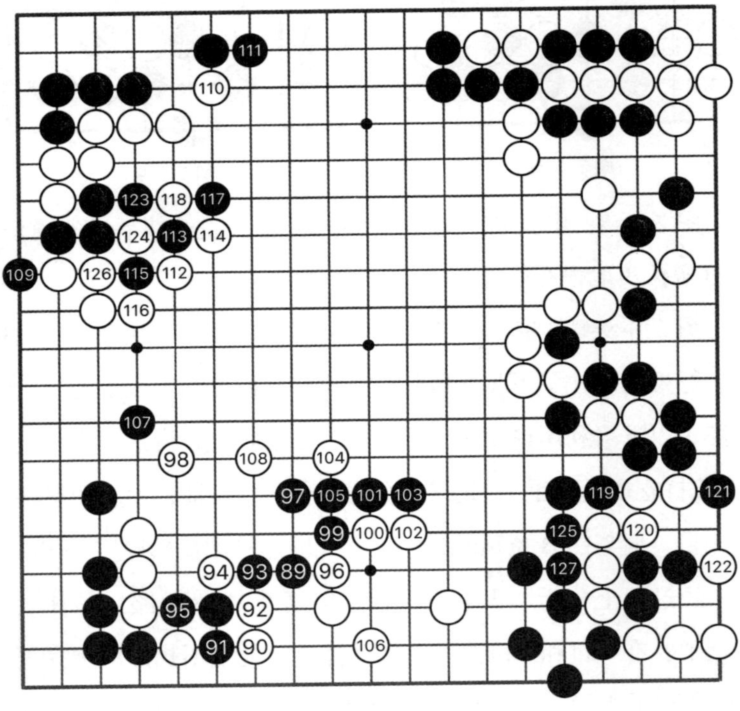

实战谱 3（89–127）

三

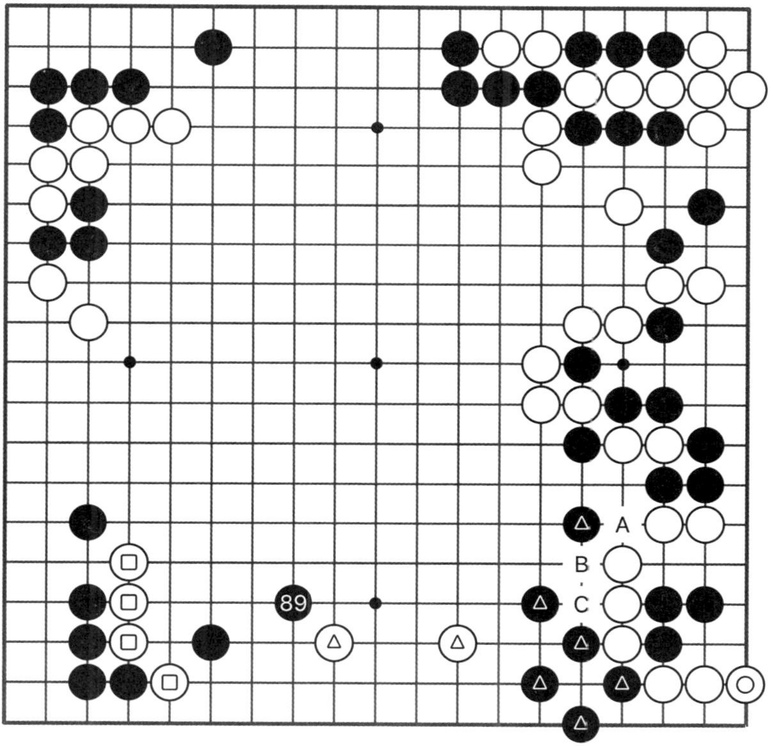

图 2–3–10

图 2–3–10：由于白 88（白圆圈一子）要撑住 4 目实地，导致黑三角子力在 A、B、C 三个点全是先手且厚实无比。因此陈耀烨黑 89 飞攻白下方三角拆二两子的同时，也在压迫着左下白方块四子。但陈耀烨其实醉翁之意不在酒。

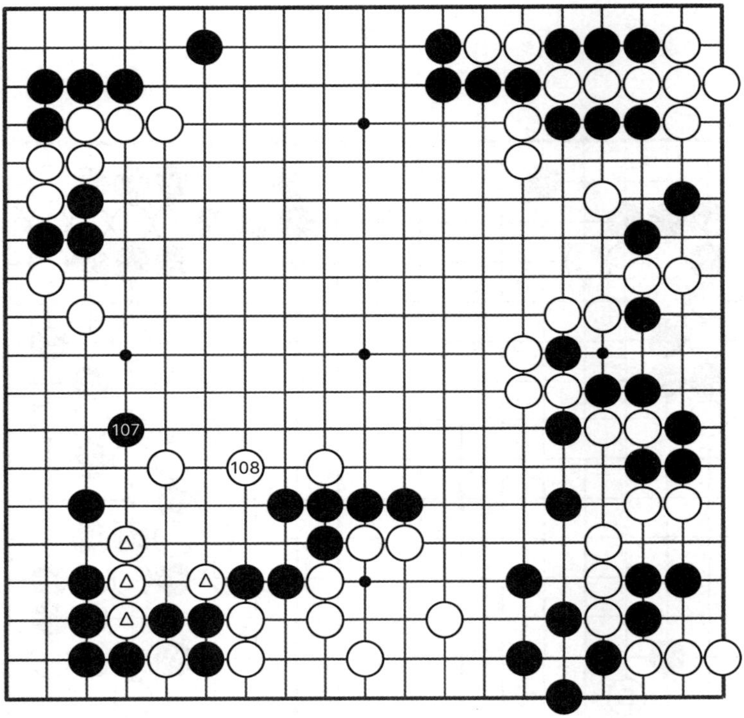

图 2–3–11

图 2–3–11：这是左下数手之后的场面。黑 107 飞攻左下白五子，申真谞白 108 跳，左下白五子虽然没安定，但暂时无忧。大家可以看出，申真谞不仅做活了下方，连左下三角四子都一毛不拔地拽出，显然觉得陈耀烨在下方局部奈何不了他。但申真谞真的不担心左上的隐患吗？

陈耀烨在与我谈到此局时说："我感觉申真谞在这胶着的局势下，有些着急。"我连忙问道："你是从他的哪步棋感觉到他的急躁的？"

“就是种感觉。”陈耀烨说道。

我想这可能是属于两位对弈者之间的一种磁场吧。

言归正传，陈耀烨在本局中埋下的因终于有了结果。为此，陈耀烨等了 54 手。

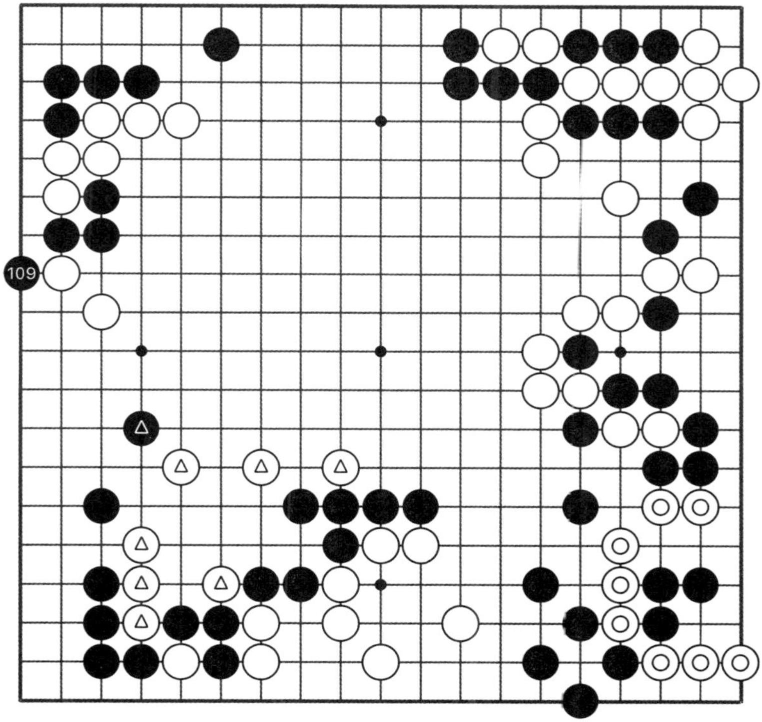

图 2–3–12

图 2–3–12：在白左下三角七子未安定，右下白圆圈八子留下一堆劫材，黑左下多了黑三角这颗援兵后，陈耀烨终于等到了最佳的时机！黑 109 一路阻渡，图穷匕见！而申真谞对此似乎早有准备。

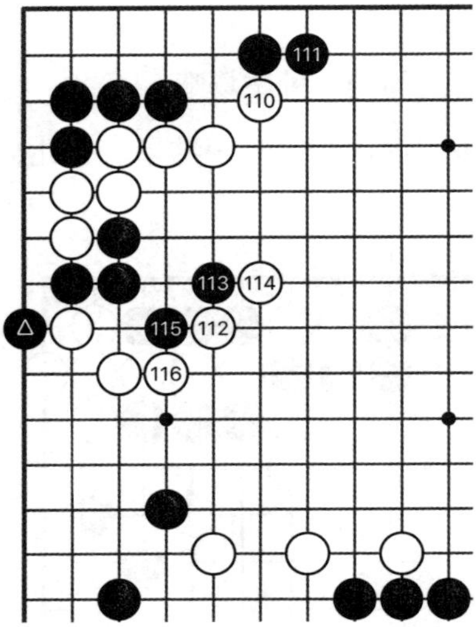

图 2–3–13

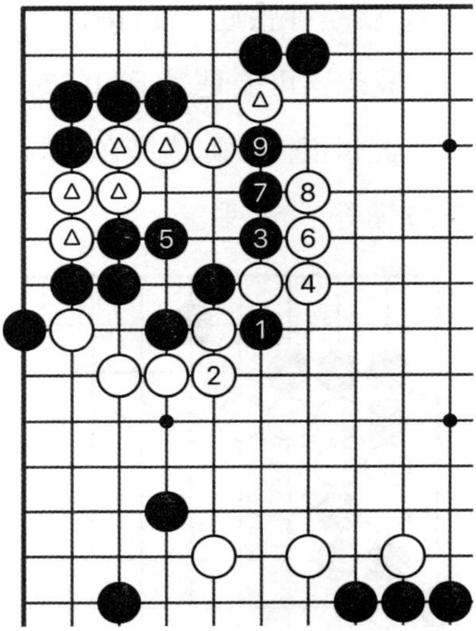

图 2–3–14

图 2–3–13：面对陈耀烨黑 109（黑三角一子）亮剑，申真谞先白 110 先手顶一下（陈耀烨正在全力阻击白棋，所以黑 111 不给白脱身的余地），然后白 112 至白 116 将黑飞封进去。

图 2–3–14：申真谞是这样计划的：黑 1 必须先打一下与白 2 先手交换，这样才能确保黑 3 可以打吃着出头。对此白 6 以下先手压过去。至黑 9，白这时就算弃掉左上三角七子，由于白外围势力可观，可弥补左上实地的损失，更何况白还有更严厉的后续手段。

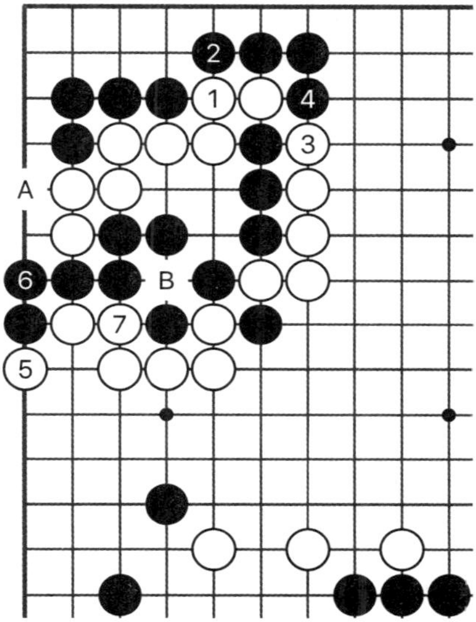

图 2–3–15

图 2–3–15：白 1 粘上很严厉，以下至白 7，黑还吃不掉白左上八子。接下来黑 A 位扳的话，白有 B 位单提的好手。局部是打劫。黑净杀都未必好，若还有个打劫，那就没法看了。申真谞当时已经算到了图 2–3–14、图 2–3–15 的变化。这时候天府杯的冠军奖杯似乎已向申真谞招手了。但陈耀烨下一手，让他与冠军断念。

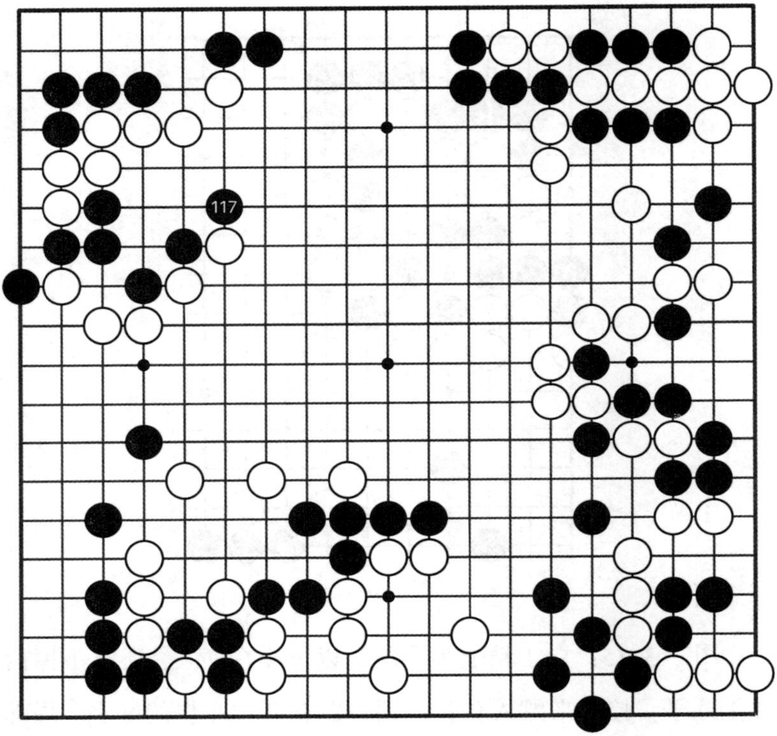

图 2–3–16

图 2–3–16：黑 117 连扳，既是反常规的一手，也是本局的胜着！局后，陈耀烨对我说："申真谞应该是没注意这手棋，而我则一心准备劫爆他。"从陈耀烨的话中，我们可以获取两个信息：

1. 陈耀烨一直憋着这步连扳。

2. 申真谞忽略了这步连扳。

那申真谞为什么会忽略黑117这步连扳呢？因为这步连扳的确属于非常手段，一般情况下是不行的。

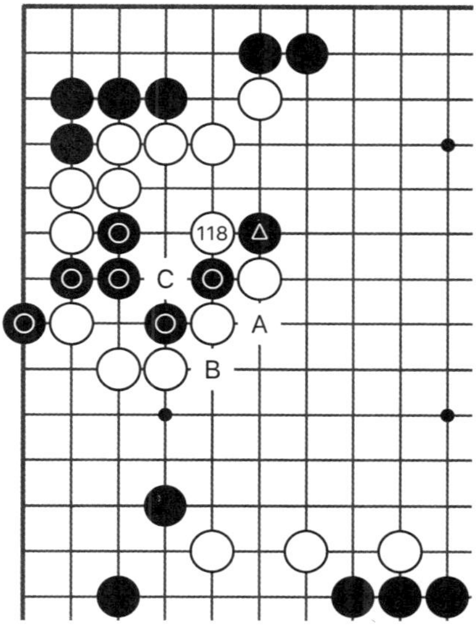

图 2–3–17

图2–3–17：黑117（黑三角一子）连扳时，由于之前黑没做A和B的交换，白118可先打吃黑棋。对此黑肯定不能C位粘上，不然白A位一粘，黑左边圆圈六子就全进去了。但是，由于此局面的特殊性，黑棋居然有强手应对。

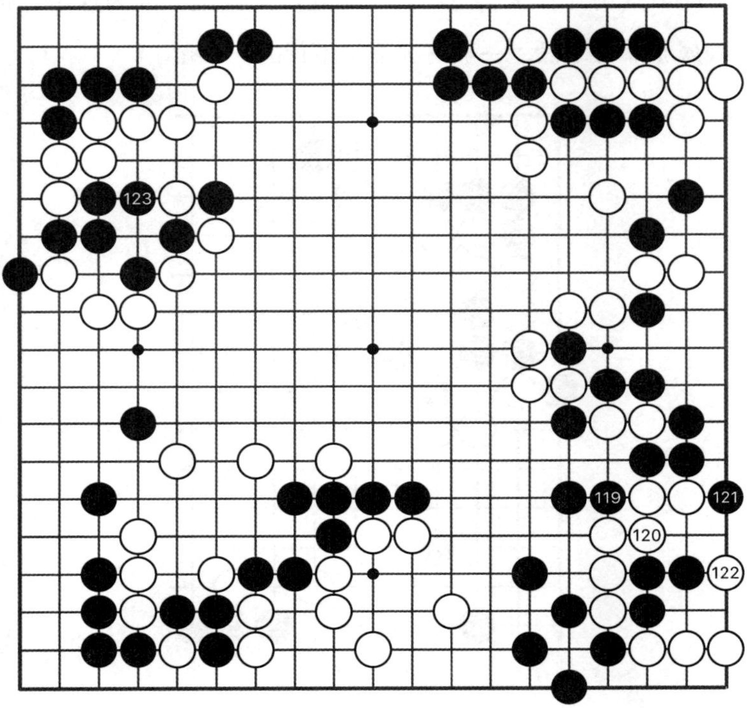

图 2–3–18

图 2–3–18：陈耀烨黑 119、黑 121 在右下制造更大的劫材，然后黑 123 强行撑个劫出来！左上出现价值巨大的劫争，但是白棋先提劫，黑棋能与左上价值匹配的劫材在哪里？

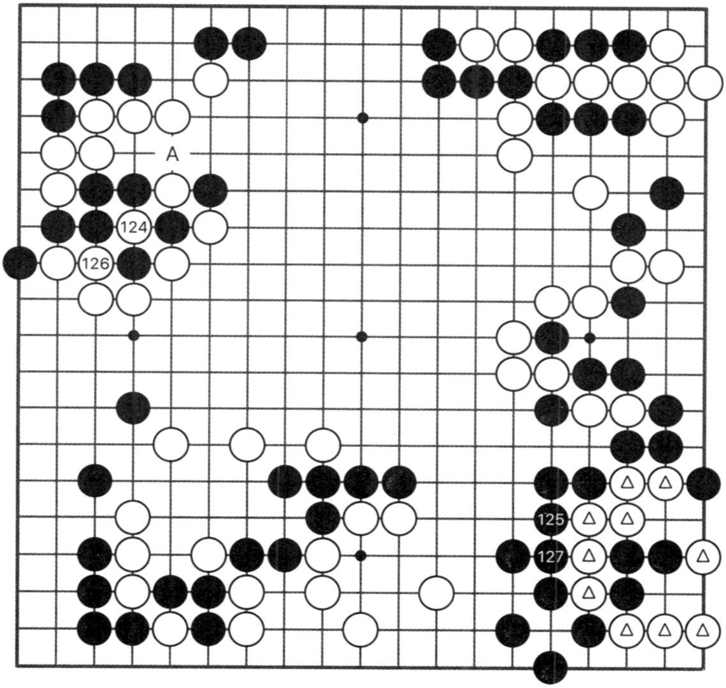

图 2–3–19

图 2–3–19：白 124 提劫后，黑 125 是陈耀烨早已准备好的劫材。接下来白若跟着应继续打劫的话，全盘除了 A 位还有一枚本身劫材外，再无一枚合适的劫材。但黑右下还有 127 一枚劫材，白棋打不过。

于是无奈之下，申真谞只有白 126 消劫。陈耀烨黑 127 再下一手将白右下全部吃掉。白右下损失近 40 目，这是左上劫争打赢根本无法弥补的损失。申真谞要是早知道右下 40 目全吐出去，当初白 88 肯定不会去抢 4 目棋。但世上没有后悔药吃。实战这整个劫争过程，就是之前陈耀烨说的“一心劫爆白棋”的计划。

劫争结束，也就意味着棋局结束，之后申真谞再无机会。本来这局棋讲到这里就该结束了，但棋友们应该还有一个疑问。

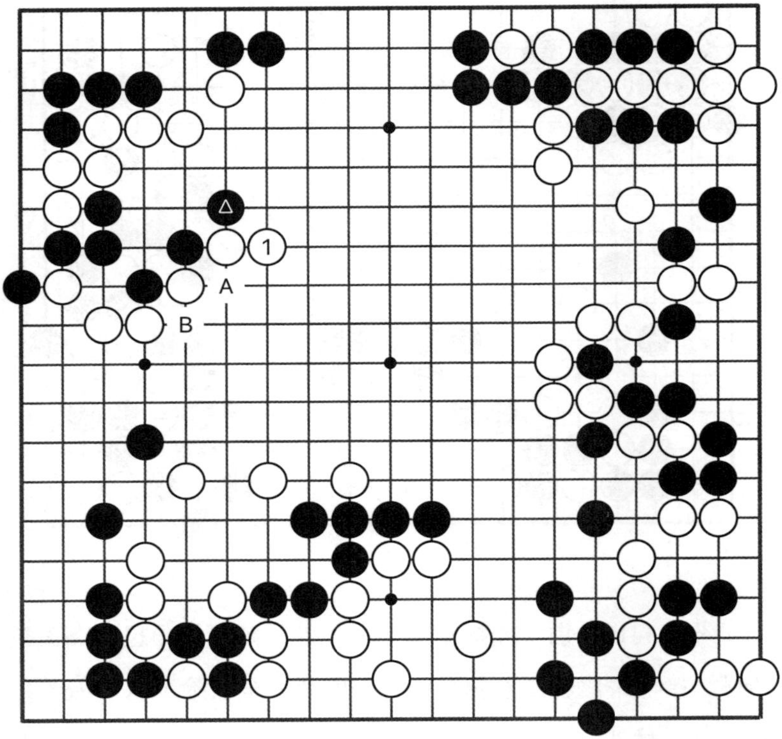

图 2–3–20

图 2–3–20：图 2–3–16 中的黑 117 连扳的时候，虽然黑没有先 A 位和白 B 位做很损的交换，但白 1 真的不能忍气吞声退一步吗？ AI 是推荐白 1 的，但我觉得作为一个人来说，实战中在白 1 退让是无法接受的事情，因为黑 A 没有和 B 位交换真的便宜太多了。

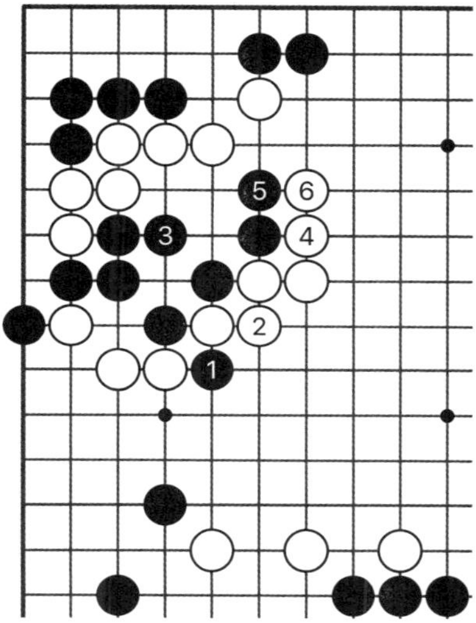

图 2–3–21

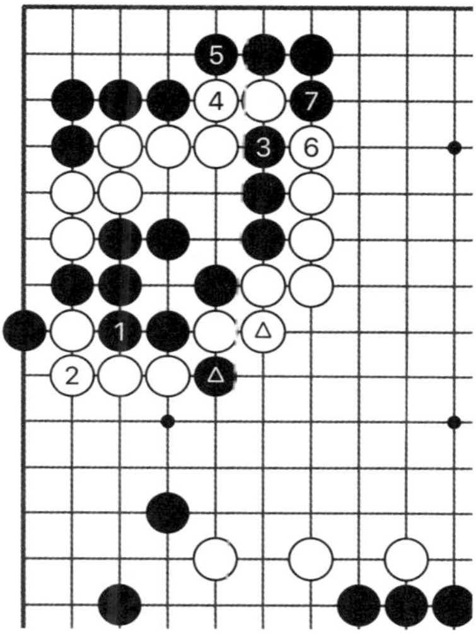

图 2–3–22

图 2–3–21：黑 1 可以从打吃与白 2 交换，这样一来，白外势的厚薄与图 2–3–14 相比差之千里。而更重要的是，黑 1 从这边打吃，直接影响了左上的战局。

图 2–3–22：由于黑三角一子与白三角一子的交换，黑 1 可先手打吃做个眼。这样一来，黑 3 以下就可有眼杀白棋，这和图 2–3–14 相比简直有天壤之别。那白 2 如果不让黑 1 先手打呢？

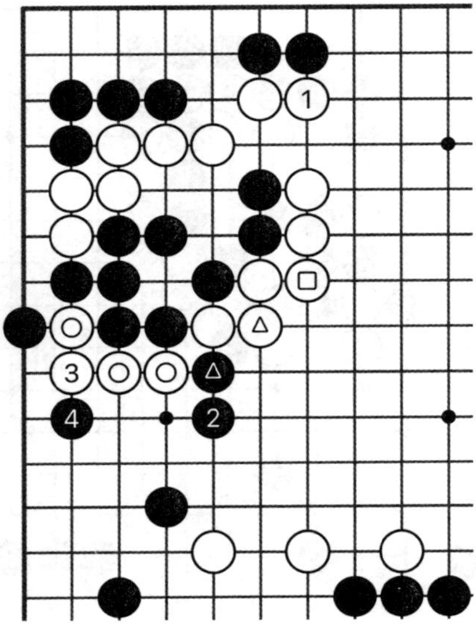

图 2-3-23

图 2–3–23：白 1 若脱先补左上，黑下一手可不是简单地提白二路一子，而是黑 2 长整体杀白圆圈三子。黑 2 敢这么下，要归功于黑三角一子和白三角一子的交换。由于这里出入太大，申真谞万万不能接受在白方块位退让。而且从心理角度出发，申真谞也无法承受与预期相比出入如此巨大的损失。所以申真谞在实战中选择开劫无可厚非，不然棋输了，面子也没了。

正如陈耀烨在对局中感觉到的一样，申真谞在下这盘棋时有些急于求成，这倒不是表现在他右下强撑 4 目，而是他一直没有顾及左上的巨大隐患。而他的对手陈耀烨则从一开始就憋着白左上这个巨大隐患。因此我想，申真谞输在了急于求成上。

不过这也正常，毕竟当时申真谞才 18 岁，交学费积累经验是他成长道路上必经的历程。陈耀烨当年也是给古力交了学费的①。

① 陈耀烨在 2006 年第 10 届 LG 杯世界围棋公开赛决赛五番胜负中以 2 : 3 的比分输给了古力。

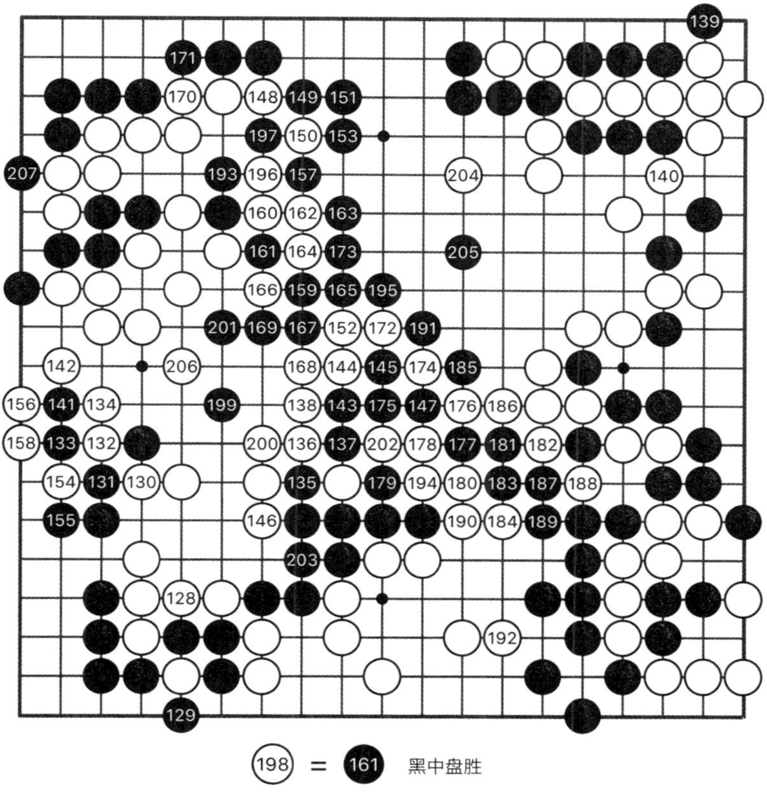

实战谱 4（128–207）

最后我们来聊聊陈耀烨。我真的很佩服他！在现今棋坛，能让比他小 11 岁的申真谞心甘情愿交学费，真的不容易。那么当时已经快 30 岁的陈耀烨是怎么做到的呢？我认为有两点原因：

1. 陈耀烨是一个很专注的人。他在为人处世方面很不错，我在与他交往中能深切感受到这一点。但他又不会在社交活动上花太多的时间和精力，除了必须参加的官方活动，陈耀烨会专心地做两件事情：陪家人和下围棋，心无旁骛。

2. 陈耀烨的训练效率高。他是个很有主见的人，很清楚自己在围棋上需要什么，所以有一套属于自己的训练体系，并且会持之以恒地实践。这一点从他和绝艺训练对弈 2 000 局以上就可以看出，因为不是每个人都适合与绝艺下棋训练，也不是每个人都能下 2 000 多局。

我始终认为，就算在现在这个时代，30 多岁的棋手比赛成绩下降，其主要原因也并不是生理原因。我想，主要是人到了这个年龄，牵扯到的事太多了，分散了精力，导致在棋上的专注和训练少了很多。所以问题不是棋手的年龄大了，而是训练强度小了。当然，这也正常，毕竟人的一生不是只有围棋比赛的成绩，大家都有各自的人生目标和追求。所以请陈耀烨加油！你可以证明，下围棋不是比谁年龄小。

正如你在天府杯闭幕式上所说的："我离巅峰状态还早呢。"

第 3 节
第 4 届百灵杯世界赛决赛
（柯洁对战申真谞）

第一局

（此照片由蓝烈先生提供）

2019 年 1 月 15 日，第 4 届百灵杯世界围棋公开赛决赛三番胜负首局在贵州安顺战罢。柯洁在形势极为不利的情况下，逆转申真谞，拔得头筹。

本局若粗粗一看，大家可能会认为申真谞是因为最后时刻的一步大勺子而被柯洁大逆转的。

但真相是这样吗？申真谞到底是怎么被逆转的？下面我与大家分享一下我对本局的分析和感想。

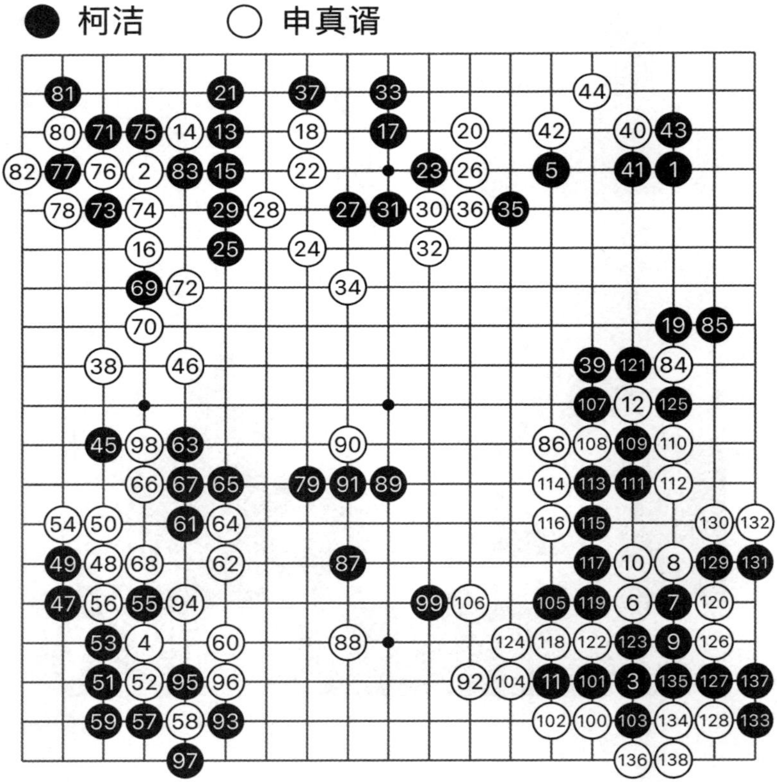

实战谱 1（1–138）

一 起因

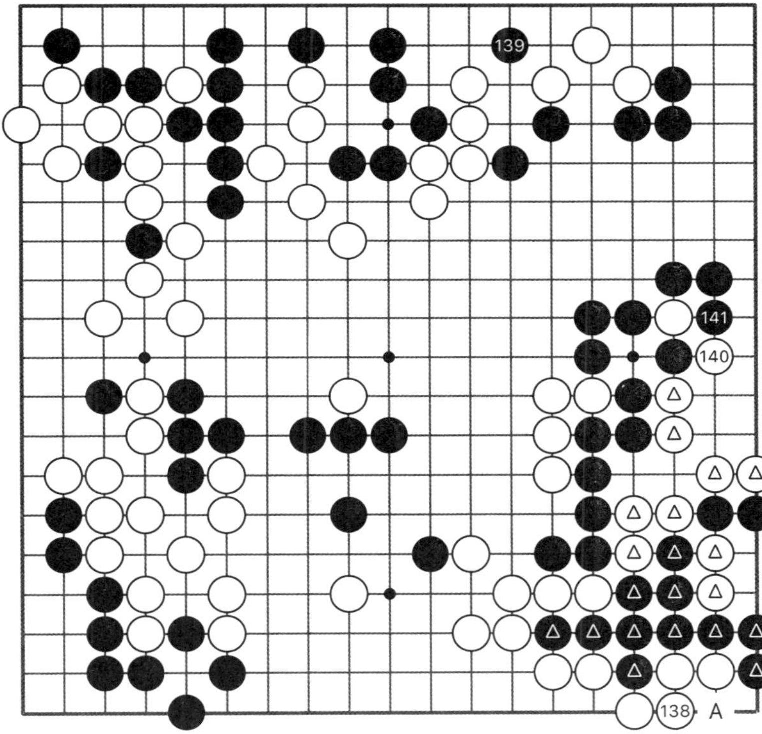

图 3–1–1

图 3–1–1：我们从柯洁黑 139 二路点开始看起。客观来说，到目前为止，申真谞下得非常好，一直保持着优势。之前柯洁意识到形势不利，便在右下挑起了一场局部战役。但申真谞在读秒中应对无误，所以当白 138 接上时，黑棋就很难办。但再难办，右下毕竟事关黑三角大块和白三角大块的生死。右下黑就算杀不赢白棋，起码有个 A 位扑的劫争。

可是柯洁为什么置右下主战场于不顾，黑 139 跑到八竿子打不着的右上点一个？玄机就在 A 位扑这个劫争上。下面我们一起来分析一下右下到底处于什么样的战况。

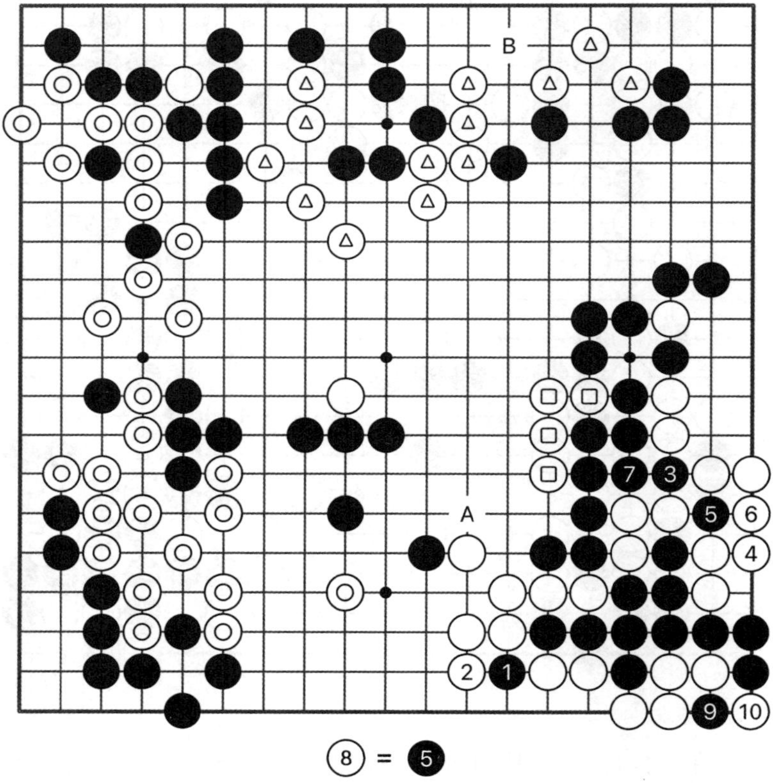

图 3–1–2

图 3–1–2：黑 139 要是直接在右下动手，黑 1 和白 2 交换是为了确保黑 9 扑劫可一劫打爆白棋。然后黑 3 倒扑完黑 5 再扑，是先手利用弃子将白棋打成气紧、没眼的“大头鬼”形状的好手。接下来黑棋直接杀气杀不赢白棋，所以只能黑 9 扑劫

寻求劫争，希望通过劫争把右下白四子吃掉，这样白右边大块自然死亡。虽然这个劫白棋也是背负着沉重的负担，但问题是白 10 提劫后，黑棋需要找一枚劫材。

在此局面下，这一枚劫材就要了黑棋的命。我们来看看全局的劫材问题：

1. 左边白圆圈大块跟铁一样厚实。别说让黑连下两手，就是连下三手，也无法让白圆圈大块伤筋动骨。所以从左边白圆圈大块处找劫材是不现实的。
2. 右下白方块四子看着很孤单，黑棋先在 A 位断其归路当劫材，接下来再笼罩一手，不是可以稳稳地干掉这方块四子吗？的确连下两手可以轻松干掉白方块四子，但问题是，仅仅吃掉这四颗白子，连偿还右下黑大块阵亡的成本费都不够，更别提盈利了。所以靠 A 位的劫材吃白方块四子，价值明显小了。
3. 现在只剩下右上白三角大块了，不过黑棋不好动这里。首先，白这块棋在右上角有丰富的眼形。其次，白这块棋在中央也有相当的发言权，因此黑棋想连下两手干掉白这一整块，是不可能的。

所以黑棋只剩下 B 位点这一枚劫材了。

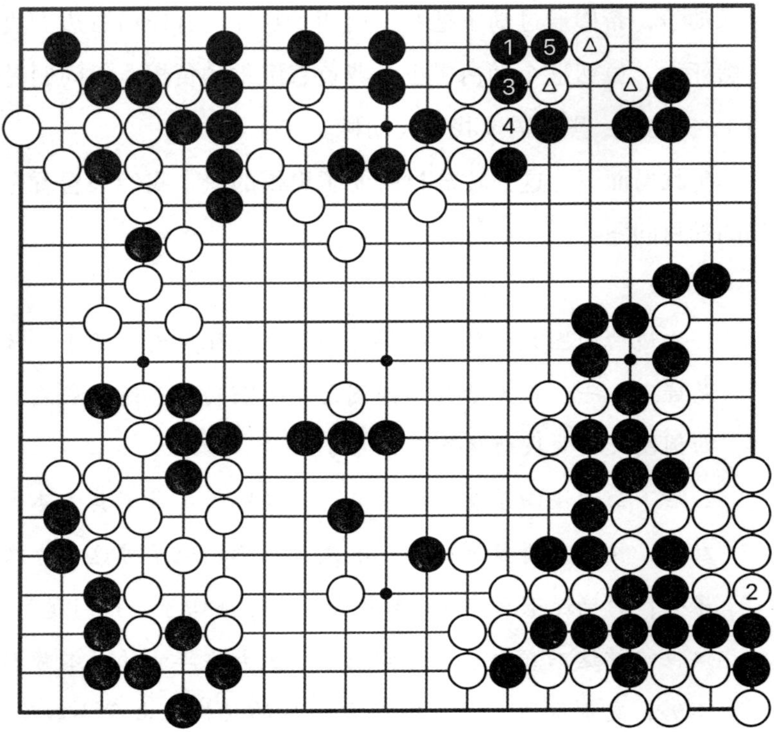

图 3–1–3

图 3–1–3：黑 1 点，白 2 肯定解消劫争（大家一定要注意白 2 消劫后的棋形效果）。由于无法全杀白整块棋，所以黑 3 以下只好吃掉白三角三子。虽然白三角三子价值也不小，但相比黑右下角被白 2 提光的损失，黑棋还是得不偿失。这样柯洁根本无法争胜。

在实战中柯洁没有引爆劫争，而是先在本图的黑 1 点，这是为什么呢？难道右下轮白下，吃不掉黑棋？

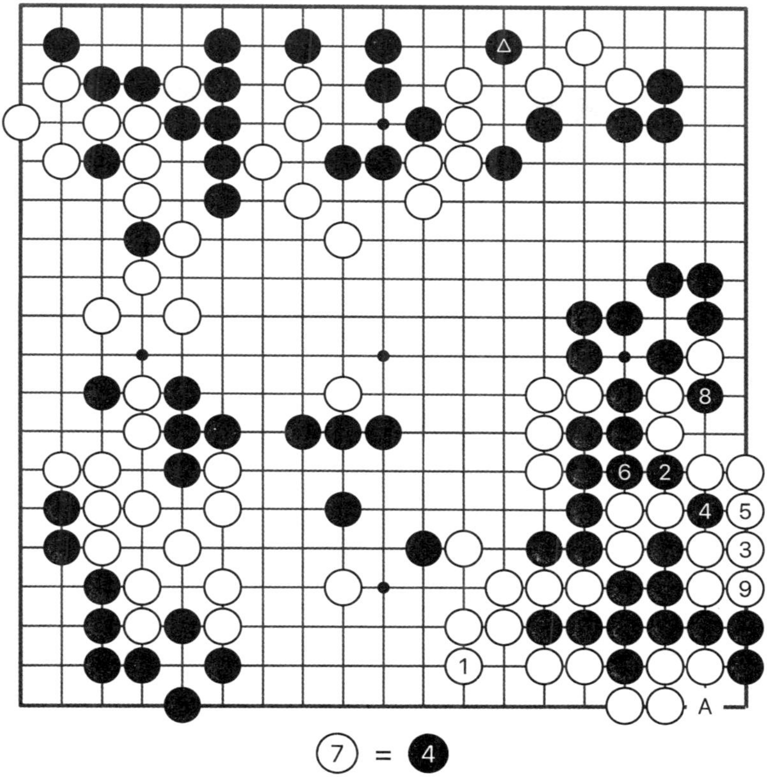

图 3–1–4

图 3–1–4：黑 139（黑三角一子）点的时候，白要想杀黑右下角，白 1 必须先消除黑 A 位的扑劫手段。以下至白 9，白棋快一气杀黑。看到这儿，大家也许会说：这白棋不可以杀黑棋吗？是可以杀，但是杀得比上图憋屈多了。

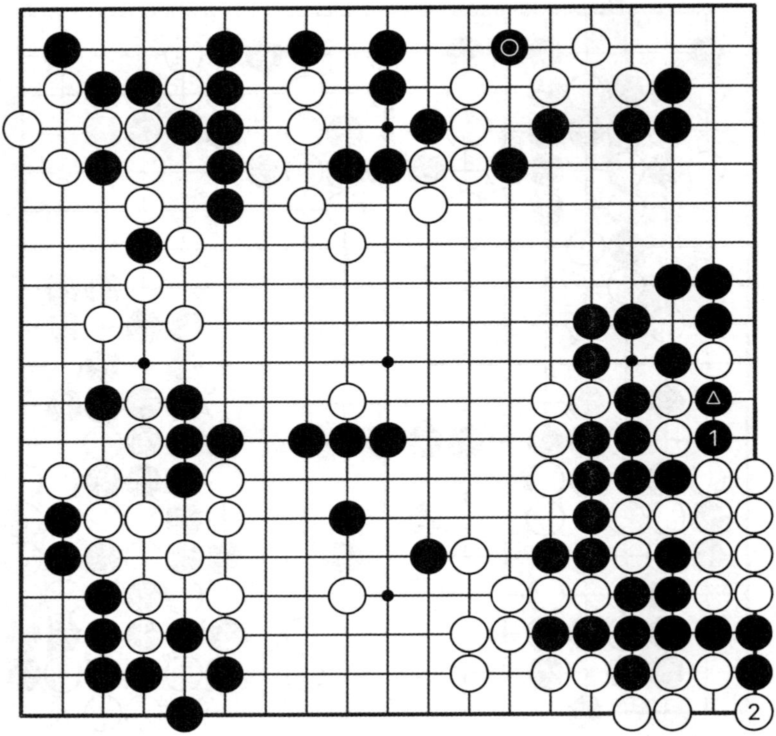

图 3–1–5

图 3–1–5：接上图，黑 1 收白气的同时，提掉白两子，白 2 提掉黑大块。本图和图 3–1–3 一样，都是白棋把黑棋吃掉了。但大家仔细看一下，与图 3–1–3 相比，本图黑棋白白多了黑三角和黑 1 两颗子，价值近 10 目，而且白棋自身的目数还少了。所以右下角白棋自己去吃黑棋的结果，与黑棋引爆劫争被白棋消劫的结果相比，在实地价值上的出入差了 10 目以上！有了这个结论，我们就知道，柯洁黑 139（黑圆圈一子）是在造劫材。

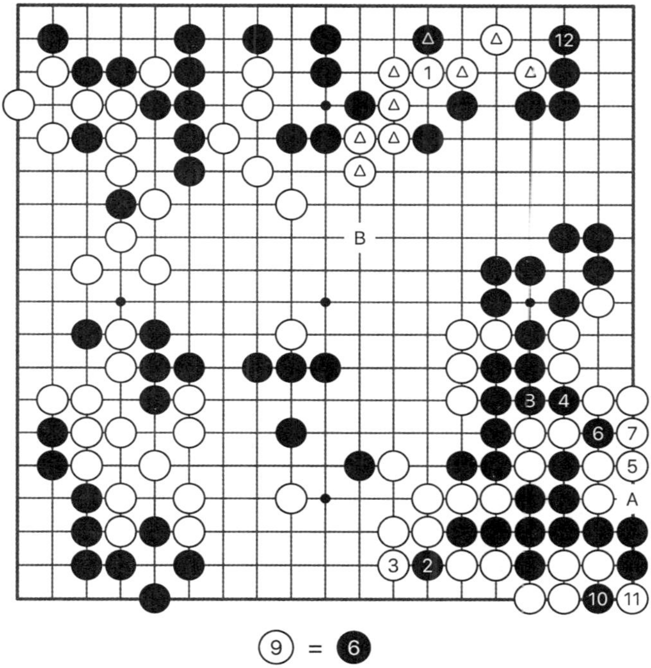

图 3–1–6

图 3–1–6：前面我们说到了，黑 139（黑三角一子）点的时候，白若直接去杀黑右下角，与黑引爆劫争，那黑 139 当劫材的结果相比差了 10 目以上。所以白棋有些不甘心。那白 1 如果着黑 139 应呢？

黑 139（黑三角一子）只要能与白 1 交换到，白上方眼形就不对了（本来白有黑三角位虎的好眼形），那么这时候柯洁再引爆右下劫争，上方就有大劫材可找了：黑 12 立，白局部只剩下后手一只眼。下一手白必须在 A 位解消劫争。黑 B 位再下一手，白上方三角大块生死顿时成了问题。

通过以上分析我们可以看出，柯洁黑139这步点，是把全局头绪搞复杂的唯一办法，也是劣势下的胜负手。介绍完柯洁这手棋的意图，下面我们就该聊聊申真谞如何接招了。曾经有两次很好的机会摆在他眼前，申真谞都没有好好珍惜。

二　申真谞的第一次机会

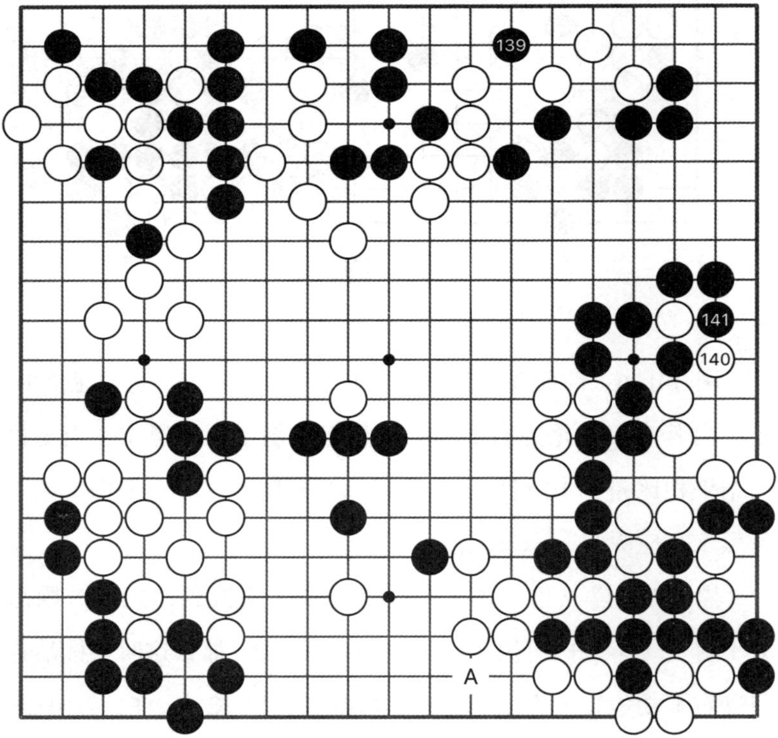

图3-1-7

图 3–1–7：面对柯洁黑 139（黑三角一子）的胜负手，在白 140 和黑 141 先手交换后，申真谞的第一次机会有两种方案可选择。

第一种是白 A 妥协，依然去杀黑右下大块，这样白棋虽然与黑直接引爆劫争相比差了 10 目，但还是白棋的形势较好。可我们若站在实战中申真谞的角度来想，恐怕白 A 下不出手，尤其是在读秒的时候。因为白 A 等于承认让黑棋白白便宜了 10 目，有“损失厌恶”心理的人类是很难下决心断舍离的。而且很关键的是，当时申真谞在读秒中一时无法判断清局势，所以更没心情选择白 A 妥协。因此第一种选择只适合 AI，不适合人类。

那第二种呢？

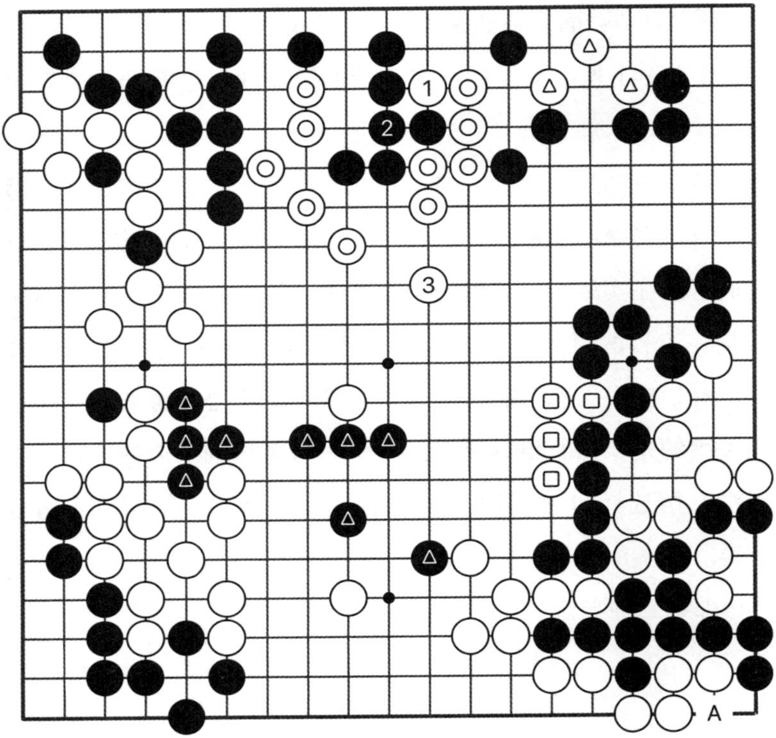

图 3–1–8

图 3–1–8：第二种选择比较积极，大家注意看，上方白主力部队是圆圈数子，这也是黑棋图谋之处。而白三角三子则相对价值小得多。因此白可以考虑白 1 先手打一下后，白 3 加强白圆圈数子。白 3 这手棋看似空中飘一个，其实有相当的价值：

1. 加强自身圆圈大块。

2. 呼应了右边白方块四子。

3. 威胁着黑中央三角未安定的大块。

只要白圆圈数子保持厚实，右下角黑 A 位的劫争就没法引爆。那白棋就可以先在中央行棋（说不定还能攻击黑中央大龙），等到最合适的时机再右下补一手。这样白棋不仅能得到最大化的利益，而且行棋也更有余地。

同时，这个选择在心理层面上也能接受。因此我觉得申真谞第一个机会是本图的选择。那申真谞在实战中是如何应对的呢？

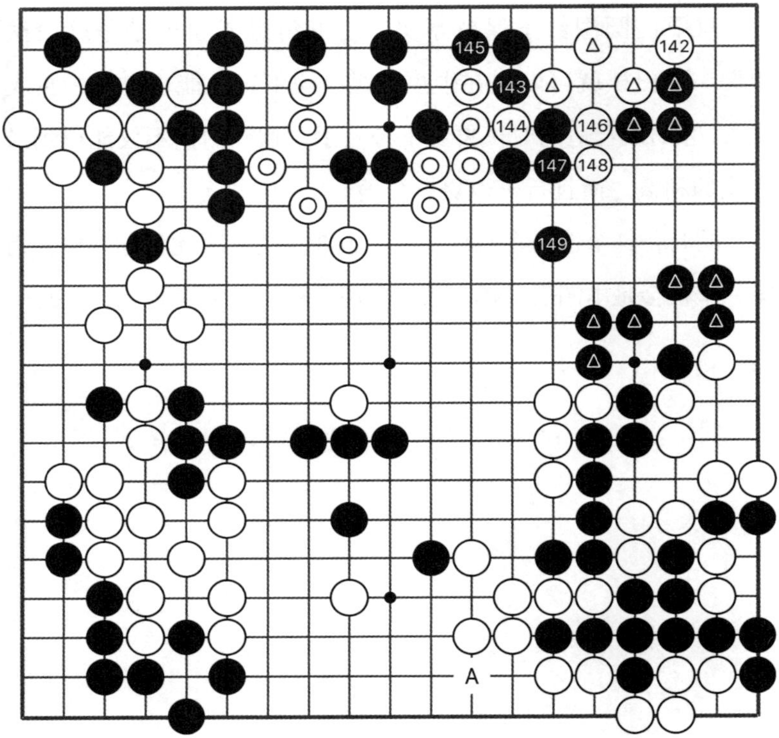

图 3–1–9

图 3–1–9：申真谞的风格是能撑则撑，所以肯定不会在 A 位委屈地杀黑右下角。他一定会反击。只是他没选择上图那样的反击，而是白 142 虎进角反击。他连白三角三子都不肯弃。这是最狠的反击手段，但同时也隐藏着风险。对此，柯洁黑 143、黑 145 必然分断白棋。申真谞白 146、白 148 顺势冲出，把黑右上三角小阵势也给破了。申真谞这一串下法，态度非常强硬！

申真谞的意思是：我非但不会在 A 位妥协，还要把白三角三子活了，顺便把你右上黑三角阵势给破了，白圆圈数子是以后的事了。棋局的头绪因此变得更多了，不过这就是 18 岁年轻人的心气，很好。

当黑 149 跳的时候，申真谞迎来了本局的第二次机会。这是一个最好的机会，也是他最后的机会。

三　申真谞的第二次机会

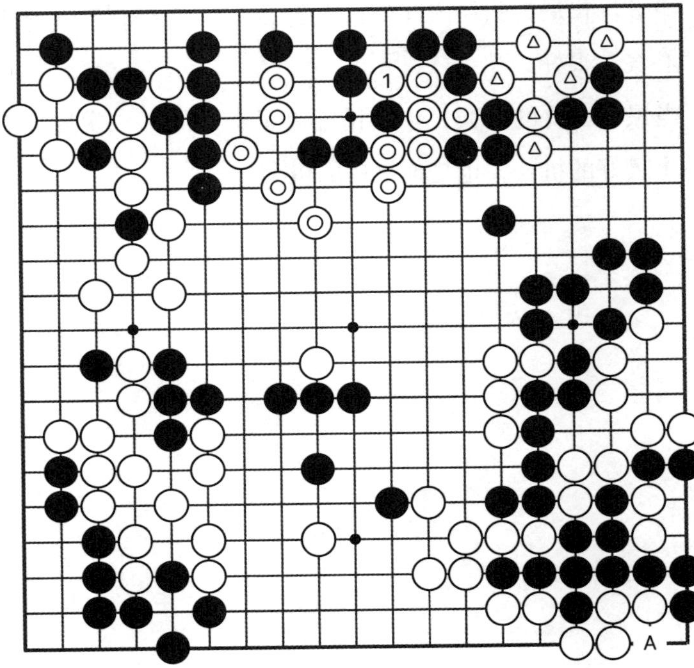

图 3–1–10

图 3–1–10：由于申真谞非但不妥协，还加大了筹码，因此此时全局形势错综复杂：

1. 右上白三角大块被“养大吃肥”，已经不是当初可弃可取的三颗子了。

2. 白圆圈大块被断开，一只眼都没有。

3. 右下还留有 A 位超级劫争隐患。

但此时，白棋有一步棋，不仅可以化繁为简，还可以把烫手的山芋扔给柯洁。那就是白 1 淡淡打吃。这步棋可化解黑棋所有的攻势。

下面我们来分析一下，黑棋接下来的两种选择。

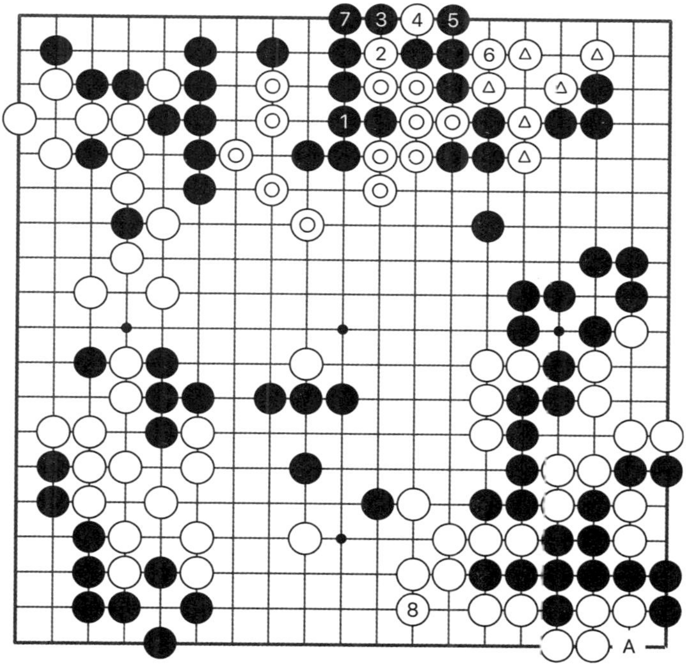

图 3–1–11

图 3–1–11：黑 1 粘是第一种选择。这样白 2 冲、白 4 扑一下、白 6 先手团一下（这几下交换非常关键）。白 8 就有资本以妥协的方式吃掉黑右下大块，并消除 A 位劫争的隐患。那么大家会问：白右上三角大块怎么办？白中央圆圈大块怎么办？请看接下来的变化。

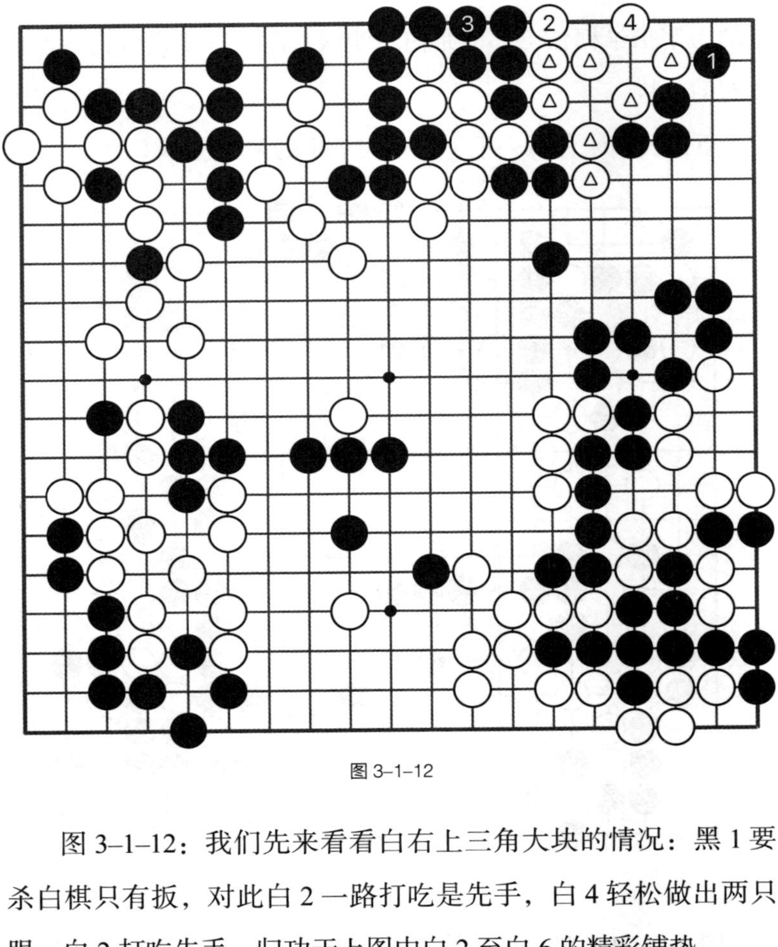

图 3–1–12

图 3–1–12：我们先来看看白右上三角大块的情况：黑 1 要杀白棋只有扳，对此白 2 一路打吃是先手，白 4 轻松做出两只眼。白 2 打吃先手，归功于上图中白 2 至白 6 的精彩铺垫。

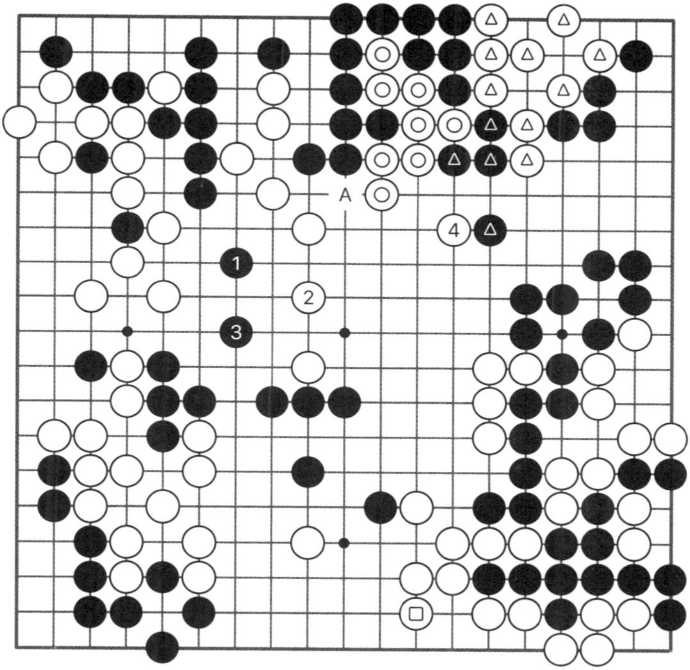

图 3-1-13

图 3–1–13：我们再来看中央白大块的生死。由于右上白三角大块活到黑棋右上的空里去了，所以黑棋只是 A 位冲吃白圆圈八子是不够的。因此黑 1 必须切断白整块大龙的归路，但由于黑三角四子的气和形都不好，白 4 靠，可轻松利用黑三角四子形的缺陷来治孤（这一点大家看后面的实战就知道差别了）。而右上白三角大块活到黑棋右上的空里，所以白右下方块一子补棋也有了妥协的资本。相比实战，此图白棋游刃有余得多，基本确立胜势。

下面我们再来看看黑棋的第二种选择。

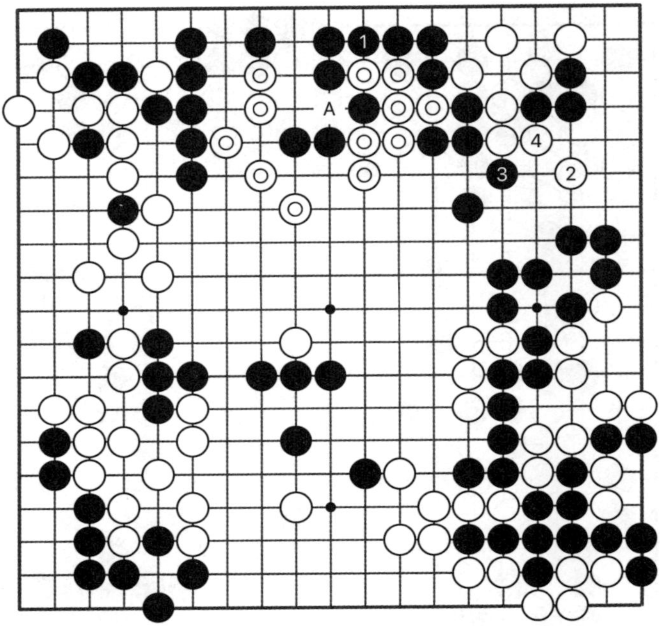

图 3–1–14

图 3–1–14：黑 1 接上是第二种选择，这样白就可按实战那样进行，白 2 做活右上大块的同时吃掉黑三子。由于白三角和黑 1 交换到而多了 A 位提，白中央圈圈大块顿时安全多了！此图白棋也比实战好得多！所以图 3–1–10 中白 1 打吃，是投石问路的好手。

它妙在考验黑棋是选择图 3–1–11 中的黑 2 四路接，还是此图中的黑 1 二路接。四路接。则白右上大块已活。二路接，则白中央圆圈大块安全得多。无论黑棋如何选择，白棋都可根据黑棋的选择做出应对，立于不败之地。在实战中，申真谞没有看见这步好棋，依然处于热血少年的状态。

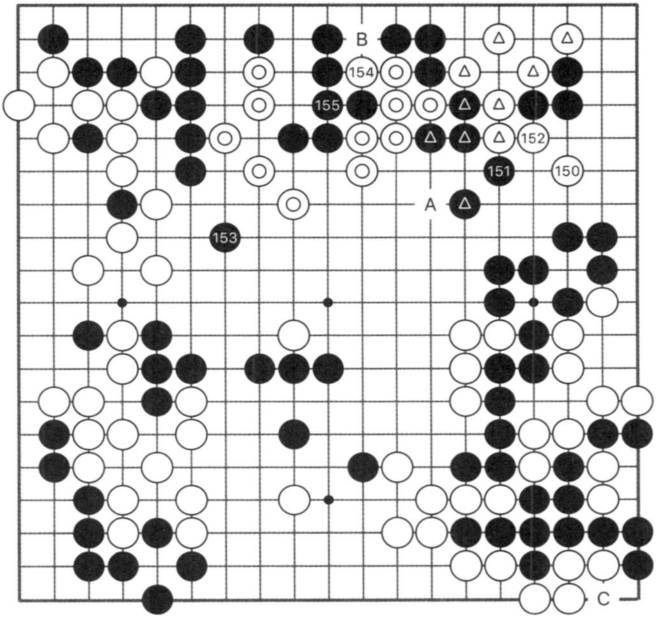

图 3–1–15

图 3–1–15：申真谞正杀得兴起，白 150 直接飞下，做活白右上三角大块的同时威胁黑右上三子。对此柯洁黑 151 先手虎一下后，黑 153 整体攻杀白中央圆圈大块。这时候申真谞白 154 再打吃，为时晚矣！

白右上三角大块已活净，而黑棋的主攻目标已经确定是白中央圆圈大块，所以柯洁黑 155 绝对不会去二路接在 B 位，当然接在了四路（这与上图相差甚远）。这下申真谞不仅 A 位的手段威力小了很多（因为黑多了 151 这颗子），右下还残留着 C 位超级劫争隐患（这与图 3–1–13 相差甚远）。虽然白棋也不是不能战，但局势已经变成五五开的态势了。

所以申真谞错过了图 3–1–10 中白 1 投石问路的好手，也错失了本局的第二个机会。申真谞错失第一个机会还情有可原，毕竟当时选择比较多，而且他实战的选择也不是不行。但他错过的第二个机会则是转瞬即逝的好机会！

申真谞一心只想着自己出牌，没有先试个应手，根据柯洁出什么牌来决定自己出什么牌。这种处理几块局部、头绪众多局面下的能力，正是申真谞当时需要提高的地方。大家看到这可能会问：那申真谞最后打的那个大勺子究竟是怎么回事？别着急，真相总是在最后才被揭开。

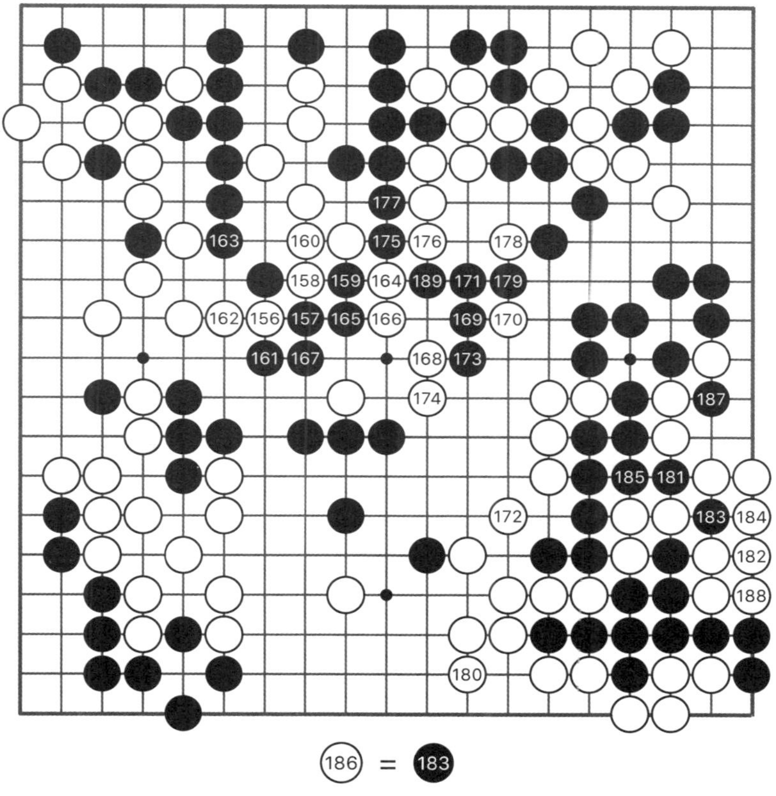

实战谱 2（156–189）

中真谞比柯洁还小 3 岁，被韩国棋界寄予厚望。

四　申真谞白 190 的失误痛失好局?

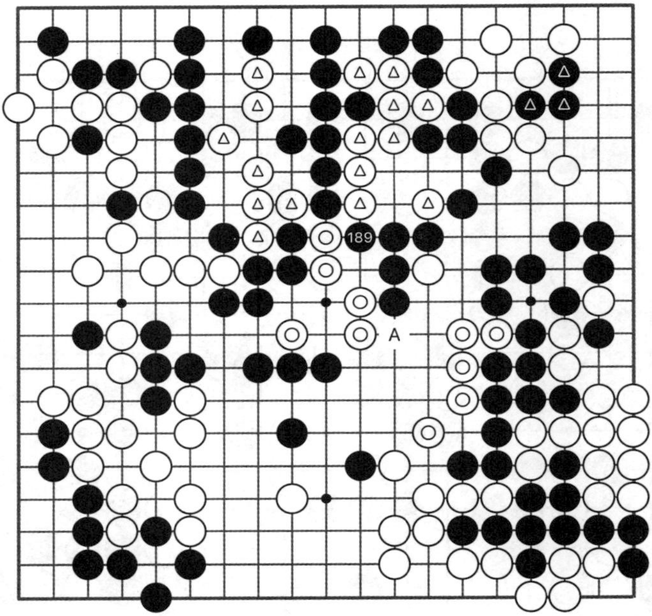

图 3–1–16

图 3–1–16：中央经过数手的搏杀，双方达成了妥协。黑 189 吃掉了白三角 16 颗子，白圆圈数子则总算逃出一些子力。虽然白抽空吃掉了黑右下角，但总体来看，柯洁当初黑 139 的胜负手大获成功。不过胜负还得看后面。

现在申真谞面临着两个问题：

1. 右上黑三角三子还有动出的手段。

2. 中央白圆圈数子还有黑 A 位贴的隐患。

白棋这两处问题，最需要解决的是右上方黑三角三子动出，因为这里的价值实在太大了，白棋伤不起。而白棋要是把这两处问题都搞定了，就可获胜。在实战中申真谞以为右上已经没问题了。

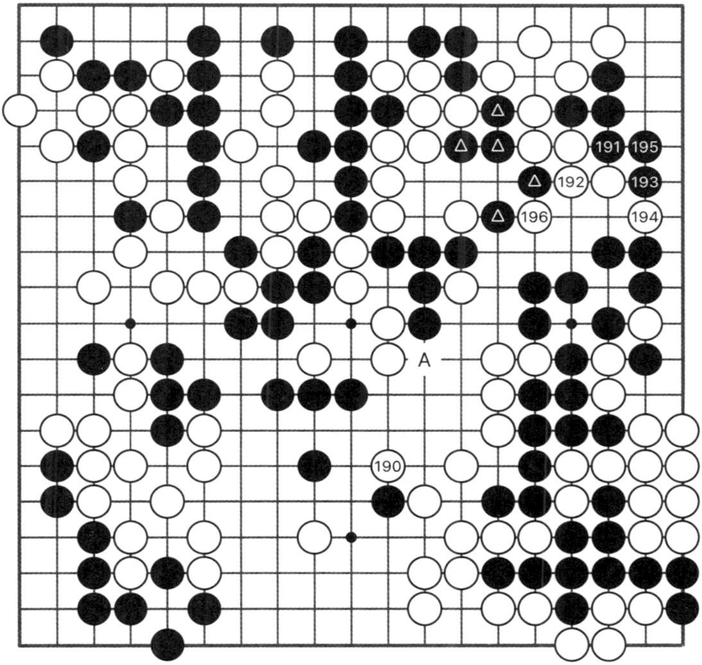

图 3–1–17

图 3–1–17：申真谞既然认为右上没问题，自然就会白 190 虎，补住 A 位的毛病。但柯洁黑 191 还是在右上动出了，对此申真谞按照他之前预想的，白 192 粘上后白 196 打。申真谞一直认为白 196 打，黑三角五子由于气太紧，所以黑棋不行。

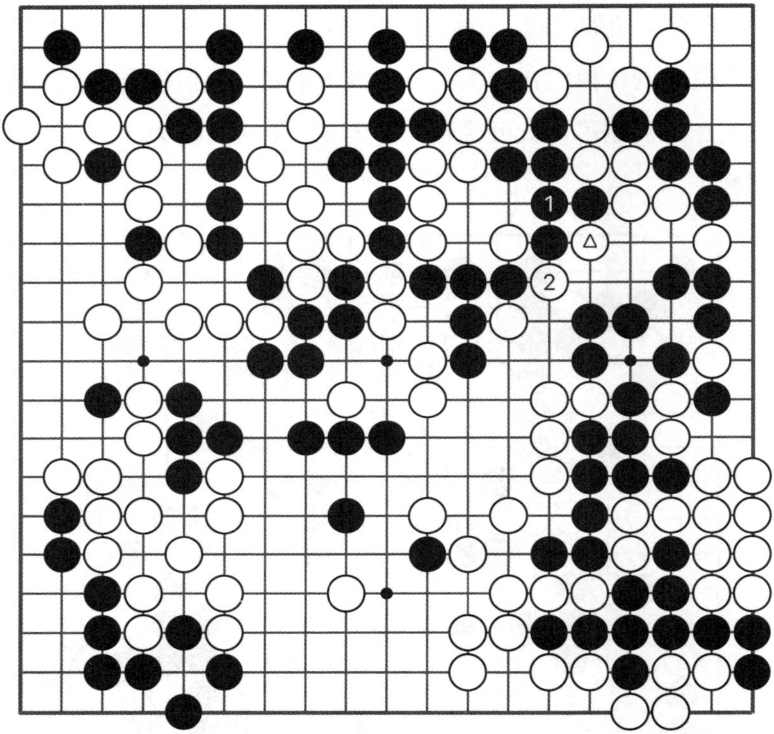

图 3–1–18

图 3–1–18：白 196（白三角一子）打吃时，黑 1 若粘上，白 2 断吃，黑棋筋全部阵亡。申真谞预想图就是这样的，可他忽略了黑棋有一步冷手。

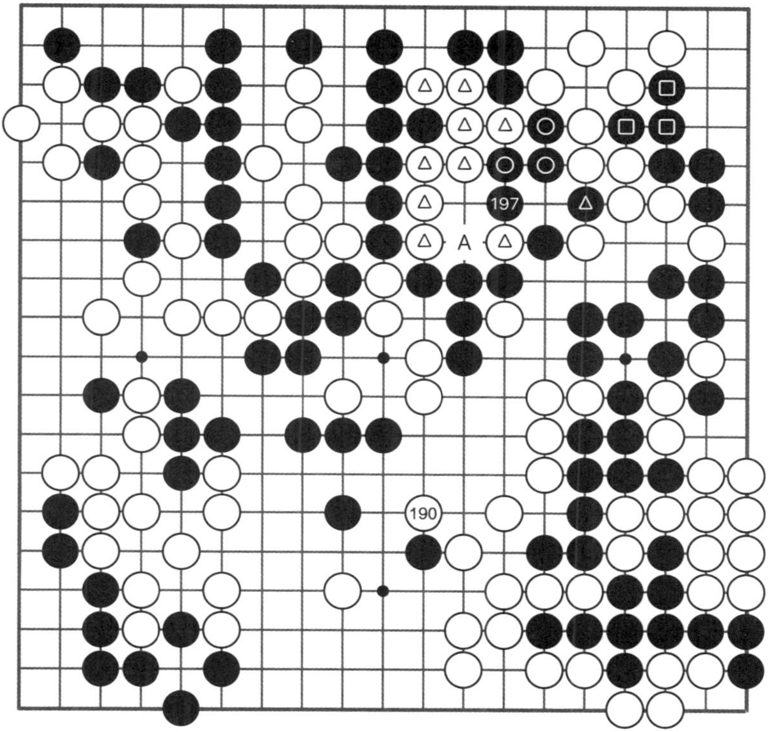

图 3–1–19

图 3–1–19：白 196 叫吃的时候，由于黑三角一子无关紧要，而黑圆圈三子才是棋筋，所以黑 197 只需舍弃黑三角一子，救黑圆圈三子即可。白三角九子由于气太紧，无法在 A 位粘出。这下白 196 几乎等于毫无收获。而右上极为重要的黑方块三子被柯洁救回去了，白棋损失惨重，顿时没法下了。所以申真谞白 190 肯定是失误了。

那申真谞到底能不能同时防住两处问题？局后都说申真谞白 190 只要如下图这样下就可以。

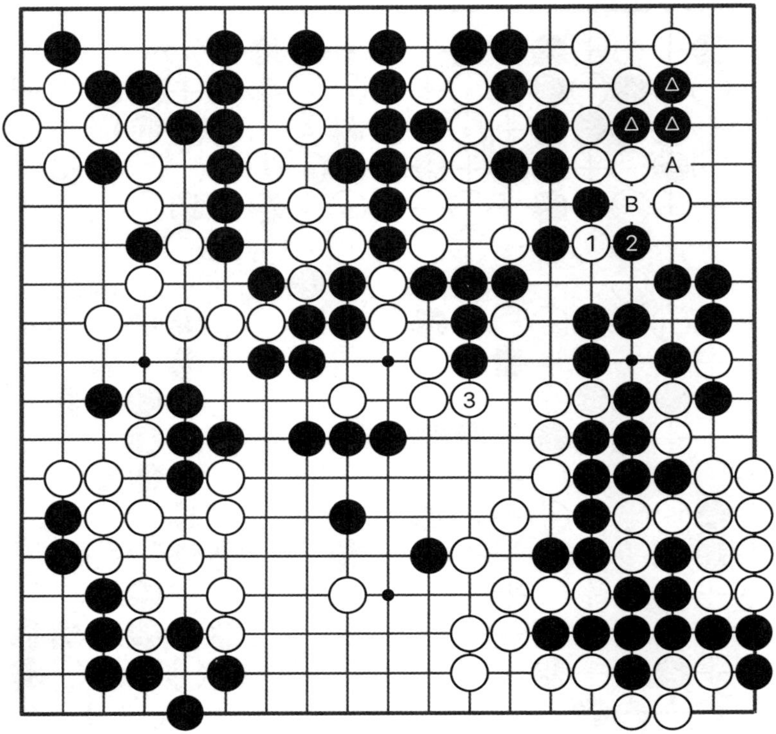

图 3–1–20

图 3–1–20：白 1 先挤一下“绝妙”，这也是 AI 一致推荐的着法。看着白 1 被黑 2 吃掉不是送死吗？但就是因为有了这下交换，白 B 位打吃变成绝对先手。于是黑 A 位挤的手段就不成立了。这样白 3 就可放心把中央弱点补住。白成功补住两处弱点，确立了胜势。所以局后不少人都认为申真谞这盘棋输得太冤了，下了一大盘好棋，白 190 却倒在了最后一刻。但真相不是这样的。

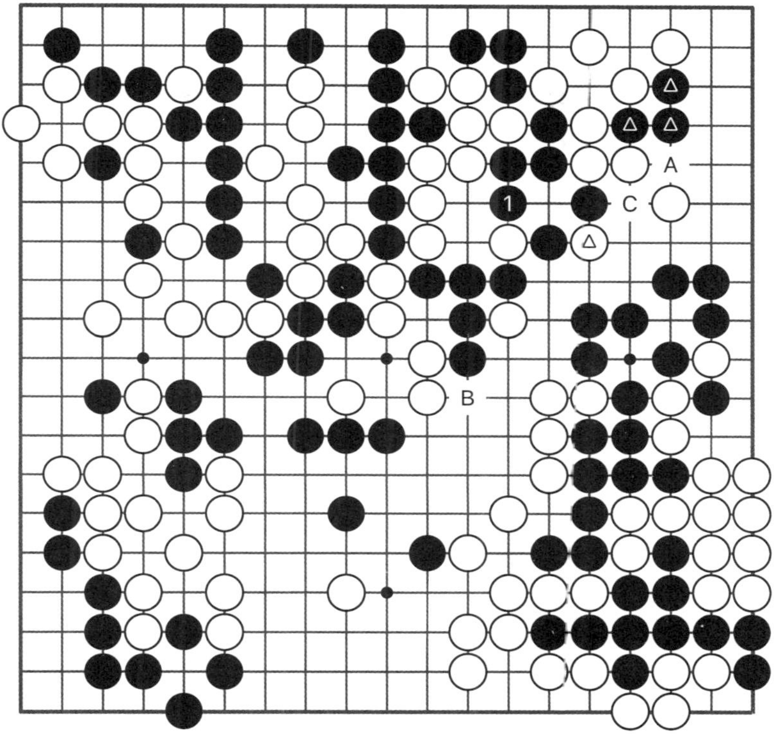

图 3–1–21

图 3–1–21：真相是，既然在实战中黑 197 是绝妙的冷手，那黑 1 为什么不可以下在黑 197 这个位置上？这样白 C 位就不是先手，所以黑 A 位挤还是可以将右上黑三子救出。白依然无法同时兼顾 A、B 两处弱点。但白三角这步挤还是好手，因为它逼得黑 1 只有这样委屈补棋，在实地上还是便宜了，只是不能叫制胜一手。

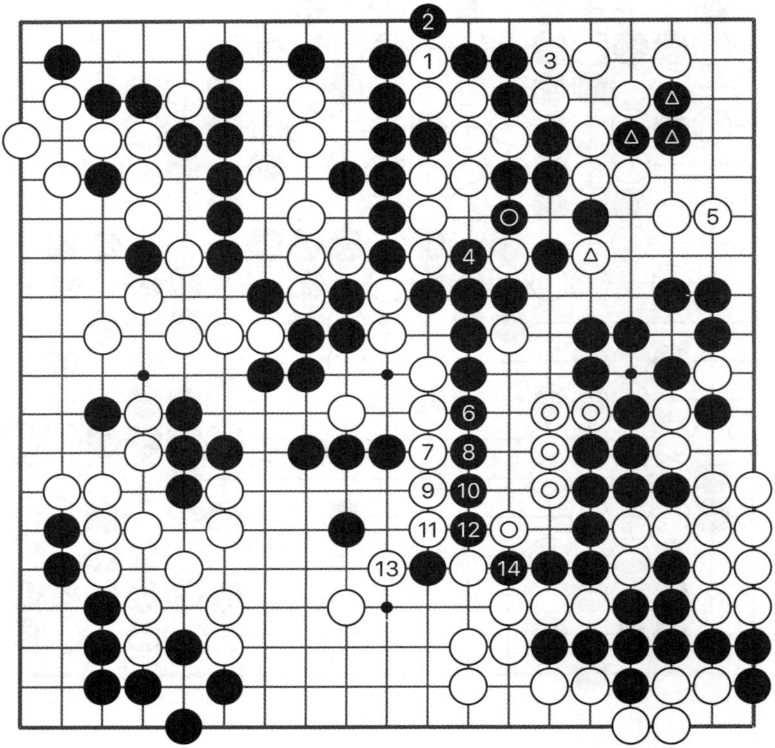

图 3–1–22

图 3–1–22：白 1 以下先手便宜后，白 5 必须补一手确保黑三角三子彻底阵亡。黑 6 以下至黑 14，可吃掉白圆圈五子。但这是黑棋的权利，白棋没有办法。由于白三角和黑圆圈交换便宜了不少实地，所以白棋也有收获。如此进行的话，棋局的胜负很可能只在半目之间。所以只能说申真谞白 190 是败着，但不是痛失好局的大勺子。

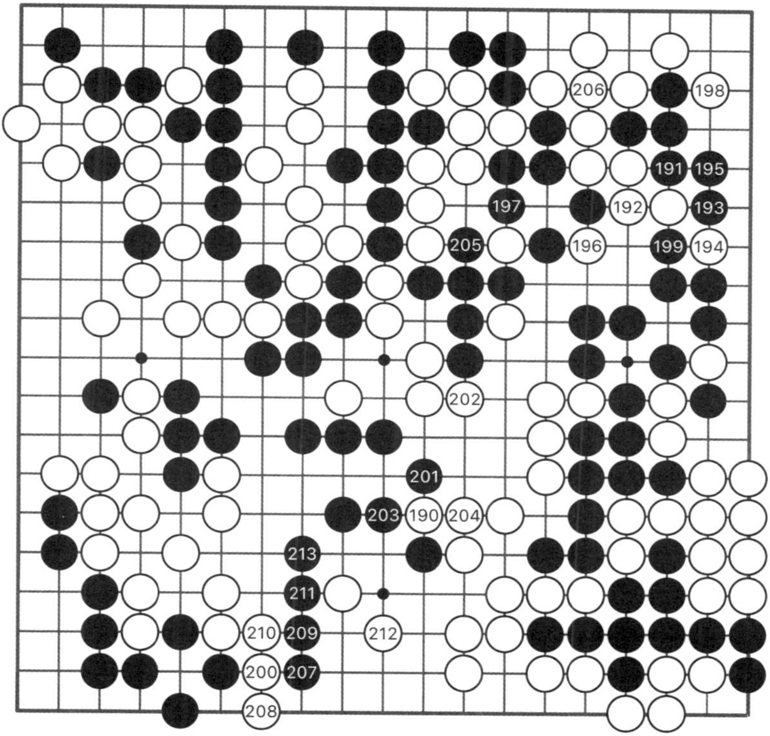

黑中盘胜

实战谱 3（190–213）

从局后复盘的照片中，我们可以看出申真谞的郁闷。估计那时候他觉得自己输得很冤。但等他冷静下来，就会发现这局棋输得并不冤。

首先，白 190 虽然失误了，但就算他全部下对，这棋依然是半目胜负，远远没到他稳赢的地步。

其次，虽然当柯洁下出黑 139 胜负手的时候，白棋的确占据较大的主动权和优势，但由于棋盘上几块局部交织在一起，再加上还有劫争的不确定因素，白棋要想简明胜出，并不是那么容易的。

申真谞的机会也就两个，而且严格来说，只有一个。那就是白 150 这步棋应该下在图 3–1–10 中白 1 打吃，投石问路。但这步棋需要申真谞具备审时度势的能力。申真谞的强项是在一个局部上的操作，在这方面他技艺高超，但在几个局部交织在一起的整体处理上，他还是容易过犹不及。这个问题在他和陈耀烨的天府杯决赛决胜局中就已经体现出来了，所以申真谞本局输得并不冤。

不过申真谞还是很强的，毕竟他具备过人的局部计算能力和超强的精神集中力。那么在接下来的决赛第二局中，在首局痛失好局的申真谞会在棋盘前展现出什么样的状态？面对赛点的柯洁又将有什么样的表现？请看下一局。

第二局

2019年1月17日，第4届百灵杯世界赛围棋公开赛决赛次局开战。申真谞由于在第一局中痛失好局而憋着一口气，此局他准备早早地与柯洁贴身肉搏，以发挥局部计算力见长的特点。这个想法其实不错，但是他太急于求成了，所以没有遵照棋道的规律来下棋，结果被柯洁打得毫无还手之力。

下面我们来看看申真谞这盘棋是怎么急于求成的。

● 申真谞　　○ 柯洁

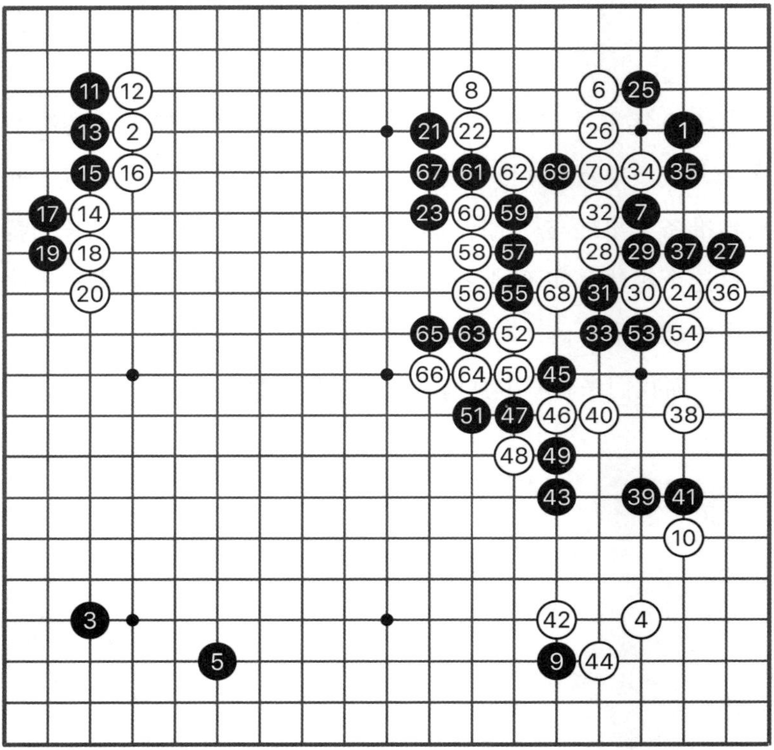

实战谱 1（1–70）

决赛三番胜负的黑白棋如何归属？首局是猜先，然后第二局双方交换黑白，决胜局继续猜先。

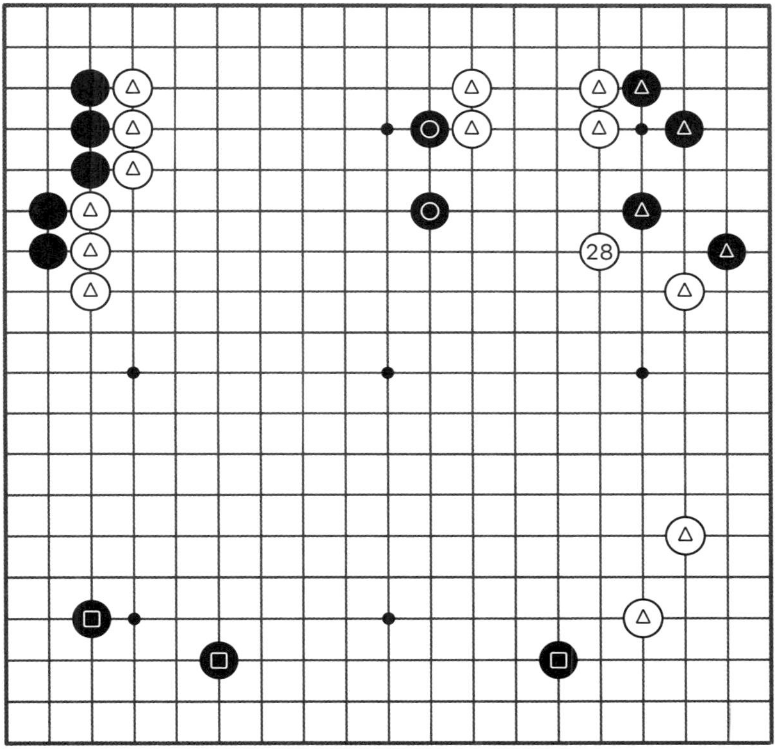

图 3–2–1

图 3–2–1：柯洁执白。白 28 飞封黑右上角后，棋局当下的态势是：黑右上角（黑三角四子）属于非常安全的状态，左下至下边，黑方块三子隐约还有一个可发展的阵势。而此局面下黑最应该关照的是上方黑圆圈两子。这两颗子在白三角数子的茫茫阵势中，既没眼位，也没子力，显得很孤单。所以，当下黑棋正常合理的选择有两种。

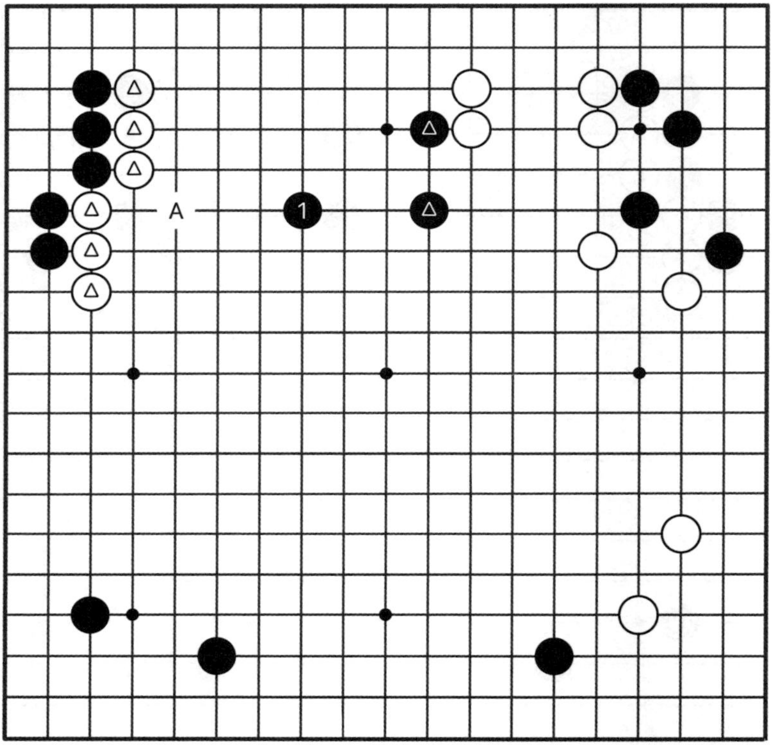

图 3–2–2

图 3–2–2：黑比较稳妥地选择是黑 1 二间跳防守。黑 1 不仅加强了三角两子，同时瞄着 A 位点的手段。黑接下来的 A 位点，让左上白三角数子非常难受，搞不好将来白这层没有眼位的外势还要受到攻击。对自己治孤能力有信心的棋友，就可以选择第二种下法。

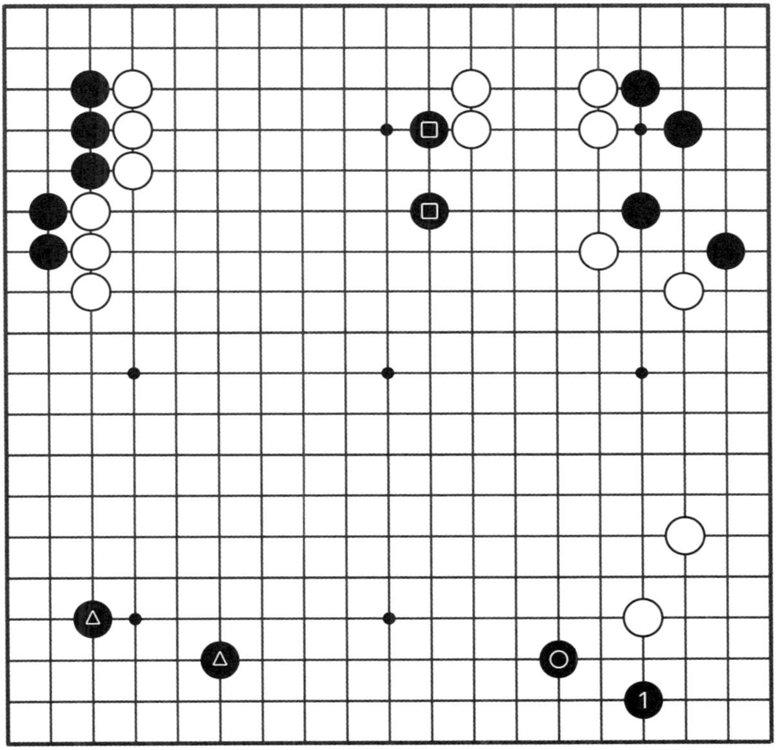

图 3–2–3

图 3–2–3：而比较积极的下法是黑 1 小飞再捞一票。此手不仅抢到了右下角的实地，加强了黑圆圈一子，而且还可以与左下黑三角两子相呼应，将来没准儿下方黑阵势大有可为。至于上方黑方块两子，白棋要想立马把黑棋攻得很惨，也没那么容易。毕竟黑棋只需要处理一块孤棋（这一点非常重要）。

以上两种下法好坏难说，大家可根据自身的棋风特点来选择。在实战中，申真谞却两条路都没选。

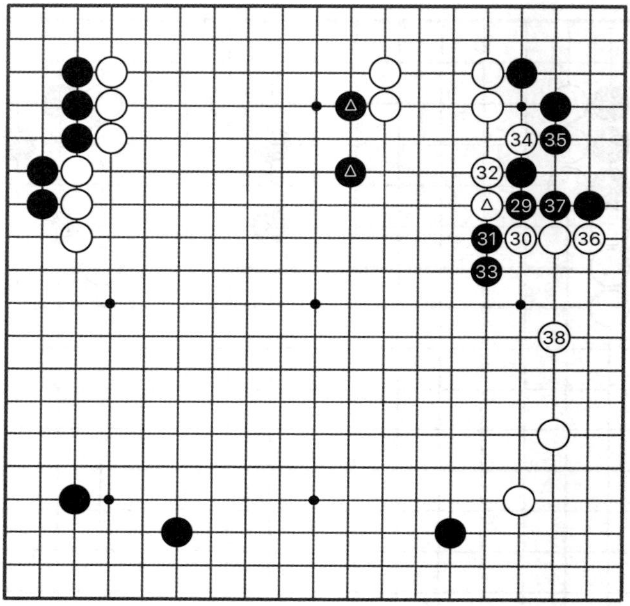

图 3–2–4

图 3–2–4：申真谞选择了黑 29、黑 31 冲断白 28（白三角一子）。虽然在茫茫白阵中选择主动出击有些勉强，但倒不失为一种以攻为守的策略，而且这也符合申真谞这位 18 岁少年的棋风和天性。但这时黑棋要注意的是“以攻为守”的“守”字，因为至白 38，黑除了原先上方的三角两颗孤子外，又多了黑 31、黑 33 这两颗孤子。所以黑的下一步很关键。

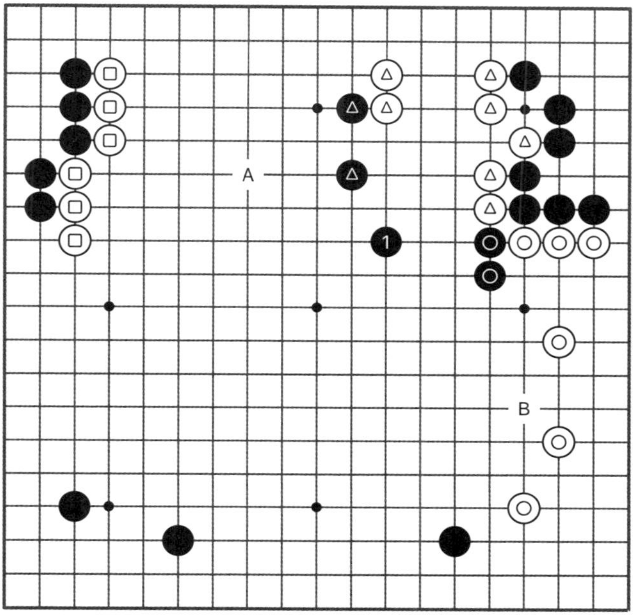

图 3–2–5

图 3–2–5：黑 1 是非常关键的一手！此手一出，黑三角两颗孤子和圆圈两颗孤子基本会师联络。这样黑棋与图 3–2–2 的 A 位防守相比，有利有弊。

弊端是围棋对白左上方块六子的压迫小了些，但好处是对白右上三角这块棋隐约形成了压迫。而且更重要的是，黑圈圈两颗子的存在，使白右边圆圈阵势顿时扁平化了。将来黑棋可伺机在 B 位骚扰白棋，白棋会很头疼。如果申真谞下出黑 1 的话，我认为他之前黑 29、黑 31 冲断白棋，以攻为守的策略既有创新意识，又展现了他的棋风特点。但是，申真谞接下来两步棋让我怀疑他是不是搞错了黑白子力情况。

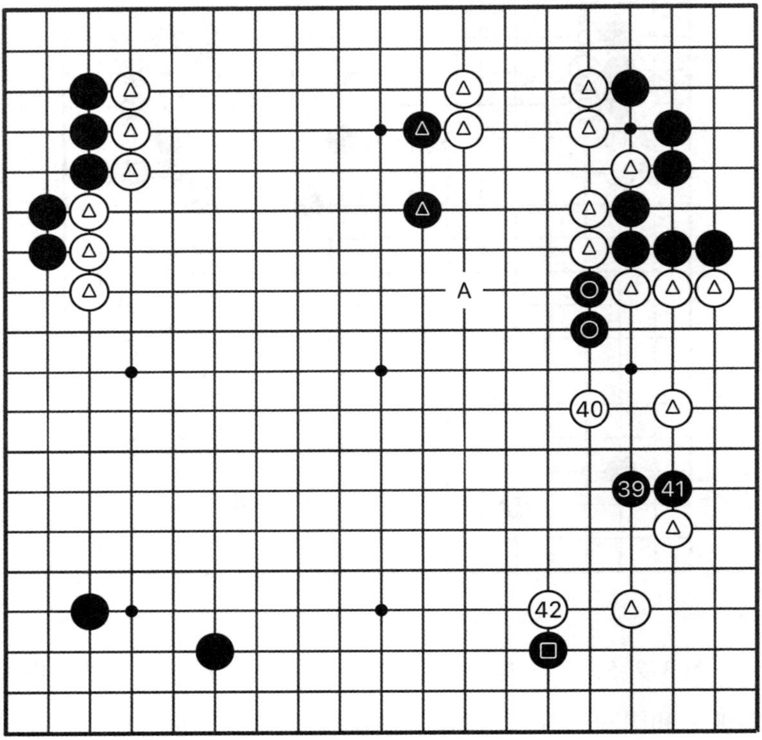

图 3–2–6

图 3–2–6：申真谞无视了 A 位的防守绝好点，选择了黑 39 肩冲，企图直接欺负白棋。作为子力优势的一方，柯洁肯定不干，白 40 跳出反击。对此申真谞黑 41 继续挡下加大局部作战兵力。柯洁白 42 声东击西，倚盖黑方块一子的同时，瞄着黑 39、黑 41 这两颗新加入的孤子。这几步棋下完后，我们再来分析一下局面。

黑现在不仅有三角两子和圆圈两子这两块孤棋，还又出现了黑 39、黑 41 这块新的孤棋。关键连右下原本与世无争的黑方块一子也加入了孤棋的行列。黑 7 颗子出现了四块孤棋。而反观白棋，白三角数子加上白 40、白 42 一共有 21 颗子。白 21 颗子打黑 7 颗子。而且白全盘就 21 颗子。也就是说，白所有的子力都将在战斗中发挥效率。而黑 7 颗子，被切分成了四块棋，各自孤军奋战。

申真谞急于求战的心态可以理解，但不能这样求战呀！申真谞虽然力量大，但问题是柯洁的力量也不是吃素的。这不是求战，这是求死。

黑 39、黑 41 就是本局的败着，申真谞选错了战场。

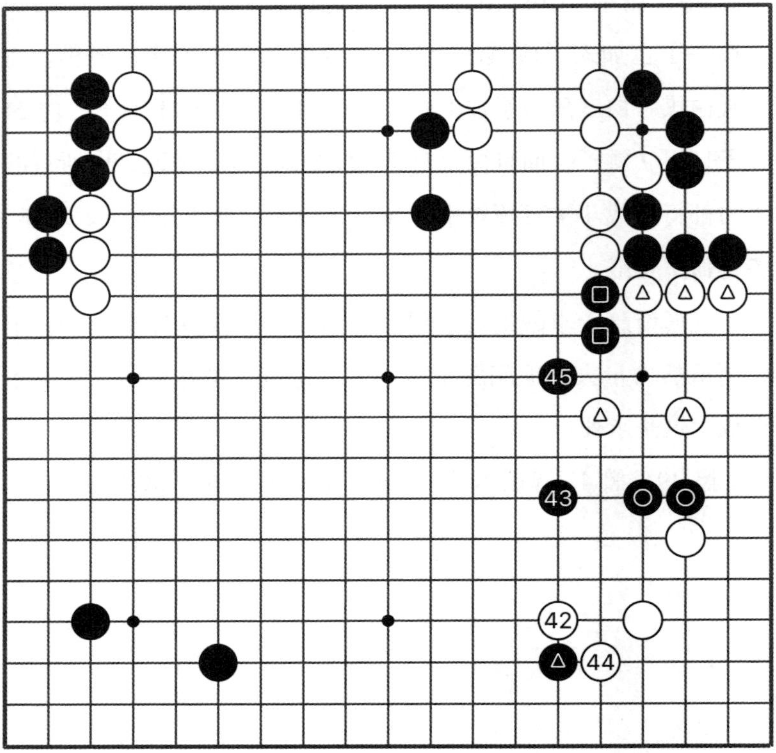

图 3–2–7

图 3–2–7：白 42 倚盖黑三角一子时，黑 43 为了照顾黑圆圈两子，不得不脱先跳出。白 44 一虎，不仅白右下角实地巨大，黑三角一子也彻底废了。就白 44 这一虎的价值，已经让申真谞失了很多实地。关键这还没完呢，黑还面临着处理三块孤棋的窘境。

申真谞也是够硬朗，直接黑 45 小尖，准备把白三角五子封进去，反攻白棋。这里我想说的是，黑棋太危险了！为什么说黑棋危险？我来分析一下原因：

1. 黑棋要想无条件封住白棋，难度很大。

2. 就算白棋没下好，黑棋真把白棋封进去了，由于之前白42、白44已经捞了一大票，黑棋全局依然没啥好。

3. 但若白棋下好了，黑棋非但封不住白棋，而且很可能由于自身太薄而形成“纸包火”的态势，最终崩溃。

围棋的变化太复杂，就连最顶尖的高手都无法算清，因此对弈双方比的是谁赢的概率更大。通过以上三点分析，大家可以看出，就算黑棋达到最佳的结果，局面依然不乐观。谁的胜率大，一目了然。所以申真谞真的是选错了战场。

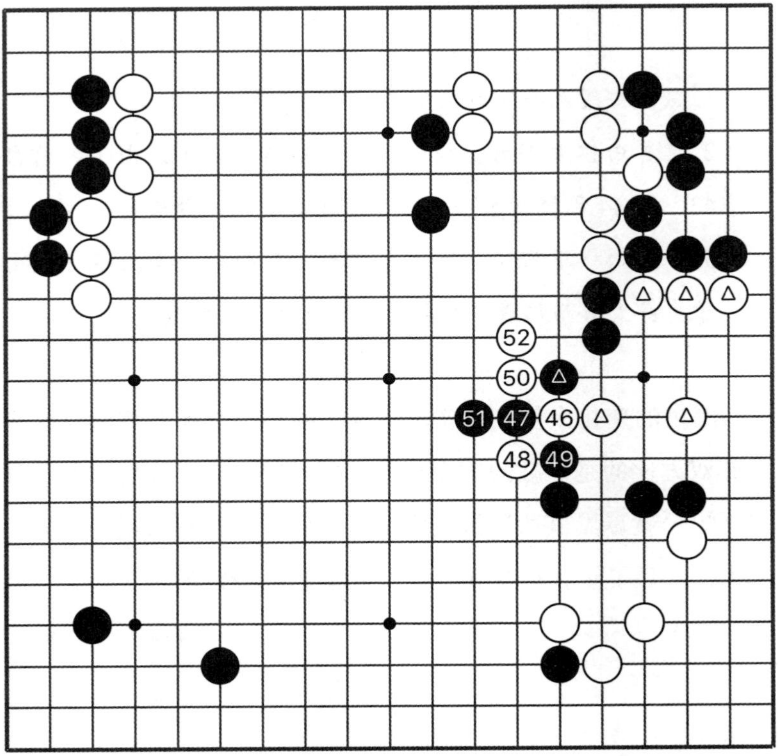

图 3–2–8

图 3–2–8：面对黑 45（黑三角一子）的无理要求，柯洁当然要反击。白 46 以下分断黑棋，黑由于自身太薄，想要硬封白棋三角五子太勉强了。不过就局部而言，柯洁白 52 不是最强手。

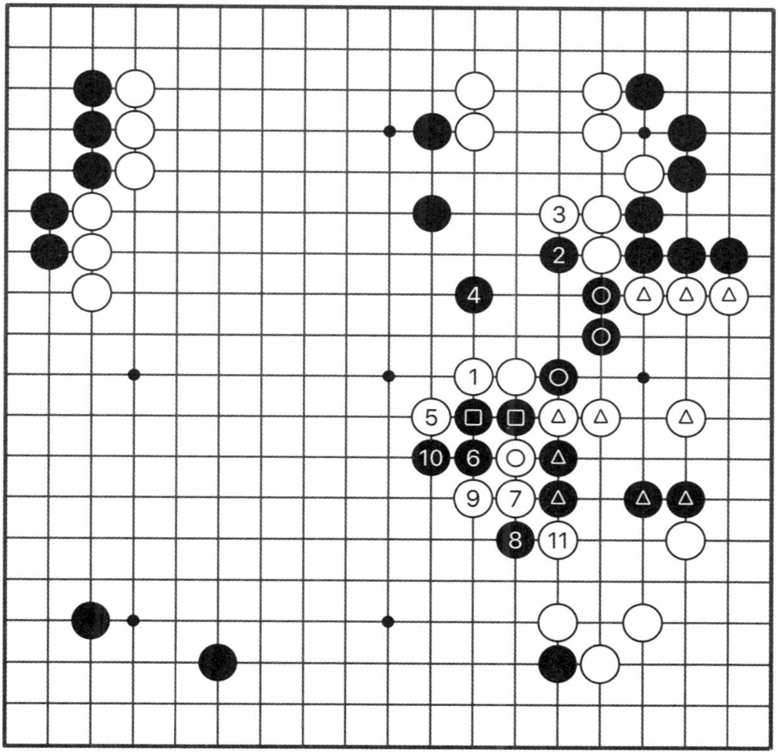

图 3–2–9

图 3–2–9：白 1 贴着黑棋走，是最强硬的下法。对此黑 2、黑 4 必须先将黑圆圈三子救出。白 5 以下动出白圆圈一子，在进攻黑方块两子的同时，顺便白 11 断开黑棋。黑右边三角四子被封锁。黑三角四子想要求活，只能和白三角六子对杀。但是白三角六子的弹性明显强于黑三角四子，所以此图黑棋凶险。

这个图是AI的推荐，它们果然计算力了得。但我觉得柯洁实战的选择也有他的道理：

1. 本图中的变化虽然是AI强烈推荐的，但毕竟还是有不少未知因素在里面。对AI来说，它们计算力强大，所以不用考虑风险，但对柯洁来说，此图还是有一定的风险。
2. 此局面白棋明显占据主动，没有必要一定和黑棋在这里决一死战。
3. 从申真谞之前的着法中就可以看出，他是不管三七二十一就来拼命的人，那柯洁何必要给他一个拼命的机会？说不定再兜几个圈子，申真谞的劲儿就泄了。那时柯洁再发力也不迟。

事后看来，从技术正确的角度来看，柯洁在实战中的选择不如AI推荐的好。但从人的角度来看，柯洁的选择是最合理的。

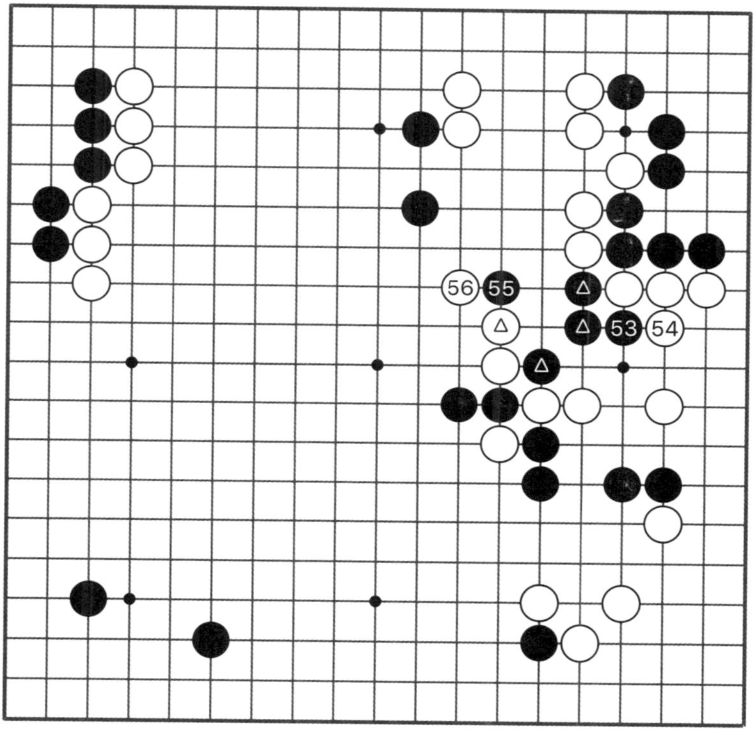

图 3–2–10

图 3–2–10：柯洁白 52（白三角一子）长后，局部的焦点就是黑三角三子怎么跑。申真谞黑 55 靠，彻底和百灵杯冠军奖杯无缘。据说申真谞在长考后下出了黑 55 靠，柯洁白 56 秒扳后，申真谞黑 57 又开始长考。这说明申真谞在这里的计算出现了问题。

因为这种局部计算，一定是一下子就计算好很多步的，哪有第一步长考完，第二步再长考的道理。申真谞黑 55 的时候，只能如下图这样下。

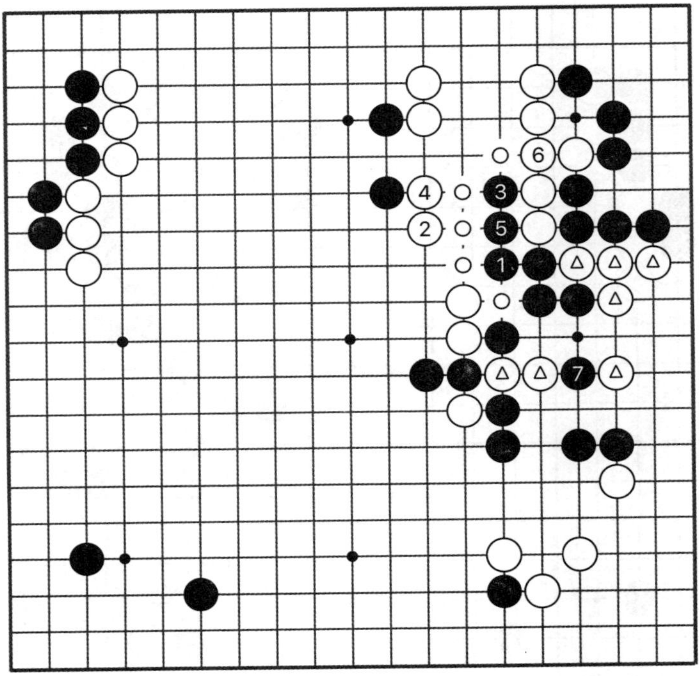

图 3-2-11

图 3-2-11：黑 1 勾出是唯一的办法。白 2 以下要是想强杀黑棋，黑 3、黑 5 可先手延气。由于黑外围有圆圈标识处共五口气，黑 7 挖之后，白三角七子杀气杀不赢黑棋，所以白 2 不能强杀黑棋。

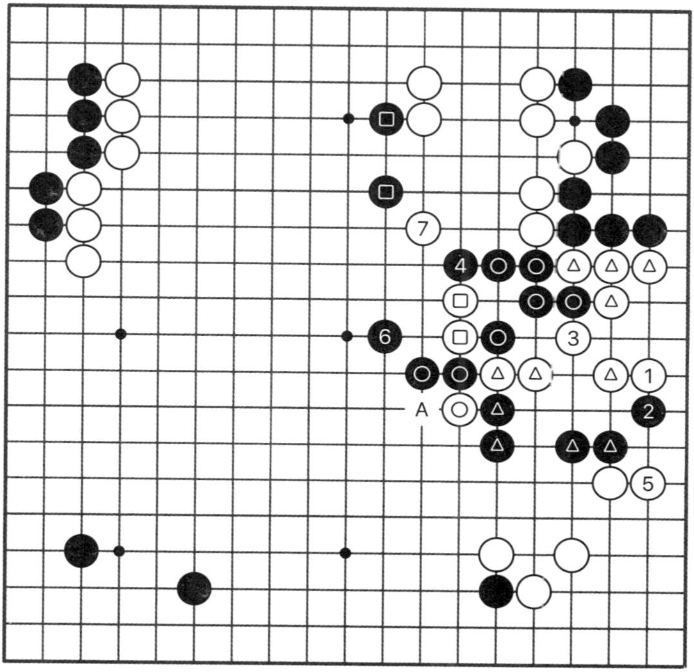

图 3–2–12

图 3–2–12：既然无法强杀黑棋，白 1 就只能扎钉防守。黑 4 贴的时候，白 5 还需补一手才能确保白三角大块的安全。不过白 5 这手棋本身价值不小，它确保白右下角围出了不少实地。黑 6 小尖确保吃掉白方块两子，这样黑棋也算是达到了封住白右边三角大块的目的。

但是，外面还没完。白 7 后，黑未安定的圈圈数子和上方方块两子被白分割。而将来白圆圈一子在 A 位动出，黑右下三角大块也是受攻之形。而且白棋右下角已经获利，全局实地上也没比黑棋差多少。

所以此图黑棋虽然渡过难关，但全局依然处于苦战状态。而这已经是申真谞能得到的最好结果了。由此可见当初他黑39、黑41选择的战场有多糟糕！

在实战中，申真谞经过长考下出黑55这步问题手后，为什么黑57还要接着长考？

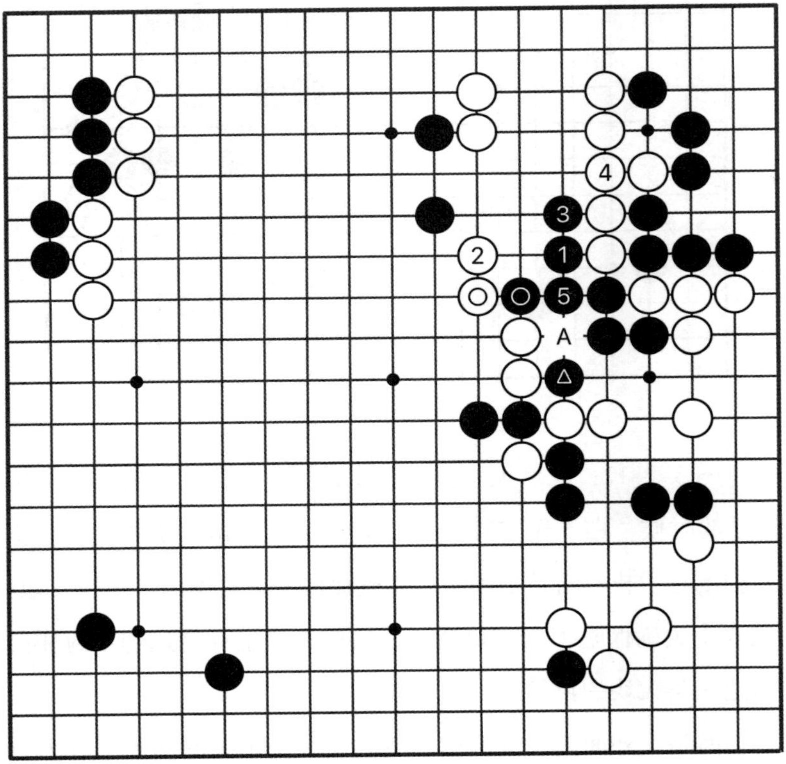

图3-2-13

图3-2-13：黑55（黑圆圈一子）靠和白56扳（白圆圈一子）交换后，黑正常应该黑1接着虎。但是白2长后，黑1虎的形并

不好，因为白随时有 A 位吃掉黑三角一子棋筋的手段。所以黑 5 还得要花手棋粘上。这样一来，和图 3–2–11 比较一下，大家就会发现，黑圆圈和白圆圈的交换使黑棋损失巨大。黑不仅损了自身的气，也帮白棋变厚了。所以申真谞突然发现这里好像不太对。

我不知道申真谞到底是哪里算错了，按理说计算是申真谞的绝对强项，在自己的强项上出问题，可见当时他的心态在极为被动的局势下出现了很大的问题。

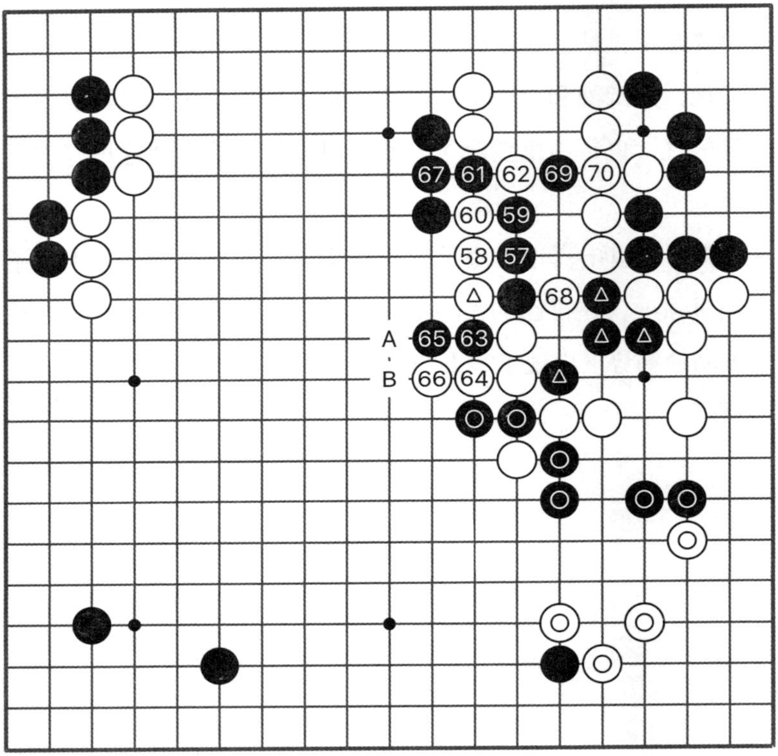

图 3-2-14

图 3-2-14：在实战中申真谞黑 57 长，柯洁白 58、白 60 顺势压过来分断黑棋。黑棋自身气太紧，无法与白棋对杀，所以黑 61 挖，寻求转身。以下至白 70，双方形成了转换，但是这个转换黑棋明显亏损。

黑棋的所得是吃了白 58、白 60 和白三角一子共 3 颗子，获得了 6 目实地。而白棋所得是吃了黑三角 4 颗子再加上些附带的目数共 10 目以上实地。在实地方面白棋就便宜了，更关键的是，黑三角四子是关系到几块棋生死的棋筋。白吃掉黑三角四子后，全盘无一块弱棋。而白棋死掉的三颗子，还有余味，将来至少白 A、B 处都有先手利用。相比之下，黑圈圈六子则显得极为薄弱和孤单，将来是黑棋很大的一个负担。

纵观全局，白棋不仅比黑棋更厚实，而且之前转换便宜的目数收获加上右下大肥角，在实地上也毫不逊色于黑棋。黑棋则还要为圆圈六子的不安定继续付出代价。所以棋局至此，黑棋基本已经完了。之后申真谞虽然还下了很多手，但从着法上看，他已经没有斗志了。而且柯洁处理得极为简明，不给申真谞一点拼命的机会。

所以事后看来，本局下到白 70 手时，其实就已经结束了。

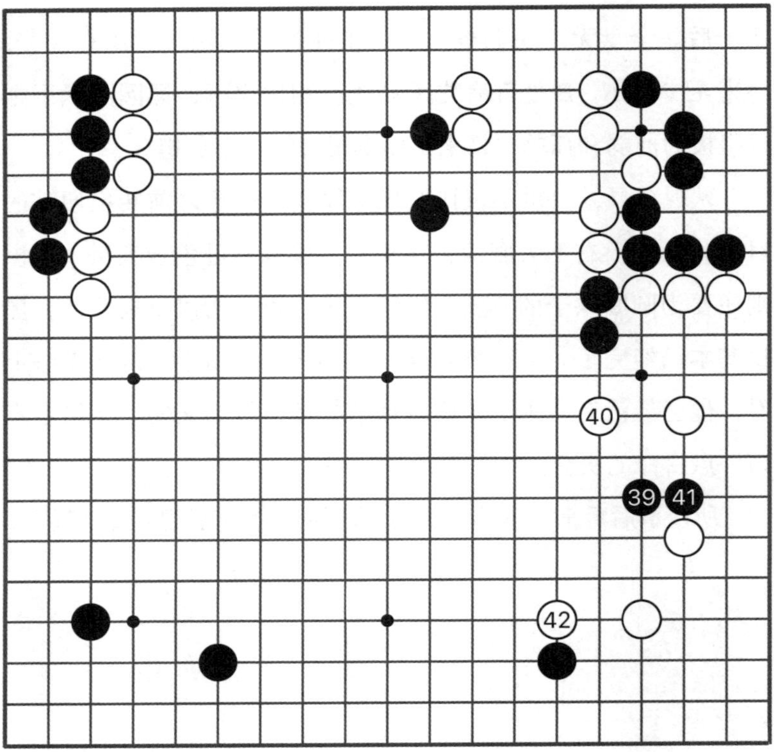

图 3–2–15

图 3–2–15：高手之间的对决，本该在伯仲之间。而且在这么重要的世界大赛决赛中，对弈双方就更为谨慎。胜负通常要在最后才见分晓。第一局就是如此。但为什么申真谞在第二局仅下到 70 手时就基本完了？要知道在正常情况下，下到 70 手的时候，胜负的争夺才刚刚开始。我想，原因就是黑 39、黑 41 这两步棋下得实在太无理了，把自己置于了一个极为被动的位置。

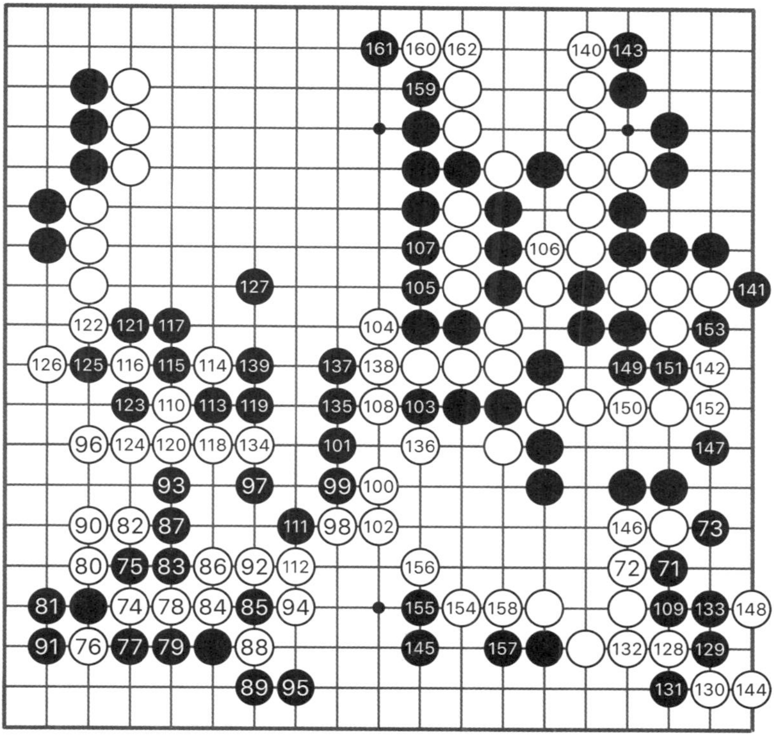

白中盘胜

实战谱 2（71–162）

申真谞是中韩“00后”年轻棋手中成绩最好的一位，棋风很有特点，注意力很集中，计算能力超强，未来的前途不可限量。但这次他又交学费了（2018年12月刚给陈耀烨交了学费）。我觉得他这盘棋的脆败，原因有两点：

1. 申真谞显然还未从第一局被柯洁逆转的郁闷中走出来。其实他第一局输得并不冤，这一点我已经在第一局的棋评中分析得很清楚了。

2. 从黑 39、黑 41 这两步棋背后的思维可以看出，申真谞还不知道如何运用自己的力量，也不知道哪些地方是绝对不能发力的。

所以申真谞未来要想取得更大的突破，还需要注意两点：

1. 关注“耀宇围棋”公众号。

2. 别只学 AI 的棋，还要学学他的前辈“石佛”李昌镐的棋。

第一点申真谞不太好做到，因为他不懂中文，但第二点是可以的，我建议他尝试一下。李昌镐的棋——重剑无锋，不得贪胜，正是申真谞需要提高的地方。

反观柯洁在这次决赛中的表现，我们能看出他的棋又有了新的变化，这种新变化在于他更懂得如何发力了。他配得上这座冠军奖杯。希望这位年轻的世界七冠王[①] 继续努力，在不断刷新自己纪录的同时，给我们带来更精彩的棋局。

① 2020 年 11 月 3 日，柯洁在第 25 届三星杯决赛三番胜负中以 2：0 的比分战胜申真谞，获得了职业生涯中第 8 个世界冠军。

第二章

自战解说篇：

心之明己

自战解说，由于是当局者的第一视角，因此更能把棋手的内心世界以及比赛的激烈程度展现出来。但我在“耀宇围棋”公众号里很少写自战解说的棋评，原因是我觉得既然主动讲自己的棋谱，那就必须讲意义非凡或者内容极为精彩的棋局，不然我自己都会很不好意思的。

本篇收录了我和两位棋手对局的自战解说。一位是李昌镐，大家肯定非常熟悉他。他至今仍保持着获得围棋世界冠军次数最多的纪录（16个世界冠军），被大家称为“石佛”。在1995~2005年这10年间，他不仅是中国棋手最强的劲敌，还统领了世界围棋棋坛。我有幸在李昌镐最鼎盛的时期与他在世界各大赛事中交战了12局。更令我感到荣幸的是，在这12次较量中，我与李昌镐战成了6∶6平手。和李昌镐激战的这12局，是我职业生涯中最宝贵的经历之一，意义非凡。本篇将详细讲解我和李昌镐的前三次对决。

第一次和李昌镐对局时，我非常紧张、拘束，所以下得不好，只是结局非常有意思。第二局是在第一局结束4个多月后下得，按理说，我的棋力在这4个月内很难有大的进步，但是第二局我发挥得极为出色，这一局是我职业生涯中会心的好局之一。其中的缘由是什么？大家可以边看边品。第三局是在第二局结束5个月后下的，由于这盘棋的胜负关系重大，因此成了我和李昌镐第一次在悬崖边的决战。这盘棋从头杀到尾，可以说是跌宕起伏，让观战者有一种坐过山车的感觉。第一次面对事关中韩围棋冠军之争的大胜负，到了棋局最后的胜负时刻，我的内心世界是如何变化的？而李昌镐作为当时世界棋坛的王者，在面对最后胜负抉择的考验时，又会做出什么样的选择？

本篇涉及的另外一位棋手叫李轩豪，是位优秀的中国年轻棋手。在2019年3月4日这一天，我和李轩豪在倡棋杯的比赛中上演了一盘能入选2019年度最佳对局候选的精彩名局。我认为，这盘棋是我职业生涯中最精彩的一局！所以我必须拿出来与大家分享。我记得这盘棋一结束，趁着自己内心澎湃之时，我赶紧将满腔热血化为文字，整整两天一共写了17个小时，终于将自己在整盘棋中的精彩经历和丰富的内心活动化为一篇棋评。这盘棋从第66手聊起，一直聊到了232手。在这近100个回合内，我和李轩豪进行了五次攻防战，其中涉及死活、对杀、转换、劫争以及大规模的弃子。从技术层面来说，已经可以说是波澜壮阔。从两人的心理博弈对手戏的层面来说，其中隐含的信息更为精彩。尤其是最后两人在对杀攻防战中面临时间上的压迫和对未知的迷茫时，心理层面的因素不仅主导着棋局的走向，更让棋局充满了戏剧性的效果。写完这篇棋评后，我在感叹围棋是命运之艺的同时，更加明白了什么叫“尽人事，听天命”。我想，这盘自战讲解棋评，是我所有棋评中最精彩的一篇。

第 1 节
我与李昌镐的三局棋

第一局

我第一次听到李昌镐这个名字，是 1993 年 11 岁去韩国比赛的时候。当时听说韩国有位天才少年夺得了好多冠军，还在职业比赛中连胜了 41 盘！当时的我还在想，怎么会有这么厉害的少年？不过那一次我参加的是儿童比赛，所以并没有见到李昌镐本人。

第一次见到李昌镐本尊，是在 1998 年的春兰杯世界职业围棋锦标赛 16 强战上，当时我负责给李昌镐与俞斌的对局做记录。之前就耳闻李昌镐在对局时面无表情、不动声色，那次亲眼所见，果然如此。棋盘上风云变幻的局势仿佛与他无关，人们似乎很难从他的表情神态中找到与棋局的联系。

2002 年，李昌镐已经手握 13 个世界冠军，在棋坛上有了一个属于他自己的称号：石佛。这一年，浙江队的马晓春老师邀请他作为外援，代表浙江队参加中国围棋甲级联赛。当时李昌镐实在是太强了，所以他的出场是有限制的，一年 22 场联赛，他只能出场 4 次，而且不是谁都能与他对阵的。与他对阵的必须是队内等级分最高的人，或者是当年度拿过全国头衔战冠军的人。

围甲联赛第二轮，上海队遇上了浙江队。按照规定，常昊、邵伟刚和我 ① 都具备与李昌镐对阵的条件。根据尊重年长者的礼仪，我首先要看常昊和邵伟刚的意见，这两位大哥的决定让我非常感激！他们都觉得我比他们更需要和李昌镐这样的绝顶高手交锋，从而得到锻炼、增加阅历。两位大哥的谦让，让我有机会第一次和李昌镐面对面比赛。

比赛的前一天晚上，我兴奋并紧张着，有一种马上要挑战游戏大 boss（终极怪）的感觉。紧张，其实是一种正常的情绪，适当的紧张可以让自己更好地专注于棋局。

2002 年 4 月 8 日，比赛在浙江大学进行。当真正坐到李昌镐对面的时候，一想到他的传奇事迹和成就，我突然感受到了无形的压力。与他的过招时，他的着法和“李昌镐”三个字的压力不断放大，让我喘不过气来。我有些分不清李昌镐所下着法的好坏，似乎只要是他下的，总有好的理由。现在想来，当时的我还没有战胜李昌镐的勇气。“李昌镐”三个字背后的成就和传奇让我迷失了自我，失去了接招的勇气。当棋局进行到中后盘时，我已明显处于下风。

① 那年我拿到了 CCTV 杯冠军。

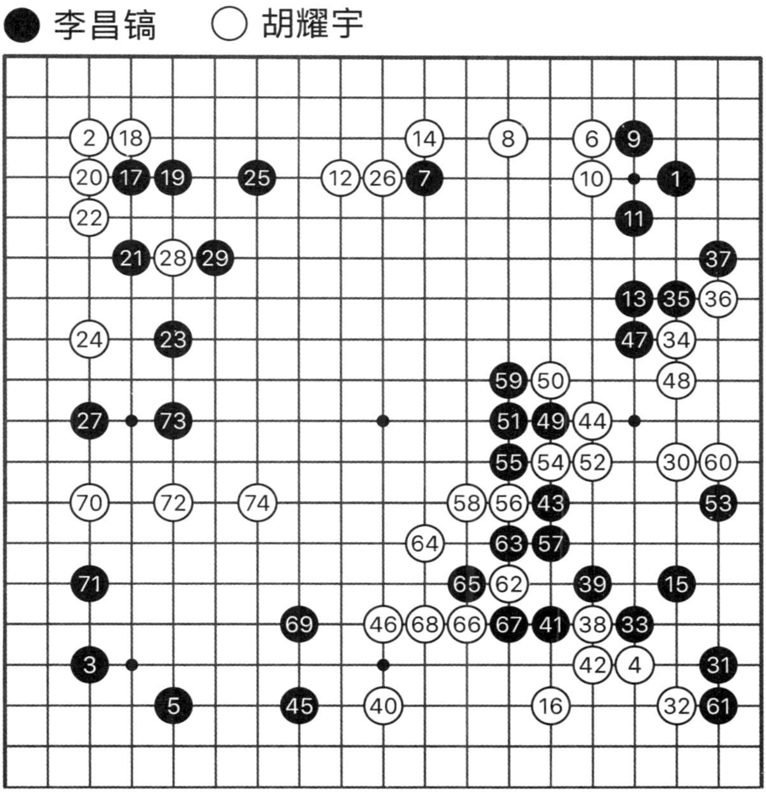

实战谱 1（1–74）

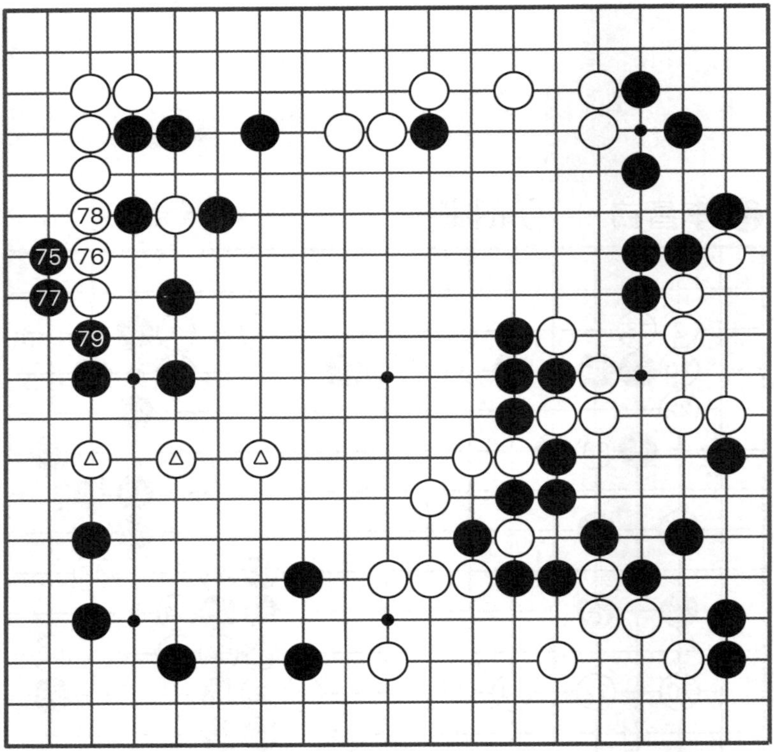

图 1–1–1

图 1–1–1：我执白，李昌镐黑 75 至黑 79 在左边定型之后，黑左上大块已经彻底安定，而左边白三角三子则显得很薄弱。这时候全盘黑棋很厚实，实空也领先于白棋。虽然优势不大，但李昌镐很擅长把这样的优势转化为胜势。当时的我也明显感觉到局势吃紧。苦苦思索之间，我的时间全用完了，进入了读秒阶段。

进入读秒阶段后，棋手必须在一分钟之内下一步棋，时间非常吃紧，但好处就是棋手必须在短时间内做出决断。没有时间患得患失的我索性放手一搏。就算输，也要拼一下再输啊！

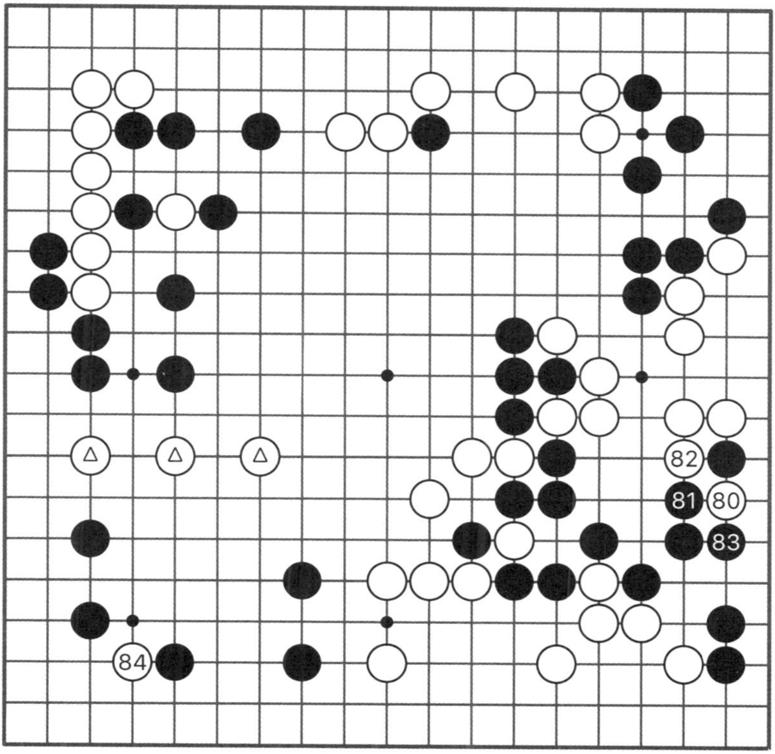

图 1–1–2

图 1–1–2：虽然本手应该补强白三角三子，但意识到形势不利的我，在白 80、白 82 打了两将后，决定不管这三颗子的安危，白 84 抢先到黑左下角去占取便宜。李昌镐这时候还有不少时间，他看我在读秒的状态下居然还敢不顾自身白三角三子的安危跑到黑左下角闹事，显然有些被我“激怒”了。

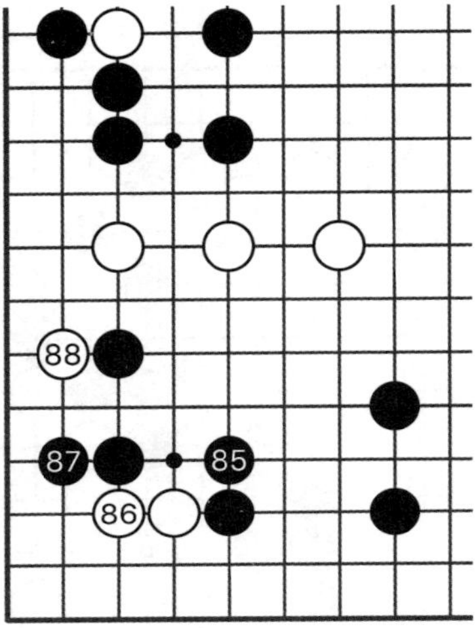

图 1–1–3

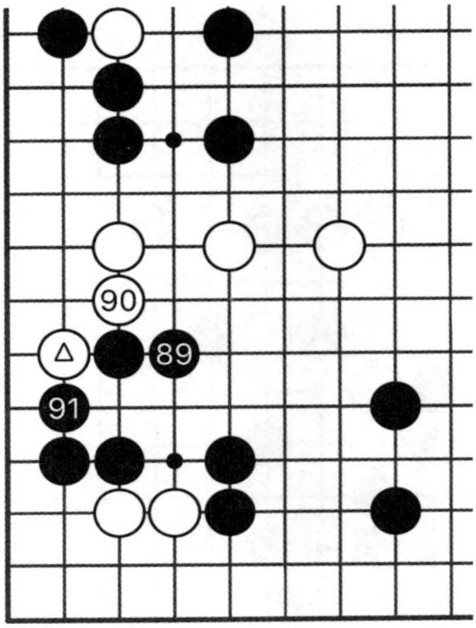

图 1–1–4

图 1–1–3：李昌镐选择了黑 85、黑 87 最大限度地吃白棋，这时候我白 88 托，是自己比较满意的一手。当时灵光一现的这步棋让李昌镐产生了一些迷惑。

图 1–1–4：面对白 88（白三角一子）托，李昌镐还是选择了最大限度地吃白棋左下两子，但其实这时候最简明的策略应该如下图所示。

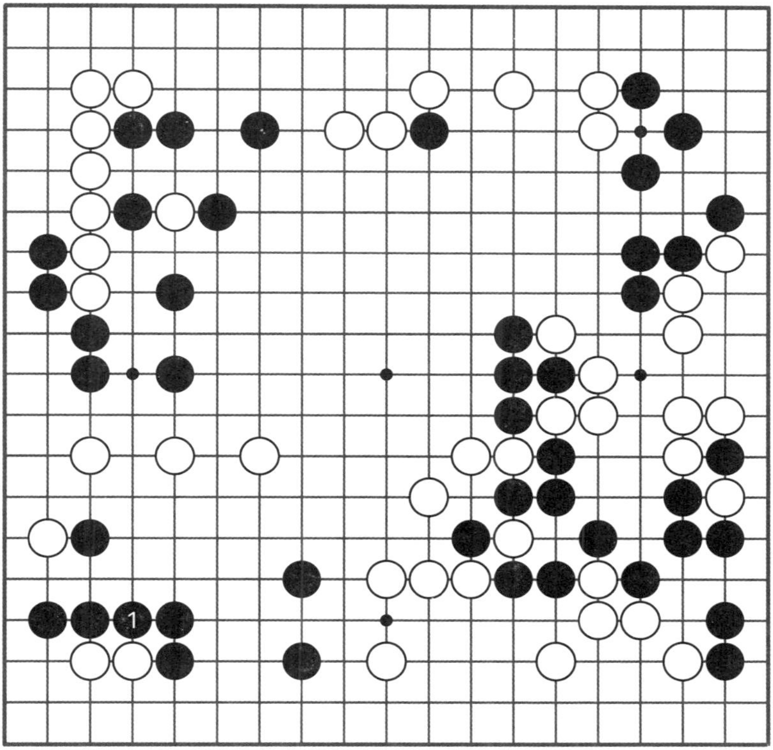

图 1–1–5

图 1–1–5：黑 1 冷静地粘上自补，这样可以确保白左下两子没有活动的能力了。在实战中，李昌镐想最大限度撑住角地，但对白棋顽强的手段有些估计不足。

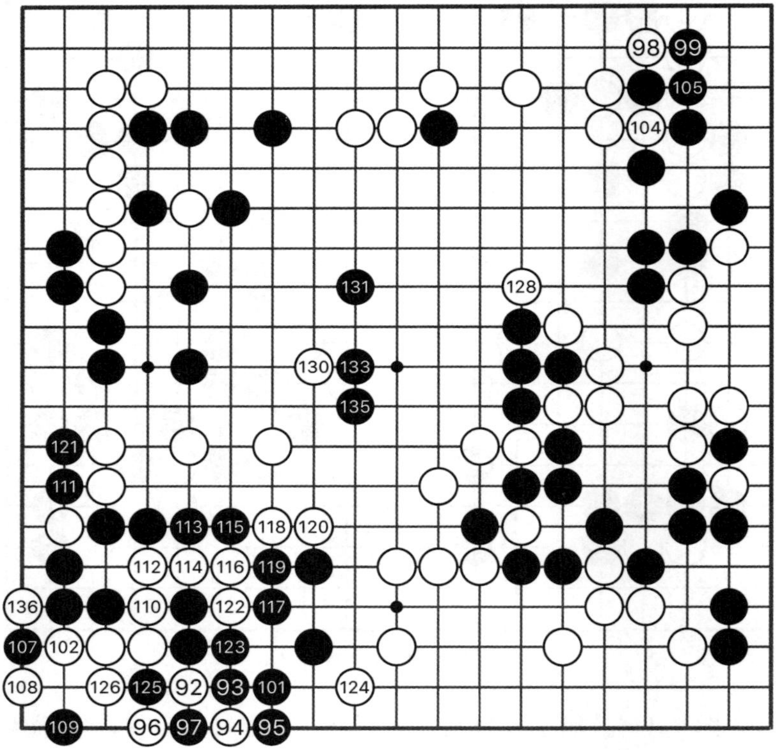

100 106 134 = 94　103 127 137 = 97　129 138 = 125
132 = 92

实战谱 2（92–138）

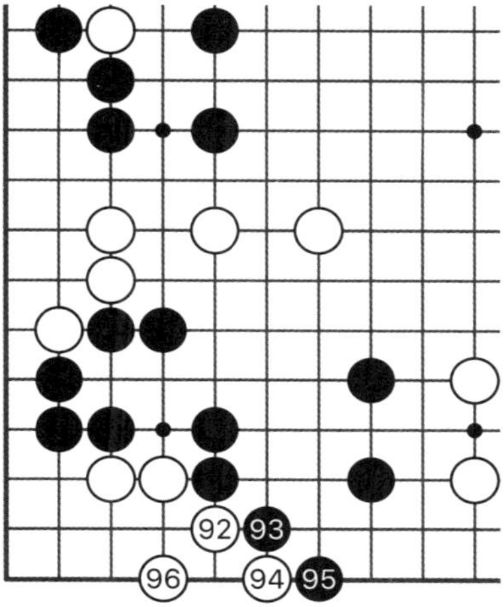

图 1-1-6

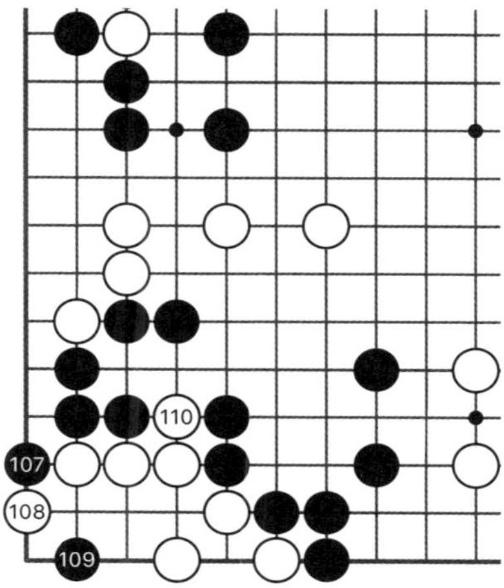

图 1-1-7

图 1-1-6：白 92、白 94、白 96 是个神奇的手段，左下角白棋可以打劫，没有净死。局势变得复杂起来，但李昌镐还是拥有主动权。

图 1-1-7：经过几个回合的较量后，左下角形成了白需要花两手棋才能做活的劫。显然白棋打这个劫是不现实的。白 110 往外冲，寻求战机。这时候李昌镐犯下了一个巨大的错误，直接导致了败局。

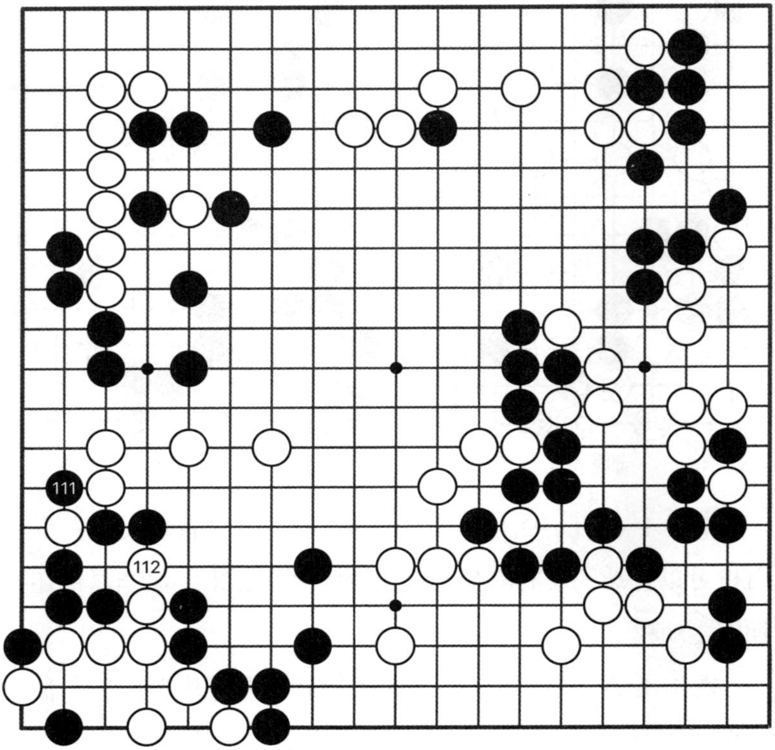

图 1–1–8

图 1–1–8：黑 111 是本局的败着！李昌镐在这里出现了严重的失误，低估了白 112 顶的严厉性。

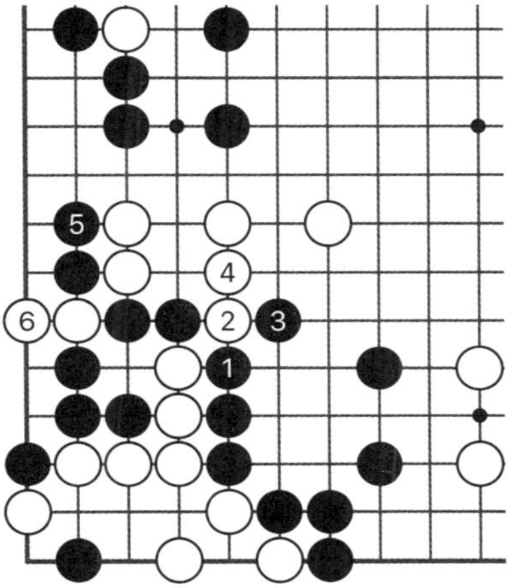

图 1–1–9

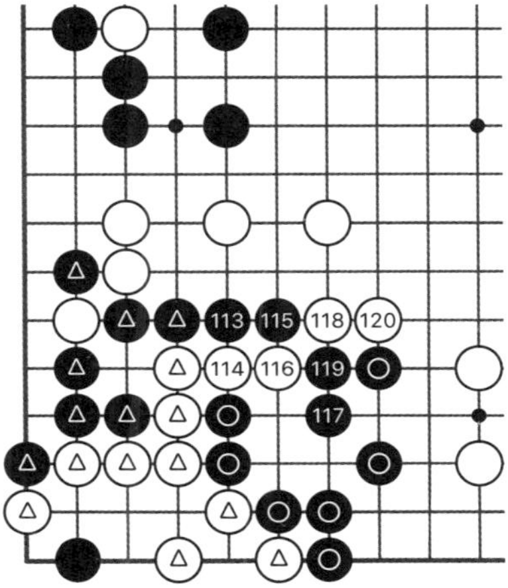

图 1–1–10

图 1–1–9：黑 1 挡，是李昌镐预计的手段。我估计他原本以为黑 5 可以渡过，却忽略了白 6 下立多送吃一子的妙手。白 6 下立后，黑棋气太紧了，显然不行。

图 1–1–10：李昌镐一看挡住不行，只好黑 113 临时改变计划。但在这种双方没有退路的搏杀中，即使是算错一步棋，其代价也是致命的！白 114 冲出后至白 120 贴，黑三角大块和黑圆圈大块被白棋分断，两块棋只能补一边，而白棋三角大块则气很长。

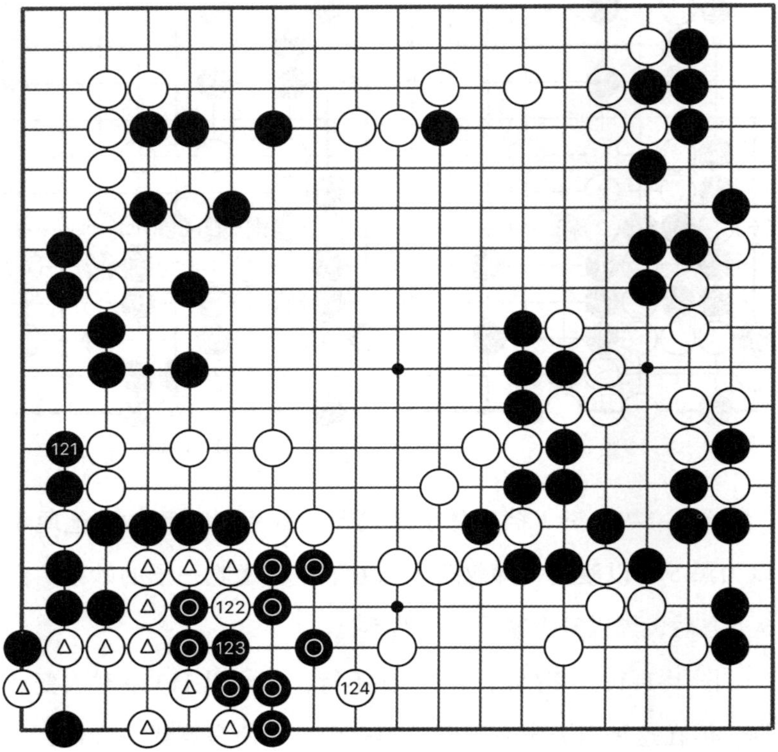

图 1–1–11

图 1–1–11：黑 121 渡过，白 122、白 124 攻杀下方黑圆圈大块，黑圆圈大块的气非常少，无法与左下白三角大块杀气。

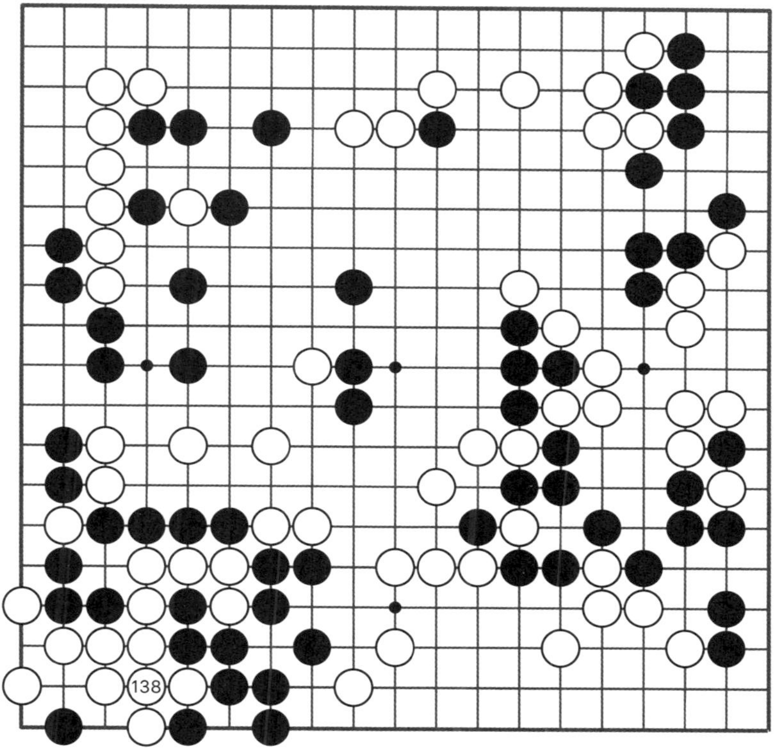

图 1–1–12

图 1–1–12：白 138 粘后，双方在左下对杀的结果是，白棋有利的缓一气劫。

本来左下就是黑棋的地盘，现在黑棋非但没有吃掉白棋，反而自己成了被告，李昌镐没有继续下去的心情，直接爽快地认输了。

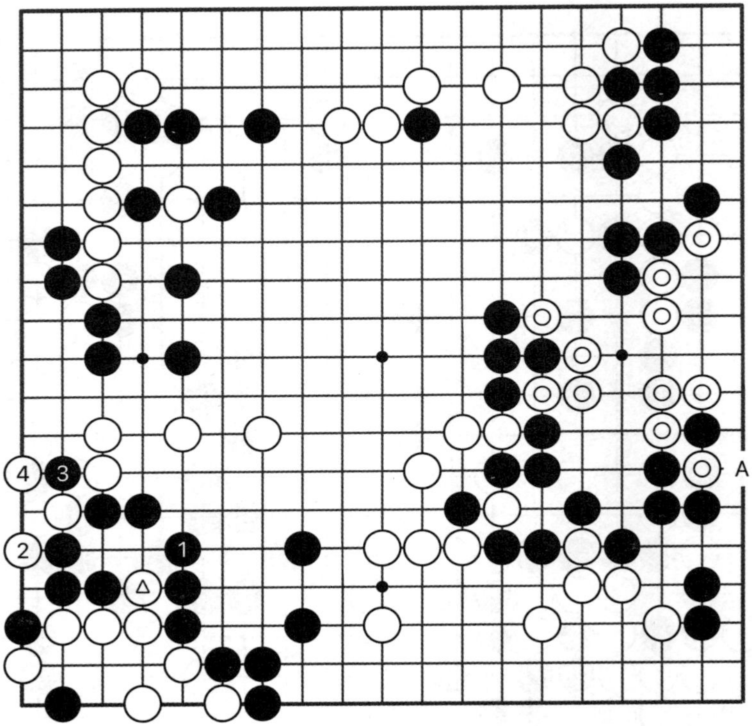

图 1–1–13

图 1–1–13：图 1–1–7 中白 110（白三角一子）冲的时候，李昌镐应该下本图的黑 1 单长，白 2、白 4 是顽强的打劫手段，但是这个劫白棋非常重，而黑棋在右边白圆圈大块处还有 A 位等劫材，所以黑棋并不怕。如果李昌镐这样下的话，我恐怕是凶多吉少。在我的印象中，当时李昌镐还有时间，但他并没有深思熟虑就下了黑 111 这步败着，实在不太符合他老谋深算的一贯作风。可能是因为他第一次参加围甲联赛，有些“水土不服”吧。

认输后的李昌镐在第一时间检讨了他在左下角的失误。一般棋手在大好局面被这样逆转时，难免会显露出懊恼之情。但令我印象深刻的是，黑 111 的失误对李昌镐来说仿佛就是一个很单纯的技术问题，检讨完也就过了。他并没有过多地去懊恼和后悔。而我则有些激动，胜利来得太突然了！我本来只是在左下角寻找头绪，没想到李昌镐会出现巨大的失误，并且速败。不过我心里很清楚，在这盘棋的内容上我大部分时间是处于明显劣势的。所以我趁着复盘的机会，跟李昌镐学习交流了一下棋局上的内容。

记得当时比完赛后，我们还来到了浙江大学大礼堂大盘讲解现场，一眼望去，礼堂座无虚席。热情的大学生们让我印象深刻！

在感受到李昌镐强大的同时，我也发现自己是可以赢李昌镐的。现在想来，这盘棋虽然是侥幸获胜，但意义非常大。我收获到的是信心，是自己可以战胜李昌镐的信念和勇气！有了这次的宝贵经历，当我在 4 个月后的三星杯世界围棋公开赛中再次遇到李昌镐时，已经可以直面他的着法和气场了。那个时候我惊奇地发现，李昌镐在对局时其实也是有表情的，只是之前我没有察觉到而已。

2002 年 8 月 28 日，第 7 届三星杯世界围棋公开赛在美丽安静的三星研修院进行。在首轮 32 强战中，我顺利地战胜了韩国棋手朴胜文，晋级 16 强。仿佛一切都是缘分，在 16 强抽签仪式上，我抽到了李昌镐。这是我继 4 月 22 日围甲联赛后，第二次与李昌镐交锋。不同的是，这一次是我们在世界大赛上的首次交锋。

与我从小携手成长、竞争的小伙伴邱峻在首轮输给李昌镐后，告诉我李昌镐很强。当时那种与竞争小伙伴邱峻暗暗较劲儿的少年意气，让我对第二天的比赛充满期待，我很想让邱峻看到我是怎么打败李昌镐的！

李昌镐的确非常强，但是不代表我就不能赢他。比赛的前一天晚上，我兴奋得一晚上都没睡好。我感觉得出来自己这种兴奋不是那种担心结果的紧张，而是不管结果如何，都特别想去尝试的迫切心情。这种兴奋是可以让我超水平发挥的兴奋。

第二天比赛开始，再次坐到李昌镐的对面时，我已经不像 4 月份围甲联赛时那样受到“李昌镐”这三个字的影响了，毕竟下过一盘、赢过一次的感觉是不一样的。我感觉无措感消失了，我更享受比赛本身了，有了一种“不管对手是谁，我都想下自己的棋”的那种洒脱和气势！这一点在我一开始的布局中就体现出来了。

● 李昌镐 ○ 胡耀宇

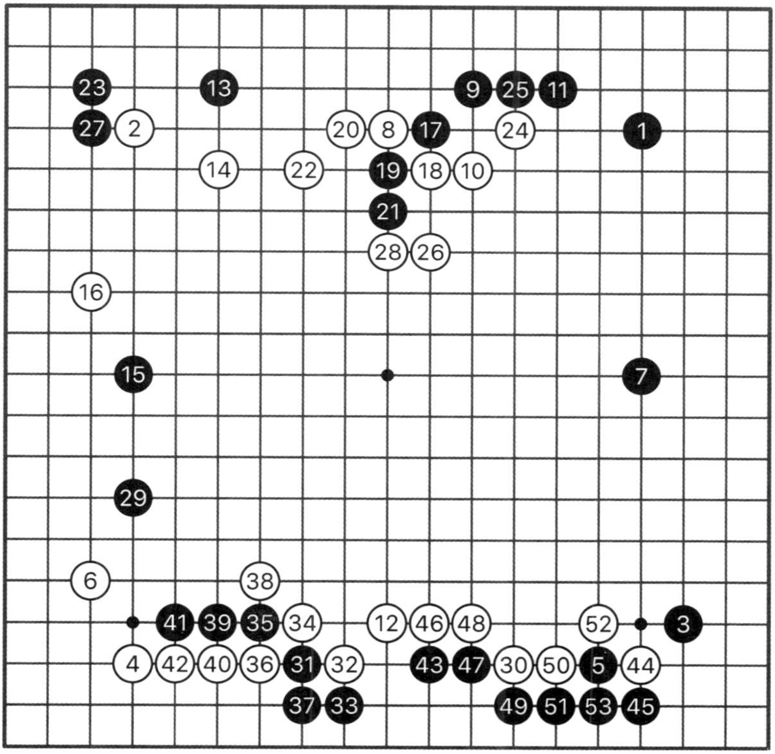

实战谱 1（1–53）

韩国棋手李昌镐是 1975 年出生，下这盘棋时 27 岁。而我是 1982 年出生，比李昌镐小 7 岁，当时 20 岁。

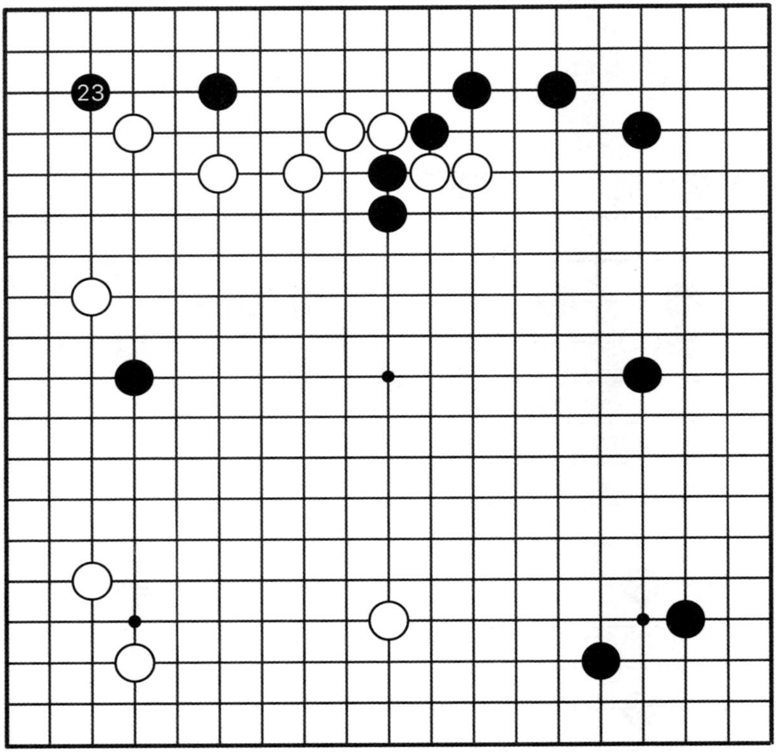

图 1–2–1

图 1–2–1：我执白，李昌镐黑 23 点角。正常来说，白棋会在角上跟着应，但我当时的下法很有意思。

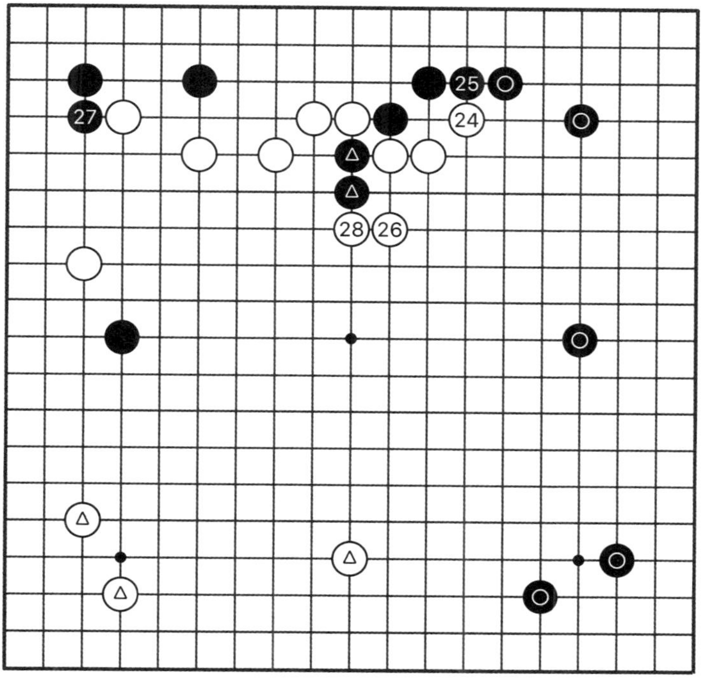

图 1–2–2

图 1–2–2：黑 23 点角的时候，我没有跟着应，而是选择了白 26 抢占制空权的下法。黑 27 后，白左上角变成了黑棋的角地，而我的收获则是白 26、白 28 两手棋吃住黑三角两子。从实地的角度来说，这番转换黑棋的收获要比白棋大。但从全局的角度来看，白 26、白 28 两手棋具有重要的战略价值：一是让右边黑圆圈阵势黯然失色，二是让自身左下白三角三子组成的阵势得到升值。

我记得白 26、白 28 放弃角地、重视全局的下法，还得到了聂卫平老师的赞扬。

就算是现在的我来下，恐怕也未必有这样的气势和眼界，但当时对局的时候觉着这样下很自然，可见当时我已经完全投入棋局本身。对面的对手是谁，这盘棋的结果怎么样，已经被我完全抛之脑后。没有这样豁达放松的心境，是下不出白 26、白 28 这两手棋的。这盘棋我自己看过很多次，却很难再回到当时的心境。当时的我有如神助，那种自信也充分地体现在了接下来的实战中。

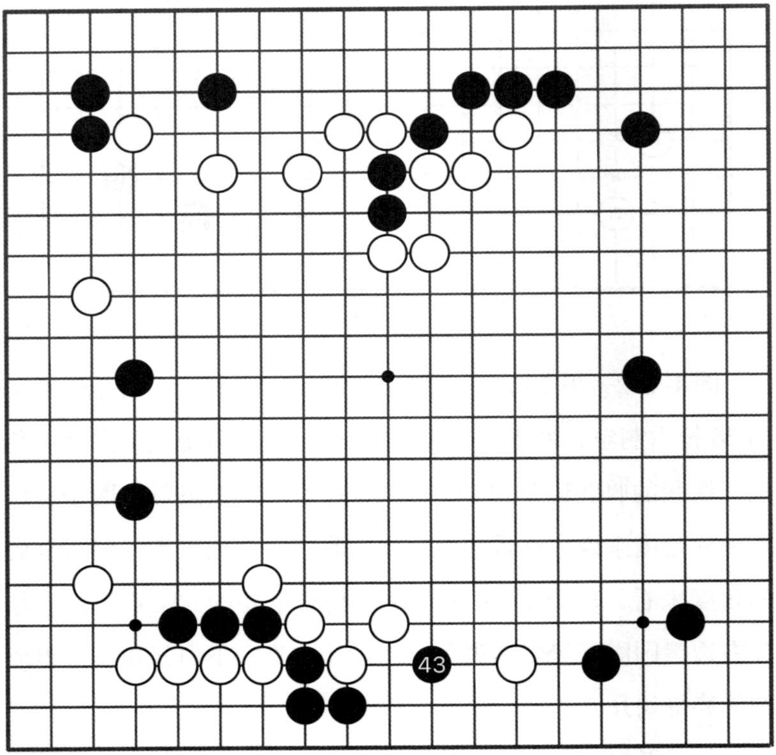

图 1–2–3

图 1–2–3：李昌镐在白下方阵势辗转腾挪，黑 43 飞出后，白棋应该如何应对？

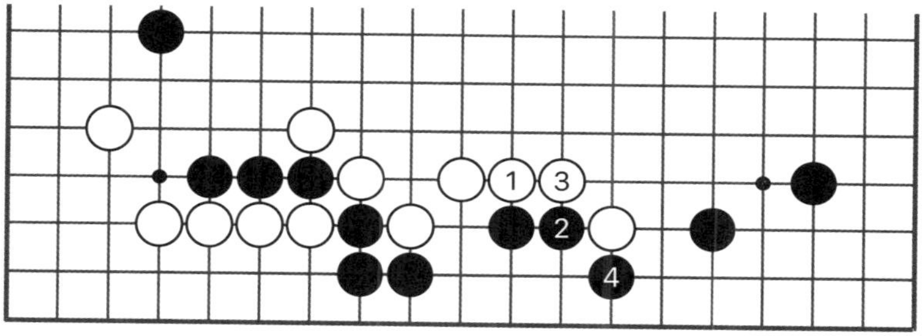

图 1–2–4

图 1–2–4：白 1 压是最普通的下法，黑 2 以下渡过后，黑不仅安全联络，还顺便捞了不少实地，此图白棋不能满意。但白棋还能有什么选择呢？

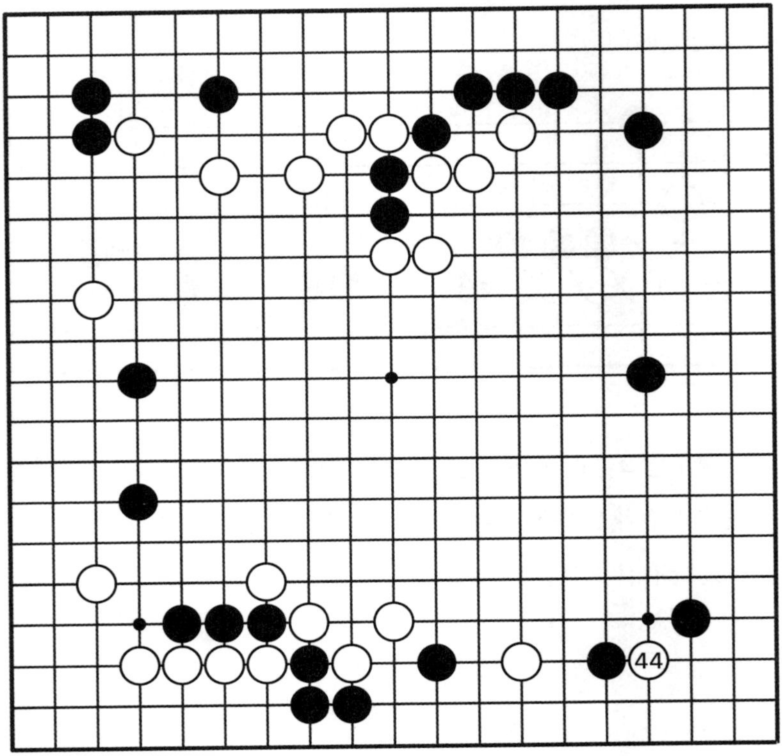

图 1–2–5

图 1–2–5：实战时我意识到了这里的重要性。在静静思索时，我的脑海里突然闪现出赵治勋曾经下过的一步妙手，正好可以用在这里。

白 44 内靠，看似是送死，其实是一步妙手！

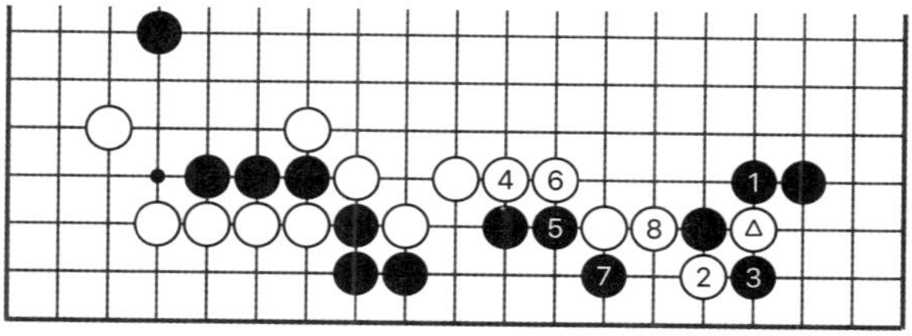

图 1–2–6

图 1–2–6：面对白三角一子靠，黑 1 挡住是最正常的下法，白 2 扳是很关键的一手！黑 3 若吃掉白三角一子，粗粗一看，白棋不是在送死吗？

其实不然，白 4 再压之后，由于之前有了白三角一子和白 2 两颗伏兵，黑 7 企图二路扳过的时候，白 8 可阻渡。黑棋下方一块一旦被白切断与右下的联络，只能苦活，实地损失惨重。这就是白三角的用意所在。

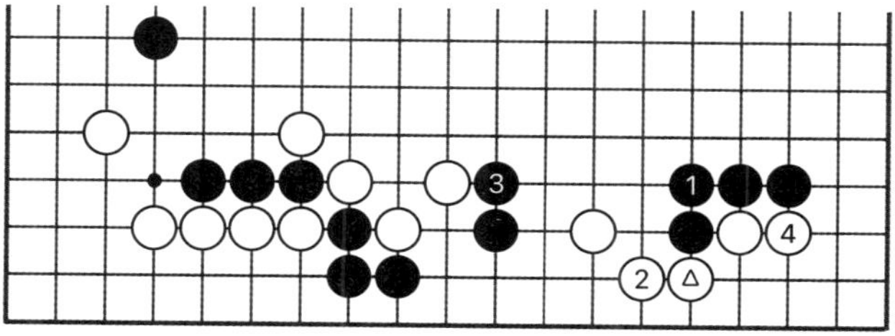

图 1–2–7

图 1–2–7：上图白 2 扳（白三角一子）的时候，黑 1 若是不给白棋借用，直接粘上会怎样？

白 2 退冷静，接下来黑 3 和白 4 两点必得其一，黑 3 若是出头，白 4 爬之后，黑无忧角变成了白棋的角，虽然没有封锁住黑棋，但白棋在这里的实地所得已经足以弥补了。

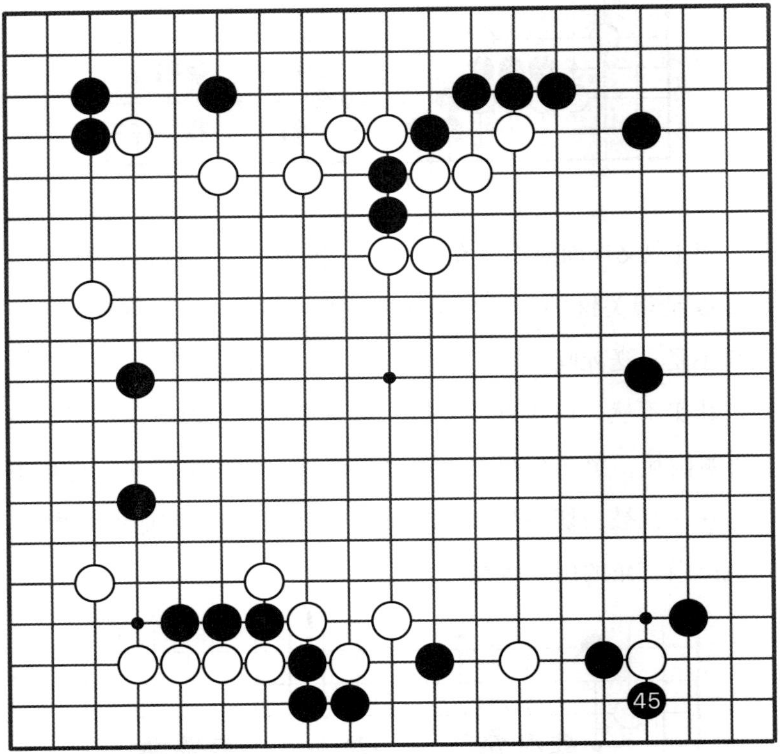

图 1–2–8

图 1–2–8：李昌镐长考了许久后，选择了黑 45 二路扳，这步棋可确保安全，但是很委屈。

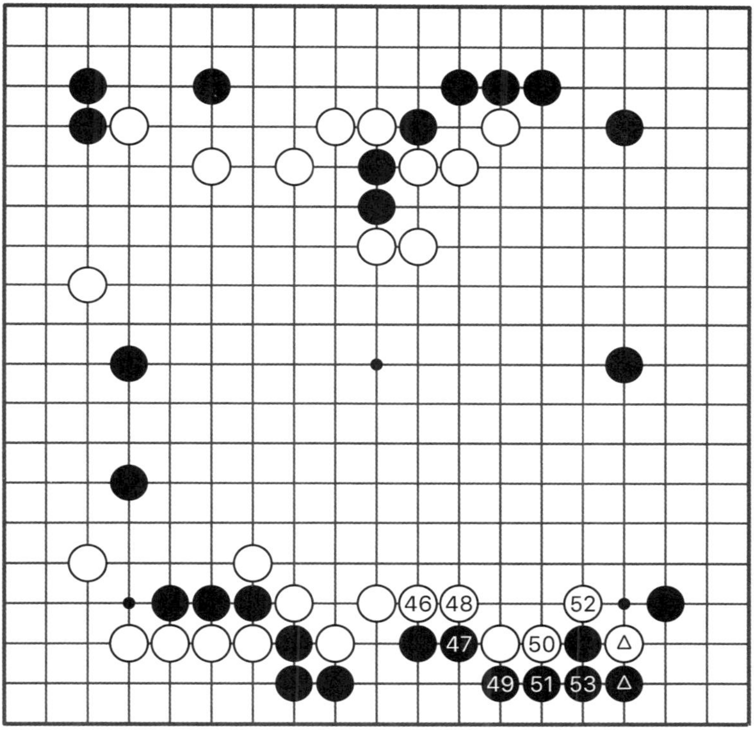

图 1–2–9

图 1–2–9：由于白 44（白三角一子）与黑 45（黑三角一子）交换了一下，白 46 再压过来时情况发生了变化。黑 49 虽可联络，但白 50、白 52 这两下先手交换，把黑棋压缩到了二路，心情舒畅之极！大家拿此图与图 1–2–4 对比，就可以看出白棋明显便宜了很多，白 44 的妙手大获成功！其实白 44 靠的时候，黑棋还有其他下法，但变化很复杂，我就不一一介绍了。黑 45 的下法实在很委屈，不过从这步棋可以看出，我放得很开，李昌镐却有些保守。虽然他一向比较稳健，但这步棋有些稳健过头了。

由于白 44 的妙手收获很大，现在的局势白棋非常好下。但局面还尚早，而且李昌镐向来以后半盘强大而著称，所以一切都还未知。但我记得，当时我虽然知道李昌镐后半盘很强，却没有受到这个外在条件的影响，还是在下着属于自己的棋。

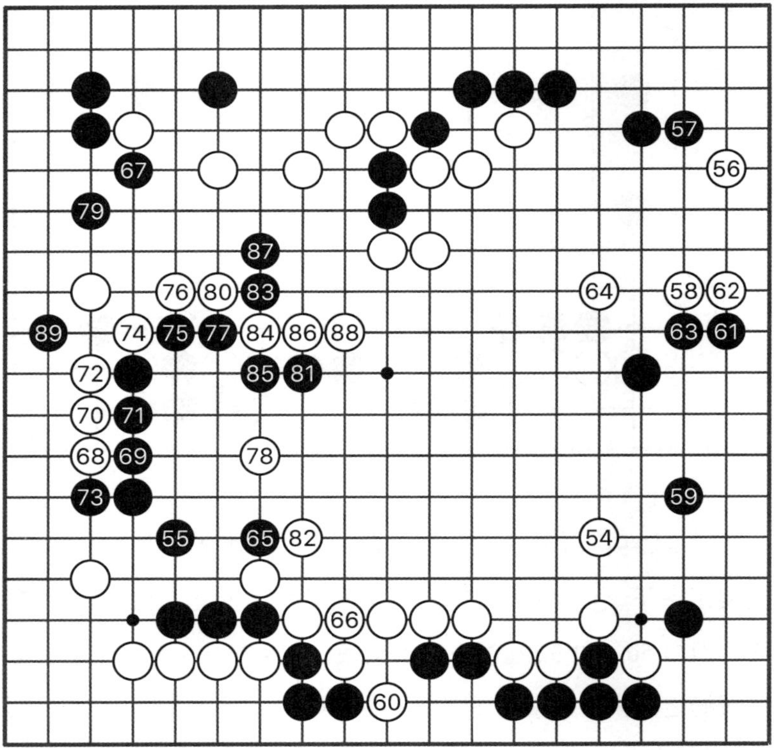

实战谱 2（54–89）

2002 年的三星杯本赛时，围棋 AI 的水平还很落后，所以当时是有中午封盘的。我记得下到李昌镐黑 45 二路扳时，正好是中午封盘时间。

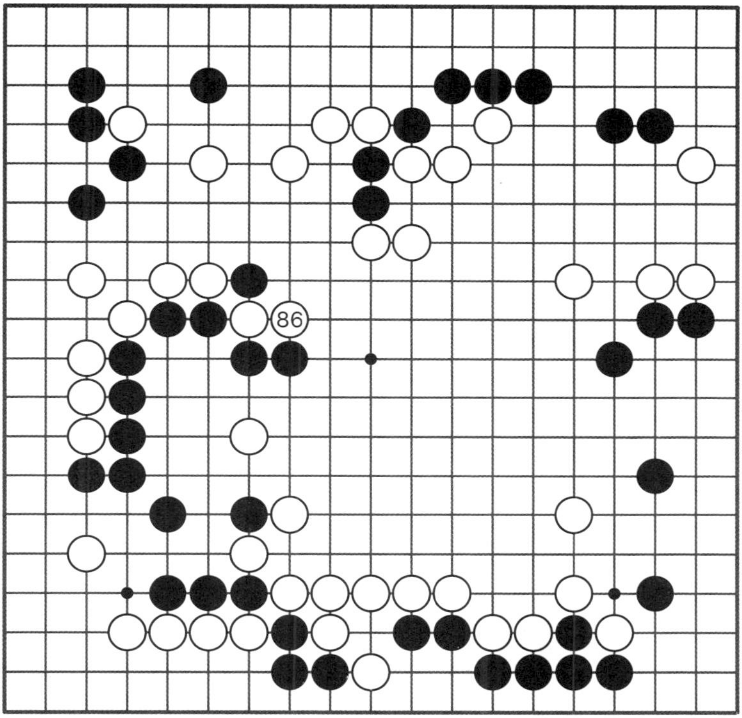

图 1–2–10

图 1–2–10：这是数手之后的局面，现在白棋正在利用全局的厚味攻击黑左边大块，白 86 跑出的时候，李昌镐下出了本局的败着。

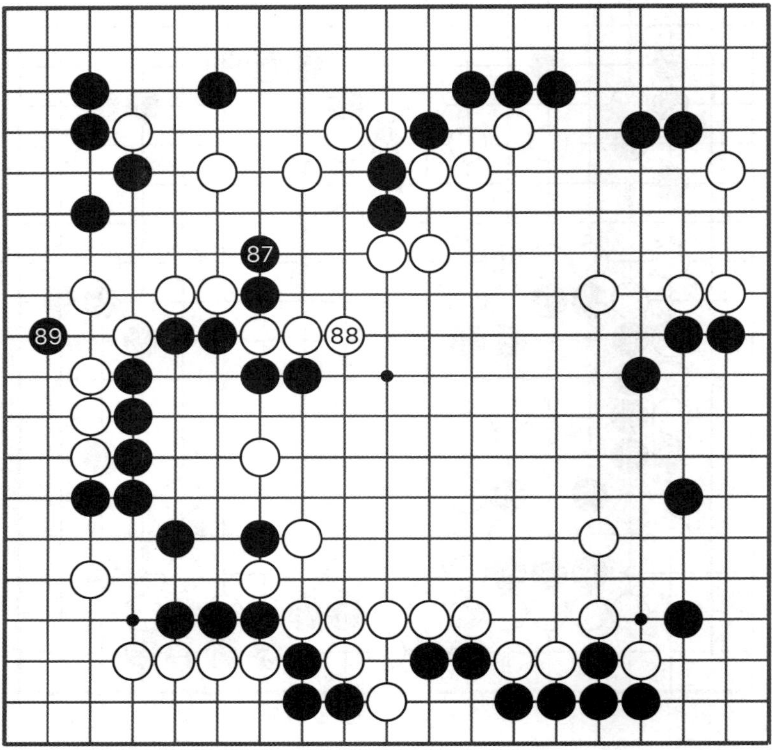

图 1–2–11

图 1–2–11：黑 87 先手长一下后，李昌镐以为有黑 89 的妙手，我们先来看看黑 89 的用意是什么。

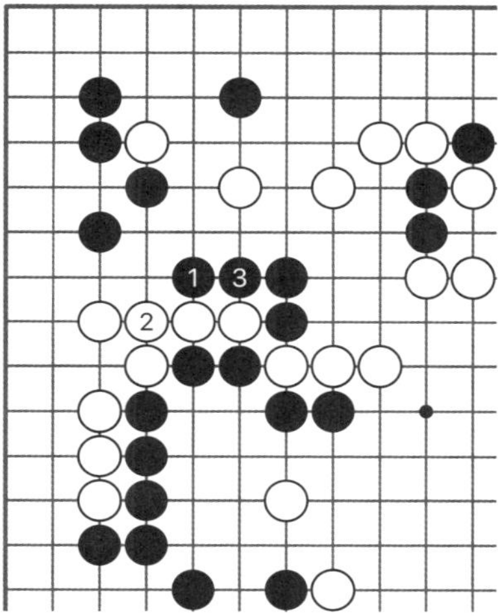

图 1–2–12

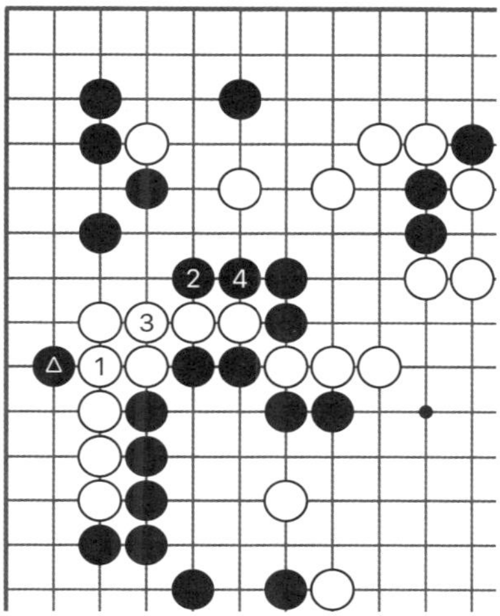

图 1–2–13

图 1–2–12：黑 1 夹是正常的下法，但白 2 先手交换后，白左边一块眼形很丰富，白棋很好处理。

图 1–2–13：黑 89（黑三角一子）先刺，白 1 若是粘上，那黑 2 再夹，情况就完全不一样了！由于黑三角与白 1 的交换，白左边一块的处境明显比上图差很多！但是，李昌镐忽略了白棋一步冷冷的妙手。

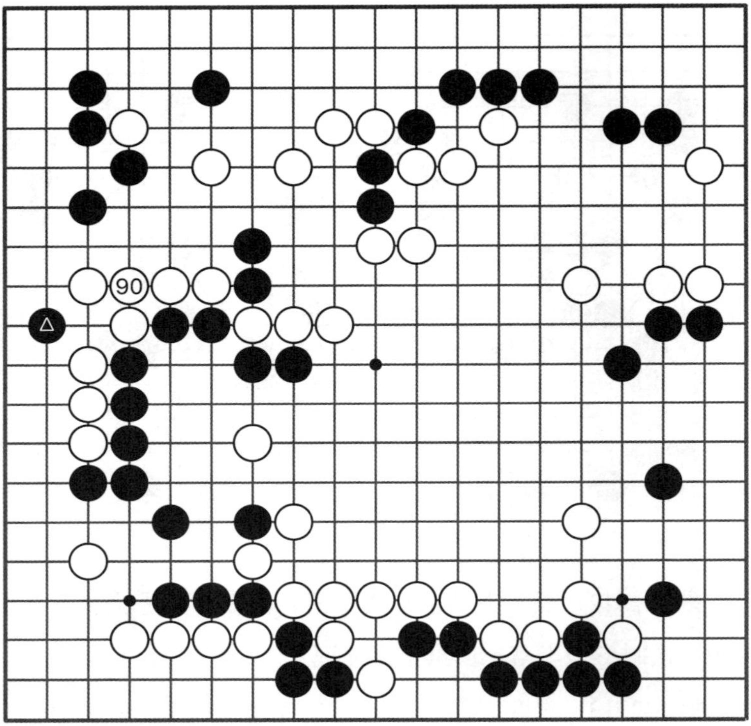

图 1–2–14

图 1–2–14：白 90 是李昌镐忽略的冷手，也是本局的胜着。记得下出这步棋之后，我还有空观察了一下李昌镐的表情。这盘棋与第一次和李昌镐下棋的最大不同，就是我可以直面李昌镐了。我不仅在棋盘上大胆地下着自己的棋，在棋盘外，我也会经常看看李昌镐的表情，不像第一次那样拘谨了。

当我细细观察李昌镐时，我发现他一直没有表情的脸上出现了波澜，真的就是那一刹那的波澜，我不知道该怎么形容他当时的表情，但我想他肯定是受到了白 90 这步棋的影响。原来

"石佛"也有凡心啊。白 90 看似笨拙，却是一子两用的好手！

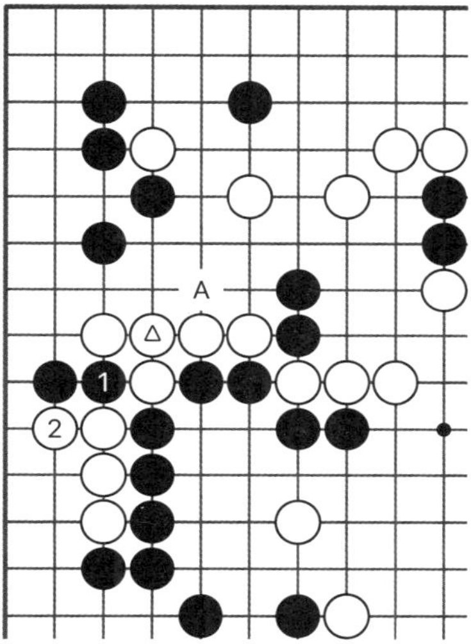

图 1–2–15

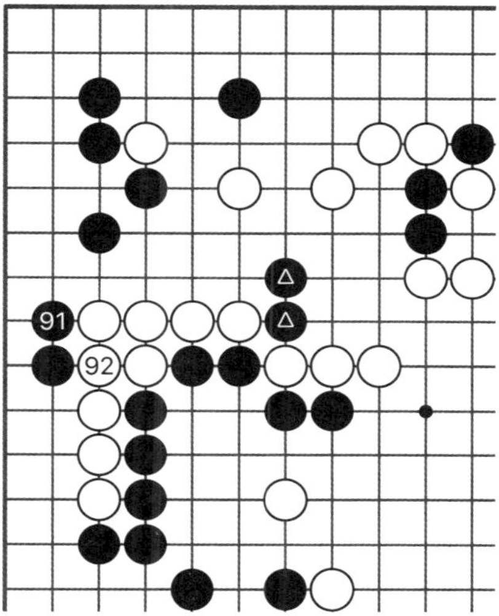

图 1–2–16

图 1–2–15：白 90（白三角一子）防住了黑 1 的手段，也防住了黑 A 位夹的手段，可谓是大巧若拙的一手。

图 1–2–16：无奈之下，李昌镐只好黑 91 爬过，白 92 接上后，黑三角两子已经彻底阵亡了。黑 91 的所得无法弥补黑三角两子的损失，黑棋损失惨重。其实，李昌镐黑 89 的确是一步妙手，但是顺序下错了。问题出在了黑 87 身上。

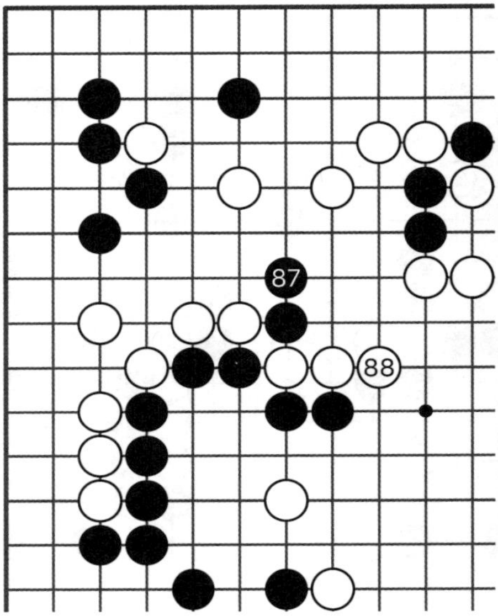

图 1–2–17

图 1–2–17：黑 87 无论什么时候长，白 88 都必须应，所以黑 87 可以不用急着与白 88 交换。

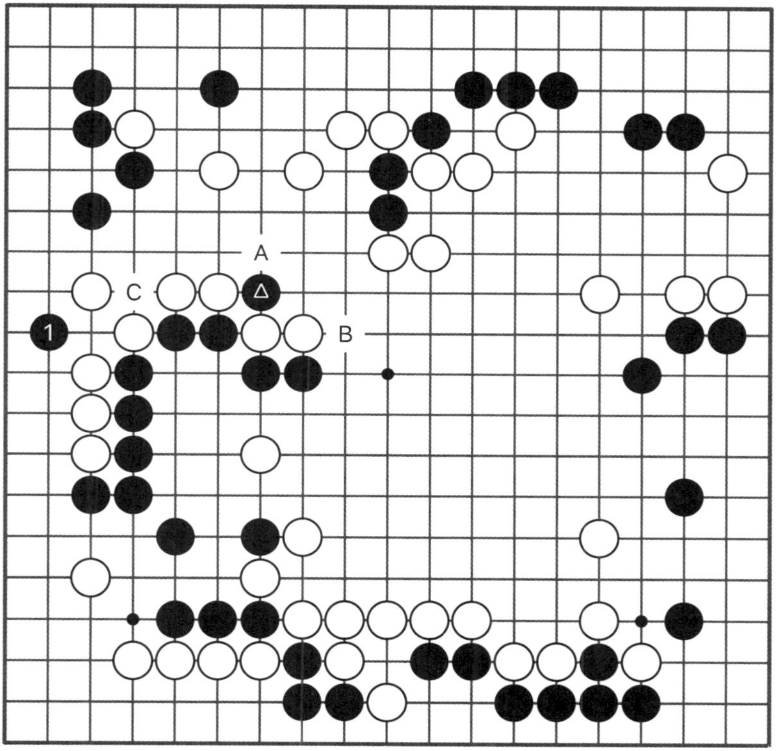

图 1–2–18

图1–2–18：上图中的黑87应该先在黑1点，妙味就出来了。实战中黑 87 下 A 位与白 B 位交换后，黑棋三角一子变重，再黑 1 点的时候，白就有 C 位的手段了。李昌镐若是下出本图的黑 1 点，局势还很难说。实战中黑棋亏损巨大，局势迅速恶化。

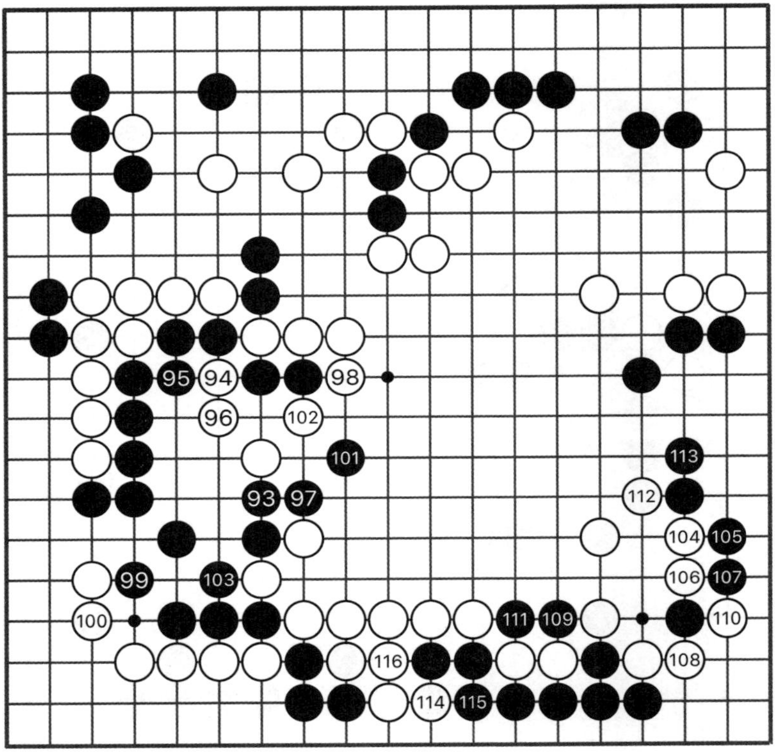

图 1–2–19

图 1–2–19：左边白棋先手攻击获利后，白 104 靠，是简化局势的好手。至白 114，双方形成转换。白棋破掉了黑棋右下的角地，黑 109、黑 111 吃掉了白棋两颗子，白棋损失了厚势，黑棋损失了实地。双方得失相当，但棋盘更加缩小简化了。

正常来说，后面的局势应该没有变数了，但一个不为人知的小插曲再度掀起波澜。

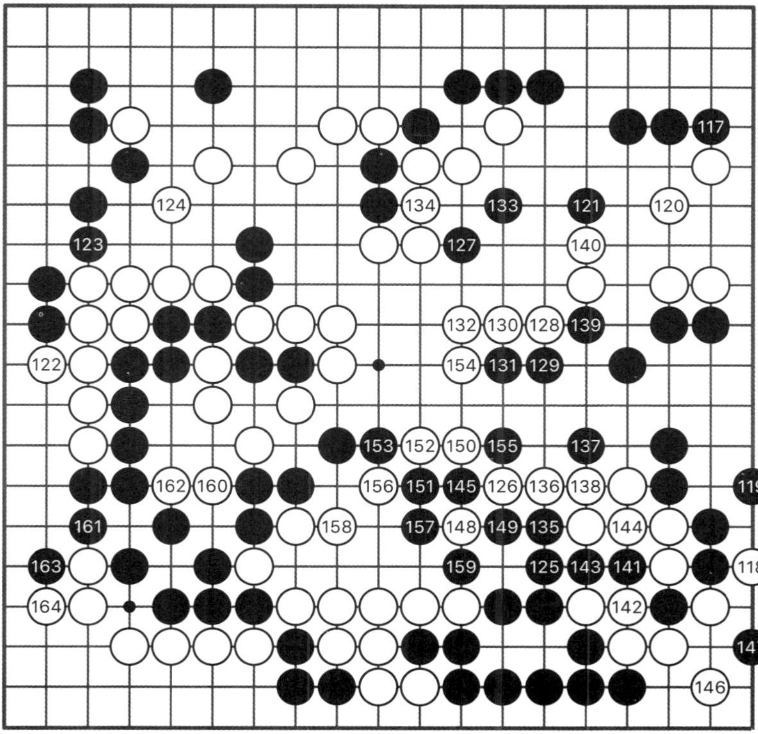

实战谱 3（117–164）

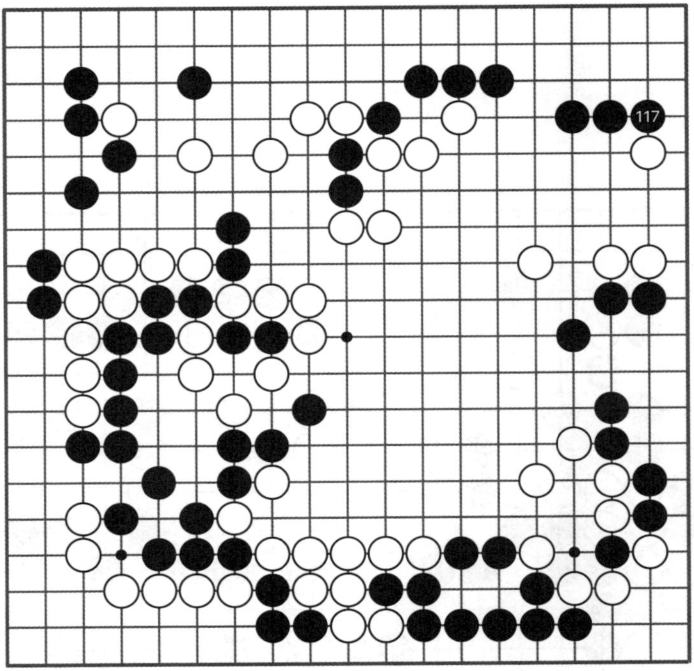

图 1–2–20

图 1–2–20：进入了官子阶段，局势已经明朗化，白棋明显处于优势。李昌镐黑 117 挡住之后，突然起身去看场上其他比赛的对局去了，而且我感觉他一直紧绷的神经突然放松了。我当时吓了一跳，因为在我的印象中，李昌镐下棋时一向很认真，很少会起身去看别人下棋，更何况现在的形势很危急。

事后想来，李昌镐可能是已经准备放弃本局，索性起身看棋去了。但这个不经意的举动影响了我，我有点不太适应，不禁开始怀疑局势出现了变化。我确认了一下局面，发现的确是我明显处于优势啊。就是这一刹那的怀疑，使我突然变得犹豫起来，连续弈出问题手，导致原本可以简明取胜的局势起了波澜。

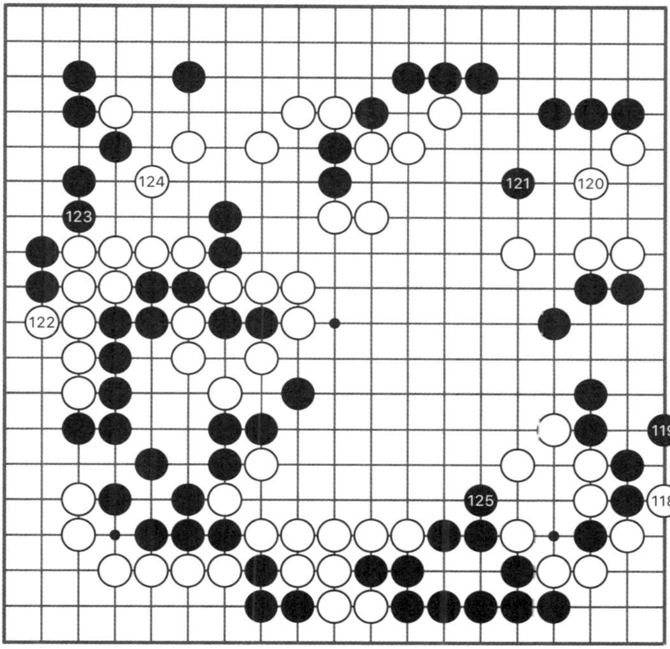

图 1–2–21

图 1–2–21：白 120 与黑 121 交换没有必要，交换完之后也应该补一手，白 124 尖完全没有必要下，这里黑棋下也没有棋。白棋这几步棋的步调明显有些乱。黑 125 是冷手，这步棋一出，白棋右下大块顿时不活，而右上白 120 与黑 121 交换后也变得薄弱起来。李昌镐原本已经准备放弃这局了，这时他的眼睛突然放出光芒。

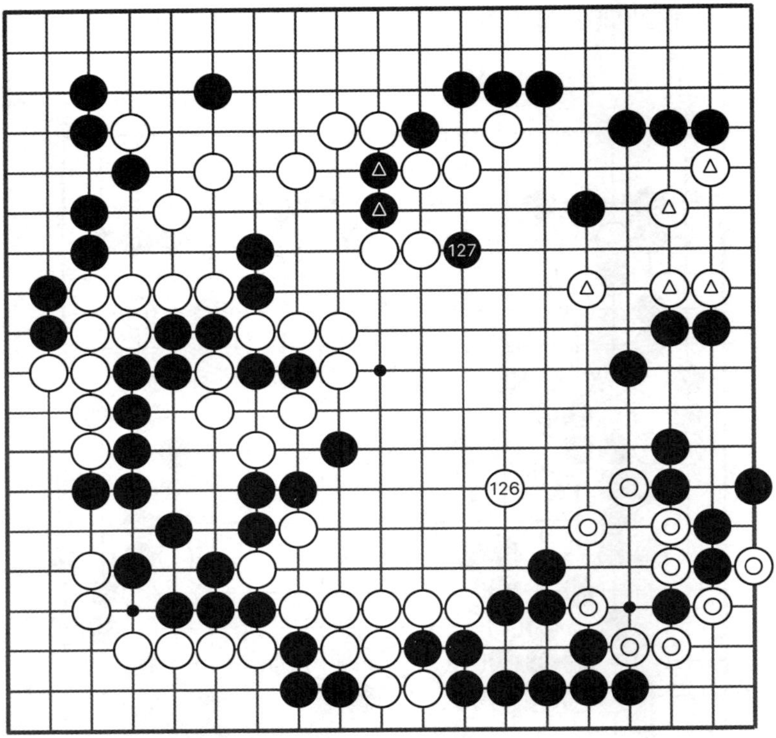

图 1–2–22

图 1–2–22：黑 127 靠，是借力的好手，黑三角两颗死子居然还能发挥作用！李昌镐看似对着白棋厚势舞剑，其实意在右边白两块未安定的棋。

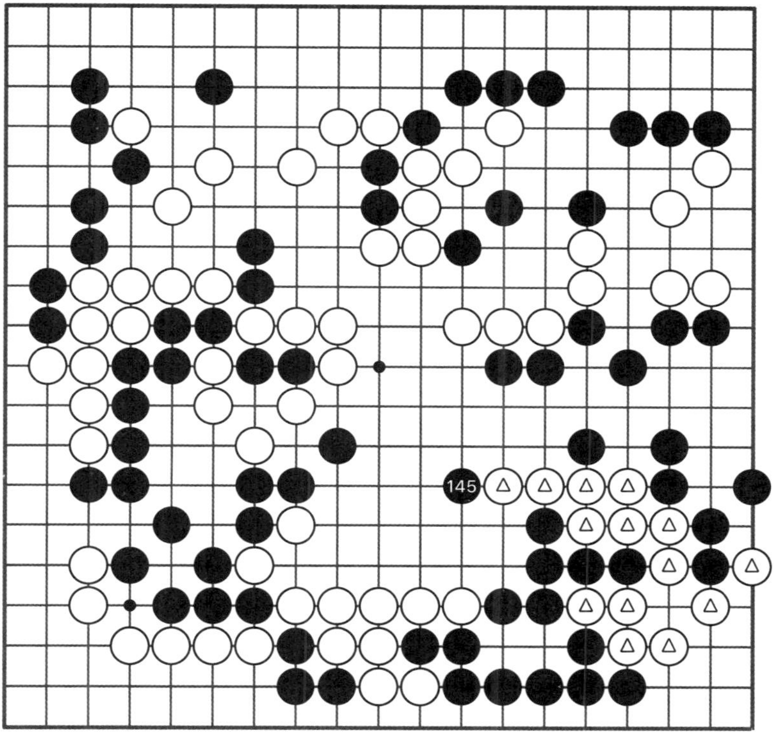

图 1–2–23

图 1–2–23：数手之后，黑 145 顶又是好手，“石佛”露出杀心！这时候我有些慌了神，很简明的棋怎么下成要决一死战了？还好我迅速冷静下来，发现了一条取胜之道。

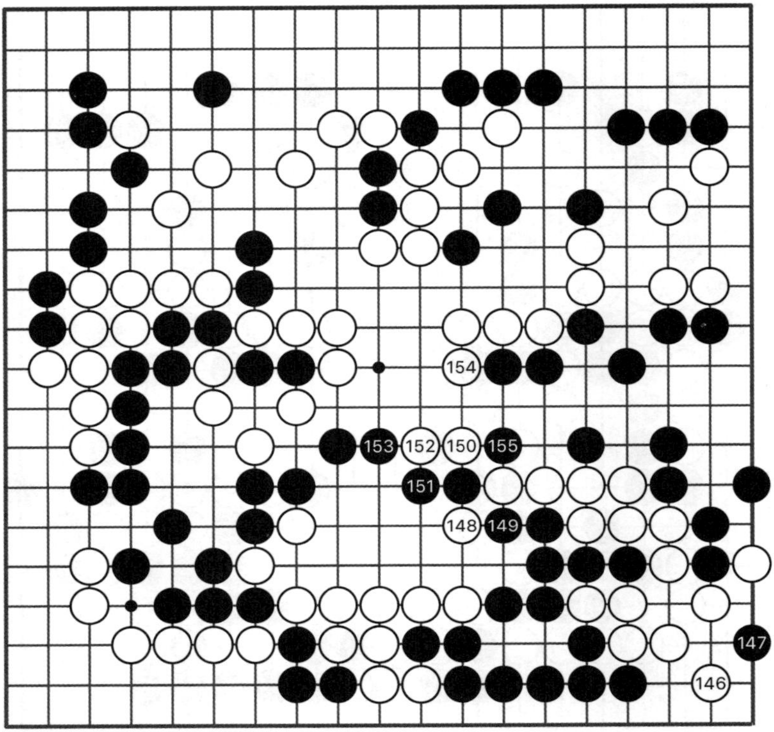

图 1–2–24

图 1–2–24：白 148 以下至黑 155，白右下大块阵亡了，幸好我还有后着。

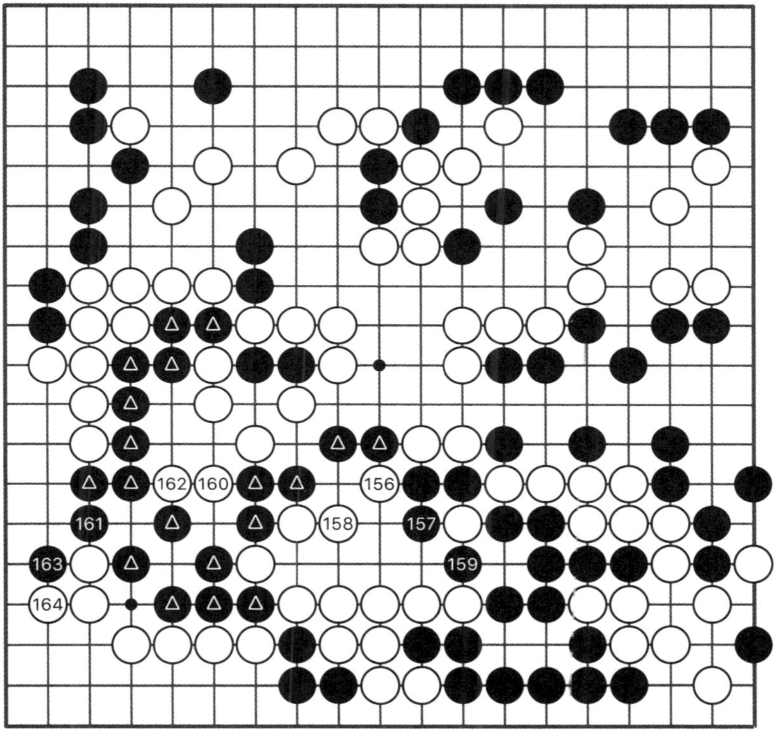

图 1–2–25

图 1–2–25：白 156 先手切断黑左下大龙的联络，然后白 160 破眼杀黑大龙。至白 164，李昌镐推枰认输。如果继续下去的话，见下图。

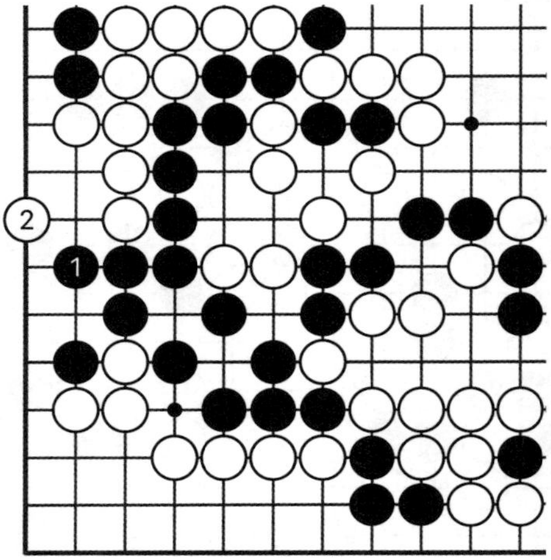

图 1–2–26

图 1–2–26：黑大龙只有一只眼，所以黑还需要在左边做一只眼，黑 1 二路勾是最强手段，但是白 2 一路跳是绝妙的杀招！黑棋无法做眼。

虽然有惊无险，但是我想想都后怕。和李昌镐下棋时，无论你有多大的优势，都不能有半点松懈，因为你稍有破绽，李昌镐就会敏锐地捕捉到，并给你制造很大的麻烦！说实话，李昌镐黑 127、黑 145 出其不意地发力让我已经有些乱了方寸，要不是情急之中我发现可以杀黑左下大龙，没准儿就真的被他逆转了。

一开始白 26 的全局观，右下白 44 的妙手，以及左边大巧若拙的胜着白 90……这盘棋可以说是我职业生涯中的名局，而且还是在对手是李昌镐的情况下。每次回顾这盘棋时，我都在想自己当时是怎么做到的。我想主要是有这几个原因吧：

1. 我之前在围甲联赛上赢过李昌镐，所以心里并不犯怵。

2. 输给李昌镐很正常，所以我没有任何压力，而且我是遇到强手会特别兴奋的人。

3. 当时发小也在看我下棋，与发小暗暗较劲儿的少年意气，给了我很大的动力。

战胜李昌镐的感觉非常美妙！不过客观地说，前两盘对局，我的压力要比李昌镐小很多。我在想，如果我们都站在悬崖边决斗，又会是一场什么样的碰撞呢？这一天很快就来了——2003 年 1 月 22 日，我们相遇在第 4 届农心杯世界围棋团体锦标赛决战的赛场上。

第三局

（此照片由洪南丽女士提供）

2003 年，第 4 届农心杯世界围棋团体锦标赛决赛在上海进行。作为中国的副帅，我连胜韩国棋手曹薰铉、金承俊，日本棋手加藤正夫、小林光一和依田纪基这五位高手，杀到了韩国主帅李昌镐的帐下。这是我和李昌镐下的第三局，也是我俩首次在悬崖边的对决。

幸运战胜日本主帅依田纪基先生后，我和队友、教练一起吃了饭。回到家后我查了一下李昌镐的比赛棋谱，母亲没有过多地打扰我，只是让我好好跟李昌镐学习一盘。第二天就是大决战了，虽然之前与李昌镐交手的两局都赢了，但毕竟那些都是普通比赛，我在心理上占优势。这次则不同，李昌镐的压力肯定大了很多，但对于我来说，终结李昌镐这道铁闸，为中国队夺得第一个农心杯冠军的诱惑多少会给我带来压力。学习一盘也好，建功立业也好，当时的我虽然没有想太多，但潜意识里肯定感受到了与之前不一样的压力。

晚上回到虹桥宾馆与罗建文老师聊天时，在场的其他朋友们告诉我，李昌镐正坐在宾馆门口的路灯下看书，不知道是“石佛”的佛心已成，还是借着看书来调整自己的心态。明天就是决战，李昌镐到底是怎么想的？在面临这么重要的对局时，棋手到底怎么是调整自己的心态的？还是调整心态本身就意味着失去了平常心？

2003 年 1 月 22 日，裁判长陈祖德老师宣布，我与李昌镐的第三局比赛开始。虽然已经过去十几年，但我深深地记得，李昌镐在比赛一开始就表现出完全不一样的面貌。

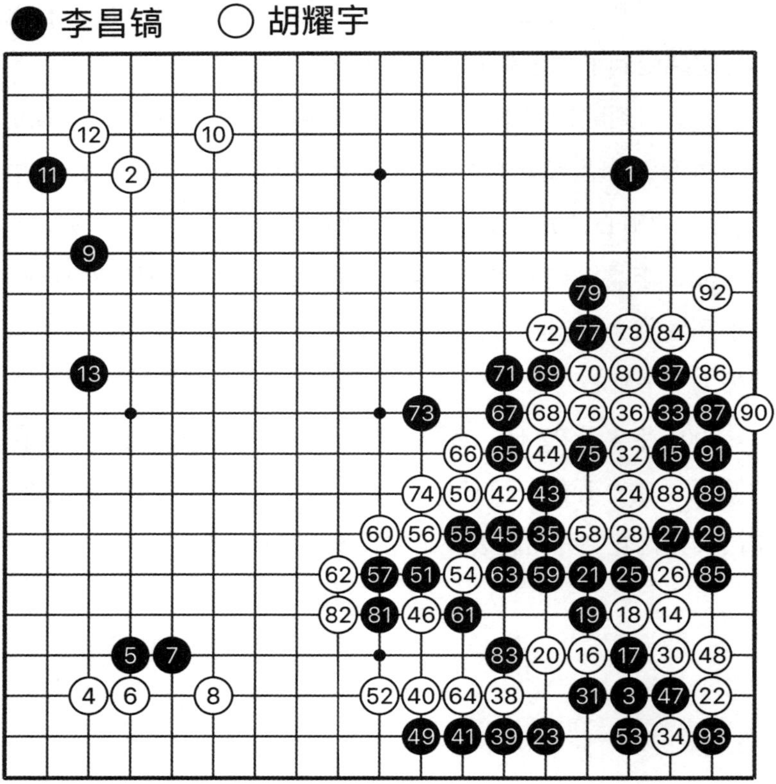

实战谱 1（1–93）

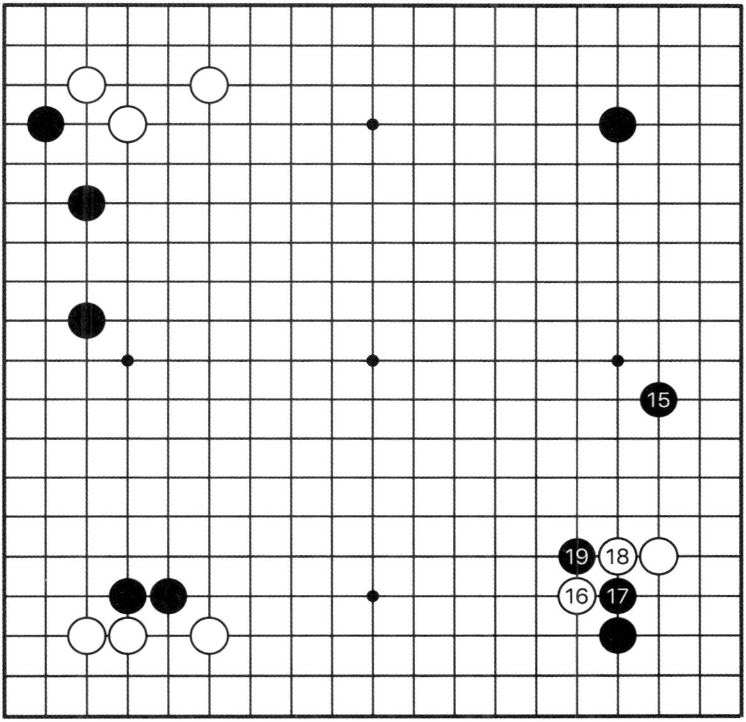

图 1–3–1

图 1–3–1：我执白，李昌镐一开始在右下角黑 15 三间夹，紧接着黑 17、黑 19 冲断！这三手棋，与我以往对李昌镐的认知有很大的不同。

首先，这明显是求战斗的下法，而且黑棋三间夹求战斗并不是很有利，这与李昌镐一向稳重的风格不相符。

其次，这里的战斗非常复杂，李昌镐却下得非常快，几乎没怎么思考就落子了。事后看来，李昌镐在这里并没有太多的准备，完全是临场下出来的。

我觉得李昌镐此举应该是有针对性的：

1. 一上来就求战，显然不是他的风格，但我想他肯定发现了我的风格也不是战斗型的，因此他想打乱我的战略计划和节奏。

2. 一开始落子那么快，也不是他一贯的风格，但是他这么做，一是想在时间上打乱我的节奏，二是他越到关键时候越相信自己的第一感，越敢于冒险。这一点在本局最后的大决战中也有所体现。

可以说，李昌镐一开始的“反常”，是一次有计划的行动。

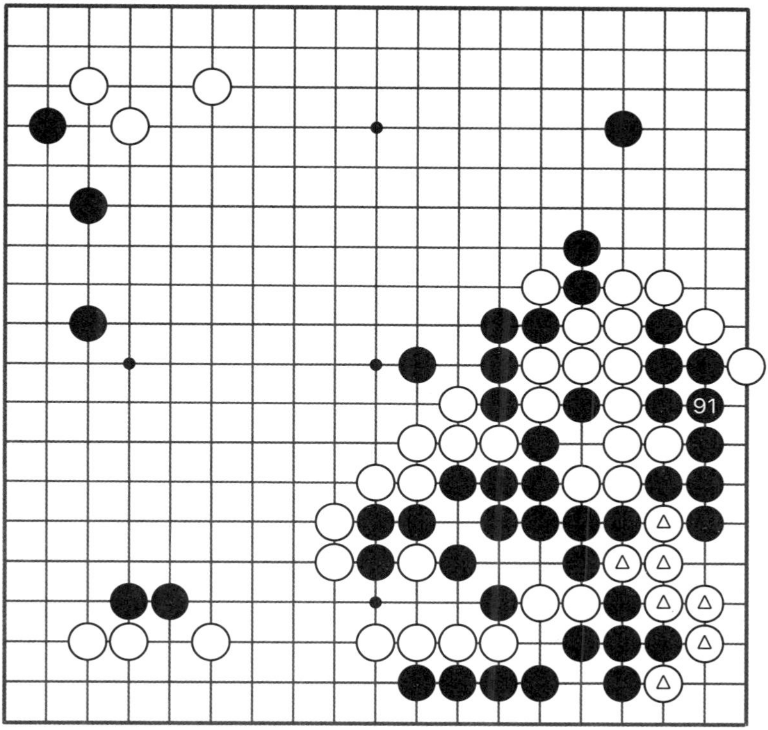

图 1–3–2

图 1–3–2：右下角形成了一个极为复杂的大型战斗！直接就奔着 100 手去了。至黑 91，我还是处于比较从容的状态。右下角白三角七子可弃可取。从技术上来看，李昌镐一开始挑起的战斗明显是有很大风险的。因为在这个超大型的战斗中，黑棋一步都不能错，而白棋则还有弃子的余地。但从结果上来看，他挑起的战斗收到了奇效。

这是因为我个人的缘故：大型战斗头绪很多，选择也很多，而且错一步很可能满盘皆输。而我的性格比较谨慎，在这样的场合，往往走一步就会看看周围，容易想多了。再加上这盘棋的分量很重，所以我在这个局部花了很长时间，而且战斗状态也不是我所擅长的。所以到了关键的时候，我时间全用完了，进入了读秒阶段。在读秒中，面对复杂的变化和头绪，我出现了失误。

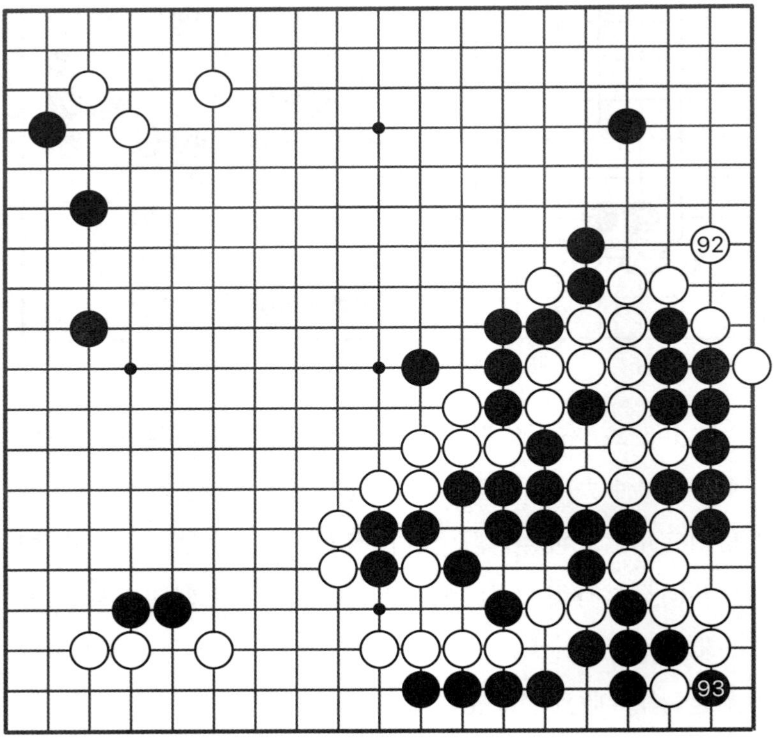

图 1–3–3

图 1–3–3：白 92 与黑 93 交换，看似很正常，却亏损巨大。在这种大型战斗中，一个微小的失误就会带来巨大的影响。白棋弃子的思路是对的，但是在细节操作上太粗糙了。

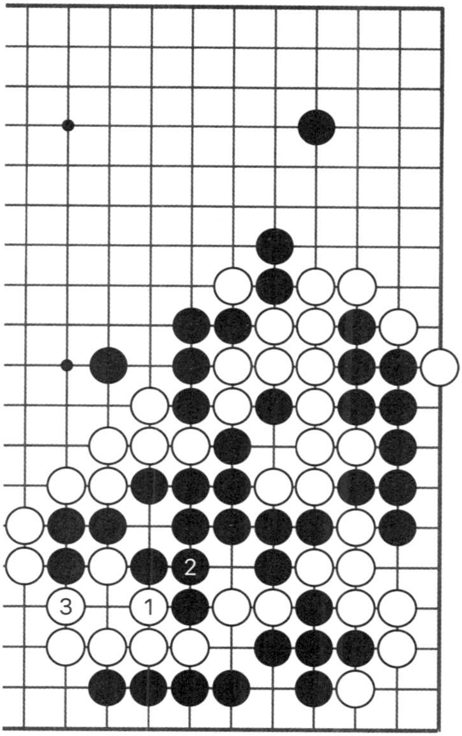

图 1–3–4

图 1–3–4：这时候正确的手法应该是先白 1、白 3 试黑应手。对此黑棋有两种应法。

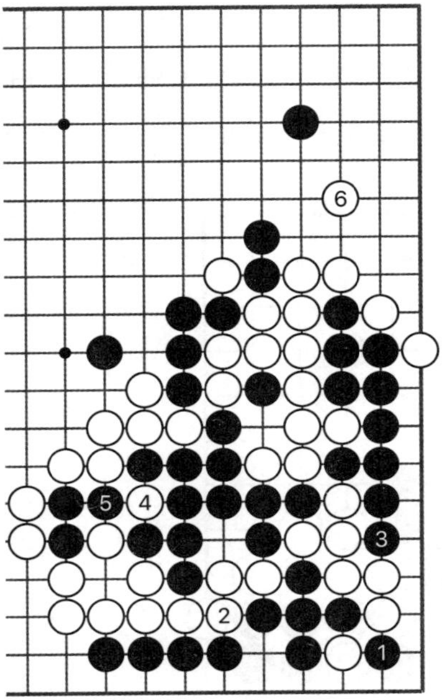
图 1–3–5

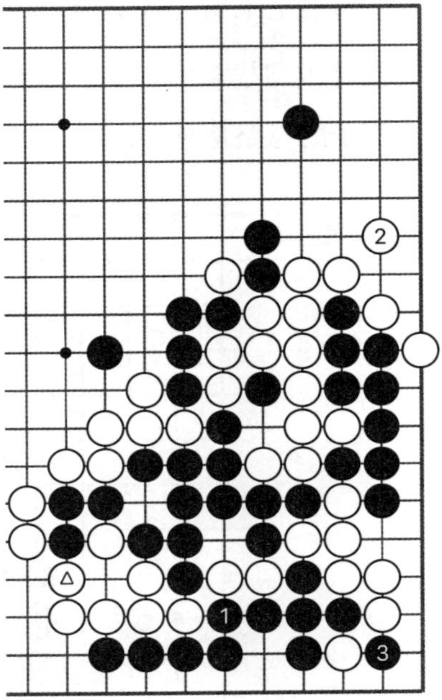
图 1–3–6

图 1–3–5：黑 1 若是收气吃白右下，白 2 以下通过收气，先手将白下方下厚，获利巨大！然后右上白 6 跳，轻松处理好右边大块白棋。如此进行的话，黑棋全局子力过于偏重右下，白棋明显优势。

图 1–3–6：白三角打吃时，黑 1 若是吃白两子，那白 2 再像实战那样与黑 3 交换。白三角能和黑 1 先手交换，获利很大！这里的差别在接下来的实战中就可以看出。

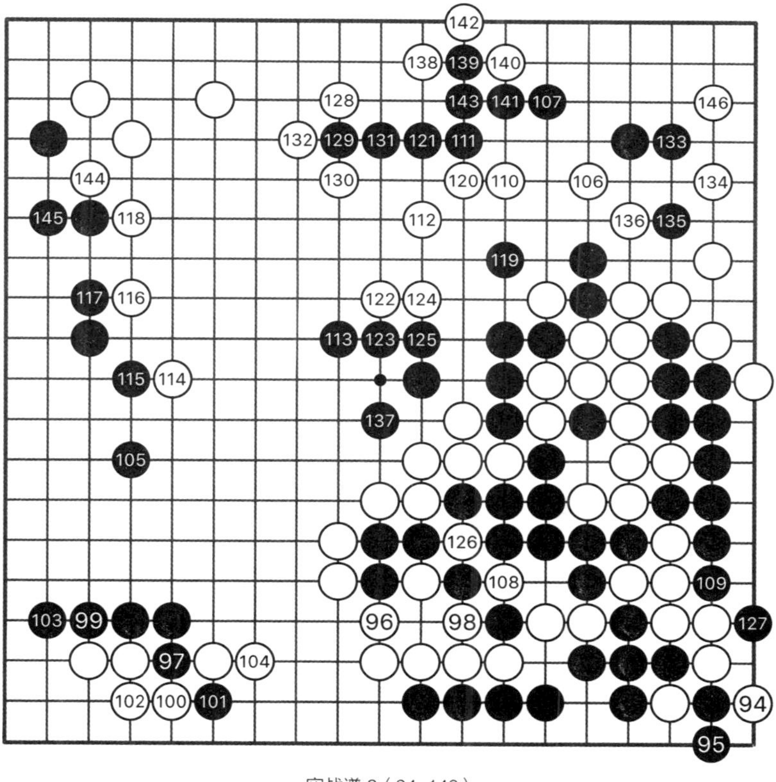

实战谱 2（94–146）

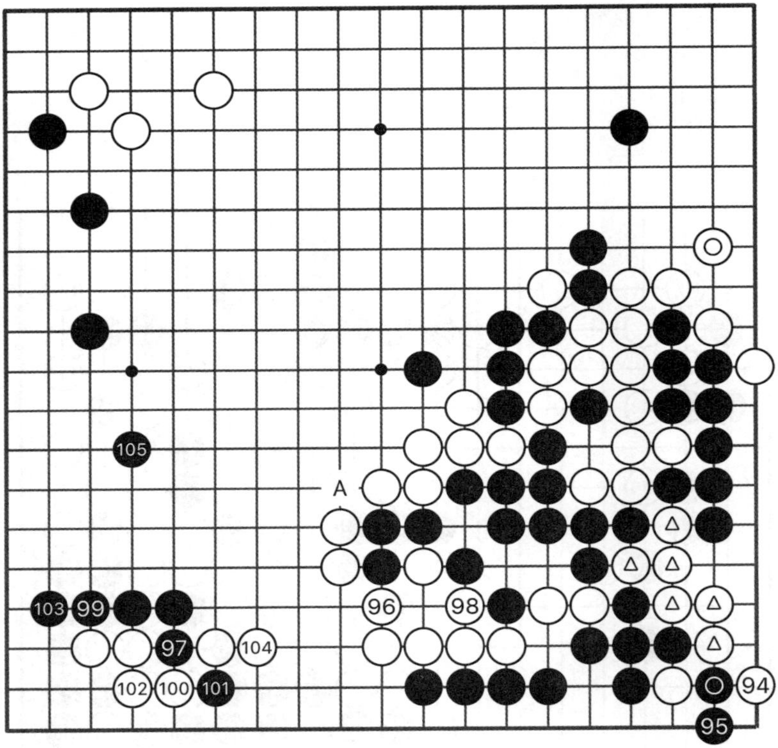

图 1–3–7

图 1–3–7：由于之前白 92（白圆圈一子）先与黑 93（黑圆圈一子）交换掉，白右下三角六子只剩三气，所以为了补 A 位的断点，白 96 不得不补一手。这样李昌镐黑 97 得以在左下抢先动手。白 98 是一种反击的气合，但是李昌镐黑 99 以下冷静转身，下得很漂亮！至黑 105，左边黑棋不仅安定，还围了不少实地，而白 96、白 98 两手棋换来的厚势却毫无用武之地。局面至此，白棋已然处于下风。大家可以看看差别在哪里。

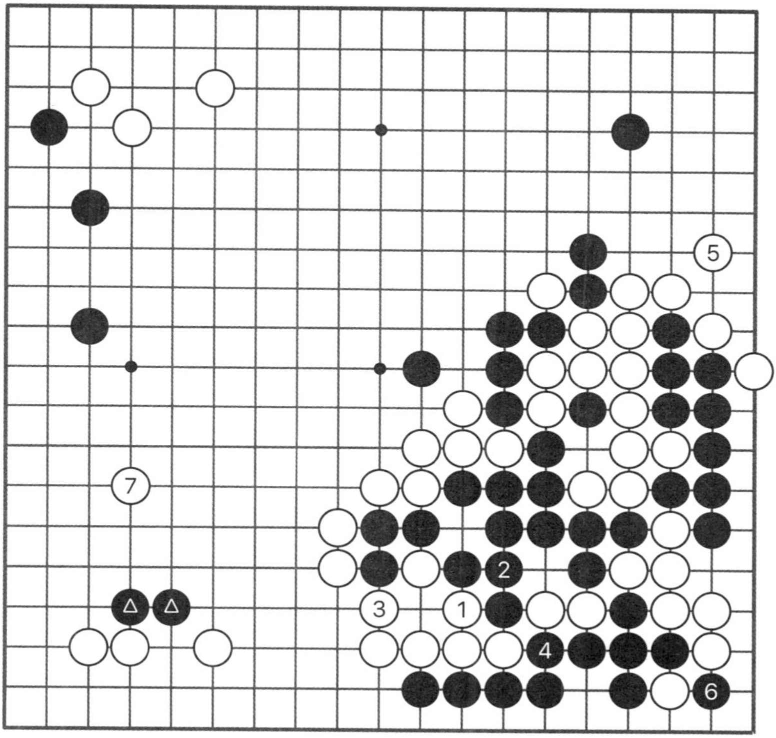

图 1–3–8

图 1–3–8：本来白棋右下若是先手的话，可以抢到白 7 的绝好点！如此黑三角两子在白右边厚味的威慑下，显得非常的孤单。此图比实战好太多了！

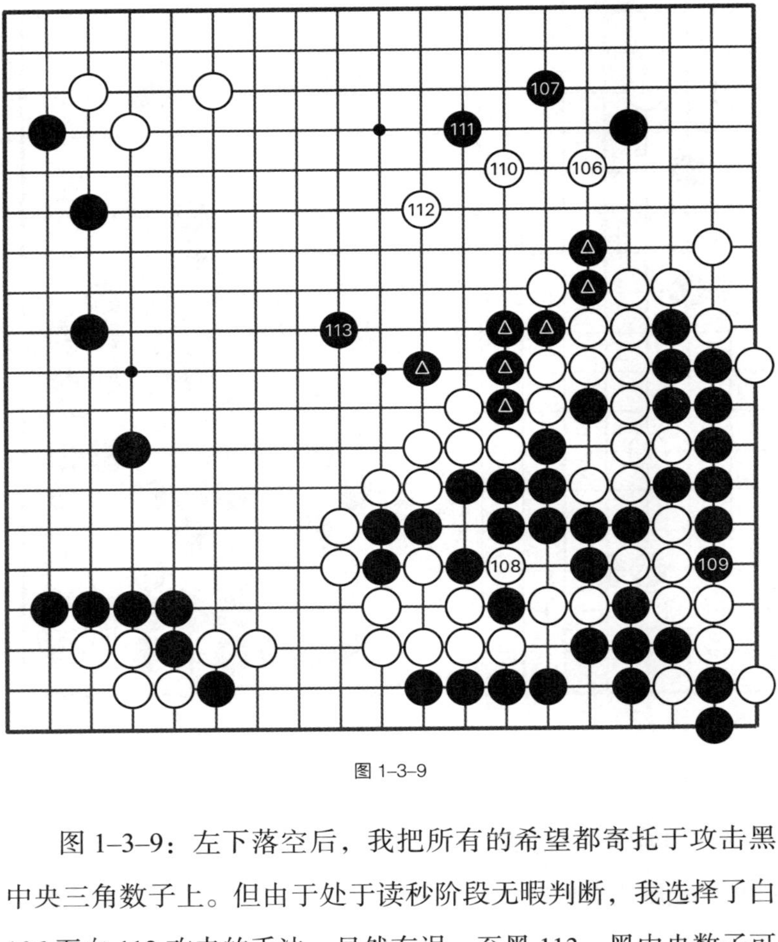

图 1–3–9

图 1–3–9：左下落空后，我把所有的希望都寄托于攻击黑中央三角数子上。但由于处于读秒阶段无暇判断，我选择了白 106 至白 112 攻击的手法，显然有误。至黑 113，黑中央数子可弃可取，还顺便在上方连下了黑 107、黑 111 两手棋，白棋的攻击再次落空！

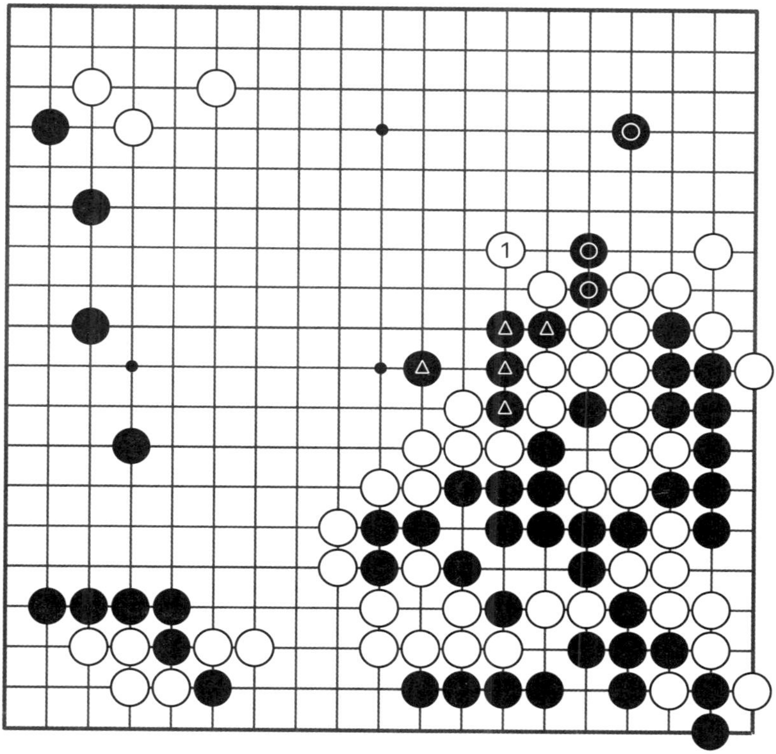

图 1–3–10

图 1–3–10：白 1 是不易察觉的冷手，此手一出，黑三角五子和圆圈三子被分开，接下来黑棋如何兼顾是个问题。在实战中，我先帮黑棋右上加固，中央黑棋就可弃可取了。

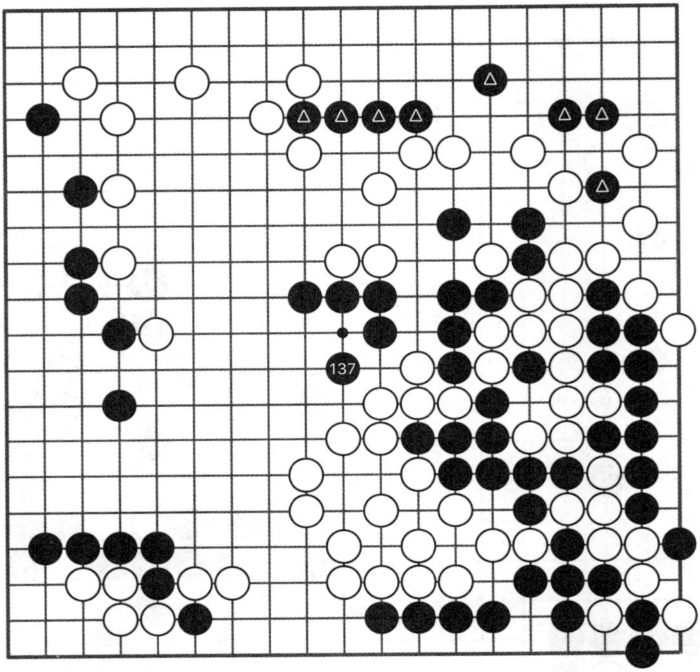

图 1–3–11

图 1–3–11：李昌镐黑 137 冷静补活中央大块后，右上黑棋搭了个小堡垒，中央也活了。白棋右上战役大失败，全局实地严重不足，形势雪上加霜。从读秒开始到现在，我两度落空，使棋局到了几乎绝望的地步。不过这也有好处，我也没什么可留恋的了，索性豁出去与李昌镐拼了！在形势不利的情况下放手一搏，是我这次农心杯的撒手锏。

这时候，李昌镐也进入了读秒阶段。纵观全局，我唯一有机会一搏的地方就是右上了。但是右上黑角就像一个小堡垒，我应该如何去孤身炸碉堡呢？

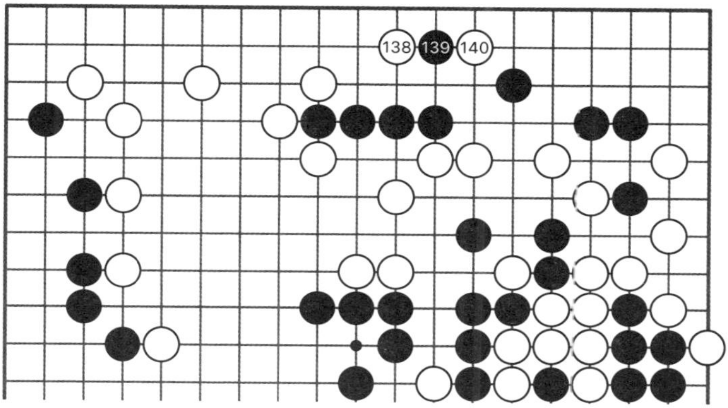

图 1–3–12

图 1–3–12：白 138、白 140 开始炸碉堡！可以看出来，白棋的步子迈得很大，但形势所迫，我也顾不上自己的破绽了。

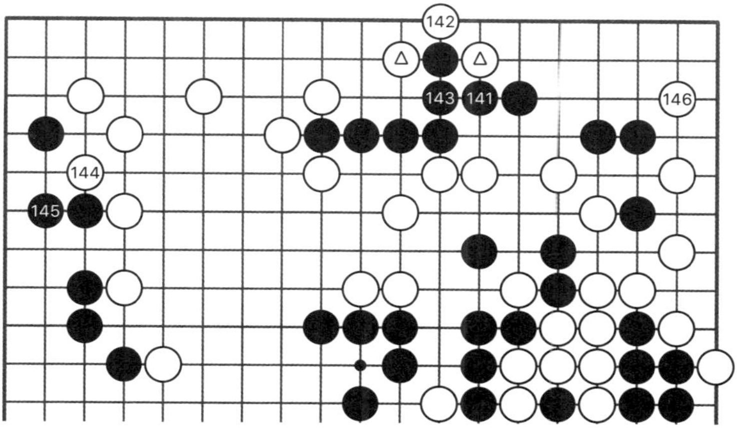

图 1–3–13

图 1–3–13：白 146 跳入，边捞实地边威胁黑角。李昌镐没想到我突然不要命了，读秒中的他有些准备不足。我记得当时能感觉到他有些慌乱。李昌镐接下来的这步棋，使棋局再起波澜。

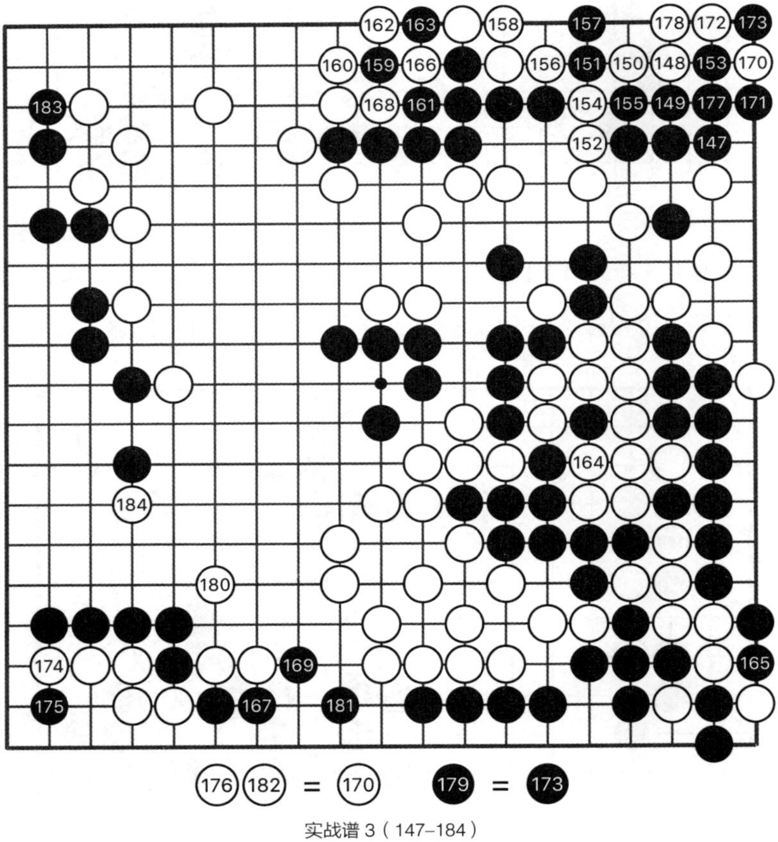

176 182 = 170　179 = 173

实战谱 3（147–184）

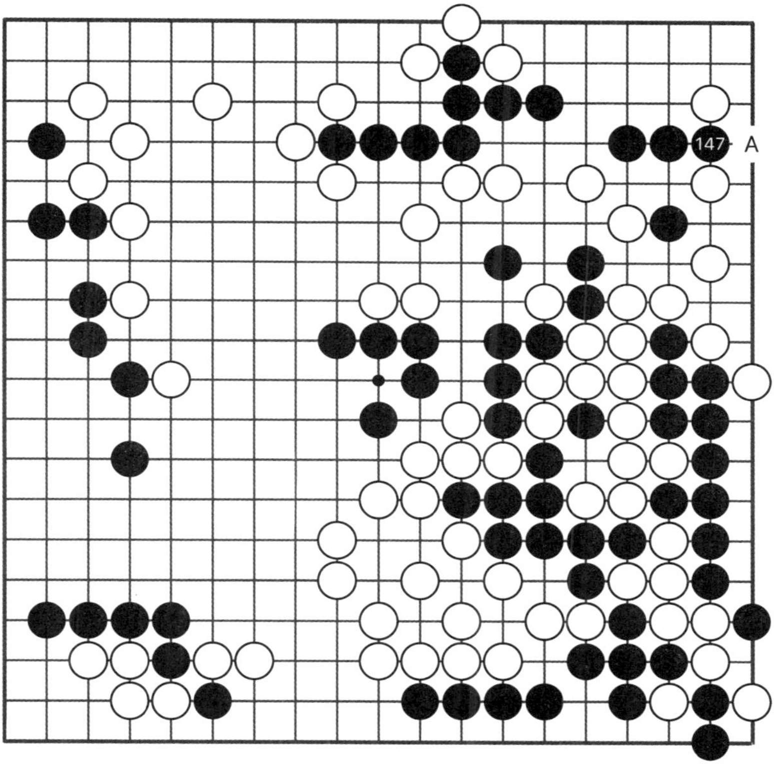

图 1–3–14

图 1–3–14：读秒中的李昌镐下出了黑 147 冲，期待我在 A 位应一个。就是这步棋使他露出了破绽，正愁没有战机的我，立刻抓住了这个机会。

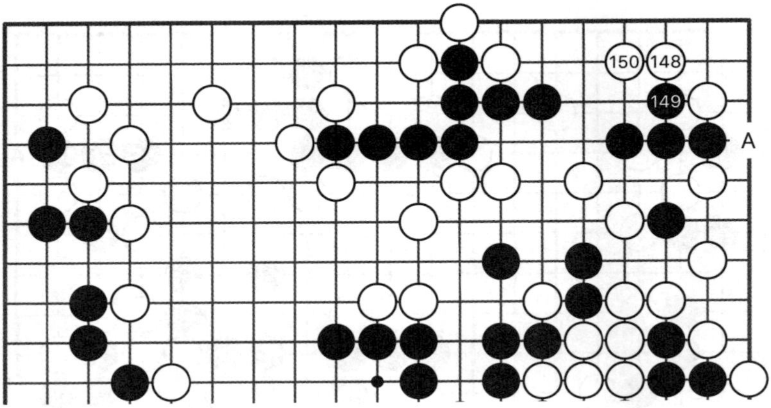

图 1–3–15

图 1–3–15：当时我想：哪儿看不清就往哪儿拼！反正肯定不会按你希望的意思下 A 位！在不利的形势下，我反而没了顾虑，华山一条道走到黑！白 148、白 150 不顾自身的联络，继续深入黑角，越战越勇！当时我觉得有的拼就有机会，怎么也不能安乐死。一盘棋，可以输，但在输之前必须是尽力拼搏过了，那样我才没有遗憾。所以我所有的注意力都集中于如何拼这个问题上，没有给自己留任何退路。

而李昌镐在进退皆可的情况下，反而出了问题。

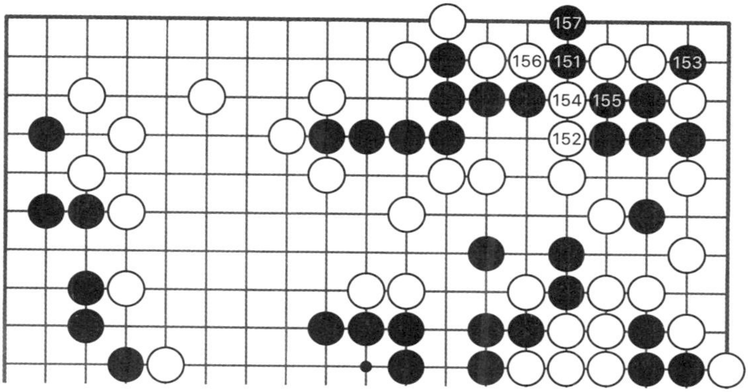

图 1–3–16

图 1–3–16：黑 151 顶住，白 152 冲！不顾自身的安危，继续破坏黑棋的眼形！李昌镐忍无可忍，黑 153 断吃，至黑 157，看着是黑棋“金鸡独立”的好形，白棋似乎不行了。

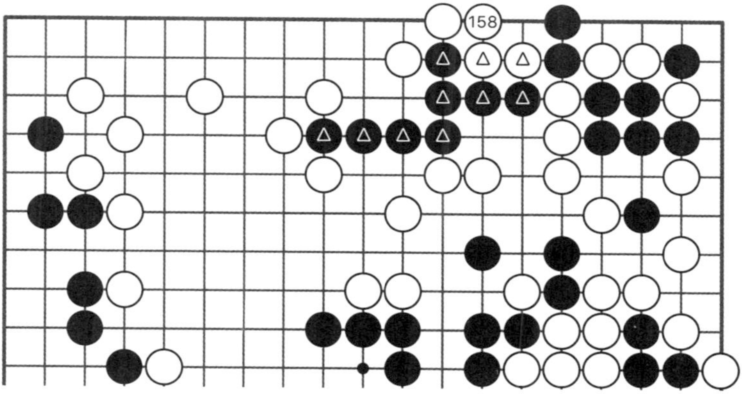

图 1–3–17

图 1–3–17：白 158 一路接，必死的要把白三角两子救出来！因为白两子一旦救出后，黑三角八子就被反包围了。但是白上方棋形破绽很大，能连回去吗？

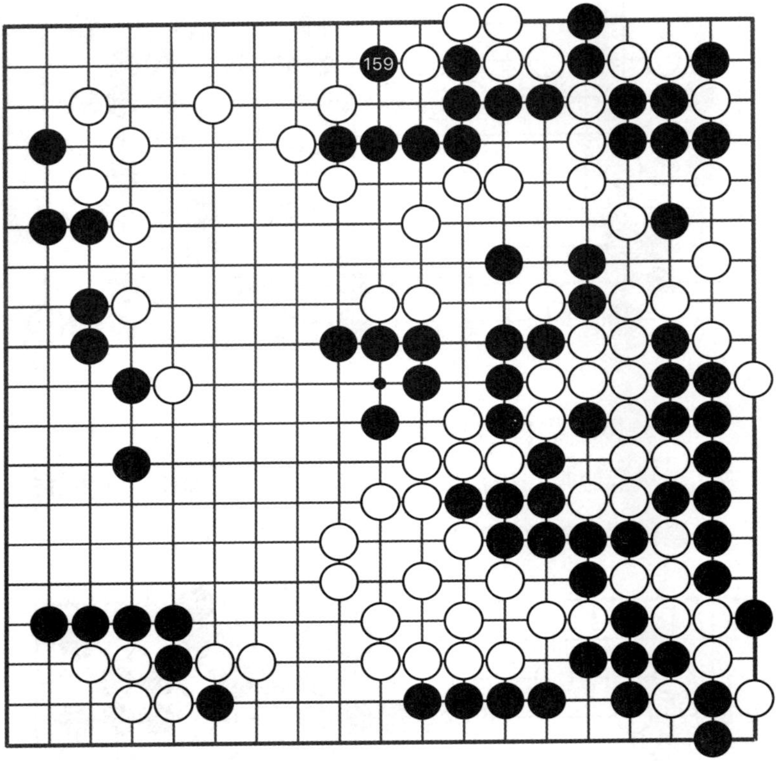

图 1–3–18

图 1–3–18：李昌镐当然不能容忍白棋渡过，黑 159 阻渡！

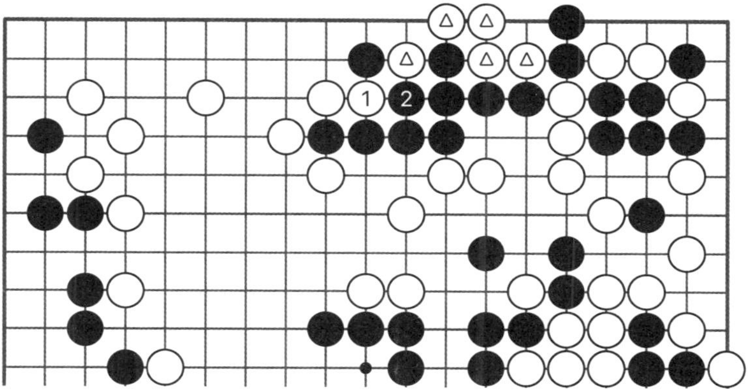

图 1–3–19

图 1–3–19：对此白 1 要是简单一冲，黑 2 断吃，白三角五子就阵亡了。但既然当初白 158 准备联络，我肯定是早已想到对策了。

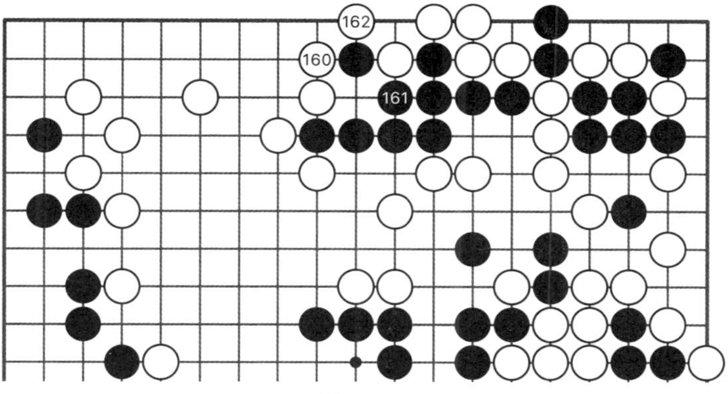

图 1–3–20

图 1–3–20：黑 159 夹的时候，白 160、白 162 做劫，这是最顽强的手段！右上形成了一个超级大劫争！下成这个样子，局势已经完全脱离了李昌镐的掌控。原因就是出在当初的黑 147 冲。

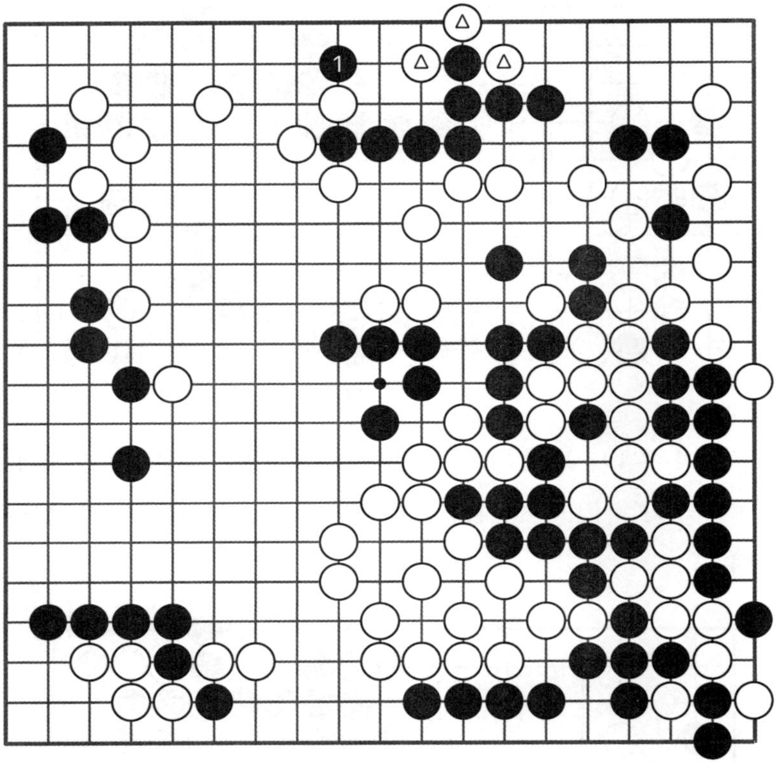

图 1–3–21

图 1–3–21：黑 147 应该下本图的黑 1 夹，这步棋是妙手，白三角三子已经被黑棋吃掉了，具体手段请大家自行验算。这步棋看着不难，但在对局时，我和李昌镐都没有看到这步棋。我没看见是因为当时我已经不管自己的破绽了，而李昌镐则是因为正处于读秒阶段，时间紧张。他本来准备黑 147 冲一下打将争取些时间，没想到却招来了大麻烦。当初右上角黑棋的小堡垒，居然被我神奇地拼出棋了！

看来，无论你的对手多么强大，只要你放手一搏，他也可能会出错的。你看不清的地方，他很可能也看不清。

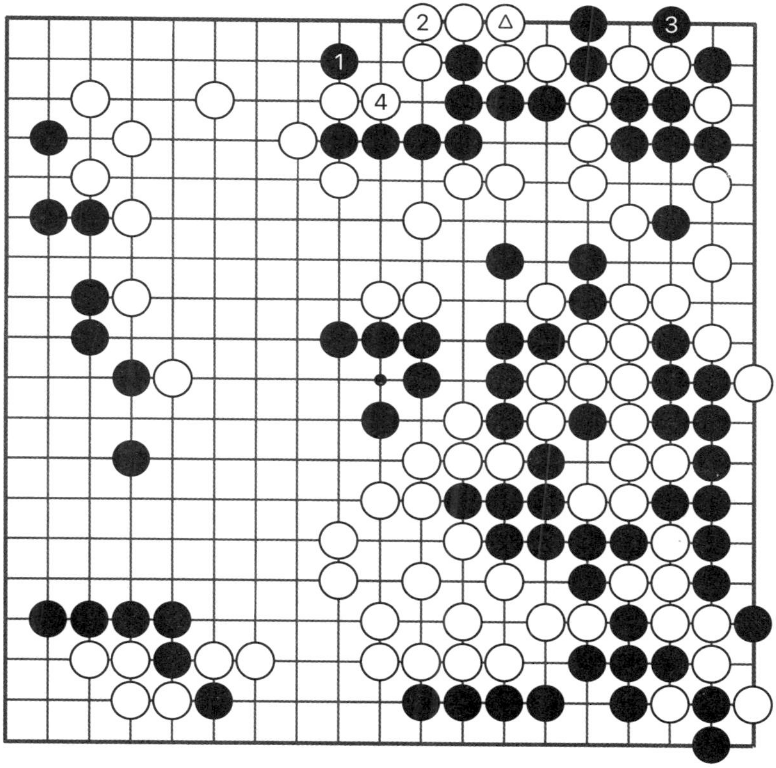

图 1–3–22

图 1–3–22：看到白 158（白三角一子）粘的时候，大家会想，那黑 1 夹不也可以吗？这时候情况变化了，白 2 粘是妙手，黑 3 必须补。有了这下交换，白 4 贴回就成立了。所以李昌镐在实战中选择打劫也是不得已而为之。

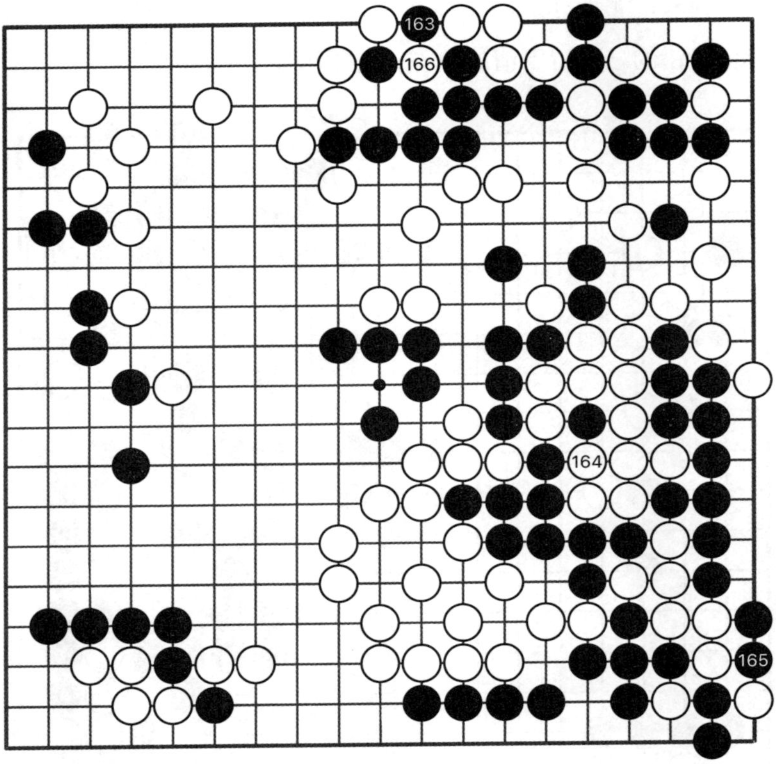

图 1–3–23

图 1–3–23：黑 163 提劫，白 164 是绝好的一枚大劫材，黑 165 只能应，白 166 提劫后，黑右上已经没有本身劫材了。

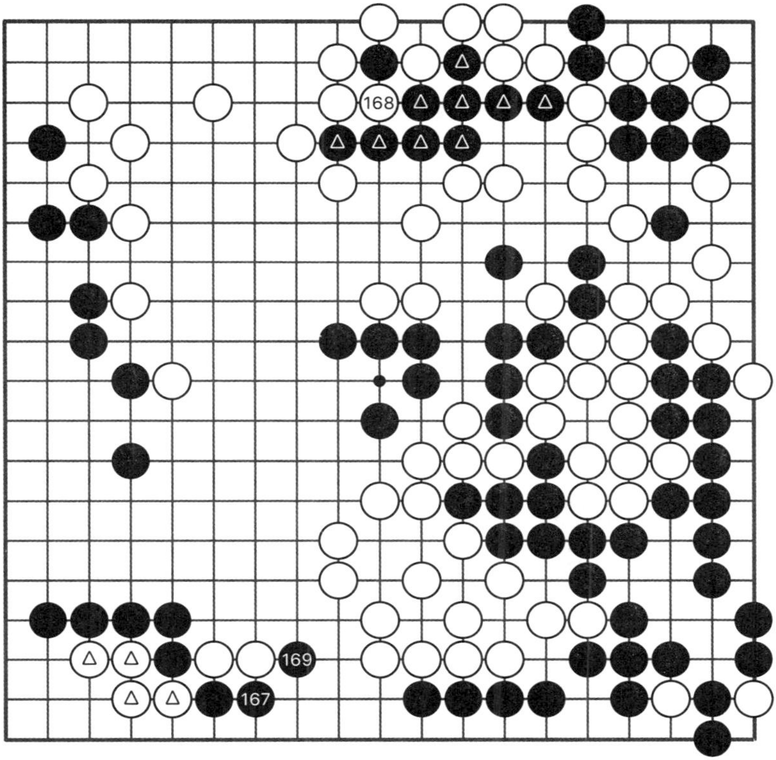

图 1–3–24

图 1–3–24：李昌镐只能黑 167 在左下找劫材，我选择了白 168 消劫，黑 169 扳起后，白左下角三角四子阵亡了，一场劫争导致了一场大转换。粗粗一看，白棋吃到黑右上三角九子，黑棋吃掉白左下角，白棋获利并不大。但是，我还留有后招。

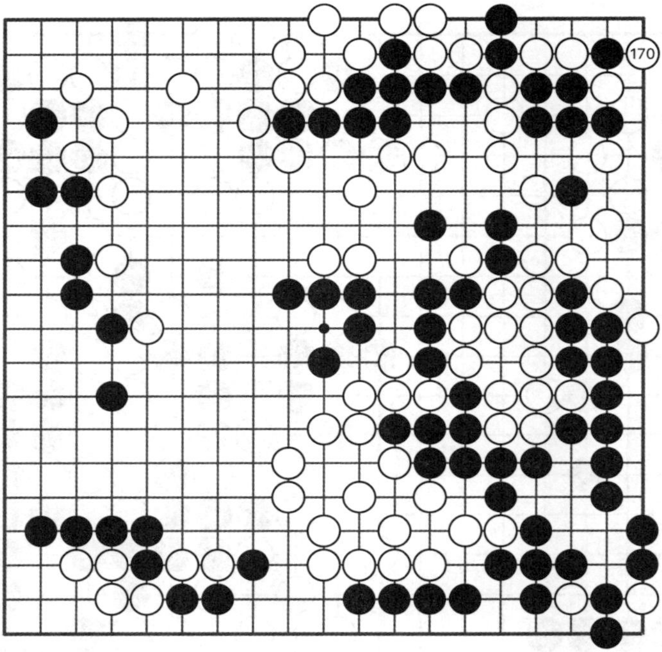

图 1–3–25

图 1–3–25：白 170！无中生有！虽然相隔 17 年，但我还是清楚地记得我下出这步棋时所带出来的气势。右上黑角居然还有棋。

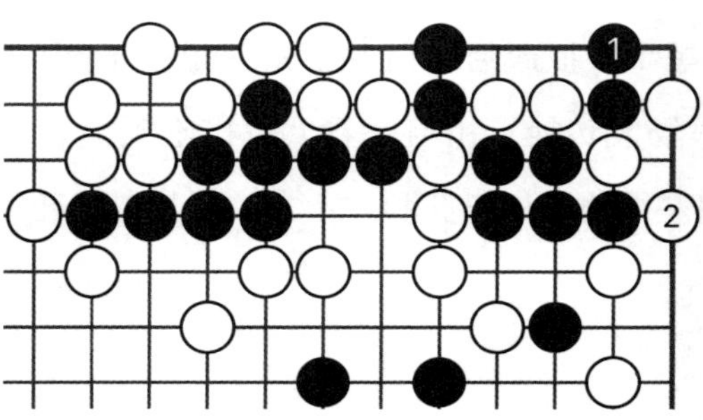

图 1–3–26

图 1–3–26：白 170 时，黑 1 若是立，白 2 渡过后，局部已经形成紧气劫。黑棋不行。

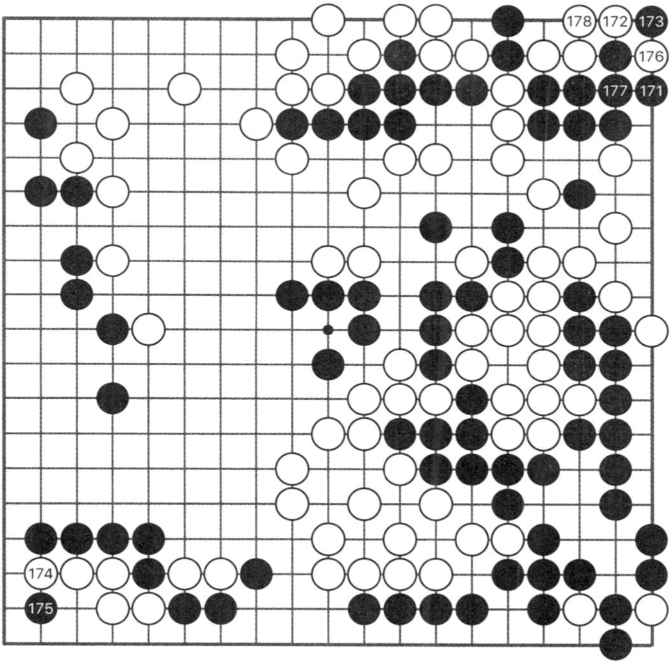

图 1–3–27

图 1–3–27：黑 171 只有提，白 172 反打，黑 173 提，白 174 是绝好的劫材。黑 177 苦于没有劫材只好粘回，白 178 粘上后，局部形成打劫。刚打完一个劫，又来一个劫，这个劫更为复杂，是缓一气劫。正常情况下，黑棋并不怕缓一气劫。但是这个局面，全局白棋铁厚无比，黑棋没有任何劫材，而白棋在左下则有很多劫材。所以这个劫黑棋很可能被白棋无条件地打爆。实战中也正是这样发展的。

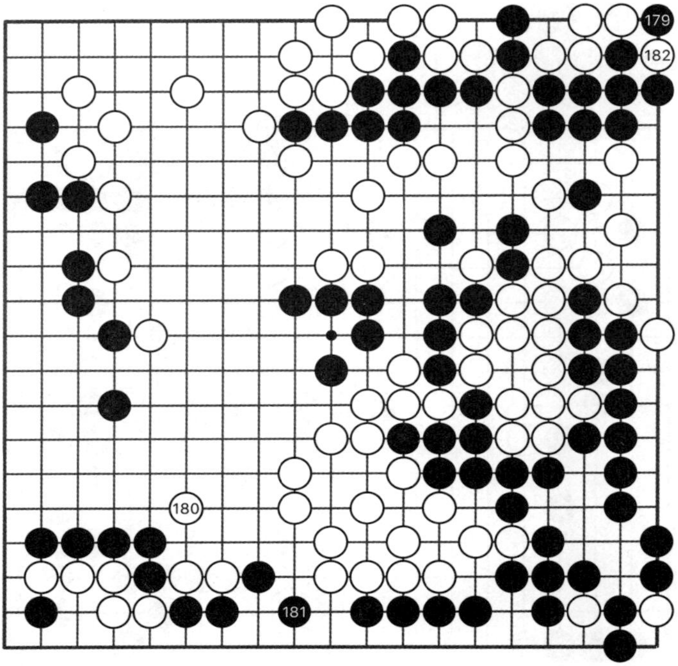

图 1–3–28

图 1–3–28：白 182 提劫的时候，黑棋全盘一个劫材都没有！这时候我的记忆非常深刻！李昌镐非常为难，一直到读秒倒计时读到 9 的时候才落子，而且落子的地方出乎我的意料。

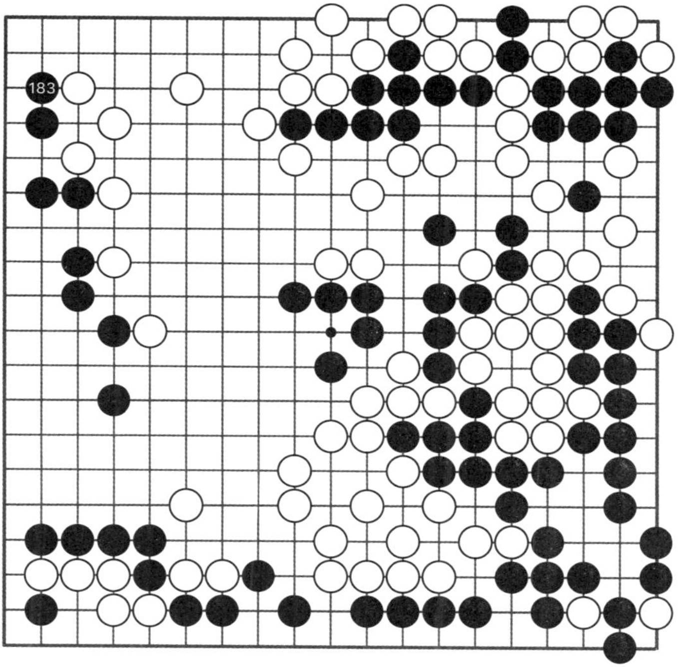

图 1–3–29

图 1–3–29：在左下还薄弱，中央未活净，右上有个超级大劫的情况下，李昌镐突然跑到左上角下了一步官子！正常来说，李昌镐黑 183 应该在左下补一手，但他也意识到了形势的危急，不顾左下的薄味，强抢左上大官子！当时我准备了几种应对手法，却做梦都没想到他会跑左上下个官子。

事后看来，李昌镐读秒读到最后一秒时才落子，就是在顾虑左下的薄味。可他也本能地感觉到，当前的局势已经不容他再顾及左下的薄味了。他最终选择了黑 183 强抢左上官子，其实就是跟我拼了！在大胜负面前，“石佛”没有给自己留退路。

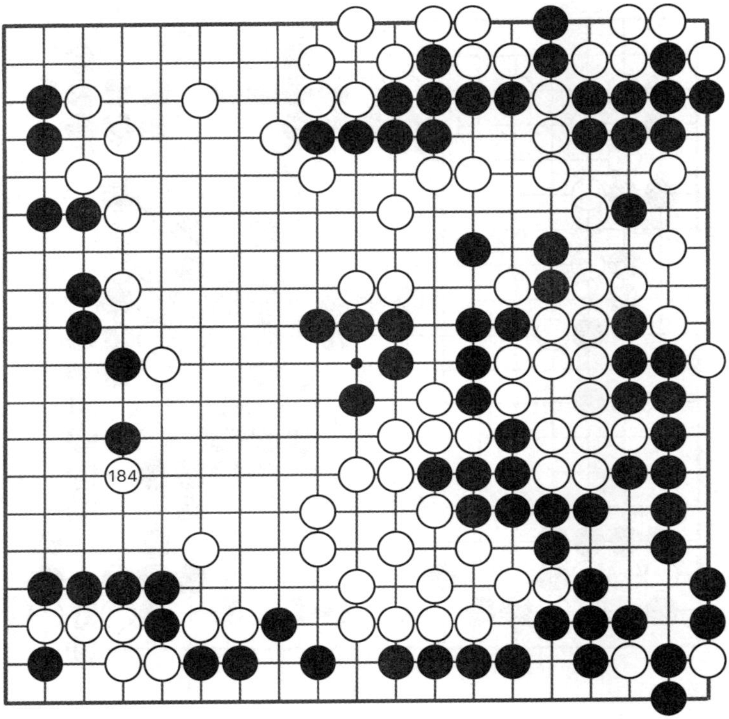

图 1–3–30

图 1–3–30：虽然被李昌镐黑 183 惊到了，但我没有手软，白 184 靠入！非常犀利！在中央黑棋大块还未安定的情况下，我肯定要在黑左下薄味做些文章。至于右上劫争，反正黑棋也消不掉，我不着急，先欺负欺负黑左下再说。胜负的焦点又转移到了左下角。右上价值 40 目的缓一气劫，双方暂时都没工夫去处理。从开始的右下角厮杀，再到右上角的两个劫争，现在左下角也杀起来了！我和李昌镐都已杀红了眼，进入了刺刀见红的白刃战。

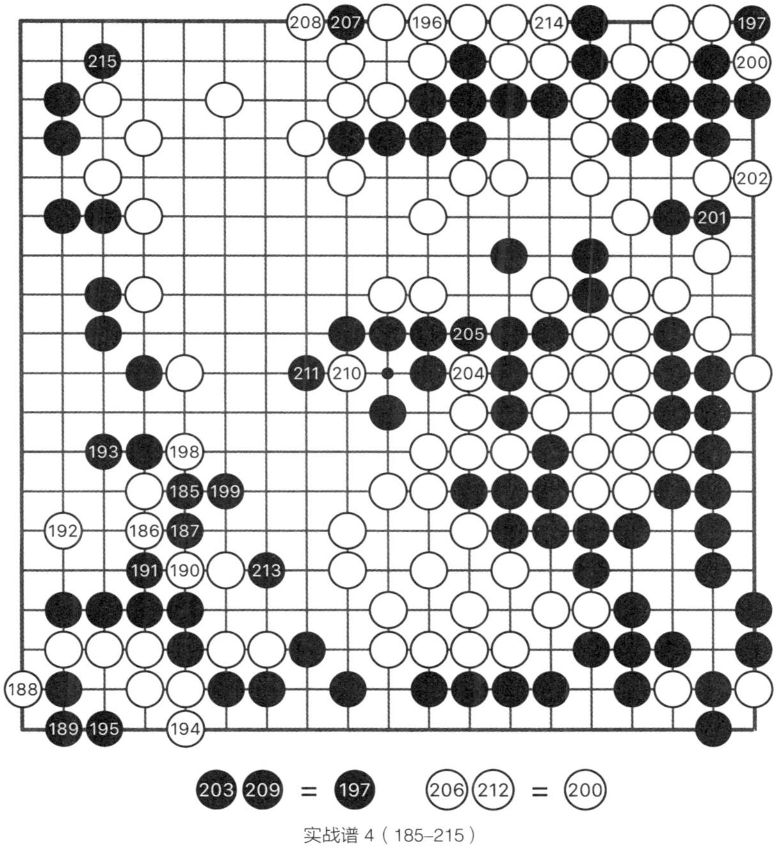
208
207
196
214
197
215
200
202
201
205
211
210
204
193
198
185
199
192
186
187
191
190
213
188
189
195
194
203 209 = 197
206 212 = 200

实战谱 4（185–215）

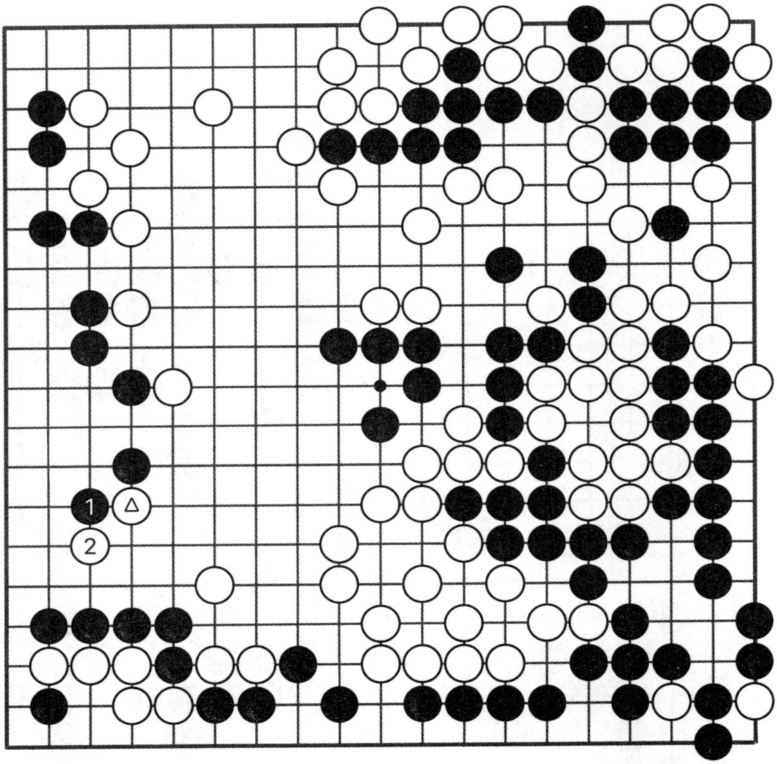

图 1–3–31

图 1–3–31：白 184（白三角一子）非常严厉！黑若是求渡过，白 2 连扳不依不饶，黑棋非常难办！这里黑棋退让的话，不仅目数受损，还会给白棋制造出劫材。但不退让的话，黑棋反击又没有把握。这时候李昌镐该如何选择？

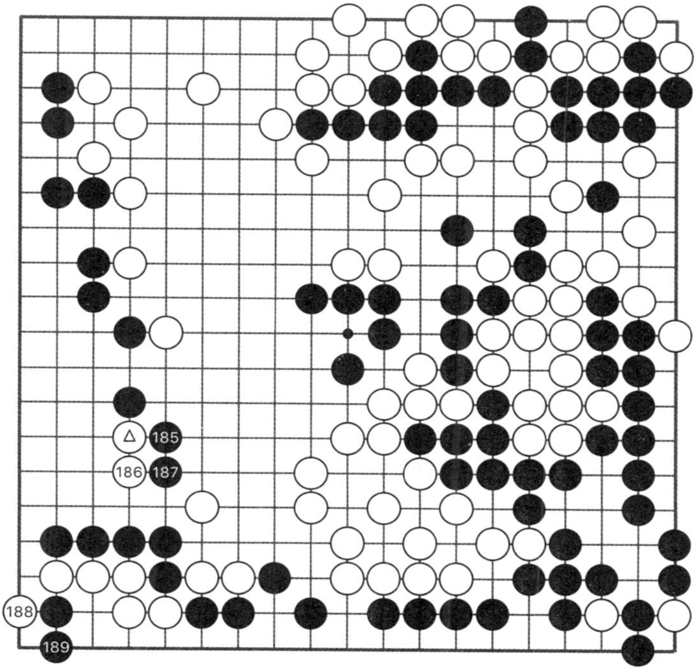

图 1–3–32

图 1–3–32：面对白 184（白三角一子），李昌镐没有退让，而是黑 185、黑 187 奋力反击！虽然明知这样很危险，但他也只有先上了再说。看来，在决定黑 183 抢左上官子的时候，“石佛”就已经做好了在左下与我决一死战的心理准备。

白 188 先手扳一下，确保角上气巨长无比，同时给自己争取些时间。一直在奋力拼杀的我看到了胜机，我突然感觉我可以拿下这局了！下一步棋至关重要！读秒声中的我，看到了两条路。揣着无法抑制的激动，我做出了选择。因为在电光火石之间，我看到了一个图，我觉得这个图可以直接让李昌镐投子认输。

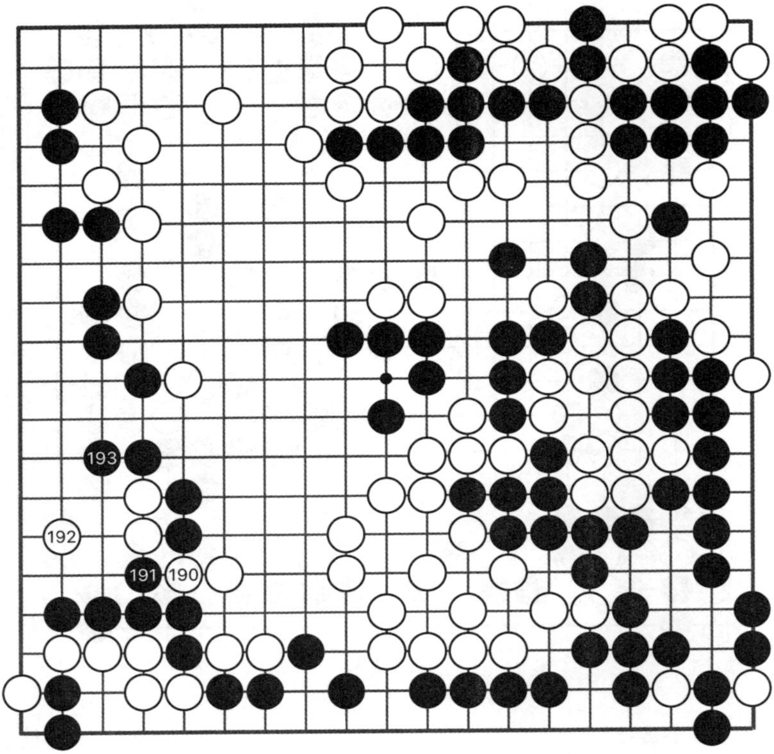

图 1–3–33

图 1–3–33：我选择了白 190、白 192 的下法，这个下法的结果，不是鱼死就是网破。当时我认为应该是李昌镐网破了，但当他下出黑 193 的时候，我突然感觉到不对！因为黑 193 下出后，李昌镐整个人似乎松了一口气，这让我有种不妙的预感。仔细再一看，我发现大事不好。

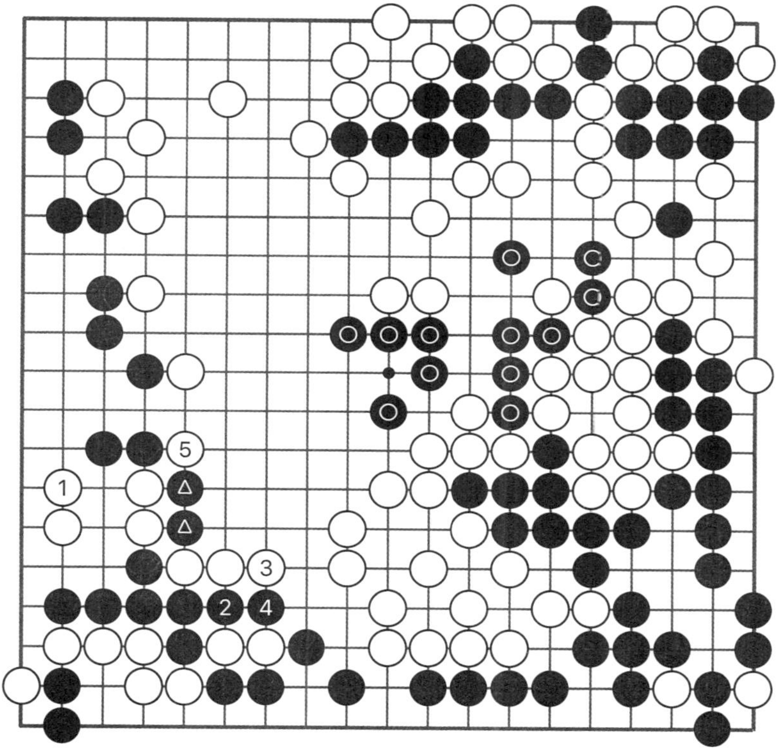

图 1–3–34

图 1–3–34：我本来原计划是白 1 双，黑 2、黑 4 吃白两子，白 5 再断。这样黑三角两子棋筋和中央圆圈大块被白形成缠绕之势，无法两全。但我忽略了黑棋一步很简单的好手。

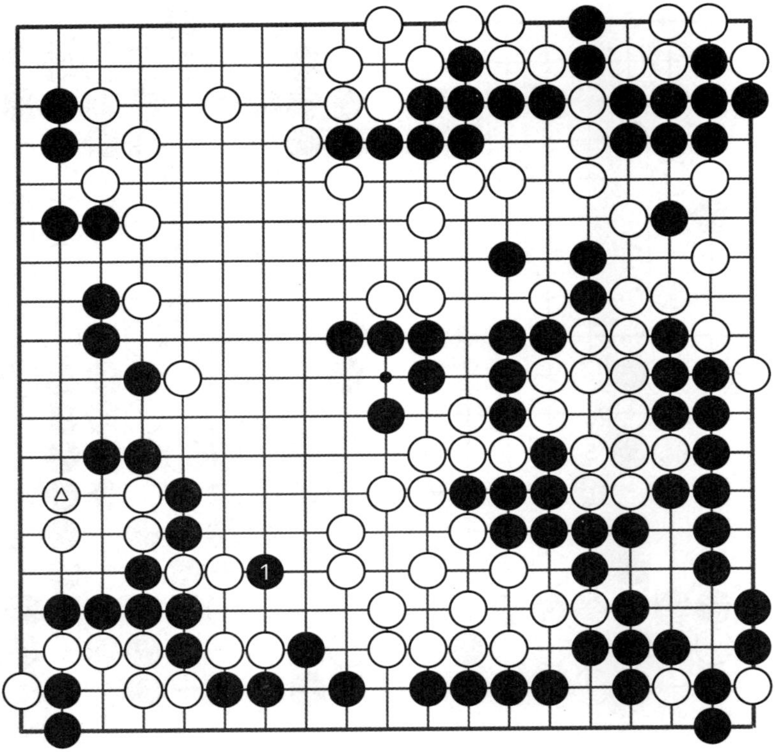

图 1–3–35

图 1–3–35：白三角一子双的时候，黑 1 顶是好手！这步棋一出，白棋的计划全部落空！

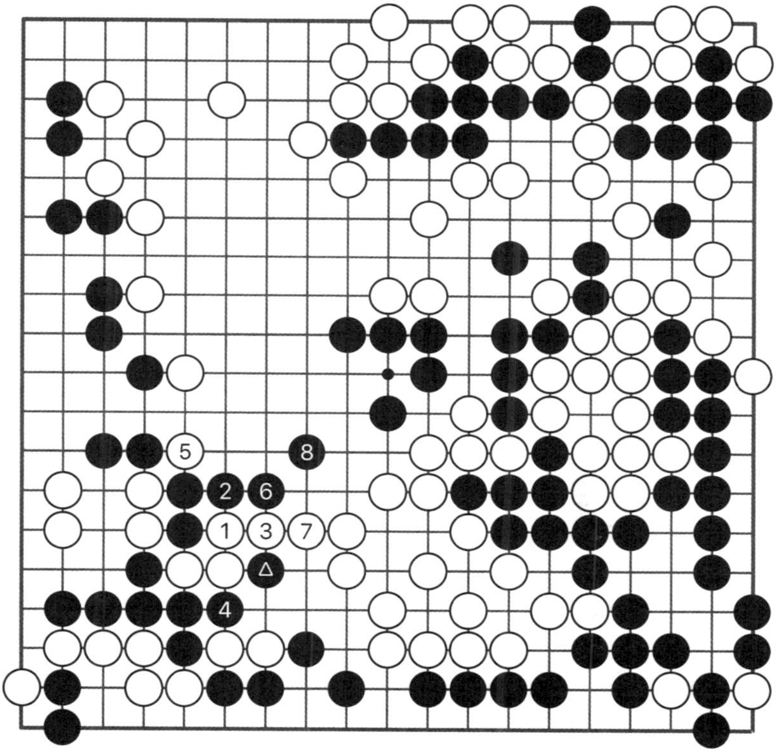

图 1–3–36

图 1–3–36：黑三角一子顶完后，黑 2 拐，黑 4 冲吃白两子，情况就完全不同了。白 5 再断，黑 6 先手打之后黑 8 直接与中央黑大块联络了！当时我居然忽略了黑三角顶的手段，实在难以解释。白 190 的正确下法如下图所示。

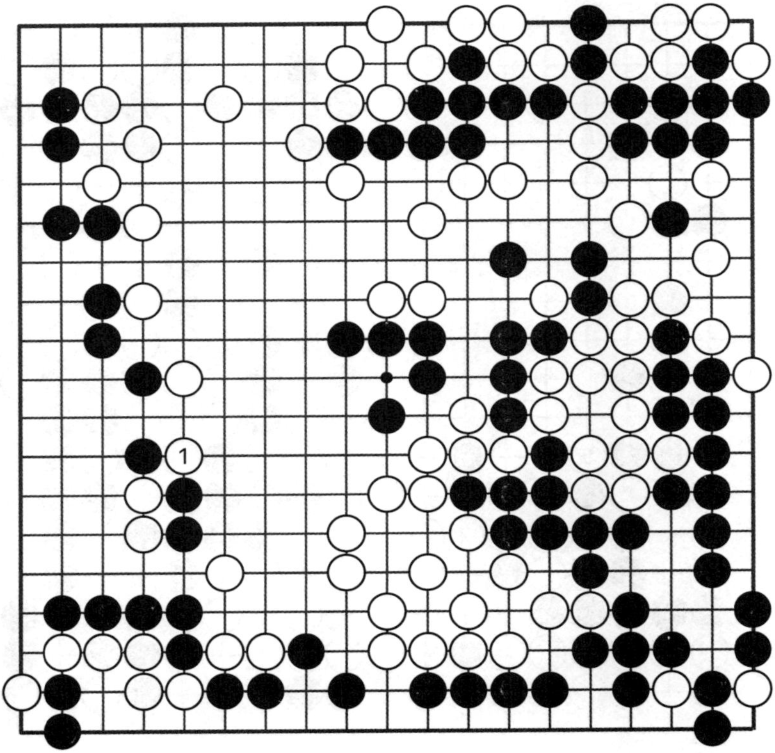

图 1–3–37

图 1–3–37：白 1 断！职业棋手的直觉让我看到了这步棋，但我因为看到了更狠的下法而放弃了这步棋。

这步棋一出，历史将被改写。

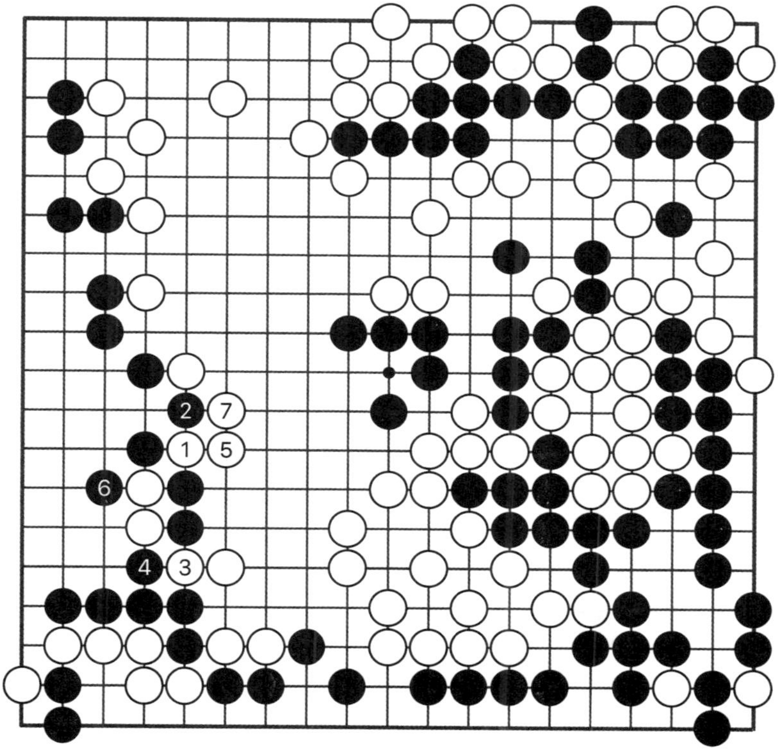

图 1–3–38

图 1–3–38：白 1 断，黑 2 只有打，白 3 再冲，黑 4 只有断。白 5 先手长之后再白 7 拐打。这时候黑棋难受坏了。

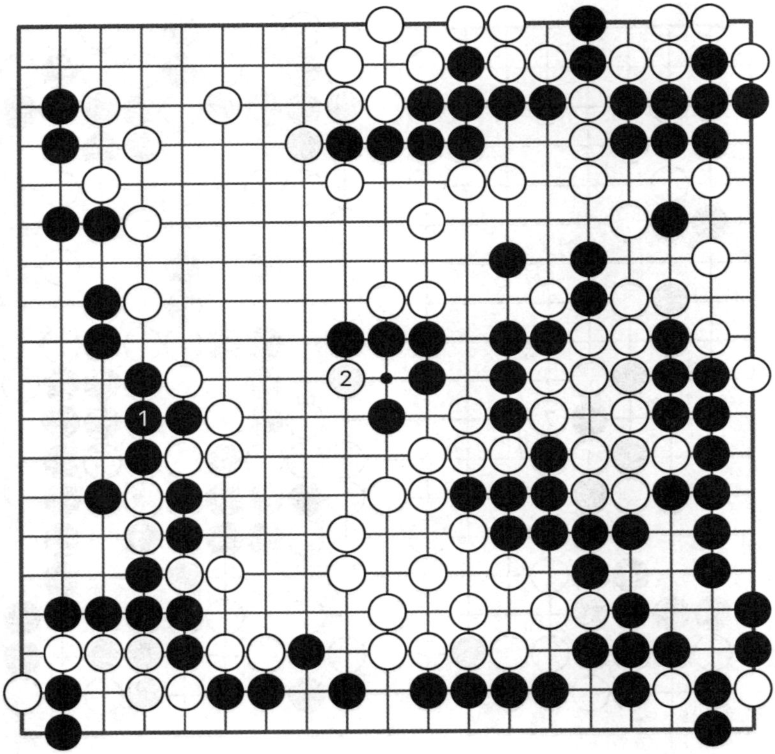

图 1–3–39

图 1–3–39：黑 1 很想粘上，但是白先手在左边形成一道势力后，白 2 破黑眼，黑中央大龙没有任何生路。

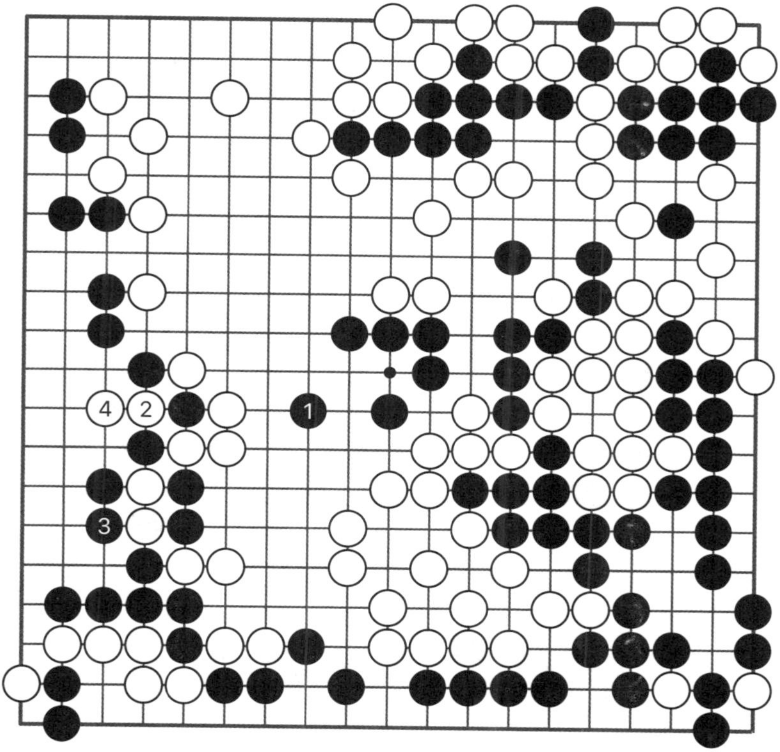

图 1–3–40

图 1–3–40：黑 1 只有补活中央，白 2 提愉快至极！白 4 立下后，黑左边阵势被白棋破掉，左上七子还需补一手，中央大块也给白棋留下一堆劫才，右上劫争黑棋无法打赢。当初白 184 靠大获成功，如此进行的话，虽然不能说白棋稳赢，但胜算应该在八成以上。

可惜这张变化图只能存在于我的梦中了。

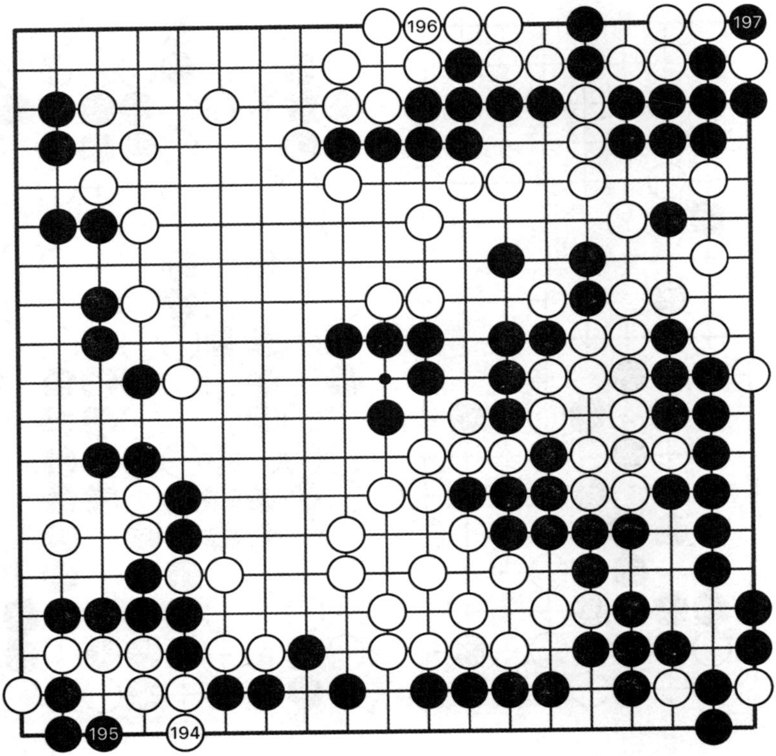

图 1–3–41

图 1–3–41：在实战中我发现自己误算后，赶紧白 196 回头，但已经来不及了。由于左下白棋损失惨重，李昌镐右上的劫争可以退让了。

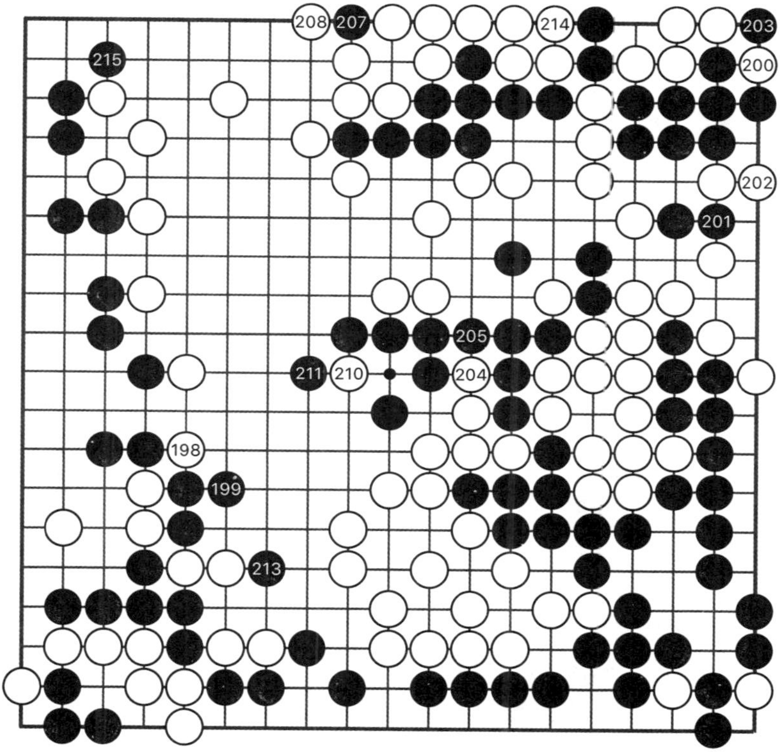

图 1–3–42

图 1–3–42：在我找了几个损劫后，李昌镐也看清了局势，黑 213 将右上角让给了我，黑 215 抢到了最后的大官子后，我已经没有机会了。

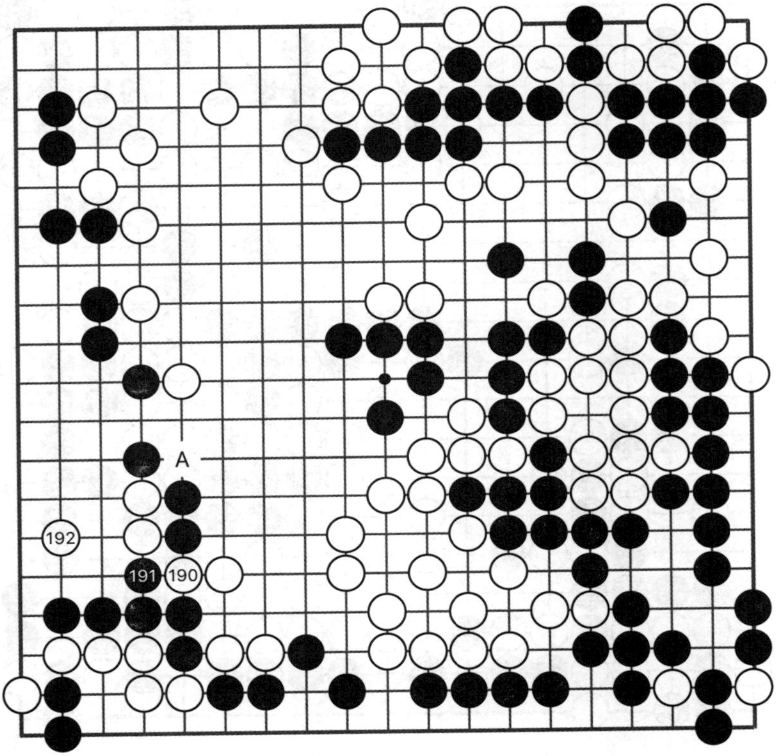

图 1–3–43

图 1–3–43：在已经看到 A 位断的情况下，我选择了白 190、白 192 更狠的下法，本想一举将李昌镐击垮，却忽略了图 1–3–35 中黑 1 顶的好手，功亏一篑。我一直很困惑：当时自己为什么会犯这个错误呢？本来很谨慎的我，怎么会放着 A 位断安全可靠的下法不顾，如此冒失地选择白 190、白 192 的下法呢？现在想来，其中还是有其必然性。我选择了白 190、白 192 的下法，是因为：

1. 在我的奋力拼搏下，局势正朝着对我有利的方向发展，而李昌镐黑 183 又露出了破绽，我当时一下子松了一口气。

2. 看到白 190、白 192 的下法可以直接让李昌镐崩溃后，我无法抗拒这个诱惑。

3. 技术方面也有原因，毕竟我忽略了图 1–3–35 中黑棋顶的手段。若是技术过硬，我本可以避免这样的错误。就像你人再晕，也不会看不见双叫吃。

可惜当年的我阅历不够，无法做出客观的总结。若是现在能回到 17 年前，我会告诉那时的我：经过数次拼搏，终于看到曙光，这时内心激动是正常的，毕竟我们都是人。但在激动的时候，你要清醒地认识到，这时候的你更容易犯错。因为人在很想赢的时候，会不自觉地希望事物朝自己希望的方向发展。所以当你觉得离胜利很近的时候，更要站在对手的角度思考问题。只有这样，你才能看到事物的客观全貌。

我和李昌镐下到这分儿上，双方都已经接近极限了，都想尽快结束战斗，但这时候偏偏要更加谨慎才行。要想做到这一点，我们首先要克制住自己对胜利的贪念，怪不得李昌镐将自己的自传取名为《不得贪胜》。

如果我当年能从这盘棋中悟出这个教训，那么这昂贵的学费就没有白交。不过现在能想明白，我也很开心！与大家分享自己的过去，也让我对自己有了更深的了解。

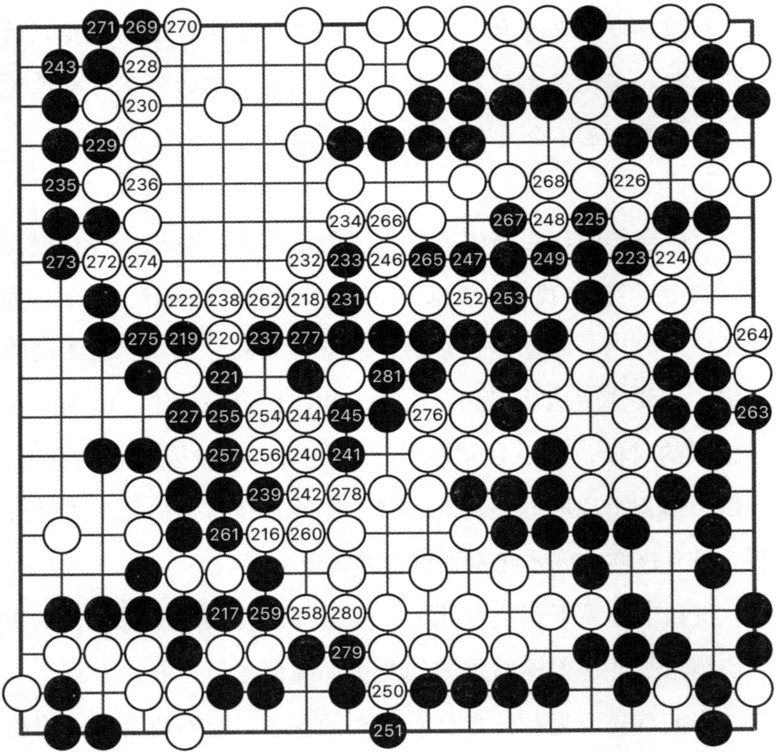

黑胜 5 目半

实战谱 5（216–281）

第 2 节

第 16 届倡棋杯复赛

（我与李轩豪之战）

上

（此照片由杨烁先生提供）

2019 年 3 月 4 日，第 16 届倡棋杯中国围棋职业锦标赛复赛的最终轮在中国棋院战罢。大家看到的这张照片，是当天上午 10 点半刚开赛时拍摄的。

倡棋杯是目前国内用时最长的比赛。每方有 3 小时 40 分钟的自由保留时间，超时判负。其中 3 个小时是对局者无偿使用的时间，超过 3 个小时，棋手需要用 2 目来换取 20 分钟自由支配时间。这 20 分钟再次用完后，棋手就需要再用 2 目来换取剩下的 20 分钟自由支配时间。这之后就不能用目数换时间了，超时判负。

这个用时规则使得对局者的思考时间比较充裕，对局质量较高。而且，用目数换时间，使比赛变得更加微妙、精彩。为了防止棋手用 AI 作弊，比赛是没有中午封盘休息的，对局者将在没有午餐的情况下，一直战斗到比赛结束。

照片里，我的右手边是用来补充能量的香蕉和巧克力，但直到比赛结束，我都没来得及吃一口。直到下午 5 点，我们才结束比赛。经过近 7 个小时的鏖战，我清楚地记得，我当时居然没有感到饥饿，而是感觉体内涌动着一种难以言喻的力量，心潮澎湃。因为这盘棋实在是太精彩，太刺激了！作为当局者的我，无法抑制住自己的兴奋。

为了尽可能保留对局者的第一视角，我在分析本局时没有加入 AI 的评价，而是以最原生态的角度来还原我当时的内心感受，以便让大家进一步了解棋手们在对局时的真实心理状态。

● 李轩豪 ○ 胡耀宇

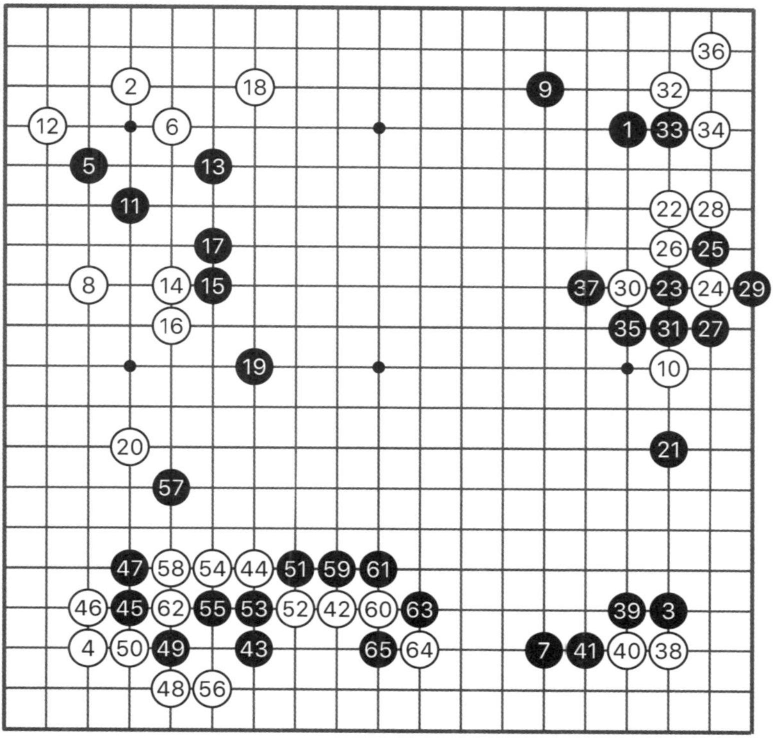

实战谱 1（1–65）

李轩豪是 1995 年出生，下这盘棋时 24 岁。

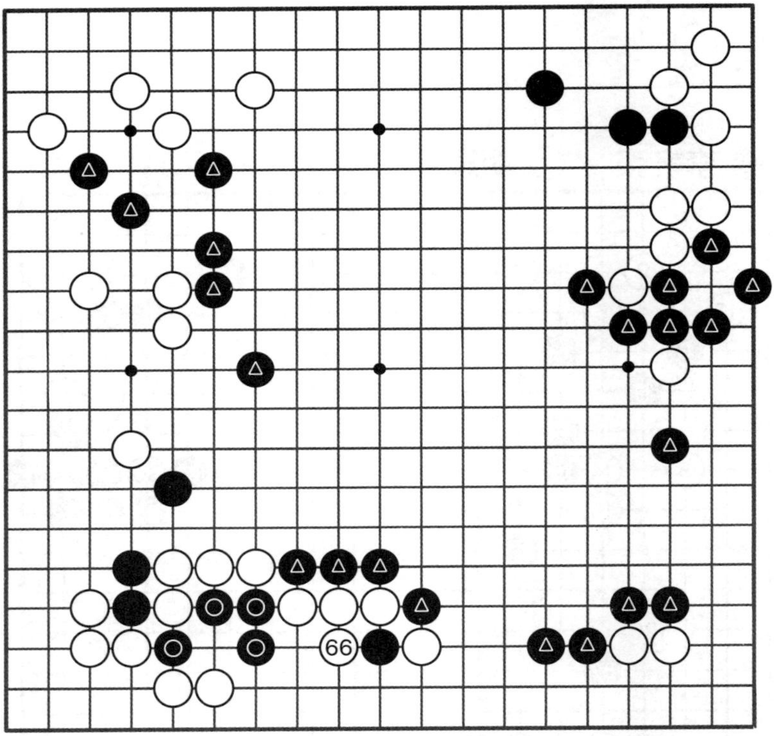

图 2–1–1

图 2–1–1：我们来从我白 66 打吃开始看起。当下局面，看似焦点是左下角的战斗，其实不然。左下黑圆圈数子虽然价值不小，但相比之下，整个右下至中央，由黑三角数子形成的超大规模阵势才是黑白真正想去争夺的地方。我当时特别期待李轩豪如下图这样下。

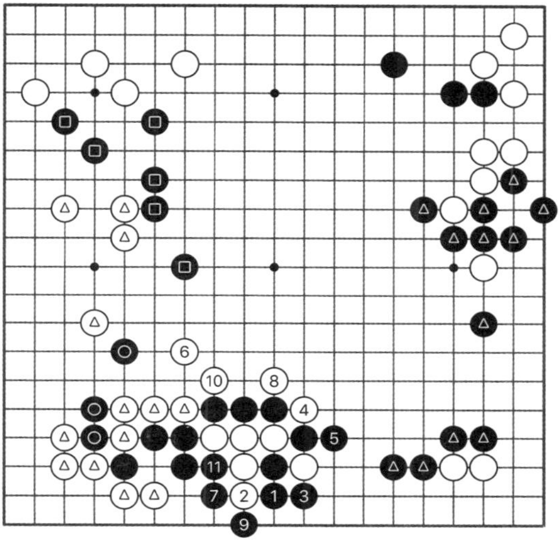

图 2–1–2

图 2–1–2：黑 1、黑 3 是重视实地的下法，但在此局面下却不是好棋。我当时看到白 4 先手打一下后，白 6 跳是全局真正的要点。黑 7、黑 9 虽可吃掉白五子，但白 8、白 10 利用弃子在外围先手多了两颗极为重要的子力。此图黑虽然在下方的实地上获利 40 余目，但得不偿失：

1. 由于白 6、白 10 这两颗子的存在，左下黑圆圈三子基本死了。就这一项，白棋在实地上就获利近 20 目。

2. 由于白 8、白 10 这两颗子的存在，黑右下三角阵势至中央的规模大减，其潜在的损失很可能是几十目的地盘。

3. 左上原本可以呼应中央阵势的黑方块外势，由于没有与下方黑棋联络，将来可能会成为受攻的对象，变成累赘。

我当时还是对这个参考图抱有幻想，毕竟黑棋眼见可以先获利 40 多目实地，李轩豪能抵抗得了这个诱惑？但在实战中李轩豪用行动告诉我，他非常有大局观。

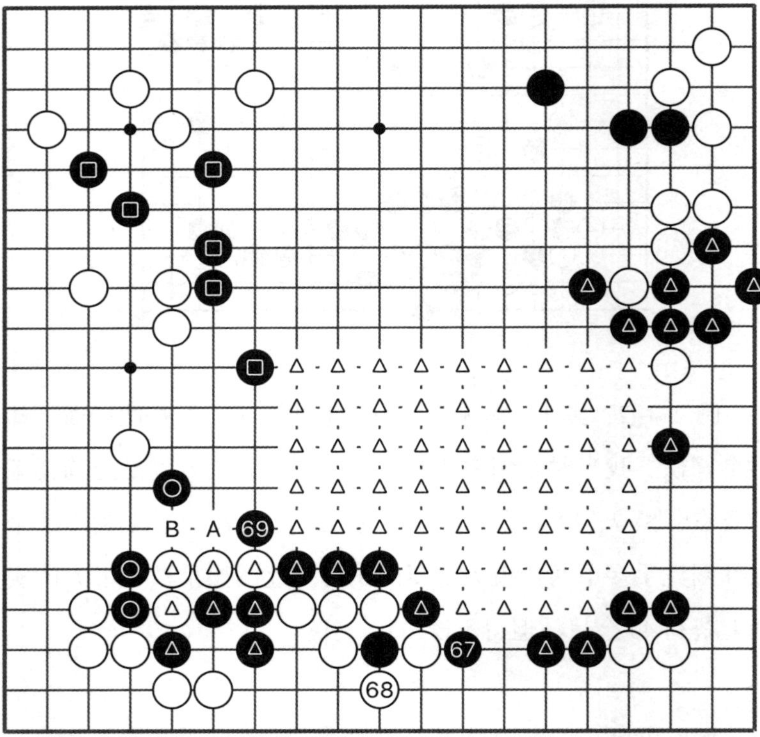

图 2–1–3

图 2–1–3：李轩豪没有贪恋下方 40 多目实地，而是 67 先手打一下后，抢占黑 69 扳这步真正的全局要点。黑 69 扳之后，由于白三角四子气特别紧，黑棋接下来 A、B 两处都是先手（黑三角四子得到利用）。这样一来，黑等于将左边圆圈三子

救回来了，这实地的所得，已经弥补了下方所失的一部分。最关键的是，黑 69 之后，黑下方三角外势与左上方块外势连成了一片。

这时候大家会发现一个问题，黑右下至中央出现了一个巨大的阵势，而且这个阵势的包围圈已经基本形成。白若是放任黑棋阵势全部成空，那三角标识处的实地将以乘法来计算，白棋肯定受不了。但这摆明是一个口袋阵，白棋若想深入黑阵，就必须考虑被黑棋扎紧口袋后的后果。所以相比上图贪恋 40 目实地的结果，此图黑棋明显生动得多。黑 67、黑 69 这两步棋，让我对李轩豪的大局观刮目相看。

但我当时哪有工夫想李轩豪的大局观问题，摆在我面前的是一道难题，而我必须尽快做出选择，毕竟时间在不停地走。这时我首先排除了两种选择。

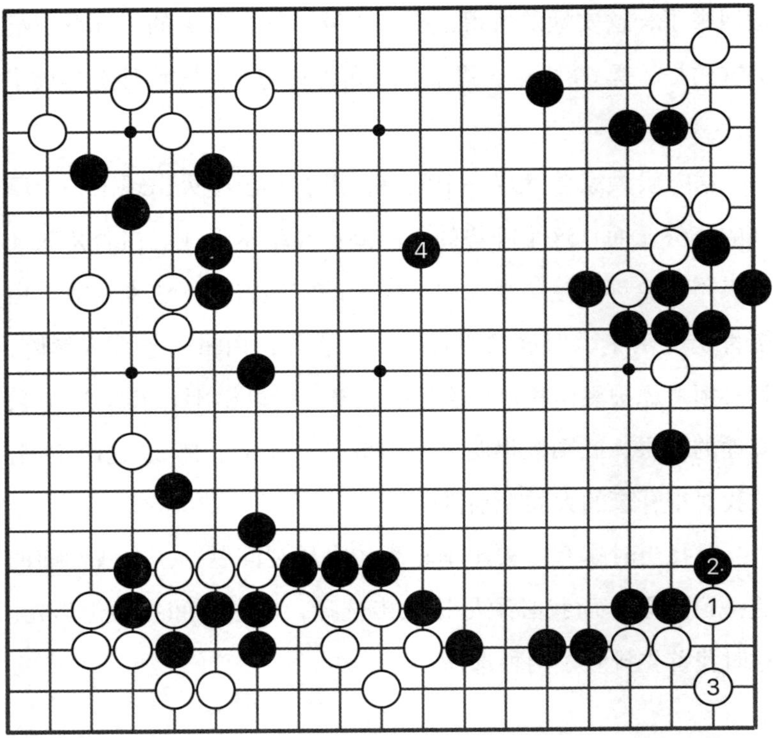

图 2–1–4

图 2–1–4：就局部而言，白 1、白 3 在右下角形成打劫活是一步价值很大的棋。但是，现在局面的焦点在中央，边角都是芝麻。若再让黑 4 把口袋扎牢了，黑中央形成了以乘法计算的立体实空，稍稍一估算，就有近 90 目。那白棋只能投子认输了，所以白 1、白 3 绝对不可取，战略的重点必须在中央。但中央如何选点呢？

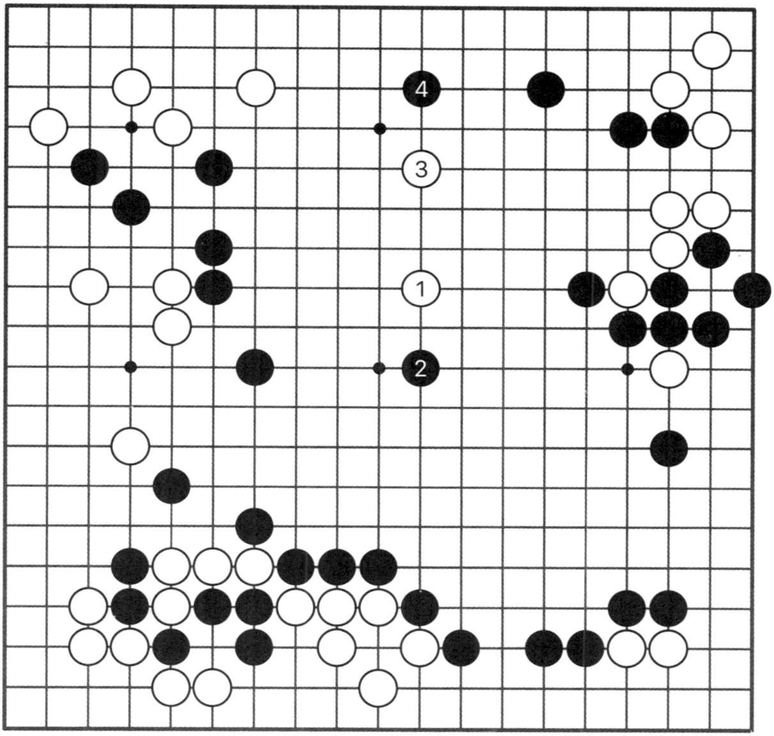

图 2–1–5

图 2–1–5：白 1 浅浅地侵消，好处是可确保自身安全，但弊端是黑 2 就算防守，黑右下至中央的基本立体实空依然无损，白棋没有伤到黑棋的筋骨。虽然此图白棋也不是肯定不行，但我觉得围棋不能这样下，因为这让对手太轻松了。棋可以输，但我不能接受让对手毫无压力的输法。于是我决定深入虎穴，就算最后输了也无悔了。战略方针确立了，下面就是怎么操作的问题。

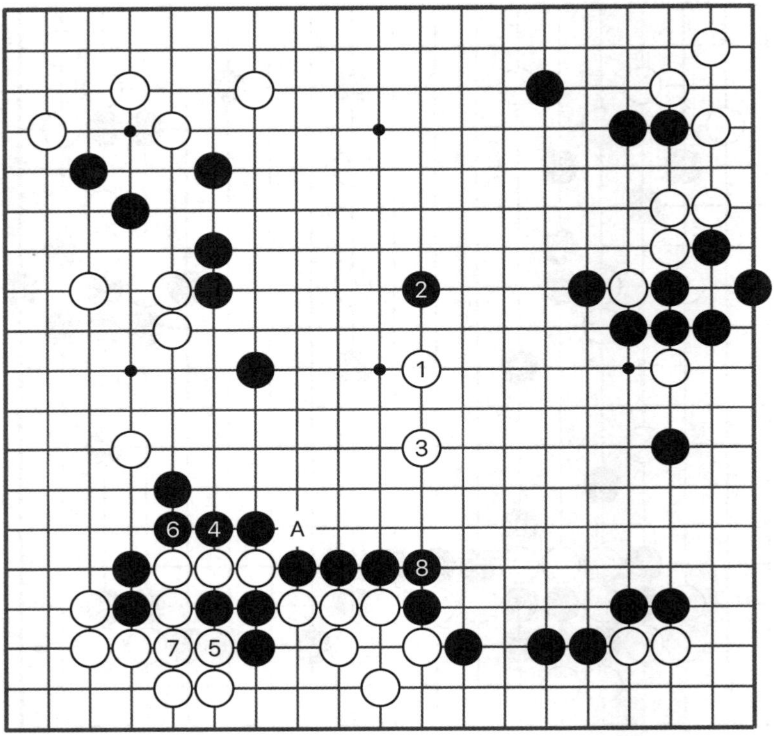

图 2–1–6

图 2–1–6：白 1、白 3 最简单地深入虎穴，虽然未必不行，但黑 4、黑 6 先手两下，黑 8 自补一手后，下方黑棋就像一块铁板。白 1、白 3 两颗子仿佛茫茫星际间的尘埃，飘浮在黑棋的包围圈中，不知何处可借力。此图白棋若靠自身的力量来搭眼，实在是太吃力了。因此我必须要想办法借黑棋的力。如何借力？黑 A 位断点是黑棋包围圈中唯一的弱点，它是那么的隐蔽，隐蔽到一眼都看不出来。

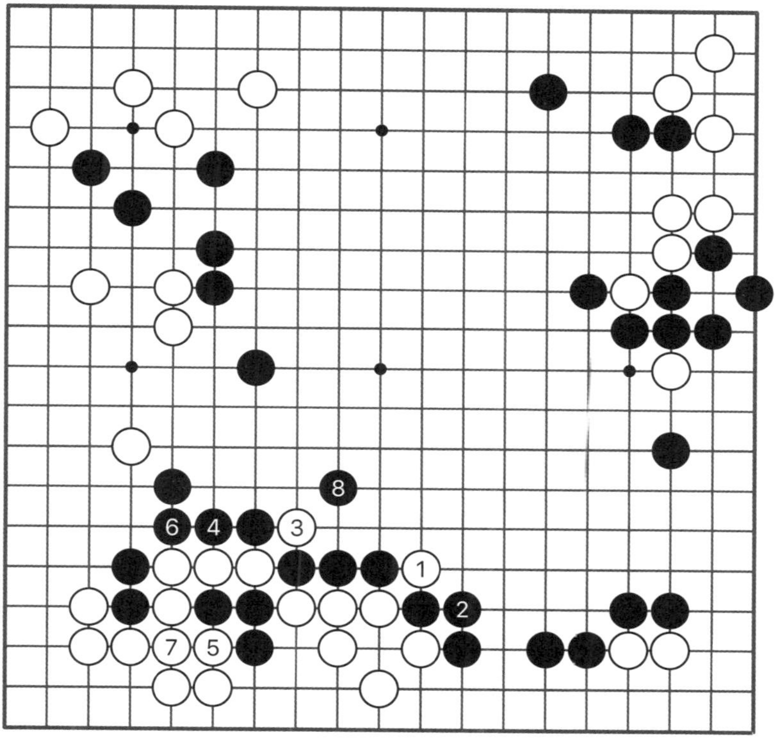

图 2–1–7

图 2–1–7：白 1、白 3 直接来是不成立的，因为黑 4、黑 6 两下都是先手，黑 8 可直接枷死白 3 这颗子。虽然暂时不成立，但起码黑棋在这里有弱点，白棋可以利用这个弱点来做文章。

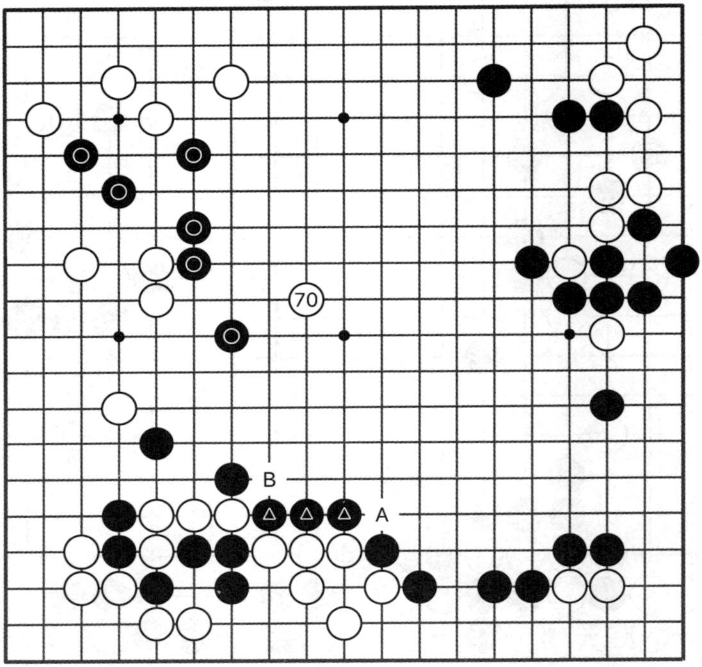

图 2–1–8

图 2–1–8：实战我选择了白 70 这个点，这步棋是我本局比较满意的一手。这个点不是随机拍上去的，而是有原因的：

1. 首先这个点让黑棋无法退守围空。

2. 破坏黑右下超级阵势的工作，需要从黑棋的弱点抓起。而黑左上圆圈大块毕竟没有两只眼安定，所以从这块棋着手，有头绪可寻。

3. 最关键的是，白 70 这颗子为追究黑三角三子的 A、B 弱点创造了条件。

请大家接着往下看。

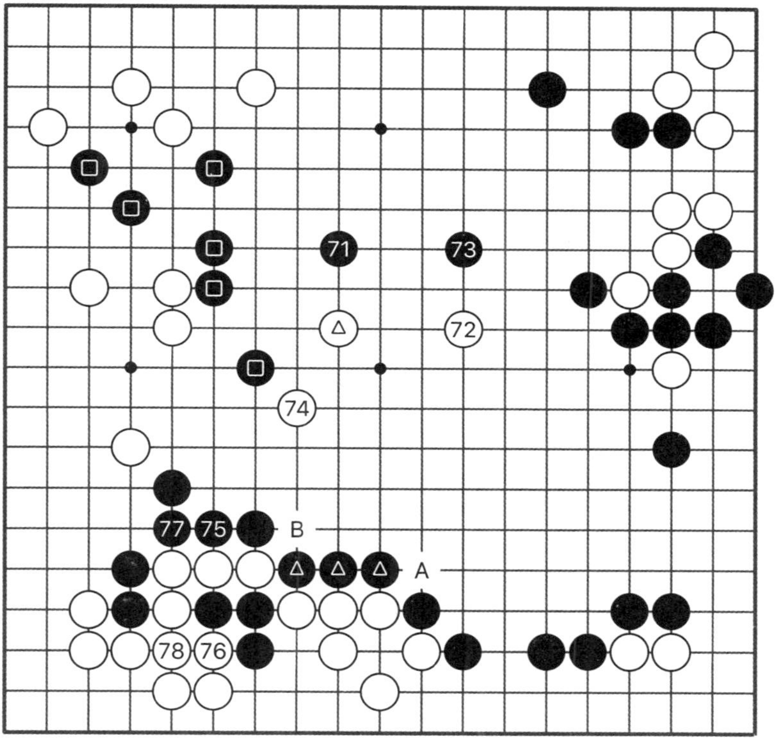

图 2–1–9

图 2–1–9：白 70（白三角一子）落子后，由于黑方块大块还未安定，所以黑 71 需要在切断白归路的同时，确保自身安全。不然再让白走到黑 71 位，黑方块大块就显得局促了。白 72 先手大跳一下后，白 74 飞，是我早就计划好的一步棋。这步棋让黑 A、B 的弱点暴露了出来。

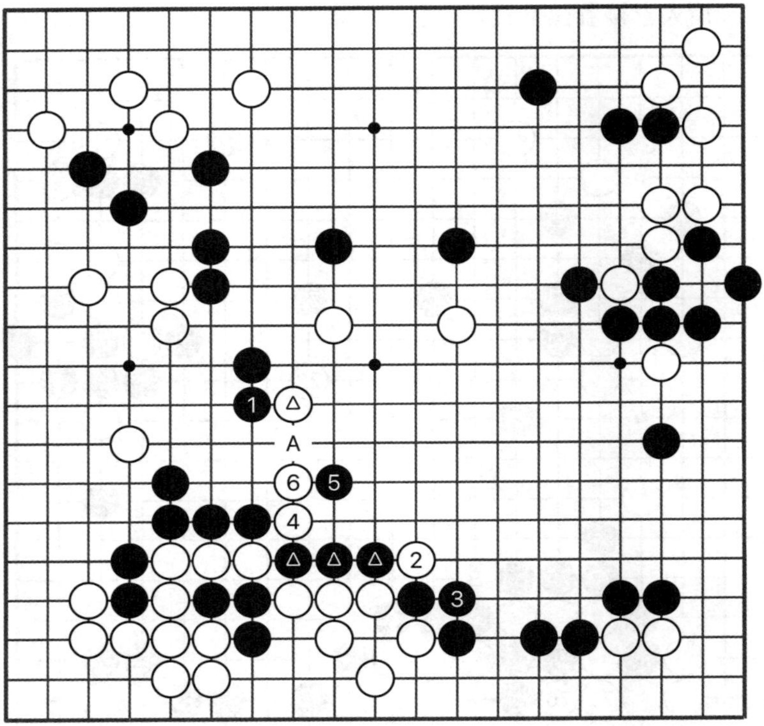

图 2–1–10

图 2–1–10：面对白 74（白三角一子）飞，黑 1 若是跟着挡，切断白往左边的归路，白 2、白 4 就可以出招了。之前我在图 2–1–7 中分析过，就局部而言，白 4 断是要被黑 5 枷死的。但现在有了白三角这颗子，情况就大不相同了。

黑 5 再枷的时候，白 6 一冲，黑无法在 A 位杀白了，因为黑三角三子气太紧了。看到这里，大家可能会想：那我黑 5 为什么非要杀你白 4 这颗子？我只要确保自身安全不就行了？

大家可不要小看白 4 这颗子，毕竟星星之火，可以燎原。

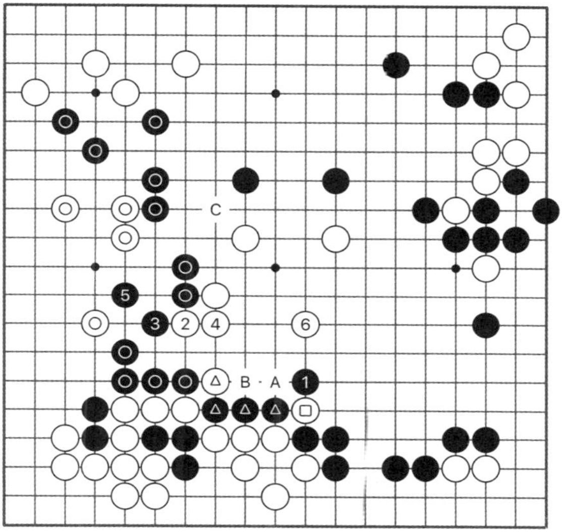

图 2-1-11

图 2–1–11：面对白三角断，黑 1 说：我不管你，我直接征死白方块一子确保黑三角三子安全不就行了？但这样一来，白 2、白 4 扳粘就变成绝对先手，黑 5 必须补断，不然左下黑圆圈四子不保。有了白 2、白 4 两个先手后，白 6 再一大跳，中央白棋居然像变魔术似的搭出了一个小堡垒。而且黑三角三子气太紧，所以白 A、白 B 两下随时都是绝对先手。白中央眼形变得极为丰富。将来白甚至还有 C 位小尖追究左边黑圆圈大块弱点的手段。而左边白圆圈四子虽然有些薄弱，但由于黑圆圈大块自身不厚，最多只是被黑棋搜刮一下，生死无忧。相比中央黑阵被白搭出堡垒，都是小问题了。

看到这里，大家就知道白三角这颗子的威力了吧。真是牵一发而动全身。在实战中，李轩豪也看到了白三角断的严厉性，于是临时改变了策略。

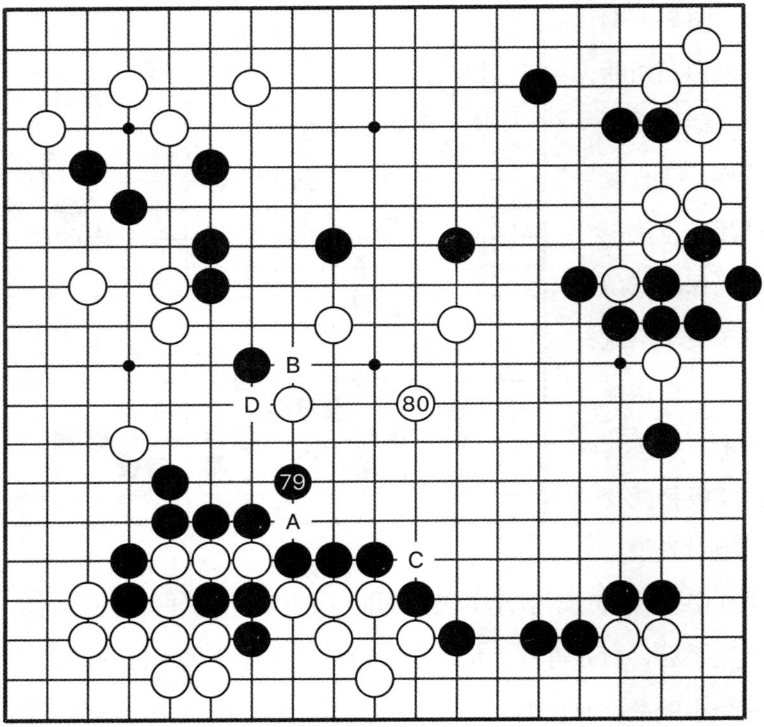

图 2–1–12

图 2–1–12：李轩豪知道这 A 位断点是要命的，所以黑 79 虎补住这最要命的弱点。但黑棋就这防守一下，白棋的空间顿时大了不少。白 80 小飞，在中央摆出了一个漂亮的棋形。这步棋有三个目的：

1. 搭出了小堡垒。

2. 防住了 B 位的弱点，为接下来 D 位回家做准备。

3. 间接瞄着黑 C 位的断点。

下出白 80 这步棋后，我当时的心情稍稍放松了些。可以说，从白 70 侵消开始，一切都在我的计划之中，并且取得了很好的效果。但我也只能放松一下，因为虽然白棋的棋形看上去弹性很足，可我没有一眼看到可以做活的方法。只能说前景很不错，对手的压力比我更大。对局时就是这样，当你松口气时，只要棋局不是对手彻底完了，你就必须要站在对手的角度考虑棋局，以便随时应对最强手的挑战。我当时预想黑棋的下法如下图所示。

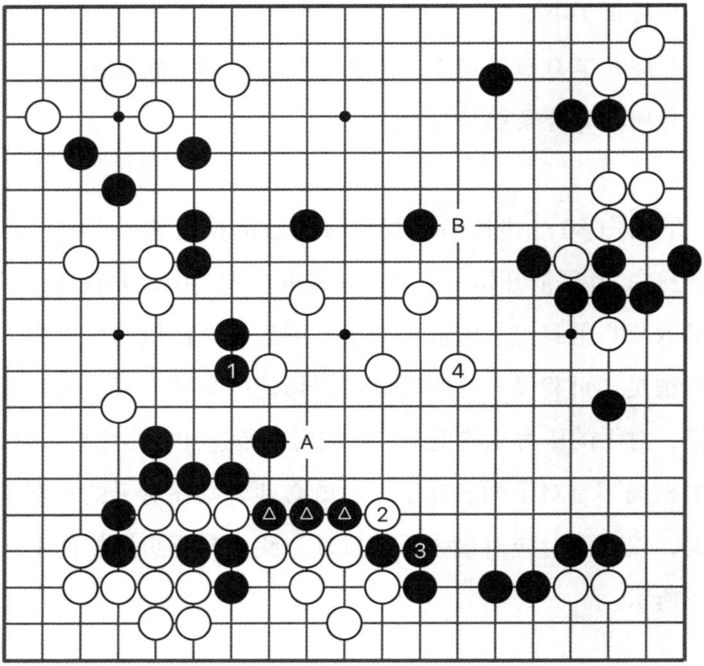

图 2–1–13

图 2–1–13：黑 1 贴，防白棋往左边回家，是最正常的应对。但这样的话，白 2 先手打一下之后，白 4 一边破黑右边的阵势一边搭眼位。白自身棋形就很有弹性不说，下方由于黑三角三子气太紧，白还有 A 位靠的借用手段，而上方白还有 B 位搭出的突围手段。这样的话，黑棋的压力就太大了。很可能整个中央阵势将被白棋洗劫一空。

但我当时不应该替黑棋预想这个参考图的，因为这个参考图黑棋太傻了。正所谓“己所不欲，勿施于人”。我如果是黑棋，肯定不会选择黑 1 这么简单的下法，那凭什么我可以假想对手会下黑 1 呢？这个道理听起来很简单，但在对局中，我却总是把对方想得很傻。说明在潜意识中，我总是希望棋局朝着对我有利的方向发展。但任何不切实际的幻想必然会导致心理底线的不平衡，马上我就为这个“幻想”付出了代价。

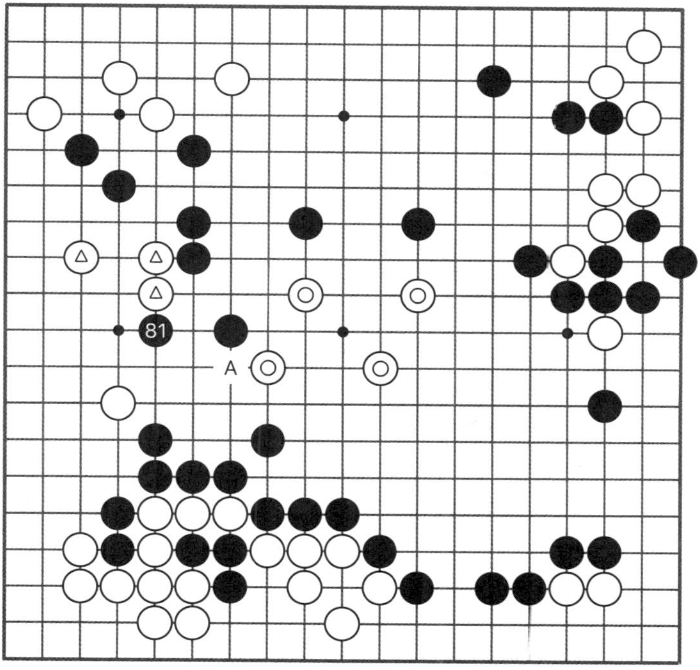

图 2–1–14

图 2–1–14：李轩豪当然不会傻傻地在 A 位贴，他一定会追求更高效、让我压力更大的下法：黑 81 靠，是想在切断中央白圆圈四子在 A 位回家路的同时，威胁左边白三角三子。这是局部的最强手，更是对我的考验。这时候我正常的应对如下图所示。

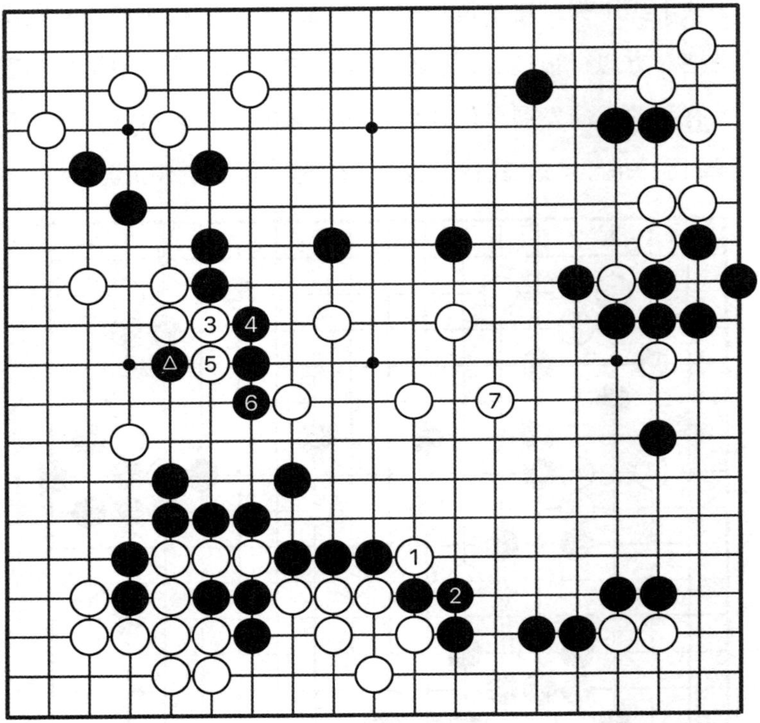

图 2–1–15

图 2–1–15：白 1 先打一下，对黑中央治孤有一定帮助，白 3、白 5 先手冲两下，确保左边白大块无碍，然后白 7 中央跳一手。其实，这张图中的白棋挺好下的，但与图 2–1–13 中我的预想图相比差了不少：

1. 相比黑 6 直接贴，黑三角一子让我白 3 与黑 4 交换了一下，这对白中央的眼形有损。

2. 黑三角和白 5 交换，本身目数也便宜了。

其实本来图 2–1–15 才是黑白正常分寸，但由于我之前的预想图（图 2–1–13）把李轩豪的应对想得太简单了，导致我的心理预期变高。所以在李轩豪下出黑 81 靠的好手时，我虽然明知道此图白 1、白 3 抢先手的下法是比较合理的，却无法接受与心理预期的明显反差，导致我无法理性地思考问题。看来有时候多替对方想好办法，不仅有利于棋手做好应对最强手的准备，同时也不会产生心理预期上的偏差。

但这说起来容易做到难，因为你是想赢这盘棋的，而替对手想最强手，是在与自己的争胜欲望做对抗。我觉得从人性的角度来说，要步步都能替对手考虑最强手是不现实的，但只要相对能多做到一些，就已经非常厉害了。下面我们再说回实战，由于心理预期产生偏差，我在选择上花费了很多时间，而且最后还是做出了非理性的选择。

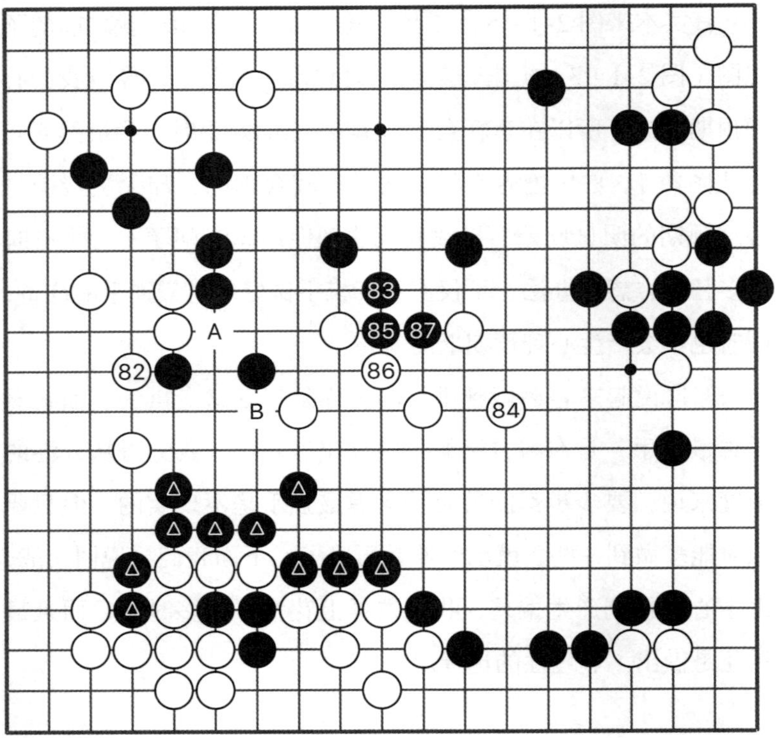

图 2–1–16

图 2–1–16：李轩豪黑 81 靠的时候，我选择了白 82 跟着应一个，这样一来，黑棋就先手防住了白 B 位的回家之路。虽然今后白 B 位贴可切断左下黑三角数子的联络，使得黑三角数子有些薄弱，但毕竟黑棋得以抢到宝贵的先手，黑 83 以下可抢先在中央动手，破坏白中央大块的眼形。黑 87 勾顶之后，白中央大块暂时看不到一只眼，虽然前途未必黑暗，但我也没看到光明。从事后来看，也许我白 82 还是应该选择 A 位冲抢先手的下法。但就像我前面说到的，我的心理预期发生了变化，导致

我无法做出理性的选择。

李轩豪黑 87 勾顶后，把难题抛给了我。他的神态略微轻松了些，起身去吃主办方准备的小点心，毕竟比赛已经进行了 4 个小时，此时已是下午 2 点半，而我们俩一直在棋盘上“钩心斗角”，滴食未进。而当时的我哪有心思去吃点心，我仿佛置身于一个黑暗的房间，虽然看到远处有一丝光明，却不知道该选择哪条路走向它。我苦苦思索，这时，3 个小时的用时只剩下了 1 个小时。我必须尽快做出选择，不然后面会受到用时上的巨大压力。但这里的变化实在太复杂了，人力很难计算出确切的结果，于是我只能走一步算一步，投石问路。

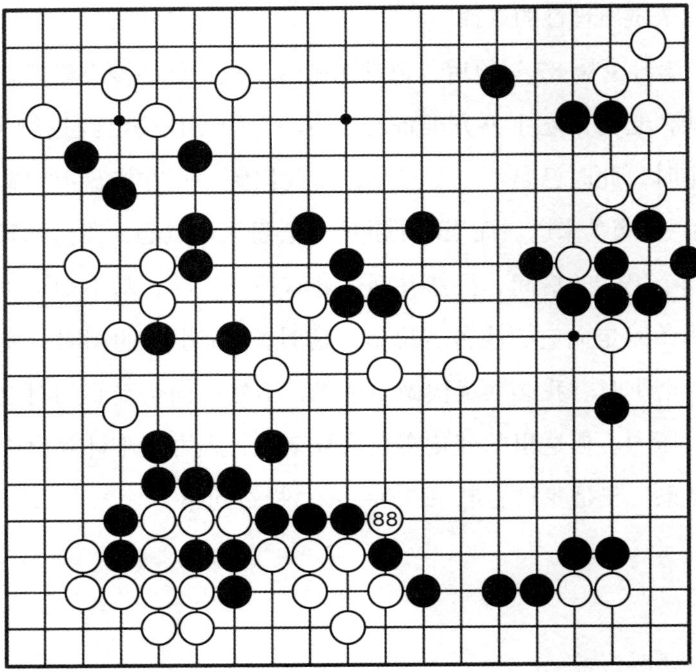

图 2–1–17

图 2–1–17：白 88 打吃，寻求头绪，同时让黑棋有了两种选择。在之前的棋评中，我说过围棋是两个人下的，所以当你处于未知时，尽量下让对手接下来需要选择的着法。因为只要对手有选择，那么他犯错的概率就会增加。就算两个选择都可以，那他也会在纠结中消耗自己的体力和脑力，为他接下来犯错创造“有利条件”。白 88 打吃后，李轩豪面临着两个选择。

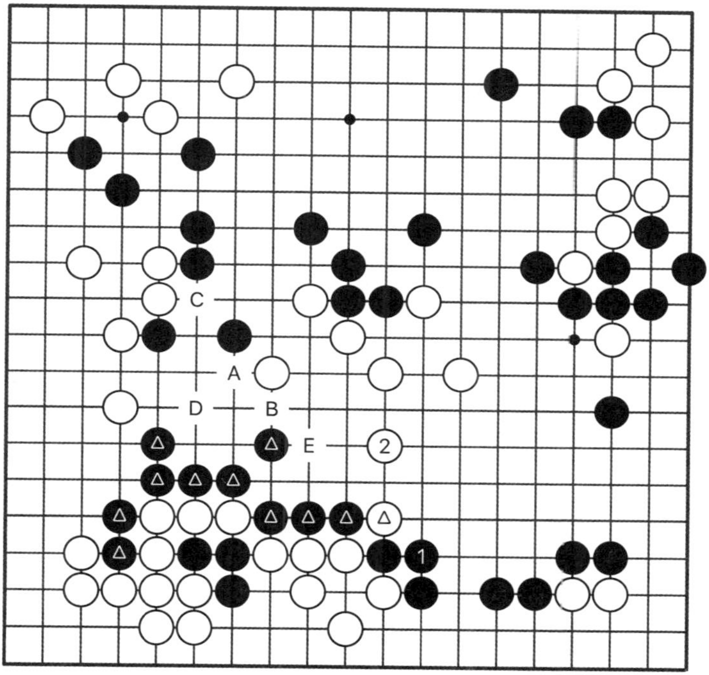

图 2–1–18

图 2–1–18：白 88（白三角一子）打吃的时候，黑 1 粘是第一感。但这样白三角能与黑 1 交换到，就多了很多头绪可利用。

白 2 跳后，由于白 A 位贴可先手断开左下黑三角数子（白 C 位冲是先手），所以黑还得小心黑三角数子被白反包围。其次，由于白 C 位冲是先手，使得白 B 位顶变成了先手，不然白接下来在 D 位一跳就回家了。这样一来，等于白下一手在 E 位一靠，就可搭出一个眼形极好的小堡垒。

所以白三角能先手交换到，使得黑多了份顾虑，白棋形则多了份弹性。

当然，并不是说此图中的黑棋不行，但起码对于李轩豪来说，前途未必是黑暗的，却也看不到光明之路。因此，实战李轩豪选择了另一条路，虽然此路同样充满着未知。

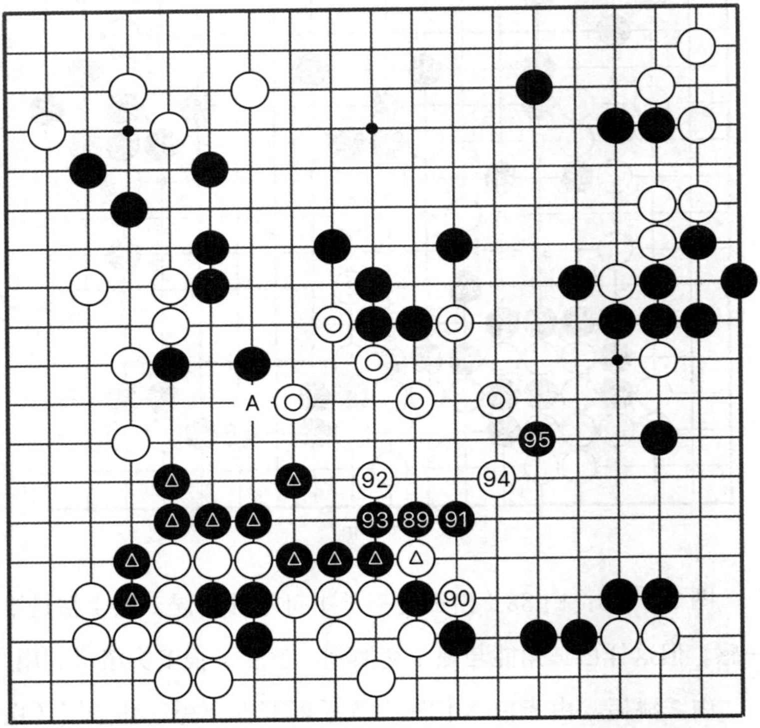

图 2–1–19

图 2–1–19：白 88（白三角一子）打吃的时候，李轩豪选择了黑 89、黑 91 弃黑一子。这个选择的好处是确保左下黑三角数子安全，这样可放手强杀中央白圆圈数子。但弊端也有两点：

1. 白 90 提掉黑一子后，已经在黑右下阵势打开了一个缺口，黑棋已经损失在先。这样白就有本钱和余地伺机考虑弃子转身的可能。

2. 黑 89、黑 91 虽然看似很厚实，但由于左下黑三角数子随时有被白 A 位先手切断的手段，因此白 92 点刺是绝对先手。由于多了白 92 这颗子，白中央大块还是具备相当的活力。

所以现在局面的博弈状态发生了变化，本来很简单——不是白死还是白活，现在变成了白死的概率提高，但白怎么死很关键。死得好，能获得不菲的赔偿金，黑棋整体还得不偿失呢。博弈形态变化了，但悬念还在继续。白 94 跳是搭眼的棋形，对此李轩豪黑 95 点刺也是破眼的好手。这里双方都绞尽脑汁，虽然无法计算到所有的结果，但也在全力争取最大的利益。而我在白 94 跳的时候，很幸运地看到了一步隐蔽的好手，所以当李轩豪黑 95 点刺的时候，我开始了自己的计划。

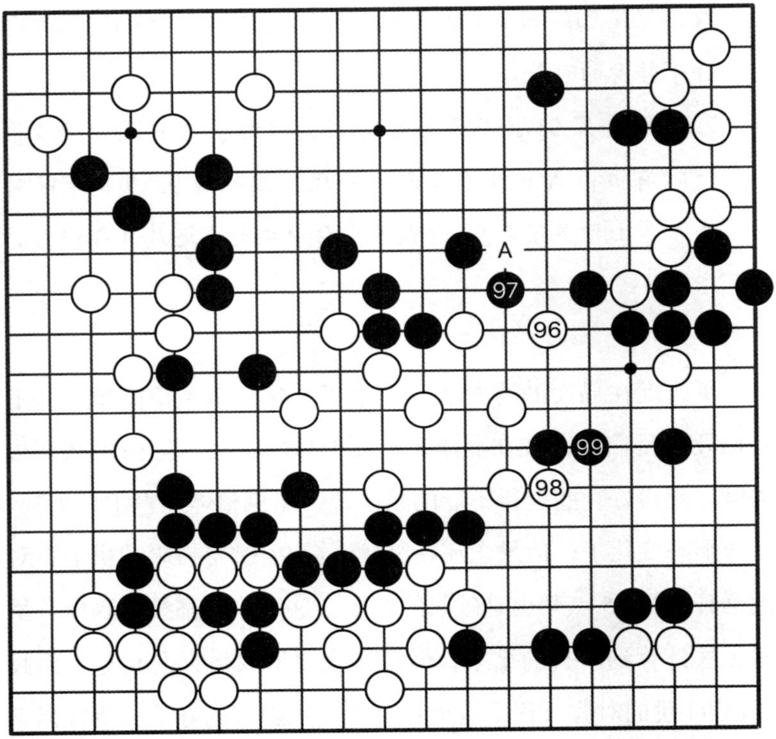

图 2-1-20

图 2-1-20：黑 95 点刺的时候，我白 96 先手跳一下（黑 97 既破眼又防白 A 位靠出），确保了白 98 贴是先手，对此黑 99 不可省，不然白下一手可在黑 99 位扳死黑点刺的这颗子。从当时对局状态来看，我估计李轩豪还没有看到我接下来的一步好手。这时候粗粗一看，白棋是不行的。

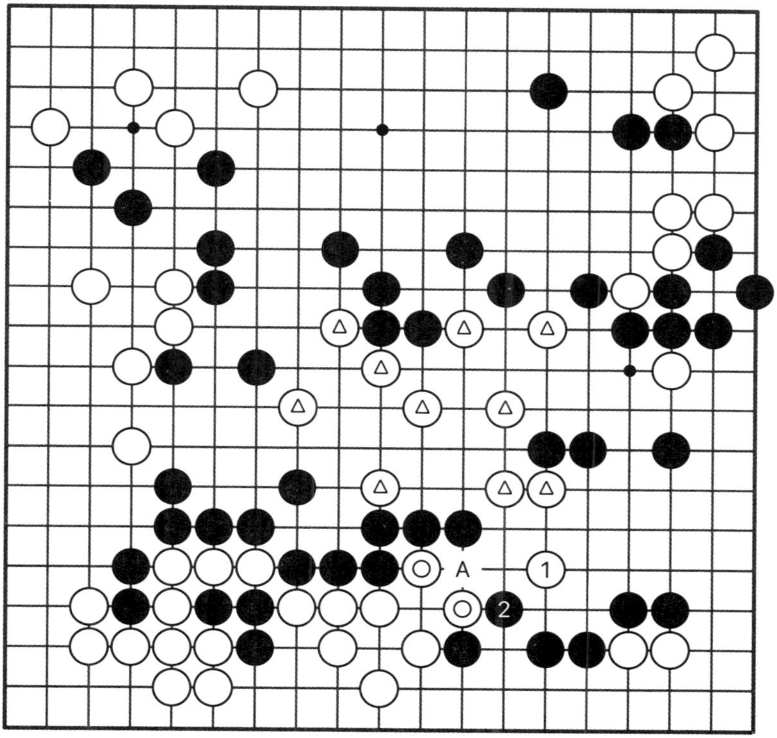

图 2–1–21

图 2–1–21：此时中央白三角数子想要就地搭出两只眼已经是不可能的了，所以我只能寄希望于白三角数子能和左下白圆圈两子联络。但白 1 跳寻求联络时，黑 2 可虎断白棋。由于下一手黑 A 位打吃是先手，白棋被黑棋切断了归路。既然回家是不可能了，那就只能寻求弃子转身多捞点赔偿金了。

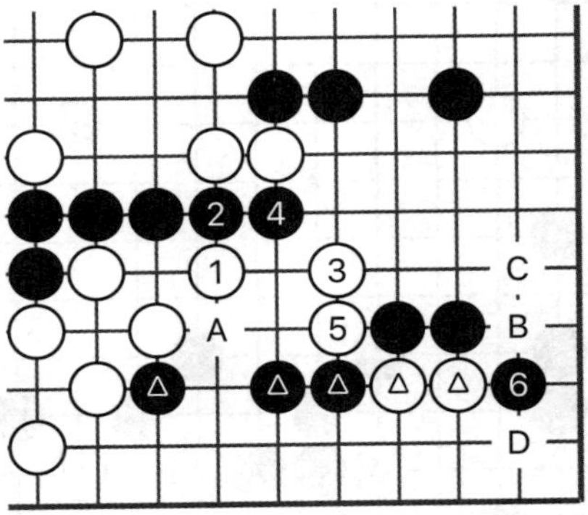

图 2–1–22

图 2–1–22：白 1、白 3 是先手，然后白 5 企图吃掉黑三角三子来弥补白中央大块阵亡的损失。可是这样的话，黑三角三子的气非常长，一看就有四口气，这还不包括可以延气的可能。而黑 6 扳后，白三角两子只有两口气，而由于空间太小，白就算延气，也所延有限。更何况黑还有 A 位挤断白 3、白 5 两颗子的手段。所以白 5 断开黑棋，想和黑对杀的手段明显不成立。

那白 5 若是不断，就在 B 位二路扳，黑 C 位挡，白再 D 位二路虎寻求打劫活如何？这绝对是我无法接受的，白棋中央那么多“兄弟”阵亡了，结果只是换来偏隅右下角的小小所得，而且还是个打劫活！我估计中央这些“兄弟”将死不瞑目。我当然不会让这些“兄弟”白白牺牲的。

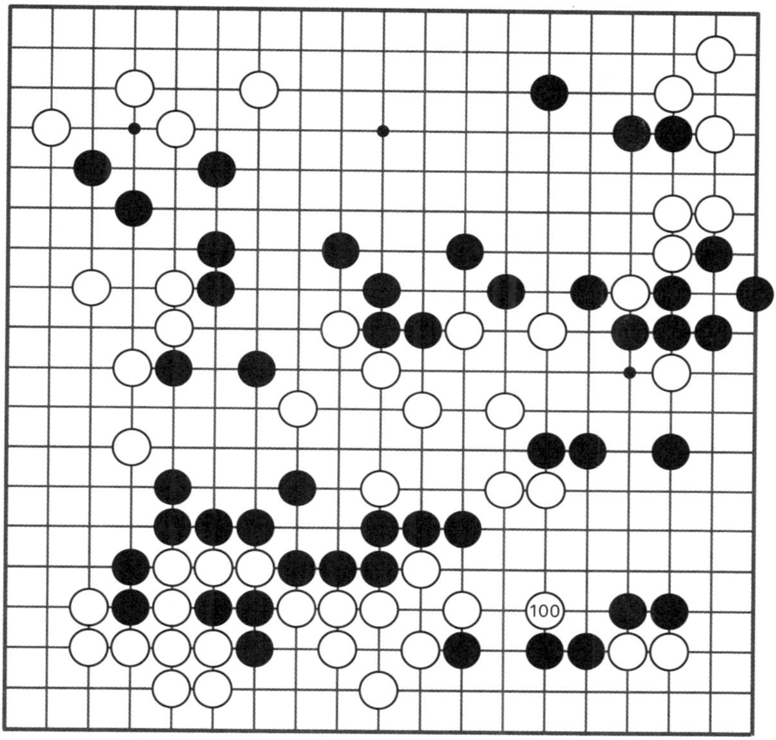

图 2–1–23

图 2–1–23：白 100 靠，图穷匕见！这是我早就看到的一步好手，李轩豪顿时头疼起来。

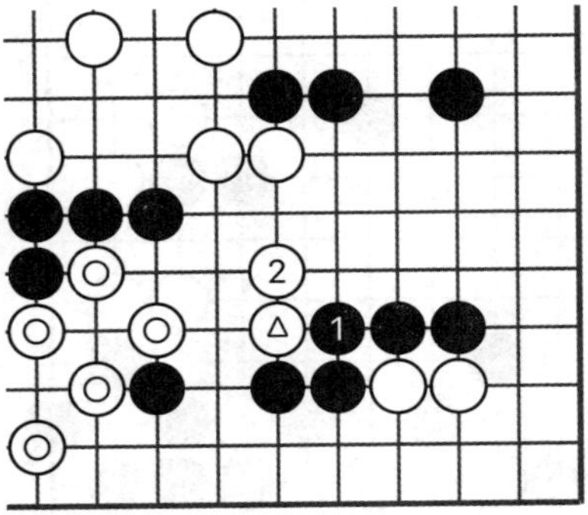

图 2–1–24

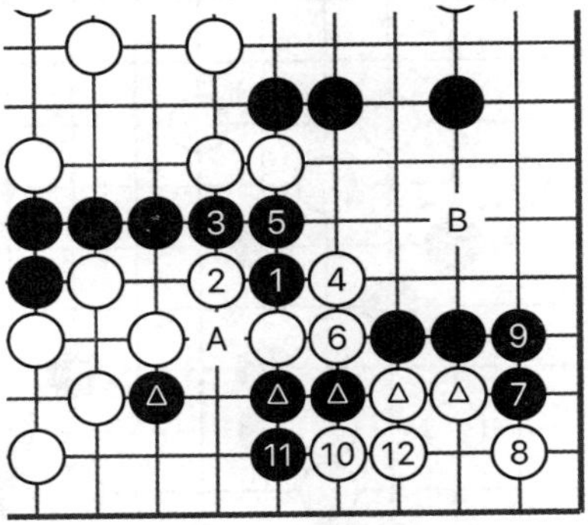

图 2–1–25

图 2–1–24：白 100（白三角一子）靠的时候，黑 1 若是粘上，由于白三角一子和黑 1 交换到的缘故，白 2 轻轻一长，白中央大块已经成功与左下白圆圈大块联络，这是黑棋断然无法接受的。那么黑 1 如果不接，而是强行切断白棋中央的归路呢?

图 2–1–25：黑 1 夹可切断白中央大块的归路，但白 2 虎，白 4 先手打吃后白 6 一粘，黑下方三角三子的气顿显局促。黑 7、黑 9 必须扳粘，但白 10、白 12 扳粘后，黑局部杀不赢白棋。这样白虽然中央大块阵亡，但能把右下角做活，并吃掉黑三角三子，其所得足以弥补中央大块阵亡的损失。而且将来白还有 B 位飞下继续骚扰黑棋的手段。黑棋不能接受此结果。

大家看到这可能会觉得很奇怪：为何图 2–1–22 中黑明显能杀赢白棋，现在却变成杀不赢白棋了？其实，问题就出在白 100 靠这步好手逼迫黑 1 与它交换了一下，这下交换不仅白白紧住了黑三角三子的气，同时也把原先黑 A 位挤断白棋的手段也给卖了。所以这一个小小细节上的差别，导致结果与图 2–1–22 相差甚远。这就是李轩豪头疼的原因，为此他陷入了长时间的思考。

但就在李轩豪苦苦思索的时候，我突然发现了一步黑棋的好手，可化解危机。当时我不禁感叹围棋变化之精深，非人力所能预知。

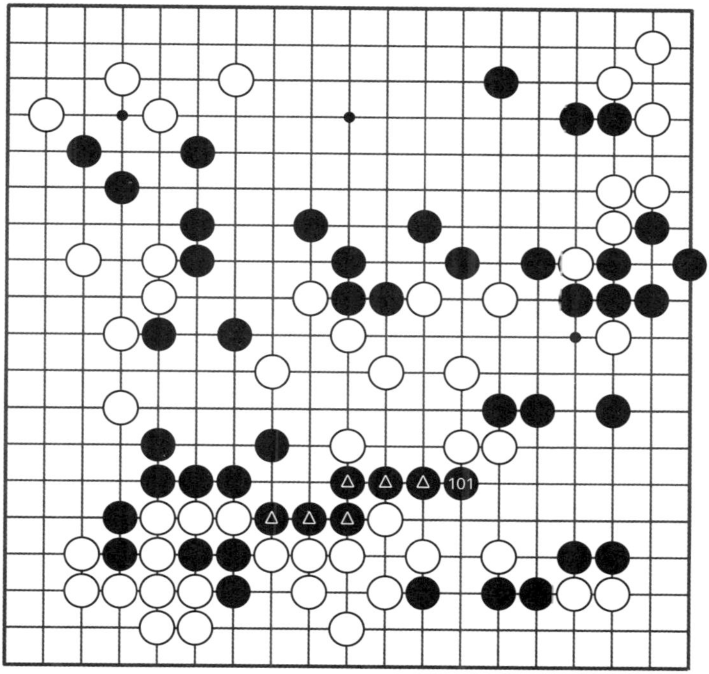

图 2–1–26

图 2–1–26：黑 101 这步棋，在黑三角数子那么铁的情况下，慢慢地龟步爬一手。怎么看都不像是一步可考虑的棋，甚至有些呆板。但如果说白 100 靠是如一招剑雨扑身而来的话，那黑 101 就如一只缓慢伸出的手掌，看似呆板，却化解了所有剑雨的招式。

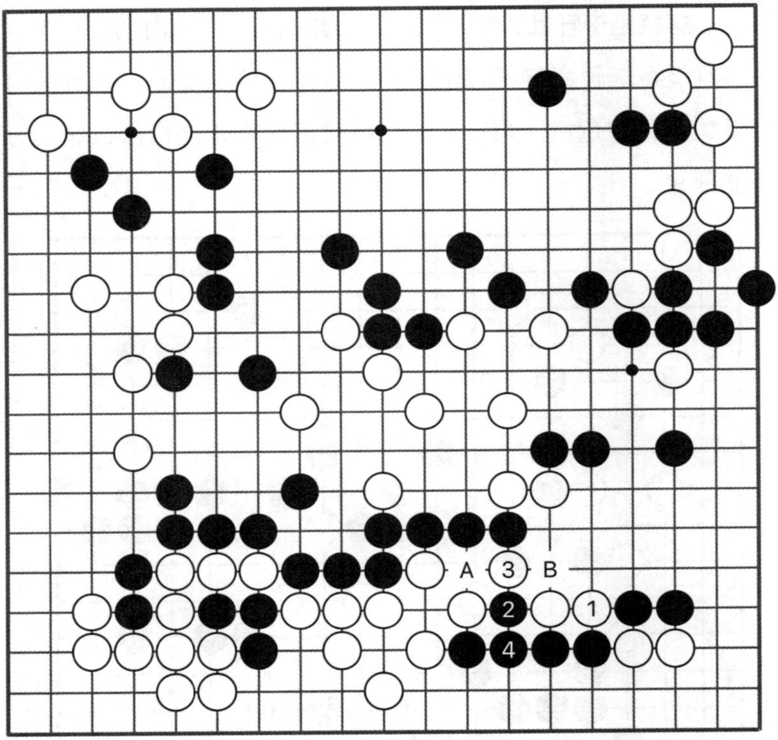

图 2–1–27

图 2–1–27：白 1 若是断，黑 2、黑 4 挖粘后，A、B 两处均有打吃，加上白自身气紧，难以两全。

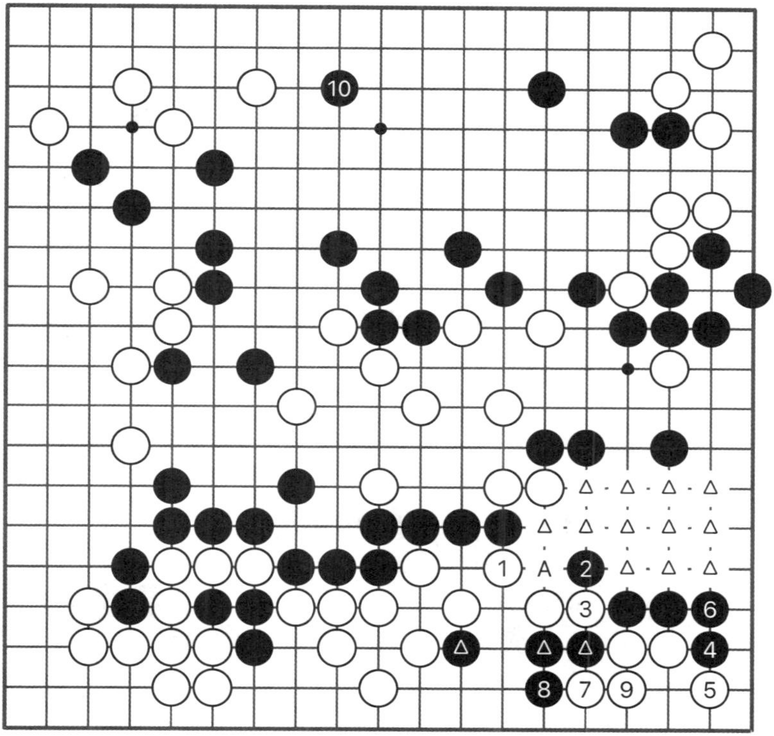

图 2–1–28

图 2–1–28：白 1 若是虎，黑 2 可小尖，白 3 以下虽然还是可以吃掉黑三角三子，但相比图 2–1–25，黑 2 这颗子等于将三角处虚空全部变成实空，获利实在太大了。这样黑抢抢占到黑 10 的要点后，黑棋明显优势。所幸我在李轩豪下黑 101 这步龟步爬好手之前，已经提前想好了应对之策。

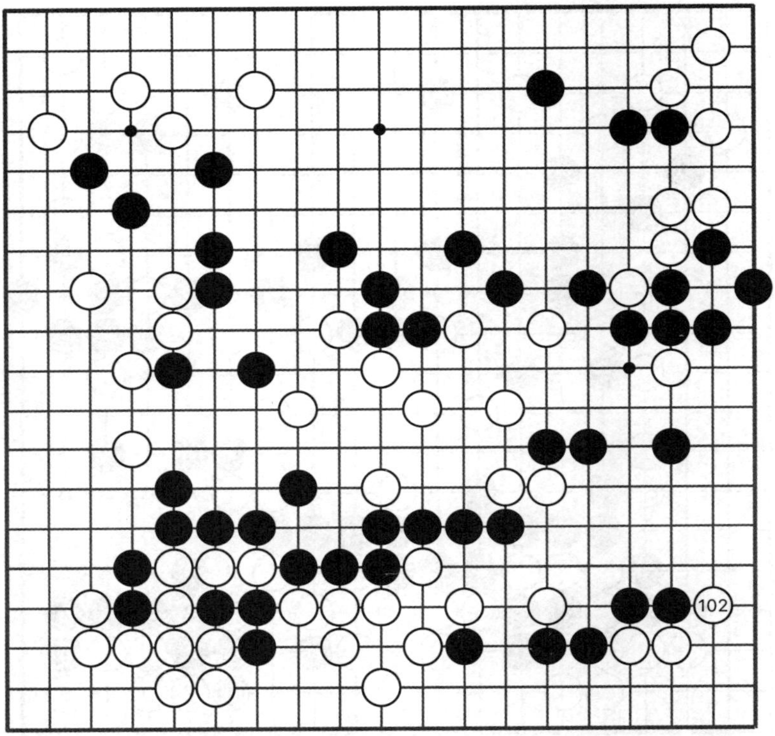

图 2–1–29

图 2–1–29：当李轩豪下出黑 101 这步好手时，我稍加思索，下出了白 102 二路扳的最强应对。

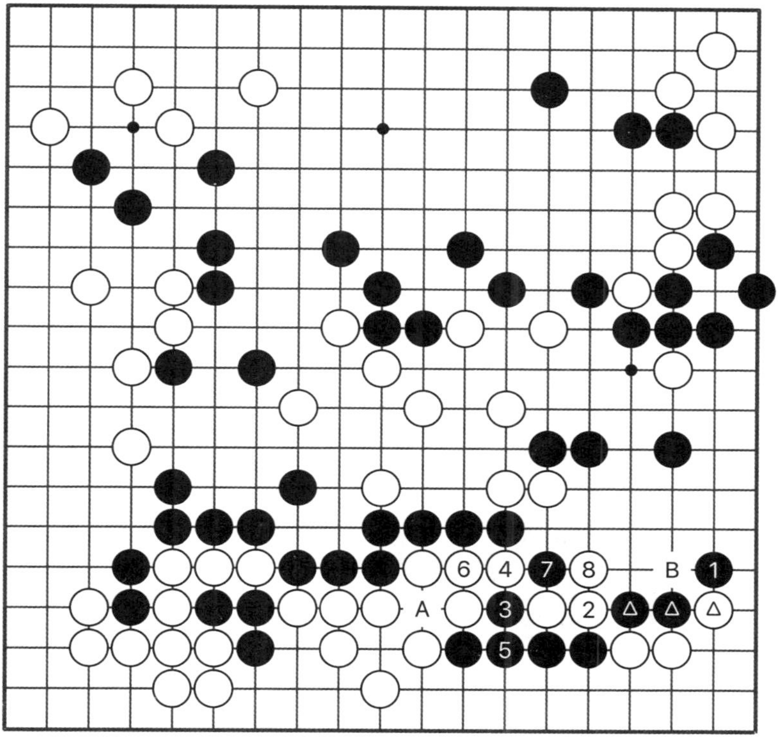

图 2–1–30

图 2–1–30：白 102（白三角一子）扳的时候，黑 1 若是挡住，白有了这下交换，白 2 再断情况就不同了：黑 3、黑 5 必须挖粘，白 6 粘上后，看似黑 7 可以双叫吃，但白 8 跑出两子后，黑下一手虽可在 A 位吃白四子，但白棋也可以在 B 位吃黑三角两子。这就是白三角和黑 1 先交换一下的用意。在实战中李轩豪当然也看到了我的意图。

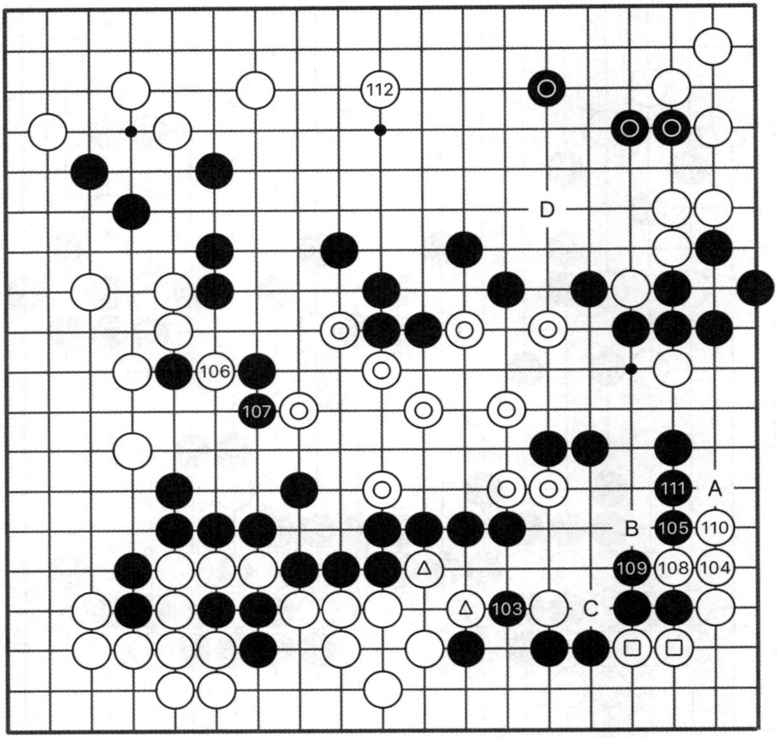

图 2–1–31

图 2–1–31：白 102 扳的时候，李轩豪看到不能在白 104 位挡住，于是就直接脱先黑 103 挖，对此白 104 二路挺出价值巨大！黑 105 必须跳住，不然白 B 位飞不仅价值巨大，更很可能与中央白大块联络。白 106 先手吃一下是白棋的权利。然后白 108 先冲再白 110 拐是先手，黑 111 粘上不得已，虽然很想在 A 位虎住，但白 B 位叫吃是先手，然后 C 位一吃，黑局部出棋了。白棋抢到宝贵的先手后，又抢到了全局最大的要点，白 112 拆二。

至此，从白 70 至黑 111，整个从中央波及右下共 40 余手的攻防告一段落。双方绞尽脑汁，妙手迭出，针锋相对，最后居然形成了一个有趣的转换。白虽然中央圆圈数子阵亡，损失不小，但黑棋原本右下连边带角的阵势几乎全部被白棋先手掏光。这个损失让黑棋得意不起来。应该说，这是一个双方都预料不到，却又在对抗中注定形成的一场势均力敌的转换。

白 112 拆二后，不仅使黑中央外势效率大减，更隐隐威胁着右上还未安定的黑圆圈三子（白在 D 位一带还有先手利用）。我和李轩豪都认为当时是白棋稍好的局面。毕竟白棋的实地领先是看得见的，而黑棋如何将厚味转换为实地，是人力在实战中无法预知的。但这时候我离罚两点只剩下 15 分钟了，这对李轩豪来说是一个好消息，所以当时局势依然充满悬念。

最后，我总结一下。这盘棋的解说从李轩豪黑 67 这步具有大局战略眼光的好手开始，李轩豪黑 67 放弃了下边价值 40 余目的现实利益，在中央布下了天罗地网。而战斗的导火索起于白 70 深入黑口袋阵，我之所以白 70 敢踏入黑棋的口袋阵，一是形势所迫，必须拼搏。二是我看到了黑天罗地网中一个微细的小破绽。在实战中我利用黑棋这一微小的破绽，顺利地在中央搭出了一个小堡垒，并且留了一条回家的路。但这时候我将李轩豪接下来的着法预想得太简单了，导致在李轩豪下出黑 81 的好手后，我的心理预期出现了偏差，从而无法做出理性的决策。白 82 应该是缓手，这步棋让黑棋先手切断了白棋的归路，从而让黑棋抢先在中央对白棋动手，局势顿时扑朔迷离。接下来双方在黑暗中摸索前进，谁都不知道前方是否有光明，但又不得不抱着坚定的信念前行。在这个过程中，双方屡出妙手，尤其是白 100、黑 101、白 102 这三手棋，将围棋的妙味和不可预知性展现无遗。经过激烈的对抗，双方达成了不得已的妥协，形成了有趣的转换。黑棋虽然吃掉了白棋中央大块，获得了 75 目以上的实地，但白棋先手将右下角带着边全活掉后，白棋全局的实地连角带边加起来也有 75 目以上的实地，较之黑棋毫不逊色。虽然两位对局者都觉得白棋形势稍好，但我当时只剩 15 分钟就要被罚两点，若将这个因素考虑进去，局势依然是均势。

本局前半盘包括了黑出色的战略眼光，白孤军深入的胆魄和对黑铜墙铁壁中微小破绽的细察，以及双方在未知中坚定前行的信念和具体操作上的三步妙手，可谓是格局宏大、精彩纷呈！而最后的结局居然再次回到了均势的原点，更是为本局增添了一丝戏剧性。但是，若是从整盘棋来看，前面只能算是开胃菜，接下来的中盘才是本局的最高潮。谁能想到接下来本该是官子决胜的黑 123 手至白 174 手，居然出现了一场极为精彩的搏杀！而这场搏杀的背后，有对局者与时间赛跑的生死时速和激烈的心理冲突在左右着棋局，使得这场搏杀充满了戏剧性，不到最后，人们就无法窥探到真相。

中

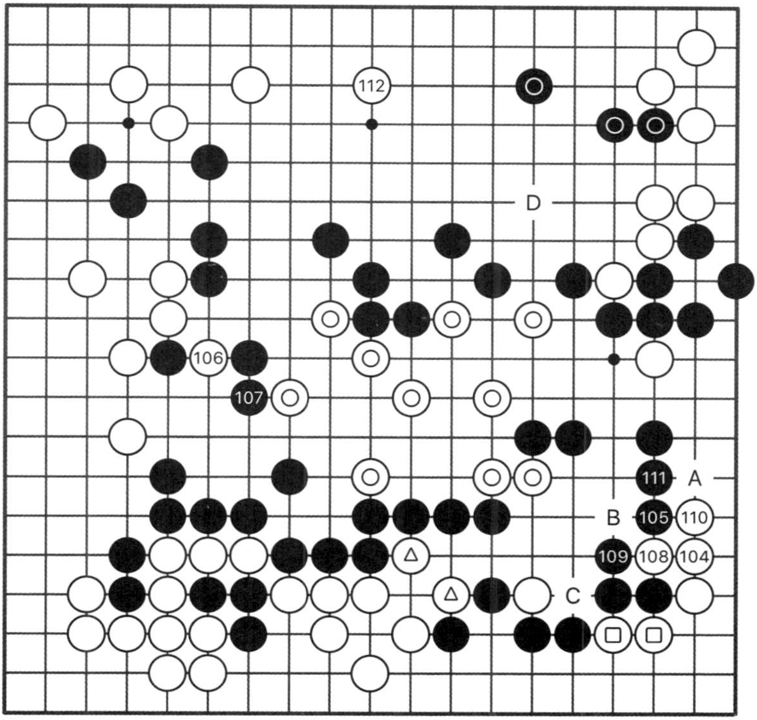

图 2–2–1

图 2–2–1：从中央至右下经过一场精彩的攻防战后，我和李轩豪形成了有趣的转换，双方得失相当。当白 112 拆二抢到全局最后的要点时，我和李轩豪都认为局势白稍好。

黑棋虽然厚实，但怎么把厚势转化为现实利益是比较难掌握的。不过这时候，我只剩下15分钟就要将3个小时全用完了，一旦罚2目，这棋就难说了。

其实，当时我挺头疼的，因为此局面的官子一看就很复杂。到时候，我是力争在15分钟之内将官子收完，还是索性罚2目换来20分钟时间，慢悠悠地把官子收好？前者可避免2目之失，但很可能因为下得过快而出现问题手，损失更多的目数；后者收官的时间是够了，但在当时微妙的局势下，白白损失的2目很有可能会影响到最终的胜负。

但围棋还真是两个人下的，正当我头疼的时候，李轩豪也处于很头疼的状态：虽然我面临罚2目的问题，但李轩豪一时也判断不清在白棋罚2目的情况下，黑棋是否能获胜。此时对李轩豪来说，最好的做法是制造一起惨烈复杂的战斗（当然不能是蛮干），一旦出现这样的局面，那我很可能要罚4目，甚至还有可能超时。但问题是，现在这个局面，满盘已悉数定形，李轩豪该去哪里制造复杂战斗的头绪呢？反正我当时是真看不出来。但李轩豪这时已经看到了，虽然对他来说这条路充满了未知，但他认为这值得一赌。

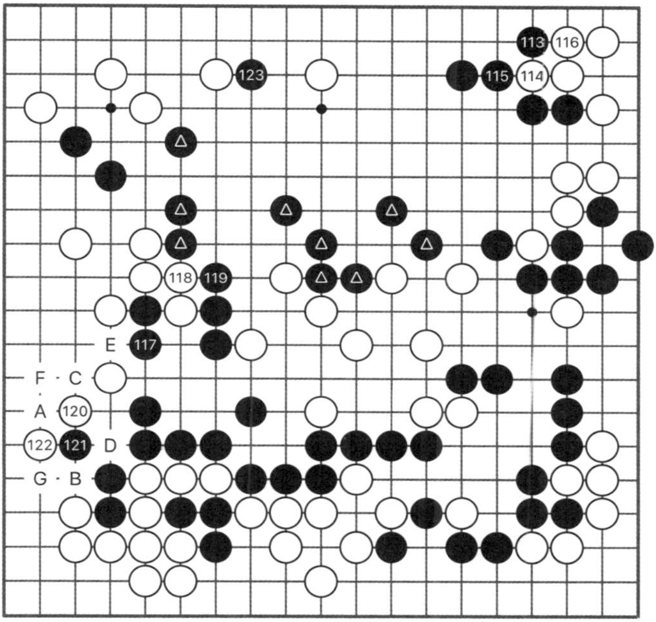

图 2–2–2

图 2–2–2：李轩豪黑 113 以下都是先手权利，并且为下一步计划做好了准备工作。这里需要说一下的是：左下角白 122 看似渡过了，但其实黑今后还有 A 位断的好手，对此白若在 B 位叫吃的话，黑可 C 位反打，白 D 位提黑三子，黑再 E 位一冲，白局部形裂。黑 A 位断的时候，白若是 F 位打吃，黑可 G 位反打破白左下的空。当然这只是小细节，真正的舞台在上方。李轩豪黑 123 靠入！本局的拼杀真正开始了。而我当时想过黑 123 这步手段，但因为白三角拆二的空间过于狭小，所以我当时判断黑棋很难折腾出什么大事情，最多就是小打小闹而已。不过我也不能掉以轻心。

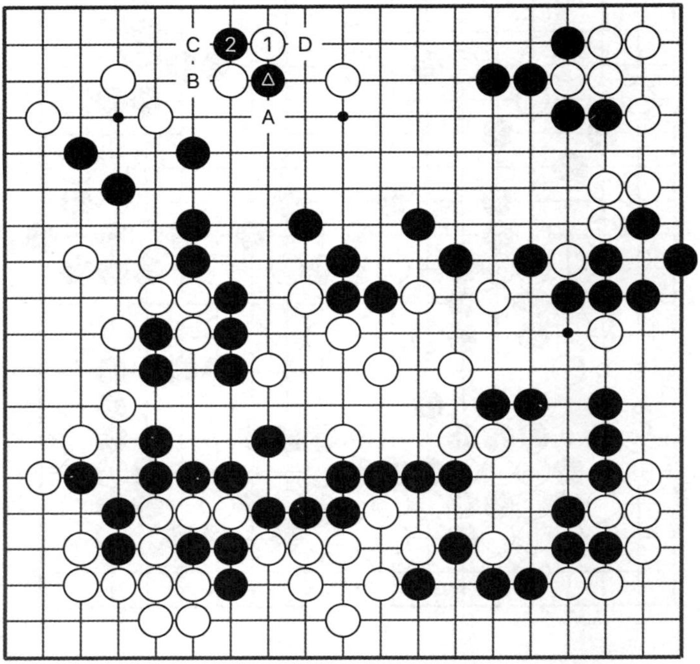

图 2–2–3

图 2–2–3：面对黑 123（黑三角一子）靠，很多棋友会在白 1 扳防守。正常来说，这个思路倒也说得通，黑棋周围子力那么多，白防守总没毛病吧。但这个棋形的特殊之处在于，白 1 看似防守不想惹事，却凑出黑 2 扭断的好手，黑棋反而来劲了。黑 2 扭断后，白棋难以两全，若打在 A 位，黑可 B 位反吃；若打在 C 位，黑可 D 位反吃。无论哪一种选择，都要面临被黑分断的结局。而这个局面下，任何一块白棋若是在没有眼位的情况下与大部队分离，就成了狼群里的羊，分分钟被秒杀。所以我认为，这时候防守是下策，以攻为守才是上策。

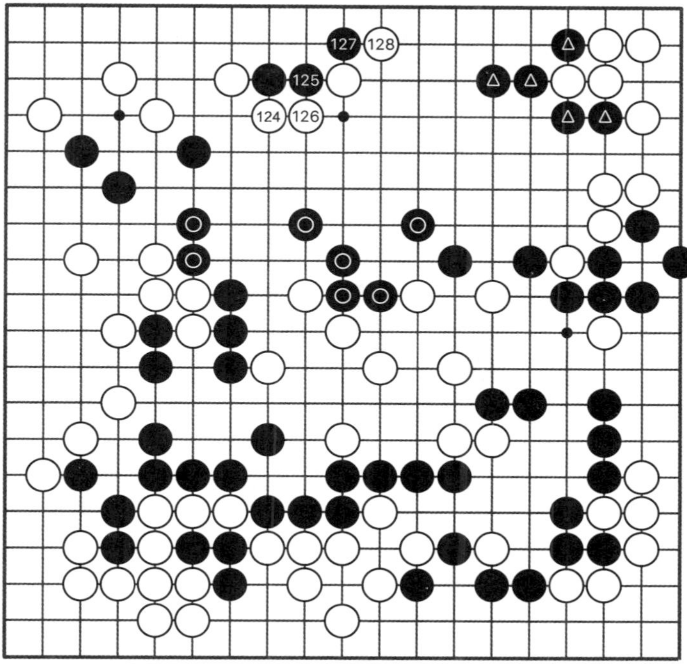

图 2-2-4

图 2-2-4：面对李轩豪黑 123 靠入，白 124 扳上面是最强手！没法再退让的时候，我们就只有迎头而上，是福是祸，听天由命。对此黑 125 先手顶一下后，黑 127 扳二路是最强手。白 128 连扳是关键。这里绝对不能让黑 123、黑 125 这两颗子轻松与右上黑三角五子联络。当时我觉得这里我可战的原因是：黑右上三角五子和中央黑圆圈子力虽然很多，但是它们离左上主战场的距离有些远，正所谓“远水解不了近渴”，黑这些优势子力只能看着左上的战斗干着急。

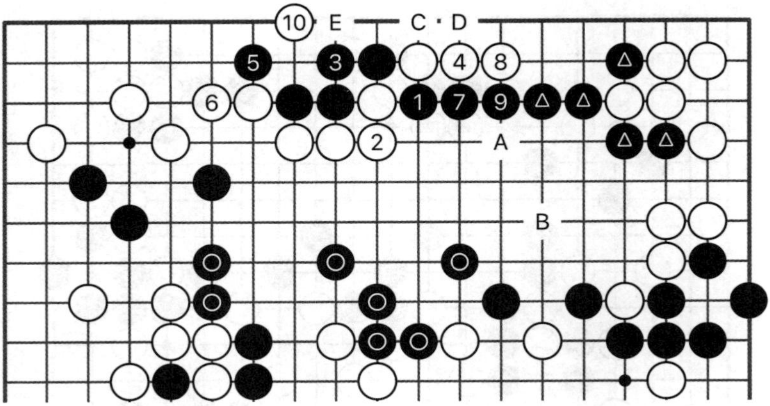

图 2–2–5

图 2–2–5：黑 1、黑 3 打了粘上是最强手，对此白 4 长后，由于右上黑三角五子离白棋太远，白棋的空间很大。黑 5 扳延气，白 6 此时也可考虑 A 位飞枷死黑 1 这颗子，下一手 B 位再一飞，可将右上黑三角五子鲸吞。当然白 6 继续退和黑杀气也是可以的，以下至白 10 点，黑局部对杀困难。虽然黑有 C 位一路扳、白 D 打，黑 E 做劫的顽强手段，但这是白棋有利的缓一气劫，黑棋这劫打起来太累了。这时中央黑圆圈数子虽然子多，但也只能望着左上黑棋受欺负而兴叹。那黑 3 若是不粘呢？

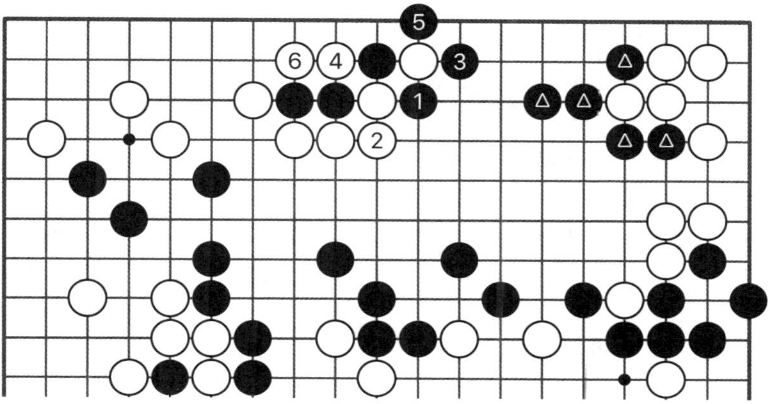

图 2–2–6

图 2–2–6：黑 1、黑 3 吃掉白一子是没风险的，但白 2、白 4 将黑两颗子吃掉后，黑上方整个战斗结果，除了使右上黑三角五子活净了之外，无论在实地还是厚薄方面均亏损。这是李轩豪无法接受的。当时我看到图 2–2–5 和图 2–2–6 两个变化图后，认为李轩豪没后手了，但心里总觉得哪里不对劲，若李轩豪就这么简单地不行了，那他当初气势汹汹地黑 123 靠入是为了什么？当然也可以解释为他丧失理智了，但我总觉得这似乎不太现实。

果然，我还是低估了李轩豪无中生有的能力。正当我在想李轩豪是否没着的时候，他接下来的着法真是出乎我的意料。

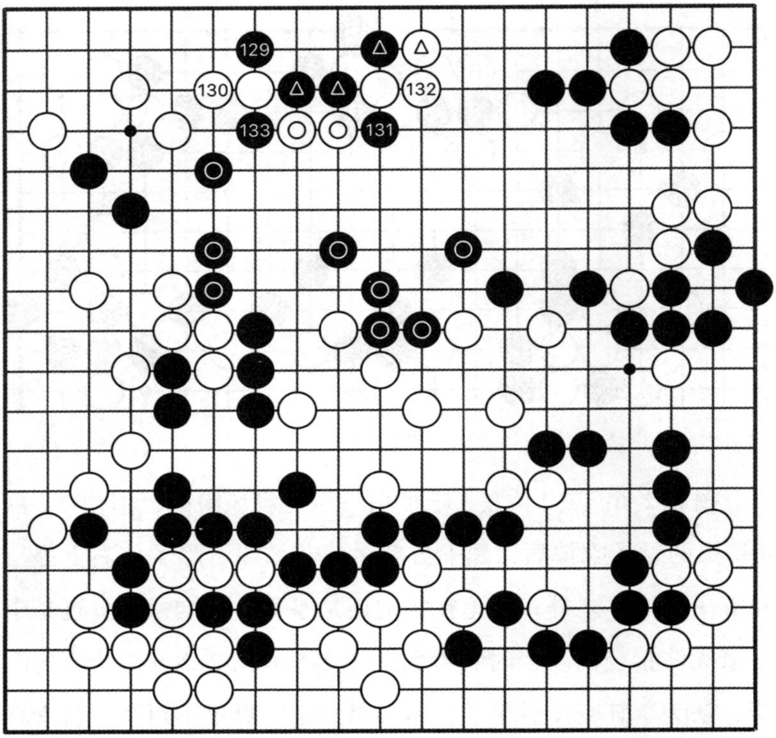

图 2–2–7

图 2–2–7：按照以往的经验，我习惯性地认为白三角连扳的时候，黑 131 总是在白 132 位打吃。因为黑 131 从上面打吃再黑 133 断，一是黑棋三角几子的气很短，只有四气；二是外围该白下，白圆圈两颗子随便走走就可延气。因此黑 131、黑 133 这样的下法，在大多数局面下是不可行的。但恰恰在这个局面，由于中央黑圆圈数子的接应，白圆圈两颗子还真不是随便走走就能延气的。其实现在想来，李轩豪这个下法不正是将中央黑圆圈数子的作用发挥到极致吗？战场离这些圆圈数子越

近，它们就越能照顾到左上的黑棋。只是当时的我受到了以往经验的束缚，根本就没有想到黑棋还有这个下法。

李轩豪下出黑 133 断后，又起身去吃点心了，显然他觉得这里的变化够我慢慢思索、计算的了。而我当时还没反应过来，没意识到问题的复杂性和严重性，首先想到的是直接对杀。

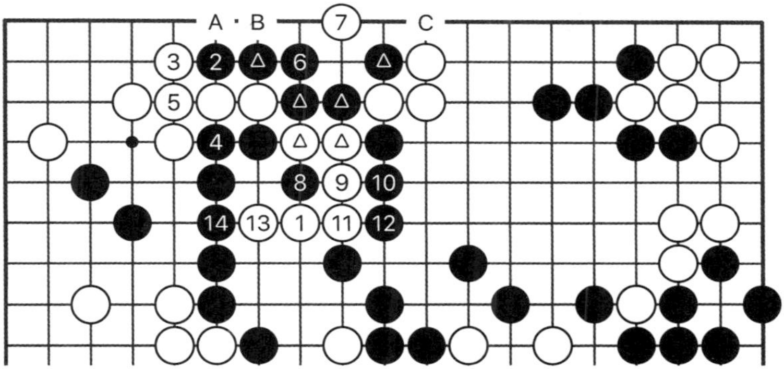

图 2–2–8

图 2–2–8：白 1 跳延气是第一感，因为这里白棋解决问题最直接的办法就是将黑三角棋筋干掉。但问题是黑 2 先爬一下后，黑 4 打吃是先手，然后黑 6 粘可先手延气，不然白下在黑 6 位是金鸡独立。白 7 若是点入杀黑，黑上方有四口气。接着黑 8 挖打再黑 10 打吃是很妙的收气手法。黑 8 若直接下黑 10，白粘在黑 8 位，白有五气黑棋不行。至黑 14，白拼了老命也就只有三气，杀不赢黑棋。在这个过程中，白 7 是可以在 A 位扳多紧黑一气，但黑可在白 7 位做眼，白 B 破眼，黑 C 一路扳可搞出一个紧气劫，白棋依然困难。一看到此图不行，我赶紧再想一策。

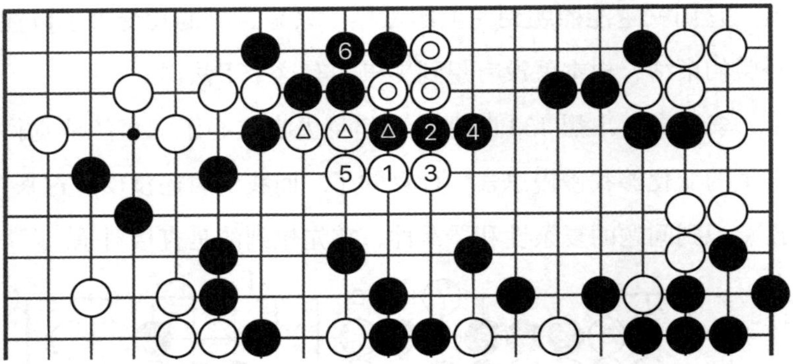

图 2–2–9

图 2–2–9：白 1 虽然征吃不掉黑三角一子，但想借着白 3 打吃来延气，至白 5 粘上，白三角两子成功延成了五气，具备了和黑对杀的条件。可是东墙补好了，西墙却漏了。黑 6 粘上后，由于黑多了黑 2、黑 4 这两颗子，白上方圆圈三子只有三气，仍然杀不赢黑棋。看到以上两个变化均不行，我这才意识到了问题的严重性。虽然这时白还是有余地的，如果有足够的时间和精力，我应该有好招可解围。但摆在我眼前的，是两个客观的问题：

1. 用时问题。我只剩 10 分钟就要罚 2 目了，这还只是次要问题，关键是这里的变化一看就很复杂，我很可能要在这里投入大量的时间进行计算。当时我离罚 4 目只剩 30 分钟，离超时判负也就剩 50 分钟。更何况我还需留些时间应对此局部完了后全局的收官。

2. 精力问题。之前预选赛我连下了三天才进入复赛，休息一天后又与周贺玺在复赛第一轮大战了近 7 个小时，耗费了大量的体力，第二天就连着再战李轩豪。此时棋局已经进行了近 5 个半小时，在前面棋评中我说过，我和李轩豪已经在中央的攻防中投入了大量的时间和精力进行计算。现在好不容易达成妥协进入了官子阶段，没想到李轩豪黑 131 突施冷箭，制造了一场不容有失的复杂战斗。说实话，这时候我的身体状态已经快到极限了，能不能在这新的复杂战斗中达到专注状态，我真的没有把握。

我需要与时间赛跑，与自己赛跑，与对手赛跑。在这样的三重压力下，精神稍有松懈，我可能就放弃了。但当时有两个信念在支撑着我：

1. 我想，如果我看不清，对手肯定也看不清。
2. 虽然我不知道通往胜利的道路在哪里，但起码我要先知道哪些路是绝对不能走的。

我在之前的棋评中也提到过以上两点，没想到这时候能派上用场。看来写棋评不仅有趣，还能对提升自己的实力有所帮助。抱着以上两个信念，我在稍作调整后卷土重来。这时候直接硬来看来是行不通的，我需要借点东风。

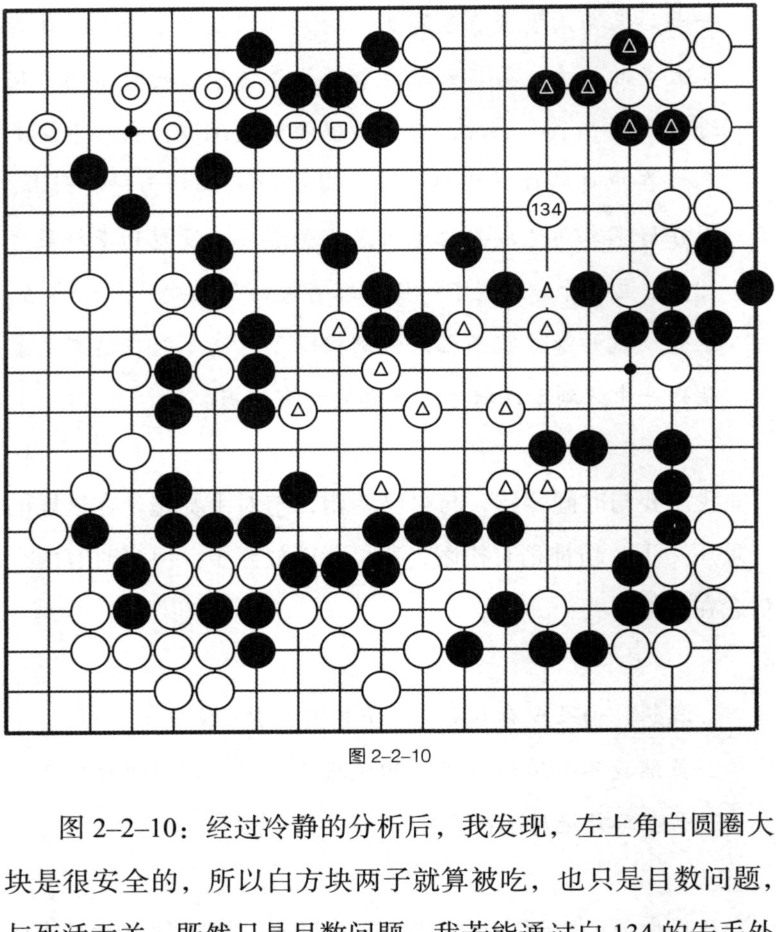

图 2–2–10

图 2–2–10：经过冷静的分析后，我发现，左上角白圆圈大块是很安全的，所以白方块两子就算被吃，也只是目数问题，与死活无关。既然只是目数问题，我若能通过白 134 的先手外加左上征子的利用，将黑右上三角五子全部吃掉，没准儿总的一算账，我还赚了一笔呢。但当时我遇到最大的难题是怎么将这个计划化为现实，因为右上黑三角五子不是那么好吃掉的。经过 10 分钟的思考，虽然没有看到光明之路在哪里，但我决定白 134 先投石问路试一下黑棋的应手。下一手可 A 位冲出连回

中央原本阵亡的白三角大块。一来这手棋本身就不坏，二来也给李轩豪出个难题，给自己赢得一些思考的时间和空间。当时我怎么都没料到，这手棋是本局最重要的一手！

我当时认为李轩豪稍加思考就会在 A 位补一手，却没想到这手棋落下后，李轩豪居然开始长考，并且流露出遇到难题的神态，但我当时并没有想明白他在担心什么。大概 10 分钟后，李轩豪终于落子了。

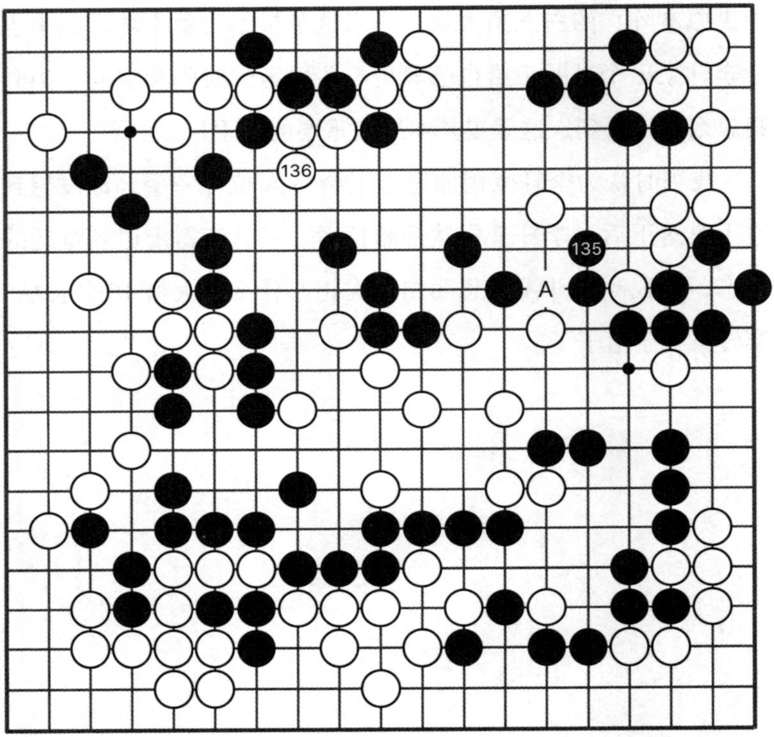

图 2–2–11

图 2–2–11：李轩豪思考了 10 分钟，终于落下了我最担心的黑 135 长补住 A 位的弱点。虽然这 10 分钟给了我喘息的时间和机会，但我还是没看到光明之路在哪里。我当时多么希望李轩豪黑 135 再多想一会儿呀！一旦对手落子，时间、精力和未知下的计算这三重压力再次回到了我的身上。在李轩豪思考的 10 分钟之内，我虽然没有看到光明之路，却看到了几条不能走的黑暗之路，于是我把焦点落在了白 136 这步棋上。虽然我不知道这步棋

能否获胜，但我感觉只有这步棋有看到光明的可能。比赛的时钟在滴答滴答地走，我没有工夫进行深入的计算，在快速计算了几次后，我决定下出白136单勾这步棋。我当时的算盘如下图所示。

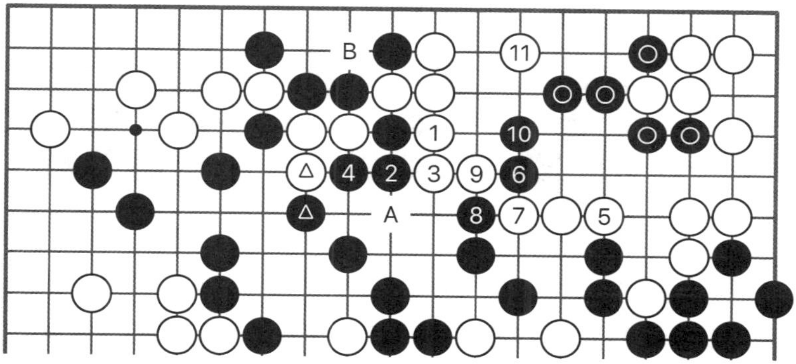

图 2–2–12

图 2–2–12：白 136（白三角一子）勾的时候，黑三角只有顶住，不然白再下到黑三角位，白局部五气，黑棋不行。白三角和黑三角交换后，我白 3 贴就成了先手（不然白 A 位可把黑两子吃掉），白 5 就可鲸吞右上黑三角五子。我当时计算黑 6 若与白杀气，白 7、白 9 冲断后，白 11 二路一跳，接下来由于白还有 B 位吃黑一子的手段，局部黑棋杀气杀不赢白棋。而这时候，李轩豪黑 137（黑三角一子）这必然的一手居然迟迟未下，而且他依然流露出遇到难题的表情。而我则顺水推舟地想，李轩豪可能是漏算了我白 136 先勾一下，然后在此图弃子鲸吞黑右上五子的着法。在他思考的时候，我又验算了一下此图的计算，结果让我大惊失色！

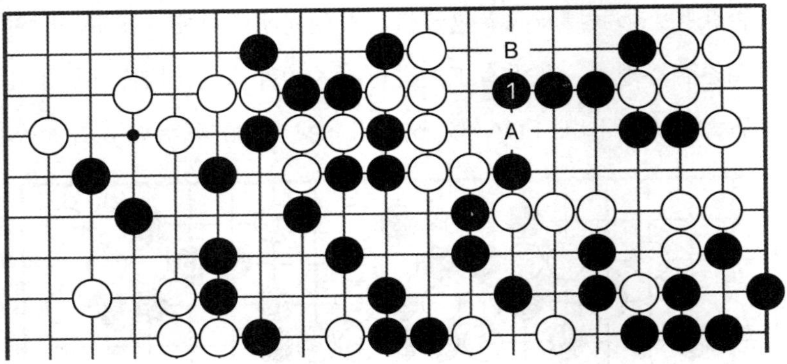

图 2–2–13

图 2–2–13：我在验算图 2–2–12 的变化时，突然发现图 2–2–12 中的黑 10 看似必然的一长，其实是个问题手。黑 10 三路呆并一手，才是妙手！黑 10 并，不仅防住了白 A 位吃黑一子的手段，还压缩了白 B 位跳的空间和眼形，使得这场对杀顿时变成黑棋有利。我之前快速计算时忽略了黑 10 这步冷手，当我静下心来验算时才看到这步棋。当时我简直快崩溃了，这就好比你在饥寒交迫时以巨大的毅力在黑暗的山洞中摸索出了一条通往光明的道路。当你好不容易走出山洞时，却发现原来洞外是一个悬崖。这时候我真的是跳崖的心情都有了。难不成我要再回洞继续找路吗？我实在是没这个精力和心情了。

所幸围棋是两个人下的，我这边跳崖的心情都有了，那边李轩豪也好不到哪里去。他依然在苦苦思索，迟迟未落子，这让我在绝境中有了一丝希望。但我没想明白，当时李轩豪到底在担心什么？以我对李轩豪的了解，他属于果断型棋手，如果他觉得他行的话，一定不会犹豫不决。既然他还在苦苦思索，那么他一定是看到了他不行的地方。可问题是，他到底觉得哪里不行啊？我真没看出来，只好沿着他的思路进行逻辑推理。

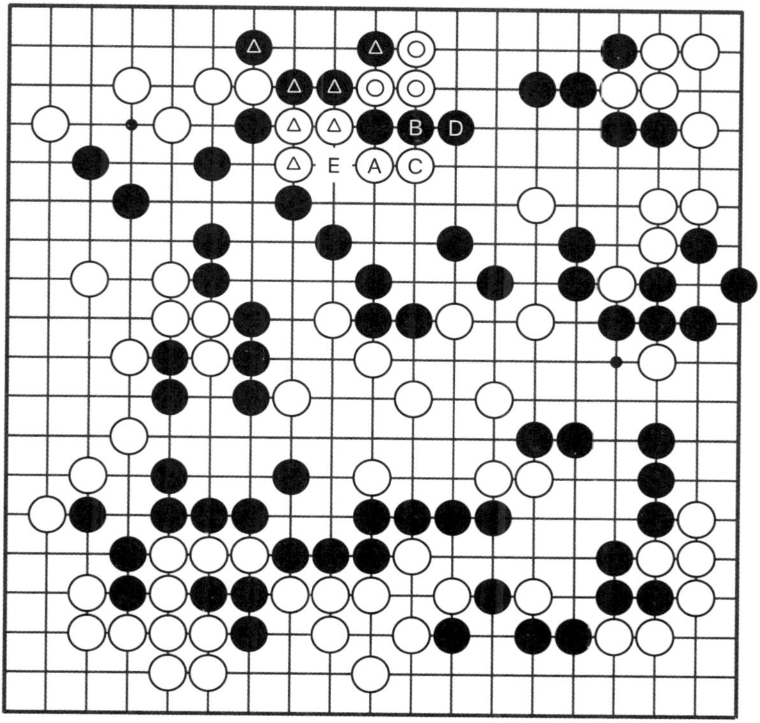

图 2–2–14

图 2–2–14：我觉得李轩豪可担心的只有一条路，那就是白 A、白 C 一路打下去与黑三角四子杀气。但问题是白三角三子由于留有黑 E 位扑滚打包收的手段，气并不长。而上方白圆圈三子也就眼见只有三口气，这白棋如何两全？虽然一时看不出，但本着逻辑的必然性，我也只有硬着头皮继续沿着李轩豪的思路想下去。

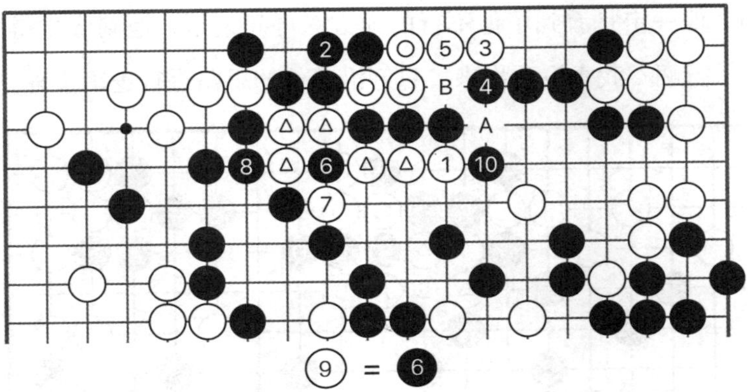

图 2–2–15

图 2–2–15：我当时看白 1 得继续压着延气，不然杀不赢黑棋。但黑 2 粘上后，白上方圆圈三子麻烦了。白 3 以下虽可延气，但黑 4 贴后，白外围三角数子又麻烦了，黑 6 以下先手滚包后，黑 10 一虎，白外围数子只有三气，无法杀赢黑棋。过程中白 5 若是先在 A 位打一下，黑 B 粘上后，白上方圆圈三子因为少了一气而杀不赢黑棋。没办法，我只好接着计算，终于看到了一步白棋的好手！

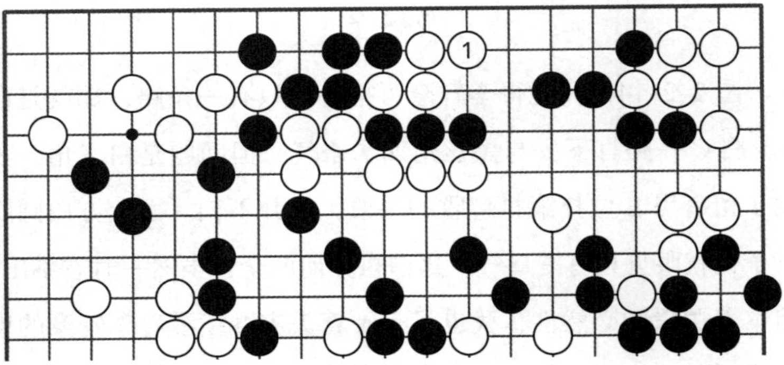

图 2–2–16

图 2–2–16：功夫不负有心人。我终于“看到”了李轩豪为何苦恼的真相。原来上图中白 3 跳有问题，白 1 单勾才是好手。

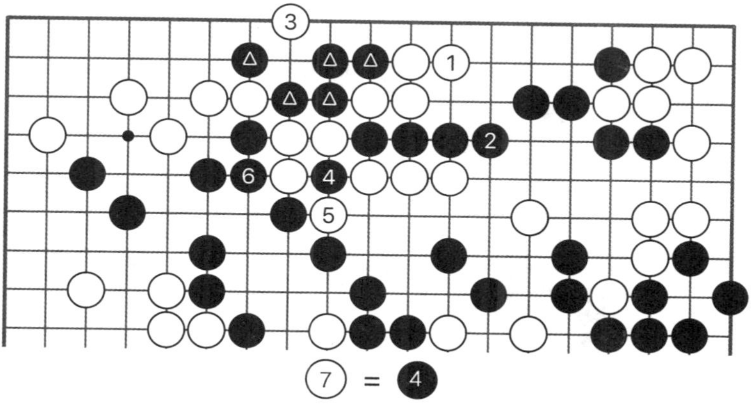

图 2–2–17

图 2–2–17：白 1 单勾时，黑 2 若长，不然白下黑 2 可吃黑三子。白 1 已经达到将上方白三子先手延气的作用，并且还未伤到外围白大块的气。这样白 3 点死黑三角五子后，黑三角五子只有三气，而白外围一块被黑滚打包收后还有四气，上方四子也有四气，黑两边均差一气被杀。当我看到白 1 单勾的手段时，跳崖的心情顿时没了，随之而来的是一种重新出发的感觉。而李轩豪还在苦苦思索，这时他的 3 小时无偿用时也快用完了，还剩 10 分钟就要被罚 2 目。我俩终于要一起上演生死时速了。

这里的变化实在太复杂，而且心算的着法过多，很容易产生漏算。因此我不敢马虎，继续验算，这下又发现了问题。

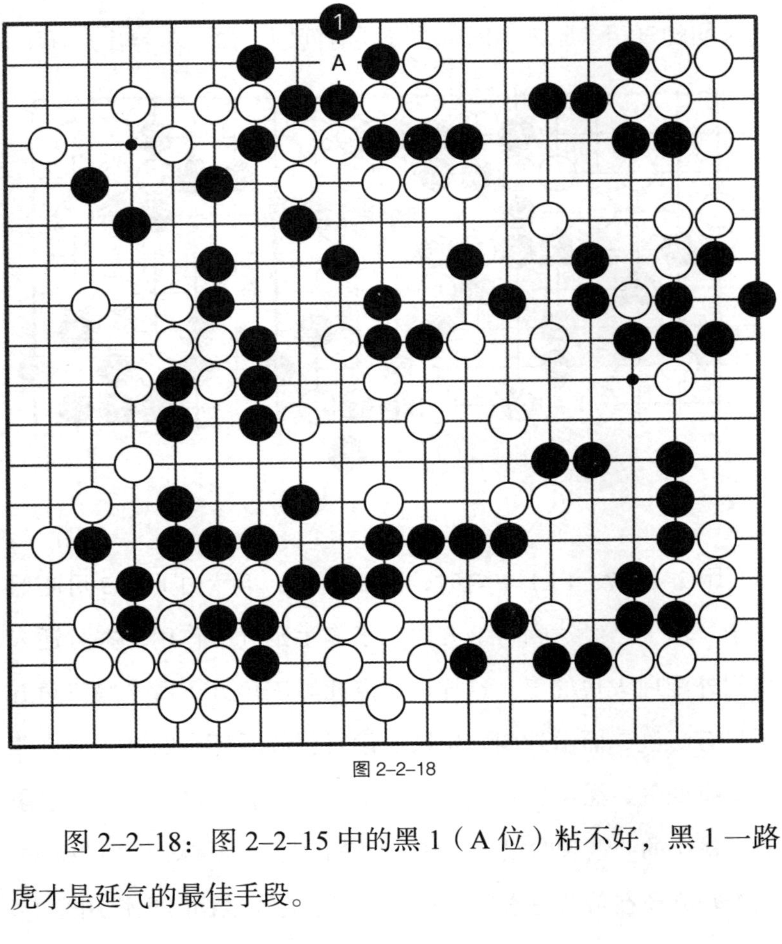

图 2–2–18

图 2–2–18：图 2–2–15 中的黑 1（A 位）粘不好，黑 1 一路虎才是延气的最佳手段。

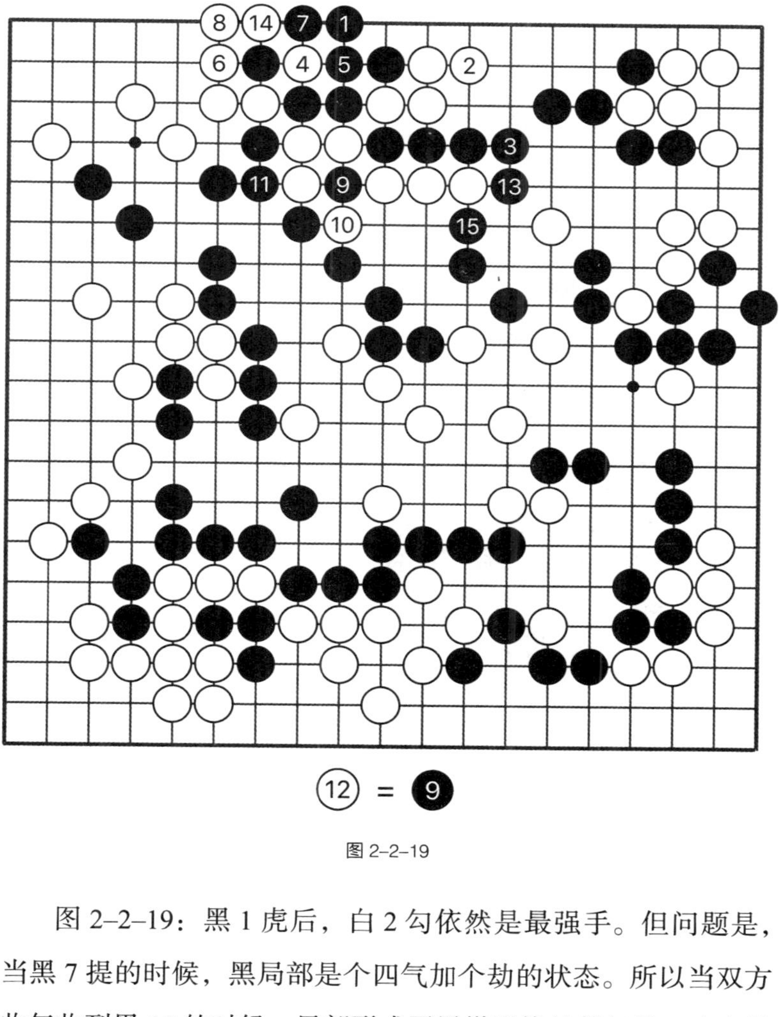

图 2-2-19

图 2–2–19：黑 1 虎后，白 2 勾依然是最强手。但问题是，当黑 7 提的时候，黑局部是个四气加个劫的状态。所以当双方收气收到黑 15 的时候，局部形成了黑棋无忧的紧气劫，这白棋断然不行。算到黑 1 这手棋，我又要跳崖了……“屋漏偏逢连夜雨”，正当我算到黑 1 这步好手的时候，李轩豪终于落子了。

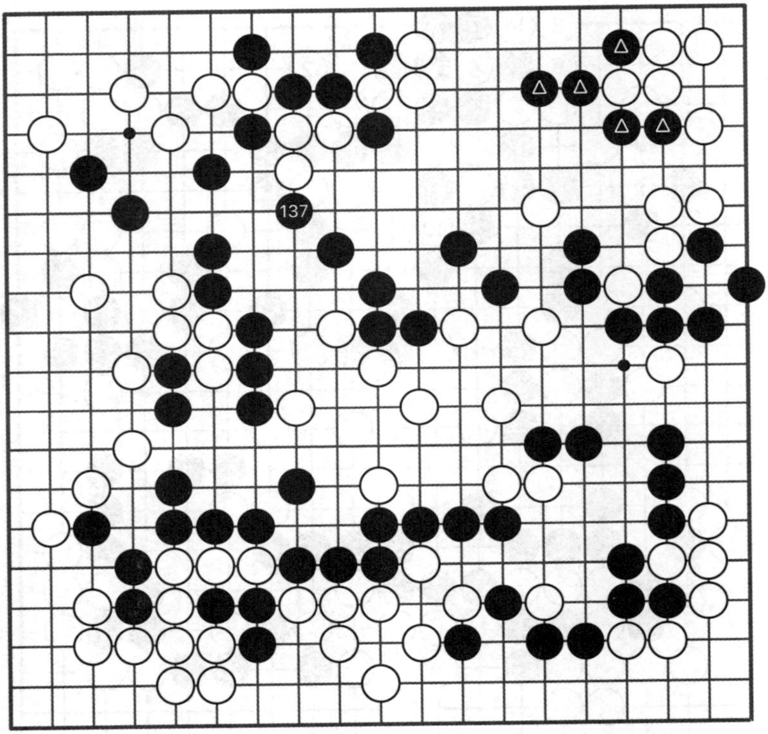

图 2–2–20

图 2–2–20：李轩豪下出了黑 137 顶，这是最强手，也是我预料中的一手，但问题是我对这步棋没办法。这时候我萌生退路，想着怎么吃黑右上五子吃得小一些。但算了几个变化后，发现吃得小的话，全局实空就不一定够，而且我还没看出该怎么吃。于是我迅速放弃了这个给自己留退路的想法，不然在时间、精力有限的情况下，再向这方向走，我基本上就踏上了一条不归路。我决定继续沿着李轩豪的思路走，从所剩不多的时间中抽出大部分来计算，突然发现了白棋的一步妙手！

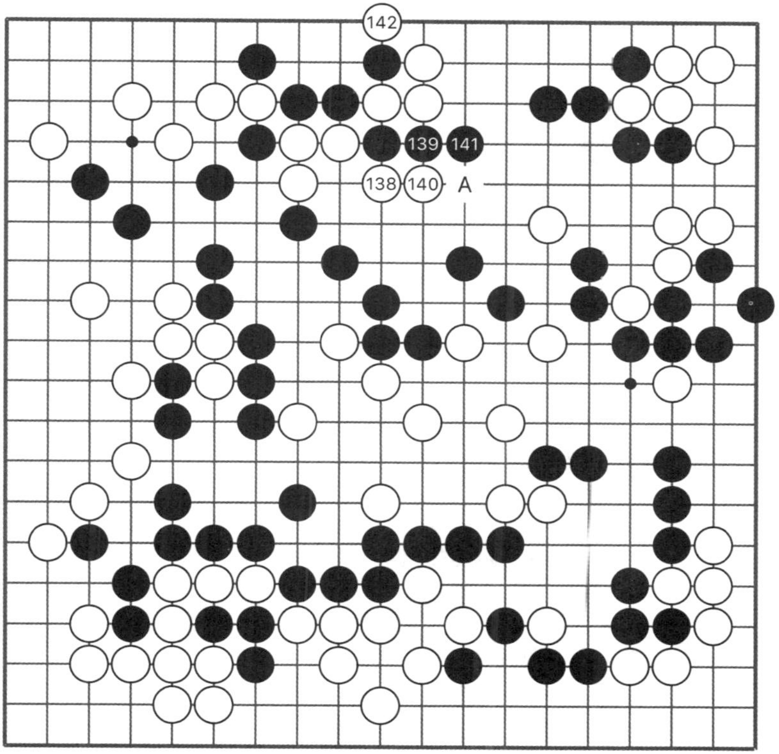

图 2–2–21

图 2–2–21：我突然发现图 2–2–15 中的白 1（A 位）压看似必然，其实错过了一个绝佳的次序，白 142 可以先在一路打试黑应手。这步棋非常妙。

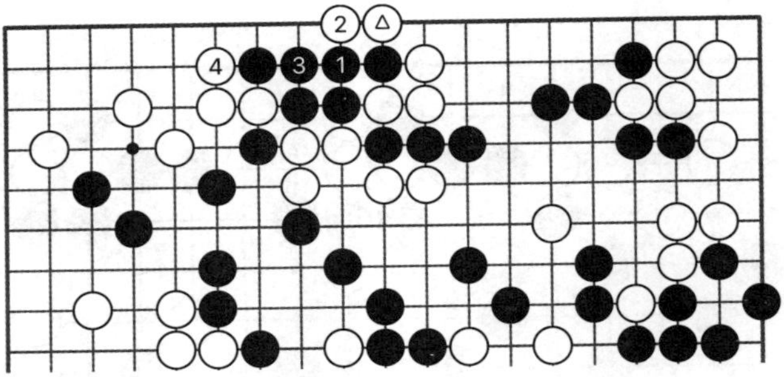

图 2-2-22

图 2-2-22：黑 1 若是在白三角一路打的时候粘上，黑就把自己的气给紧住了。白 2、白 4 之后，黑局部只有两气，无法与周围两块白棋对杀，所以黑 1 肯定不能粘。

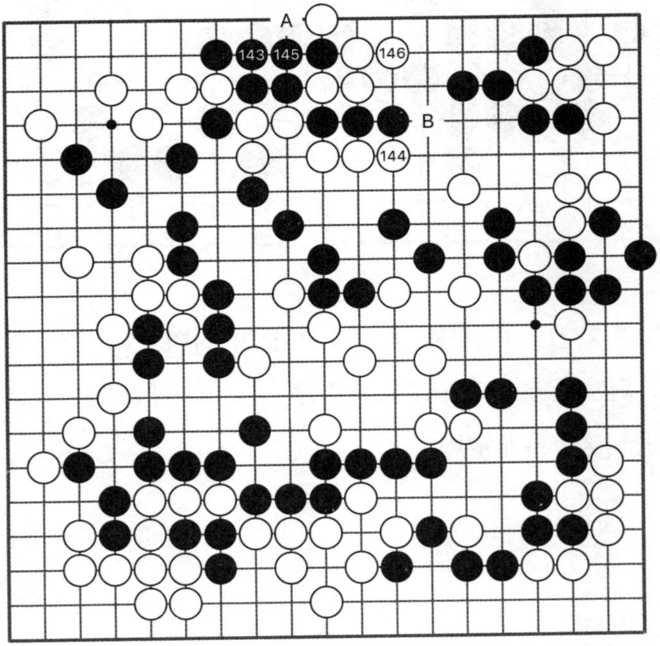

图 2-2-23

图 2–2–23：黑 143 只有粘另一边，这样白 144 再压，情况就不同了。由于白 142 和黑 143 先手交换了一下，当初图 2–2–19 中黑 1（A 位）一路虎的手段没了。现在黑要是还下 A 位，那就变成了劫争。这个劫白轻黑重，而且白在 B 位处还有本身劫，相比图 2–2–19 的劫争，黑棋差之千里。于是黑 145 也只有粘上，这样就基本还原了图 2–2–16 的场景，白 146 单勾是我预想的妙手。在李轩豪下出黑 137 的时候，我几乎用光了所有的时间，看到了白 142 一路打的妙手，一直计算到了此图白 146 单勾。其中涉及的变化太多，我自知可能会有纰漏，但这时我已经被罚了 4 点，更可怕的是还有 15 分钟就要超时判负了。所以我一是无暇验算，二是觉得也只有这条路了，死活就它了。于是就下了上去。

李轩豪也早已计算好，我俩飞快地下到了白 146 单勾。这时候李轩豪突然停了下来，再次开始思考。此刻他的时间也很紧张，2 目早就被罚了，正奔着被罚 4 目而去。在他思考的时候，我也有了进行验算的时间和空间。不验算倒还好，这一验算，我顿时绝望了。

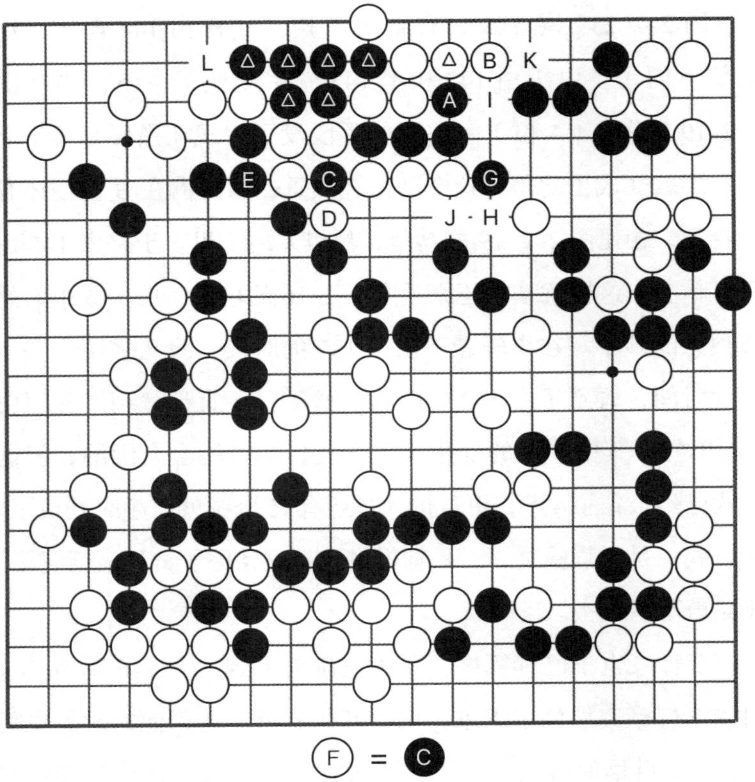

图 2-2-24

图 2–2–24：虽然白三角单勾是好手，但我还是漏算了黑 A 俗手挤一个后黑 G 再扳的好手（黑 C 至 E 可将白滚打包收）。黑 G 扳后，白外围大块气不够，所以必须 H 位寻求连回，这时候黑 I 位一粘是冷静的好手。接下来白外围大块若在 J 位联络，黑 K 位收气，白上方大块只有三气杀不赢黑三角大块四气；而白若直接在 L 位紧黑三角大块的气，黑在 J 位一断，白外围大块只有两气，杀不赢黑三角大块三气。

在黑暗的山洞中，我在经历了希望—崩溃—重拾希望—想跳崖—再现曙光后，看到了黑 A 挤后 G 位扳的好手，当时我真的绝望了。

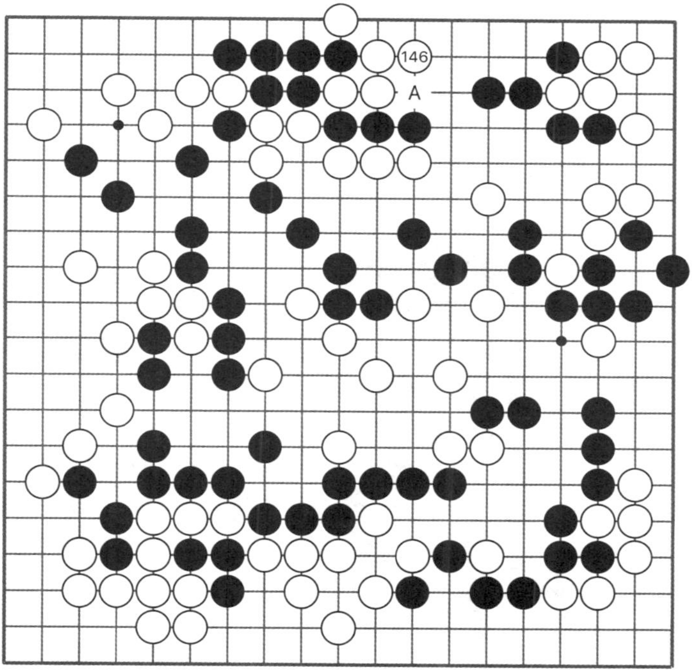

图 2–2–25

图 2–2–25：白 146 下完不久，在李轩豪思考的时候，我已经看到了黑 A 位挤的好手。验算了几遍后，我确定自己是一点办法都没有了。但我的心情倒也平静，毕竟我已经尽了自己的最大努力，把自己的潜能发挥到了极限，最后漏算了这步棋也是没有办法的事情。起码我对这个过程是很满意，也很享受的。我静静地等待李轩豪落下 A 位一挤，宣判白棋的死刑。

但奇怪的是，李轩豪居然再次长考起来！这我就彻底纳闷了，李轩豪肯定是看到了黑 A 挤的手段，那他还在犹豫什么？难不成他想再验算几遍？但他是很果断的人，不会连续验算那么多遍，若是他行的话，早就该落子了。

难道我还有戏？抱着这个怀疑态度，我又看了几遍，还是没看出在这个局部我怎样才能杀得赢黑棋。但不管怎样，我总觉得哪里不对劲，这个信念使得这盘棋的精彩得以延续。

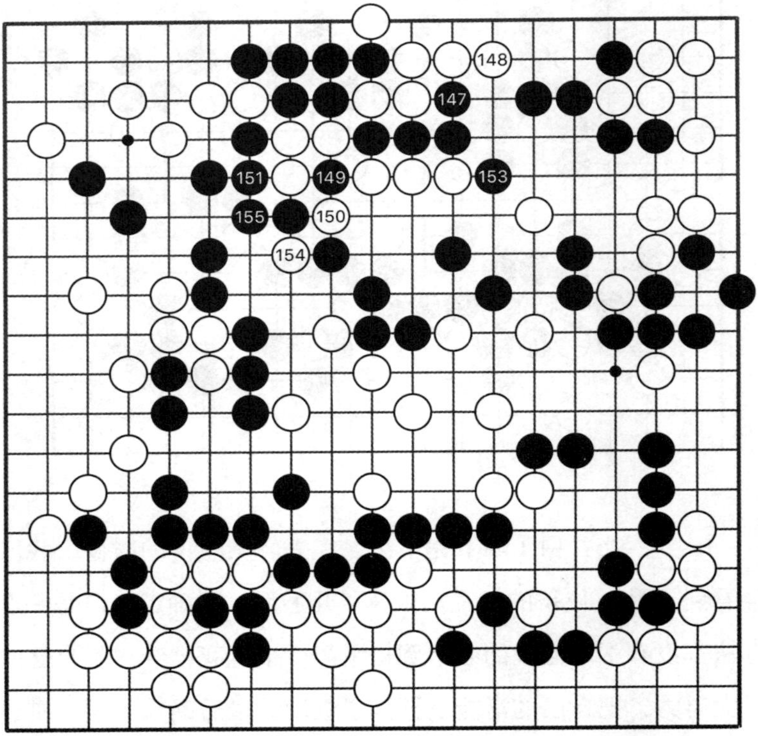

152 = 149

图 2-2-26

图 2–2–26：李轩豪思考再三后，终于落子了，毕竟他的用时也很紧张。黑 147 挤，是我之前说到的最强手。按理说这步棋一出，白棋是不行的。但李轩豪当时显然是一种随时准备应战的状态，一点轻松的感觉都没有。而对于我来说，虽然没看到自己怎么能行，但白 148 长也是必然，先闭着眼睛下上去再说。白 148 下上去后，我发现黑 149、黑 151 必须赶紧滚打包收，若直接下黑 153，白在黑 149 位单粘，白外围大块有五气，黑棋不行。

当我发现黑 149、黑 151 必须滚打包收的时候，自然就看到了白 154 打吃的先手，然后我一下子就明白了李轩豪为何在我自知明显不行的情况下仍苦苦思索。我们先来看实战。

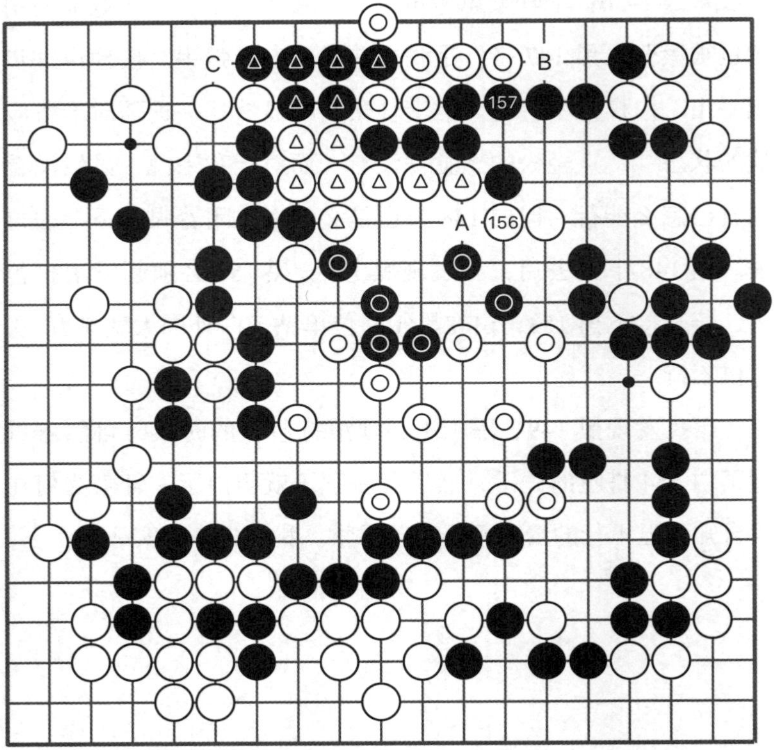

图 2–2–27

图 2–2–27：白 156 必须挡，黑 157 粘是我和李轩豪早就算到的好手。就局部而言，棋下到这里，白棋已经完了：白三角大块只有三气，而黑三角大块有四气，所以白棋必须在 A 位将三角大块联络，不然若直接在 C 位收黑气，黑 A 位咔嚓一断，白三角大块就只剩两气，杀不赢黑三角大块。那么白必须在 A 位将三角大块联络的话，黑 B 位一紧上方白圆圈六子的气，白圆圈六子只剩下三气，对战黑三角大块的四气，白圆圈大块杀

不赢。我是这么计算的，这白三角大块和白圆圈六子总有一边杀不赢黑三角大块。这样白局部损失惨重，不可能再有翻盘的机会。

可我怎么都没想到，当我看到白 154 打吃是先手的时候，突然发现白若是再多个 A 位粘，中央黑圆圈六子的气意外的紧！而白中央原本已经阵亡的圆圈数子，居然有起死回生的可能！本来已经准备缴械投降的我，看到这柳暗花明又一村时，难掩内心的激动！一是感叹围棋的神奇，居然可以“生”出如此难以预料的变化；二是感叹围棋的变幻莫测，非人力所能窥探；三是感叹原来这就是听天命，自己拼尽全力从黑暗的洞穴中找到出口后，却在发现脚下是悬崖峭壁时，突然往下一望，悬崖峭壁上居然有一条可攀的绳索，绝境逢生！

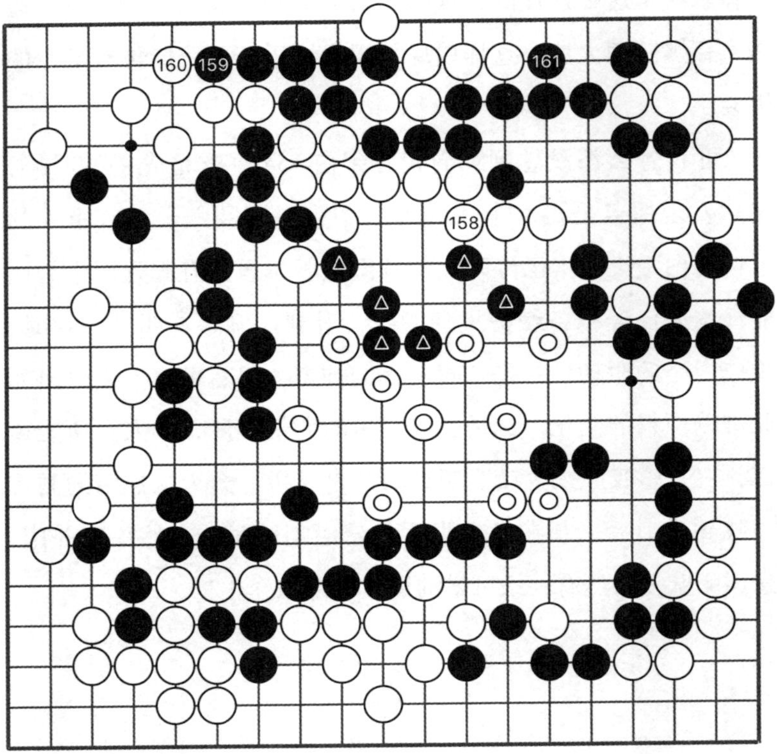

图 2-2-28

图 2–2–28：白 158 粘必然，黑 159 先手爬一下后黑 161 挡死上方白六子。这时候大家应该也发现了：中央黑三角六子的气特别紧，而原本已经阵亡的中央白圆圈数子突然有了勃勃生机。此时的我，还剩下 15 分钟就要超时了，但还是处于难以抑制的激动中，毕竟这个转折实在是太突然了。现在中央的攻防变化，虽然白棋明显有棋下，但也非常复杂。而在时间上的压力和内心的起伏中，我是否能下出正着？这还真的很难说。

这中央到底埋藏着什么样的变化？棋局的最后又出现了什么戏剧性的场面？

在进入下篇之前，我们先来总结一下本局中篇的内容。

这盘棋的中盘战斗从李轩豪黑 123 强行靠入白左上拆二开始，之后的战斗变化极为精彩和复杂！技术层面我就不多说了，大家可以细看棋评。这里我大概说一下两位棋手在心理层面的对手戏。

对我来说，当李轩豪弈出黑 131、黑 133 的超强手时，之后的变化之复杂，就已经不是我能全部算清的了。可以说我一直是在摸着石头过河。在这个过程中，我的心情经历了几度沉浮。虽然最后我能绝处逢生是好运使然，但当我身处绝境的时候，我还是坚持往悬崖下望了一眼。望这一眼就是在尽人事，至于望了以后有没有绳子，那就要听天命了。但若是连望都不望一眼就放弃了，那我就连听天命的机会都没有了。有意思的是，当我这边内心挣扎的时候，李轩豪其实也一直处于未知状态，只要一方不自己倒下，另一方未必能看到光明。尤其是下到最后大家都筋疲力尽的时候，比赛已经不是在比谁出拳出得重，而是在比谁先倒下了。

本局最精彩之处，莫过于我和李轩豪在心理活动信息不对称的时候所表现出的激烈心理冲突。没有这些因素，就不可能出现这么精彩的棋局。

那么本局最后的大结局是什么？请看下篇分解。

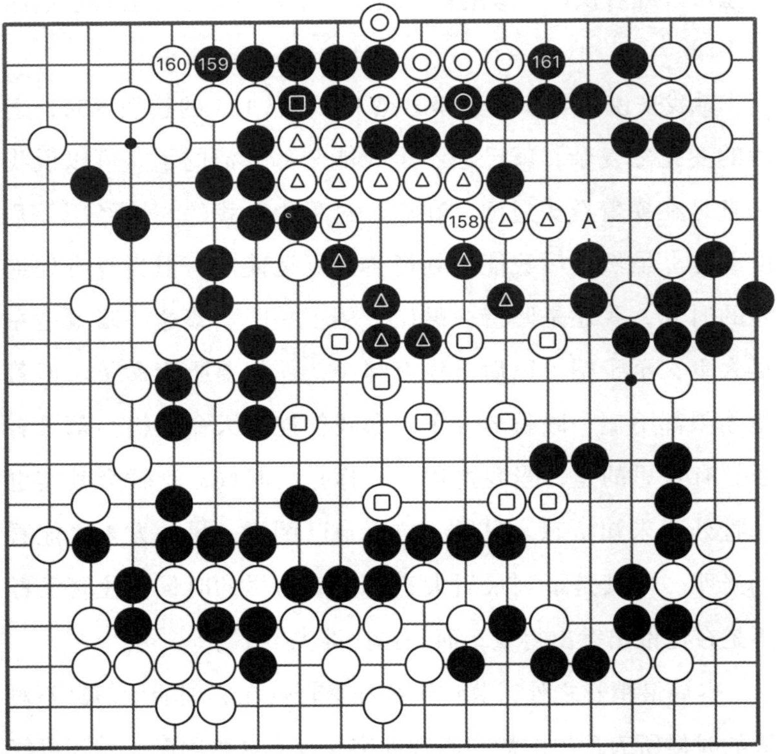

图 2–3–1

图 2–3–1：在李轩豪黑 123（黑方块一子）靠入左上白拆二后，对局双方形成了一场极为激烈而复杂的对杀。在这个过程

中，我和李轩豪不仅在技术着法上你来我往、妙手迭出，也在心理上进行了无形的较量。我俩之间的对手戏极为精彩。最后我漏算了黑 147（黑圆圈一子）挤的妙手，导致整个局部战斗以我损失惨重而告终。但正当我绝望之时，突然发现一扇新的大门为我打开了。

黑 161 挡之后，上方白圆圈六子已经阵亡，而中央白三角大块还得赶紧 A 位回家，不然被黑切断归路就完了。但这时候白若只是 A 位回家的话，将会以大败而收场。不过白棋不用急于回家，因为中央黑三角六子因为上方战斗的变化而变得气紧，这使得我在本局所弃掉的白中央方块数子突然又有了生机！现在中央轮白棋下，一看就很有棋下。但这时我仅剩下 15 分钟就要超时判负了，而从绝望到重燃希望的惊喜，让我一时激动不已。我能感觉到中央只要我能下对，就能出棋。于是，我强压住内心的激动，飞快地进行计算。

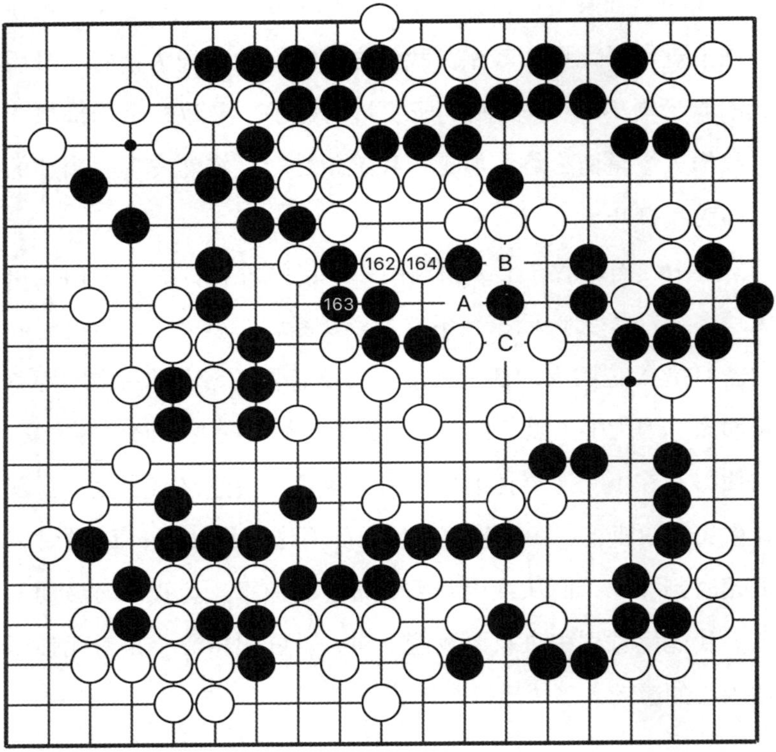

图 2–3–2

图 2–3–2：我的本能是白 162 打吃完白 164 顶一个。当时我认为黑棋接下来大致有 A、B、C 三种选择。我们来一一分析一下。

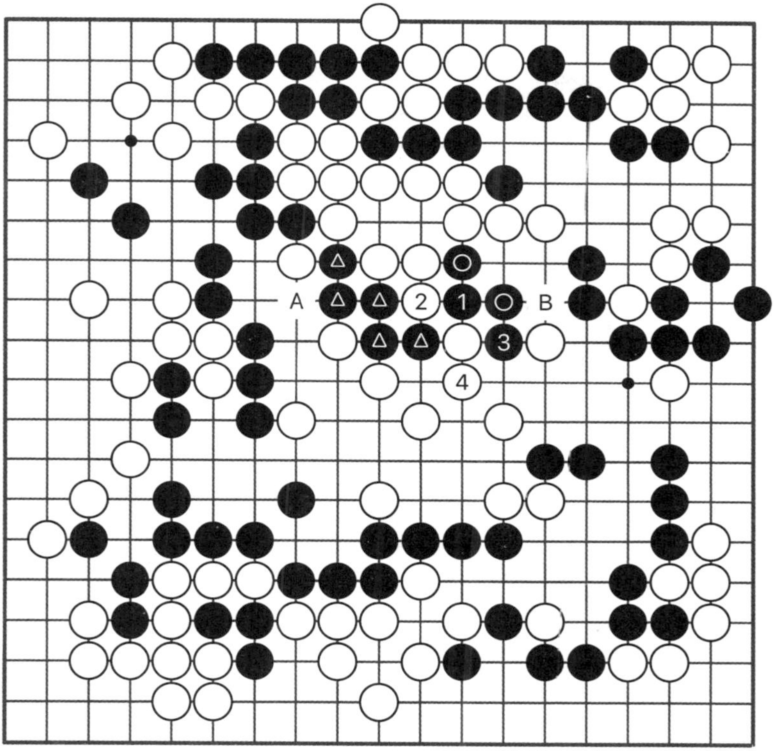

图 2–3–3

图 2–3–3：黑 1 团是最直接的应对，但也是最先被我排除的下法。白 2 断，黑 3 先手打吃一下后，黑棋就会发现一个问题，接下来黑三角五子和黑圆圈等四子气太紧，给白棋留下了 A、B 两点，已经无法两全了。此图黑两块必死一边，所以黑 1 的下法首先被放弃了。

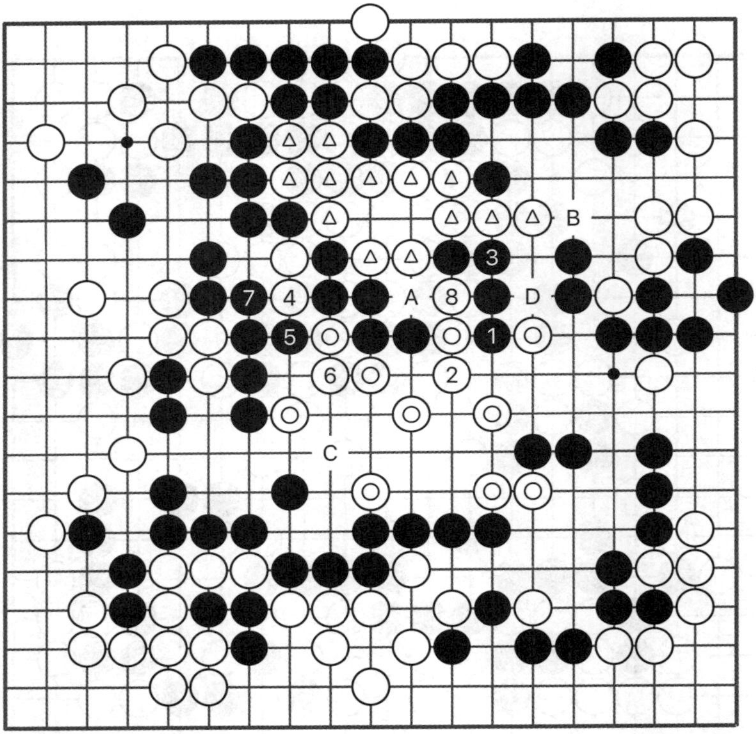

图 2–3–4

图 2–3–4：既然最直接的着法不行，那黑 1、黑 3 就先自保再说。虽然这样黑棋可保无忧，但白 4 以下可利用弃子使得白 8 挤后，白原先阵亡的中央圆圈数子与上方白三角大块会师（黑 A 位断不入气）。这时候黑棋当然可以在 B 位切断中央会师后的白棋巨龙，但白三角大块已经自带一只眼，所以白只需要在 C 位再搭出一只眼，中央白巨龙就两眼无忧了。此图黑虽然自己没死，但让白棋全活了，一样不可行。

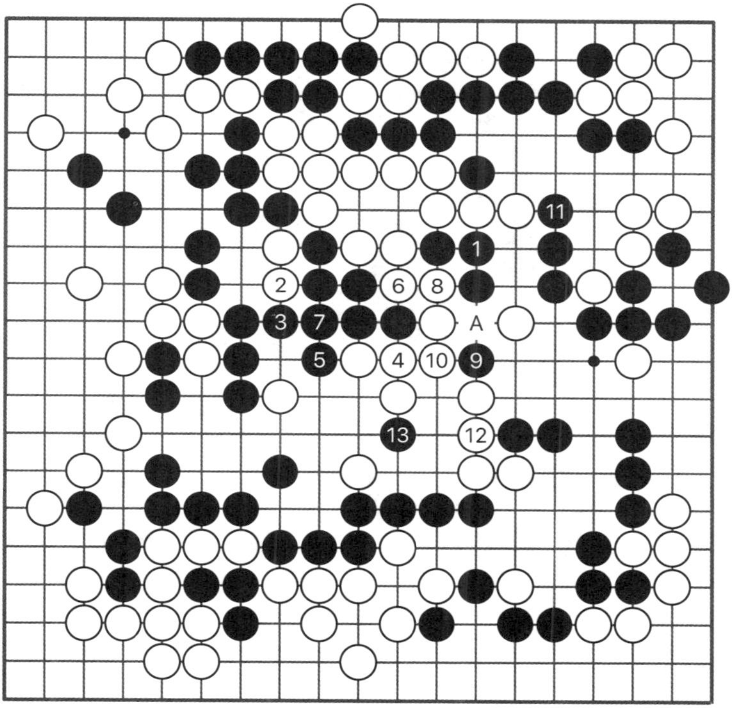

图 2–3–5

图 2–3–5：上图中黑 1 先冲（A 位）是俗手，本图黑 1 单团才是最强应对。接下来白 2 还是要利用弃子滚包，使中央两块白棋会师。但这个会师后的效果没有图 2–3–4 好，接下来黑 9 一靠（黑 9 必须靠，不然白粘到 A 位就搭出一只眼），白 10 若是粘上，黑 11 切断白中央大龙归路。白 12 企图再搭一只眼，但被黑 13 一靠，白整块大龙只差一只眼，却干瞪眼找不着。

难道黑 1 单团后，白棋就不行了？没有，本图的白 10 是问题手。

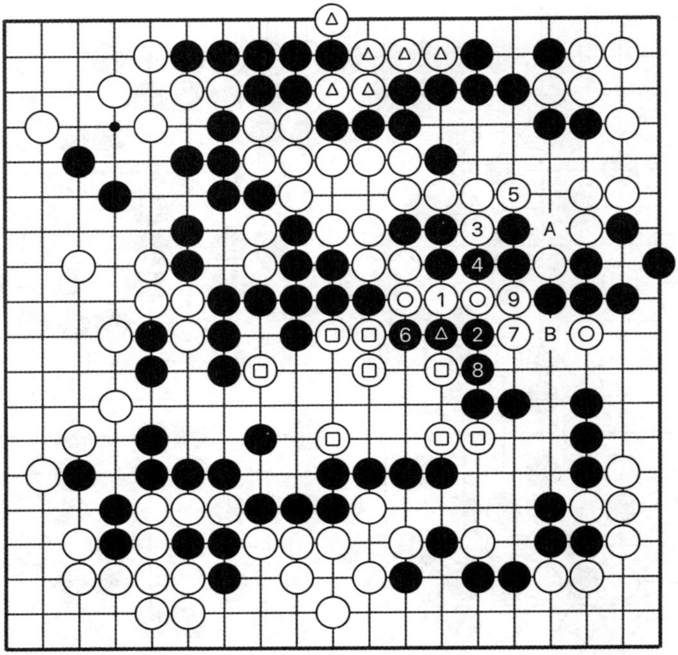

图 2–3–6

图 2–3–6：上图黑 9（黑三角一子）靠的时候，白不是非要救方块数子不可的。白 1、白 3 先手粘了打吃后，白 5 先将主力部队连回家是正着。黑 6 虽可断吃白方块数子，但白 7 先手扳一下后，白 9 粘上还是先手。接下来黑大致需要 A 位提一子，白 B 位粘还是先手。局面至此，白虽然没有救出方块数子，但能把圆圈三子全救回来，已经获利近 20 目，足以弥补上方白三角六子阵亡的损失。

当时我计算了以上几个图的变化，觉得黑棋应该不行。我本想再验算一下，但时间已所剩无几，我只得赶紧出手。

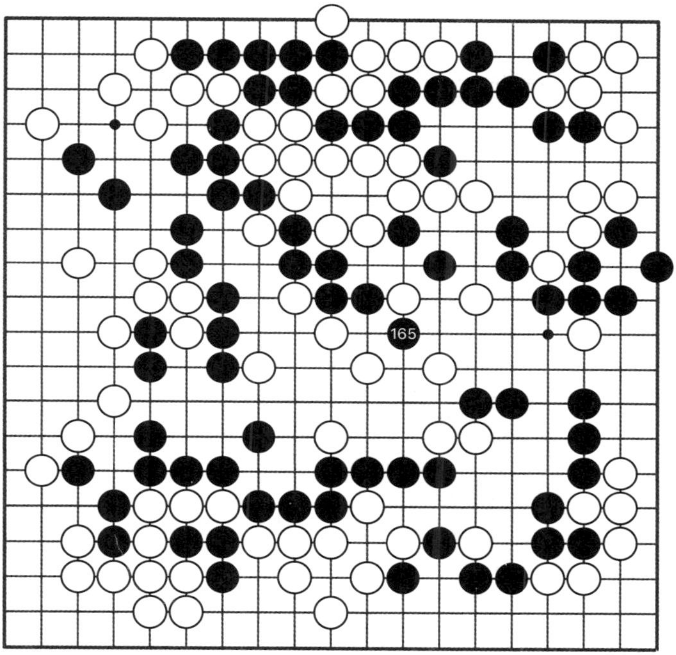

图 2-3-7

图 2–3–7：我飞快地下出了白 162 打吃，白 164 顶。但让我意外的是，李轩豪没有下我预想中的着法，而是下出了黑 165 扳。这步棋完全没有在我的计算范围内，而且李轩豪是秒下。当时我顿感不妙！

因为一般情况下，如果对方秒下的一着是你漏算的一手的话，那这步棋往往就是你忽略的好手。这就好比你很开心地率部队追着别人跑到山谷，突然目标不见了，远处传来对手的哈哈大笑。那你第一感就是：完了，中埋伏了。虽然感觉有危险，但我也无暇想太多，赶紧思考我该怎么应对李轩豪这步棋。

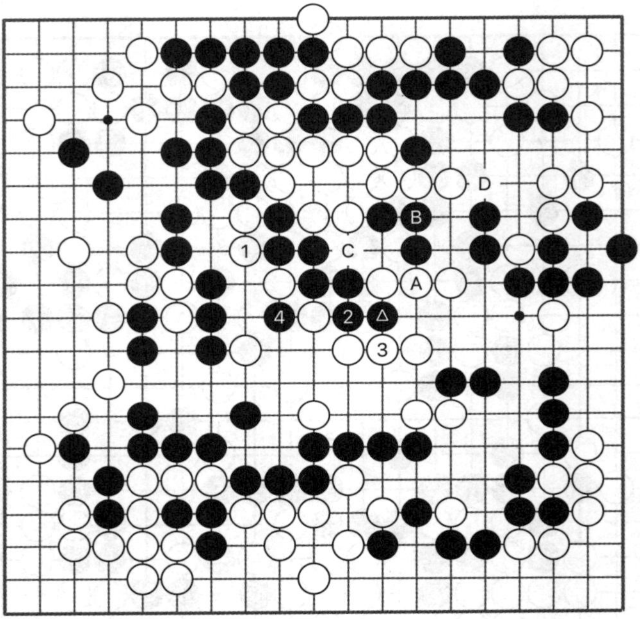

图 2–3–8

图 2–3–8：调整了一下情绪后，我赶紧投入计算，发现李轩豪黑 165（黑三角一子）果然不好对付，黑 165 扳后，白 A 位粘必然，这时黑再回到 B 位单团。有了黑 165 和白 A 位粘的交换，白 1 企图弃子包收的手法就不成立了。有了黑三角一子的接应，黑 2 可粘上了。接下来白 3 必须粘上，不然黑往白 3 位一冲，白形裂了。有了黑 2 粘，黑 4 就可双叫吃。白接下来虽然可 C 位先手叫吃联络，但白大龙只有一只眼，黑 D 位断白大龙归路后，白大龙被杀。

当我通过计算察觉到李轩豪的用意时，一丝凉意从背后渗出。这时候我本能地发现之前白 162 打吃失误了。

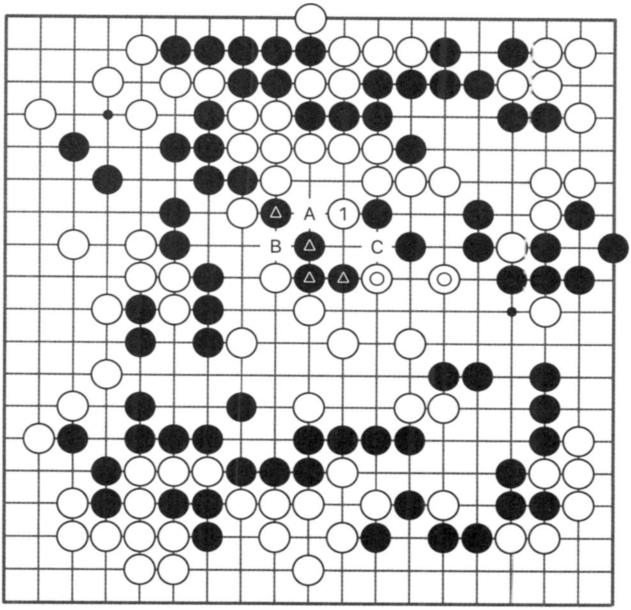

图 2–3–9

图 2–3–9：当初我白 162（A 位）打吃太随手了！应该白 1 单虎。这里的逻辑其实很简单：

1. 白 1 单虎后，A 位随时打吃都是绝对先手，所以白 1 没必要急于打吃。

2. 白 1 单虎后，黑要是马上下 A 位，那白 C 位叫吃可先手将白圆圈两子连回，所以黑不能马上下 A 位。

3. 所以白 162（A 位）完全没有必要急于和黑 163（B 位）交换。关键是这个交换，使得黑三角四子明显变强。

可以说白 162 犯了个错误。人犯了错误后，会本能地感到懊悔，这是人之常情。我当时也是，当意识到白 162 打吃随手的时候，我那叫一个郁闷：好不容易看到可以下悬崖的绳索，结果一激动，手滑了。

其实导致白 162 这个错误的原因，不只是我的激动，还有我对气的不敏锐（没意识到白 162 和黑 163 交换其实很损）。但当时我的时间实在是太紧张了，根本没有太多时间去懊悔，毕竟比赛还没结束，当务之急是眼下该怎么办。稍作调整后，我静下心来细细一算，发现在这狭小的空间内，居然别有洞天。

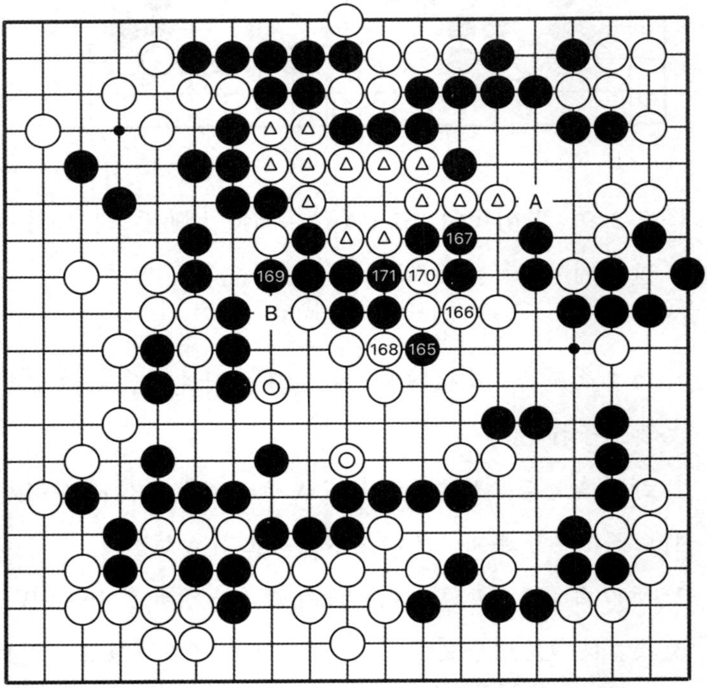

图 2-3-10　这个虽然是实战进行图，但当时还只是我脑海里的心算图

图 2–3–10：既然白 168 不能下图 2–3–8 中的白 1（黑 169 位），那我就只能先把黑 165 断死。黑 169 拐吃后，白中央大块与白三角大块被分断。白的所得之处是白 168 断死黑 165 这颗子后获得一个眼位，同时由于白 170 挤是先手，所以白 B 位有个打吃先手。现在白三角大块随时要被黑 A 位切断归路鲸吞，但这时候我也管不了白三角大块了，因为白中央大块价值明显大于白三角大块。所以只要我能把中央大块做活，一切都好说。但问题是白中央大块能不能活？

当时我心算时没算出来，毕竟黑棋太厚了，白棋另一只眼在哪里？直到我在脑海里将白 B 位叫吃先手和当初白圆圈两颗残子连成一个图形时，突然发现当初最不经意的两颗白圆圈残子，居然在此刻起到了决定性的作用！于是我再次整装出发。

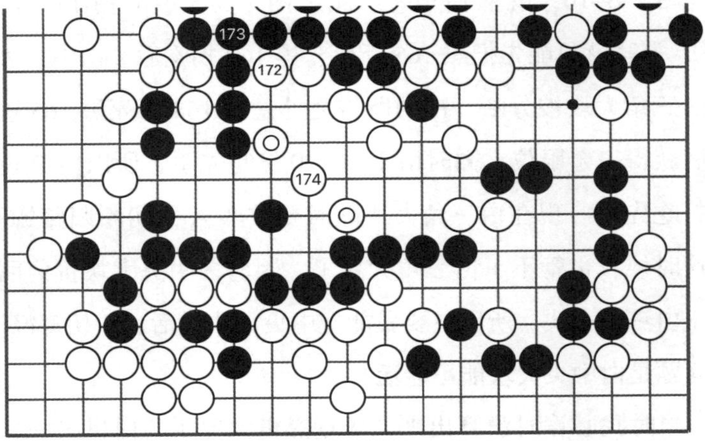

图 2–3–11

图 2–3–11：有意思的地方来了，白 172 先手打吃一下后，白 174 小尖，白居然在这里正好搭出一只眼！这里白 172 先手打吃和白圆圈两子接应这两个条件，缺一不可。

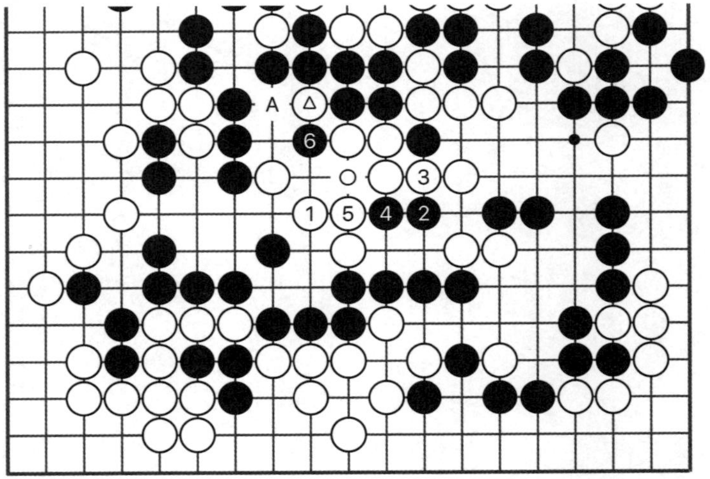

图 2–3–12

图 2–3–12：若没有 A 位打吃的先手，白 1 直接小尖是不行的。黑 2 点是绝对先手，接下来黑 4 冲，白 5 也必须挡住。这时黑 6 可吃掉白三角一子，顺便灭掉白圆圈处眼位。但白实战有了 A 位打吃先手，情况就完全不同了。

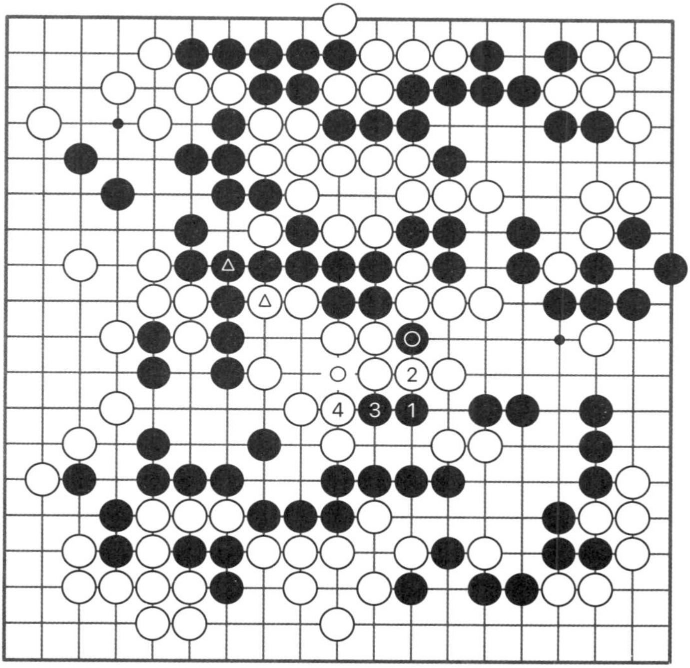

图 2–3–13

图 2–3–13：在实战中，白 172（白三角一子）和黑 173（黑三角一子）先手打吃交换后，白棋顿成活形：黑 1、黑 3 点冲，白 2、白 4 就全部应住。由于白三角一子的作用，白圆圈处的一只眼铁板钉钉。再加上之前吃掉黑圆圈一子的一只眼，白中央大块终于做出两只眼，彻底安全了。

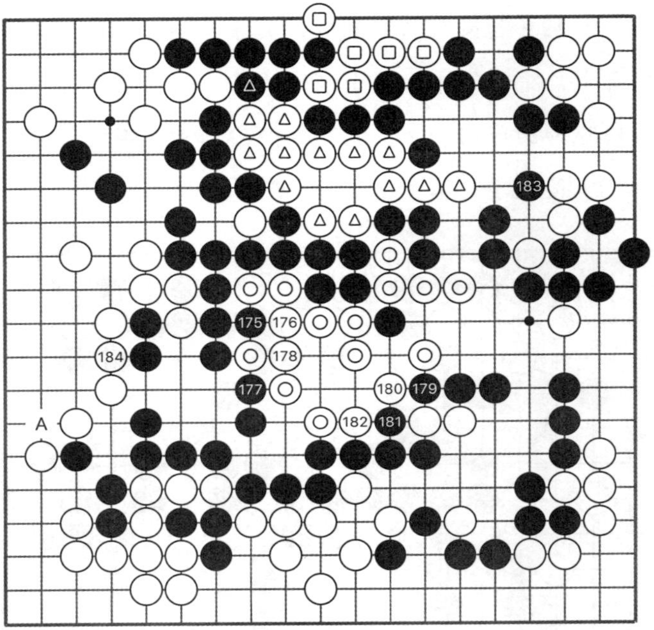

图 2–3–14

图 2–3–14：李轩豪虽然很不甘心白中央可以做活，但也没有办法。思考了一会儿后，他必须接着往前看。毕竟这时候他的时间也很紧张，已经快被罚 4 点了。黑 175 以下在中央先手定形后，黑 183 切断上方白三角大块的归路，将白三角大块共 13 颗子收入囊中。棋局至此，当初李轩豪黑 123（黑三角一子）从左上发起的战役终于告一段落。

这 60 手棋中，出现了多次戏剧性转折，其中的精彩技术细节和对局双方在心理上的对手戏，我在棋评中都分析过了。谁又能料到，这场战役的结局会是：当初左上白拆二的阵势，不仅被黑棋破坏，更是留下了白三角大块和方块大块共 19 颗阵亡的白子。而原本中央早已牺牲的白圆圈数子，居然奇迹般地复活了！这真是沧海变桑田。那么这场超级大转换的得失到底如何呢？我们来分析一下。

黑所得：上方吃了白 19 颗子加上虚空，约获利 47 目。

黑所失：中央让白圆圈数子死而复生，原本中央 75 目的实地减为约 30 目，损失约 45 目。

白所得：中央圆圈数子活了 5 目实地。

白所失：左上拆二阵势被黑破坏，损失约 8 目。

经过以上的分析，我们可以看出：在整个大转换中，黑棋在实地上获利约 2 目，白在实地上损失约 3 目，一出一入，黑整体在实地上获利 5 目。看上去是黑棋占了便宜，但还有两个附带价值没有被计算在内：

1. 随着整个战役的结束，上方已经没有空间了，所以黑原本在上方的厚势红利全没了。

2. 整个战役最后是黑棋落了后手，也就是说，黑棋在这个战役中是投入了一手棋的代价。

扣除以上两个黑在附带价值上付出的代价，这约 5 目实地所得的利益得不偿失。再加上白 184 防住了黑 A 位断的手段，抢到全盘最后的大官子。

整个上方60手的战役，黑棋明显亏损。所以目前棋局是白棋优势，但当时我比李轩豪多罚2目，此时白棋的优势并不大。而且这时候我只剩下7分钟就要超时判负了，所以我根本不能像现在这样一边悠闲地喝茶，一边计算双方的得失并分析当时形势的客观状况。当时的我只能本能地计算一下得失，感觉整个转换白棋应该便宜了。但对于全局的客观目数，我没有时间全部算清，只是大概觉得自己应该处于优势。所以此时的我还是处于未知的状态。

而这时候的李轩豪肯定意识到了情况不妙，但他知道我的时间所剩无几，虽然他自己也快被罚4目，但起码比我的状况好多了，因此他肯定要努力把使局面搞乱。以上这些因素使得这盘棋的精彩还在继续。

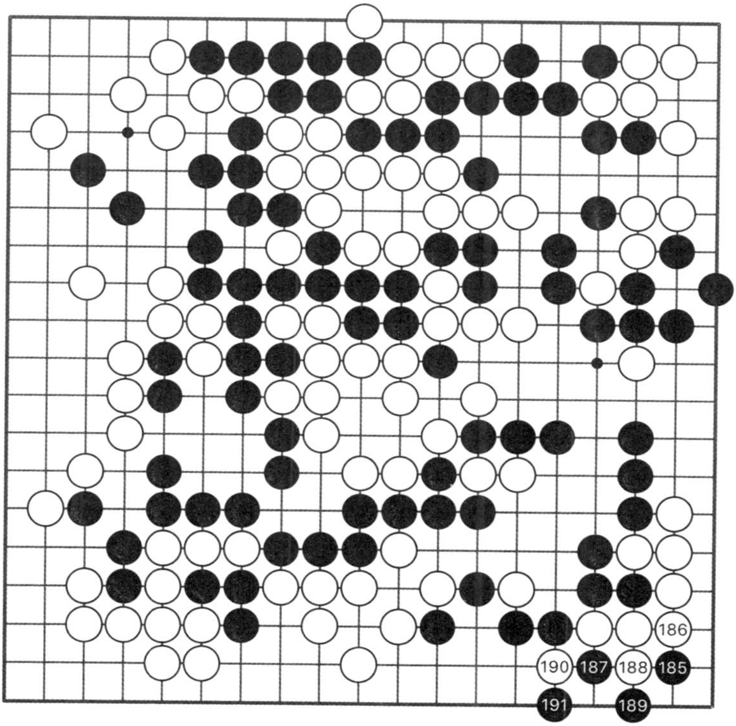

图 2–3–15

图 2–3–15：我本以为这棋到了小官子阶段，终于可以正常收官了，没想到李轩豪再出奇着：黑 185 二二点一个后，黑 187 扳完，黑 189 强行渡过！粗粗一看，黑这不是找死吗？白 190 二路吃，黑棋怎么办？李轩豪早就准备好了，黑 191 一路顽强做劫！

这时候我终于明白了什么叫被连续轰炸。经过前几轮残酷的轰炸，我本以为可以享受片刻的和平和宁静，没想到炸弹又来了。在这个过程中，白 190 有一个可以妥协的下法。

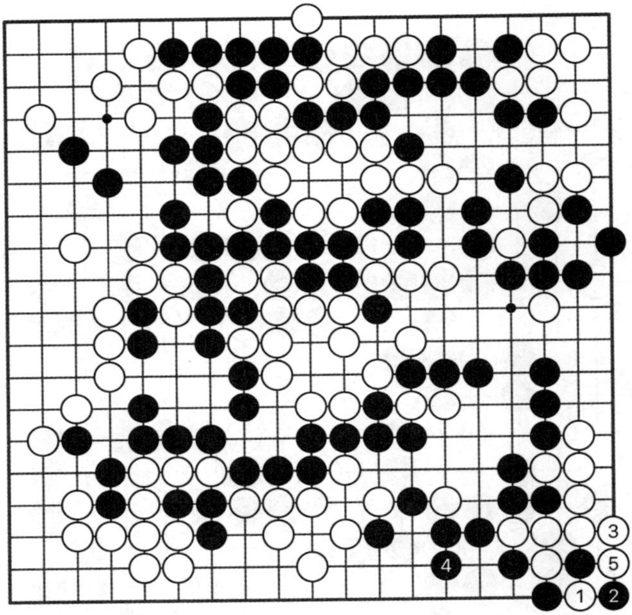

图 2–3–16

图 2–3–16：黑 189 一路渡过时，白 1 扑一个可保白右下角安全。白 5 叫吃后，黑局部接不归，但白这个下法明显被黑欺负获利。我当时没判断清局势，不知道这退让能不能稳赢，而且我觉得我全盘劫材有利，凭什么要退让？所以虽然知道一旦实战再起劫争，我在用时方面会有巨大压力，但我管不了那么多了，先上了再说，总比退让而死好。

因此很多时候，我们不能只用 AI 胜率来解读棋局，毕竟棋盘前的两位对局者是有血有肉的人。他们受到用时、情绪以及对手所给的压力的影响，很多时候是在迷雾中前行。这些因素都会对他们的决策判断产生不可预知的影响。但就是因为这样，围棋才有意思。它不是千篇一律的，也没有标准答案，每一盘棋就像是“薛定谔的猫”一样，让人无法预知。

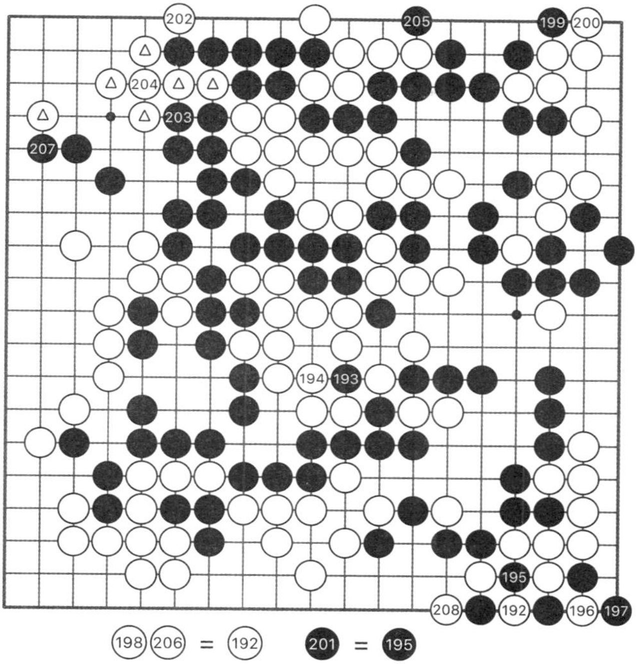

图 2–3–17

图 2–3–17：李轩豪强硬劫争，我也毫不退让，于是右下角出现了一个事关生死的劫争。经过几个回合的劫争后，李轩豪一下子没有合适的劫材，于是跑到左上黑 207 挡找劫材。他的意思很明确：你要是不应，我就对左上白角动手。我一看在左上应都不好应了，稍作计算，就不管三七二十一，白 208 先把右下角劫争解消了再说。我看到左上角黑棋无法净杀白棋。

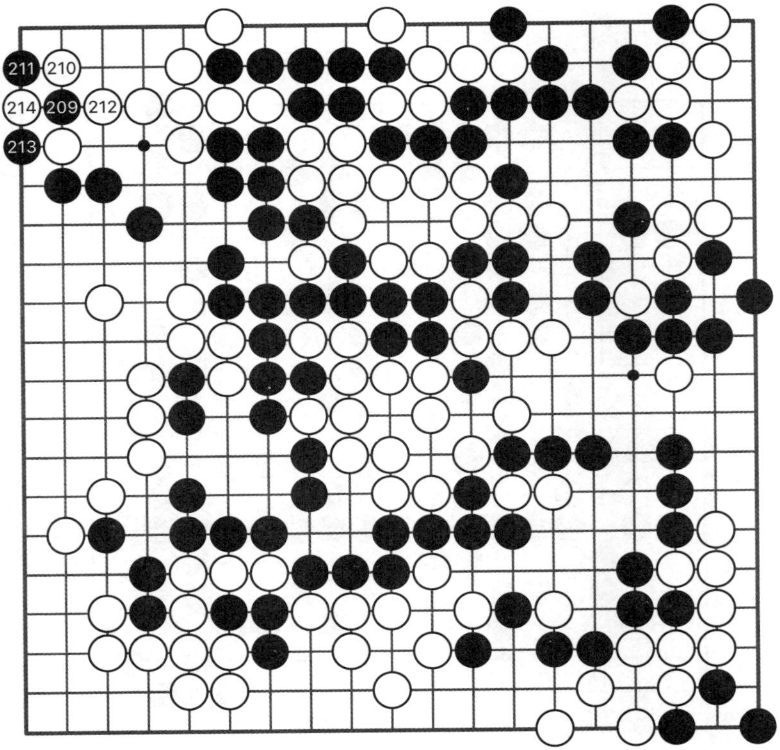

图 2–3–18

图 2–3–18：右下劫争被我解消后，左上再起波澜。黑 209 二路夹入，白 210 反夹，看似白棋要做活，但黑棋有黑 211、黑 213 再次一路做劫的顽强手段！右下风波刚平，左上角再次形成生死劫争。打劫是最花手数的，而且这时候我只剩下 5 分钟就要超时判负了，李轩豪下一手找的劫材对我极具考验。

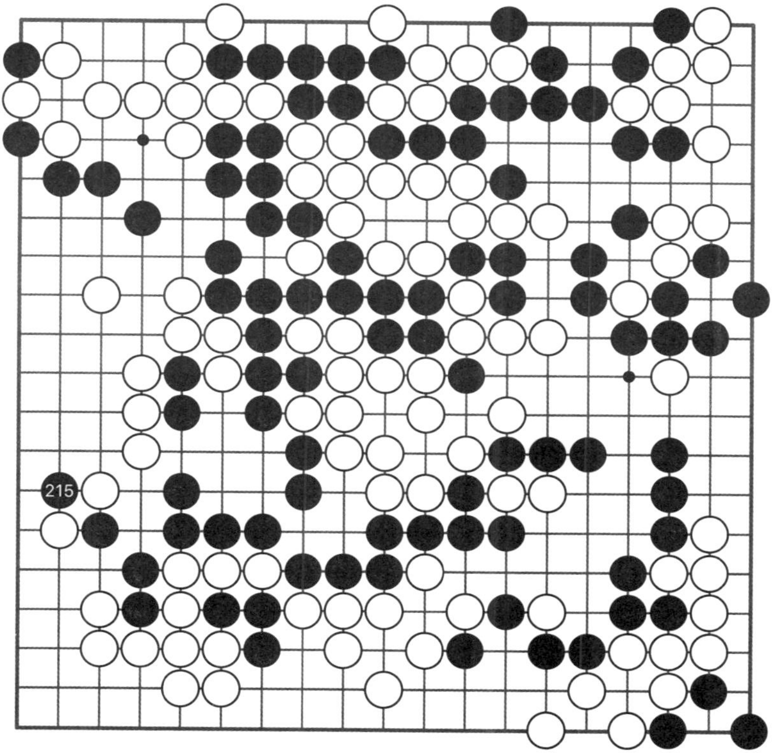

图 2-3-19

图 2-3-19：黑 215 断一个找劫材，让我面临选择。

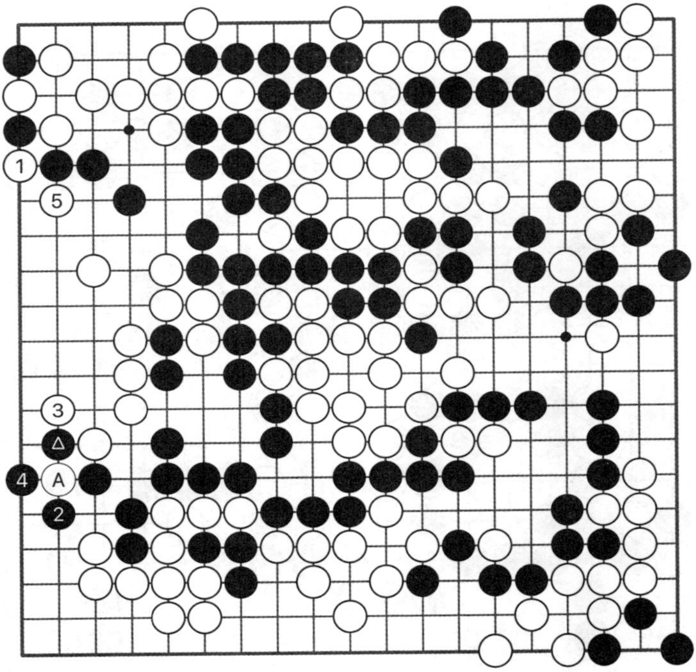

图 2–3–20

图 2–3–20：黑 215（黑三角一子）断的时候，我可以选择白 1 将左上角劫争解消。虽然黑 2 以下可吃掉白 A 位一子将白左下实空破坏不少，但由于黑在右下劫争和左上劫争均付出了巨大代价，因此白 5 渡过后，客观来说，此局面白棋明显处于优势。但我当时时间太紧张，根本没法静下心来仔细计算这个转换的得失以及全局目数的客观状态，所以不知道白 1 消劫到底能否赢，而且我觉得我劫材明显有利，所以就不想退让。

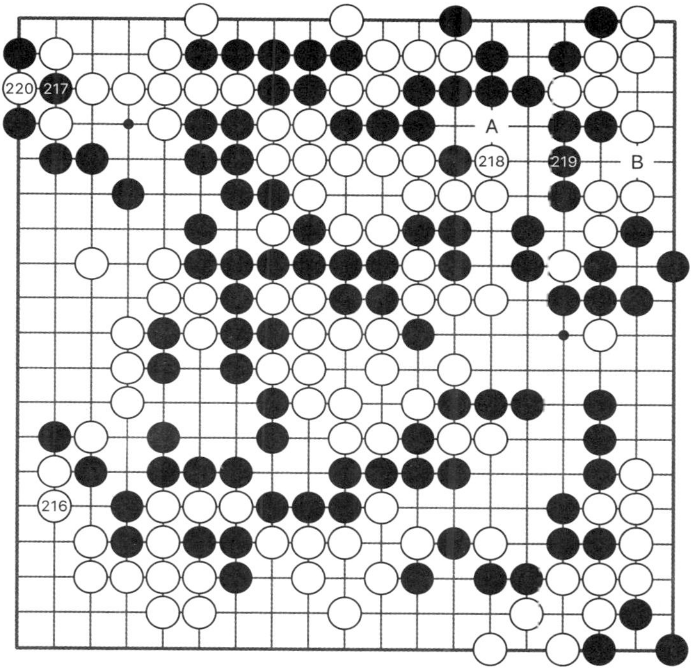

图 2–3–21

图 2–3–21：我选择白 216 继续应劫，与黑棋一劫到底。白 218 这个劫材其实找得有问题，应该下在 A 位靠，这样下一手确保有个真眼。白 218 拐吃后，下一手白棋就算提掉黑一子，还只是个假眼。我记得当时李轩豪看到白 218 拐吃后，两眼突然放出光芒。他认为机会终于来了：由于白下一手也做不活，所以黑 219 可以补在粘的位置杀白棋。由于多了黑 219 这颗子，右上白角就生出了黑 B 位挖的一堆劫材。有了这堆劫材撑腰，左上劫争白棋就打不过黑棋了。这就是李轩豪当时突然兴奋起来的原因。那么白 218 到底是不是败着？我们继续看实战。

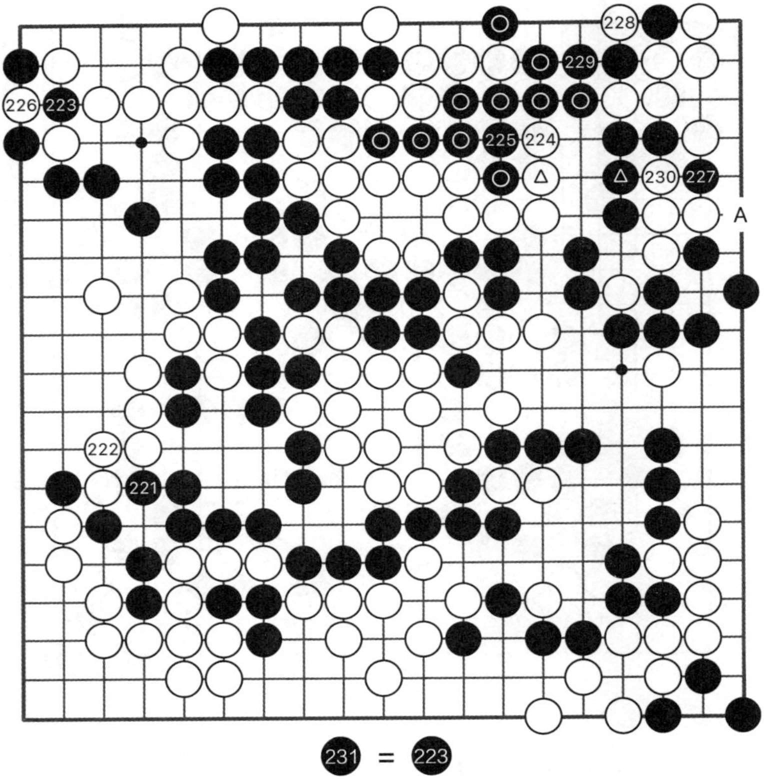

图 2–3–22

图 2–3–22：由于白 218（白三角一子）找劫手法有误，导致黑可以补在 219（黑三角一子）位粘，使得黑在白右上角多了不少劫材。现在劫争还在继续，双方都在找各自的劫材。黑 227 挖的时候，白 228 先提一子。对此，黑 229 必须粘，不然白下一手在黑 229 提，不仅是一枚劫材，更使白右上角变厚，黑棋在白右上角将一枚劫材都找不到。黑 229 粘，白 230 就必须跟着应，黑 231 提劫。这时若正常进行，由于黑在白右上角

有包括 A 位打吃在内的 5 枚劫材。白棋全盘劫材不够。

但是，李轩豪忽略了一个问题，那就是黑上方圆圈大块的气很紧。我在白 218 找劫材时就已经注意到了这一点。

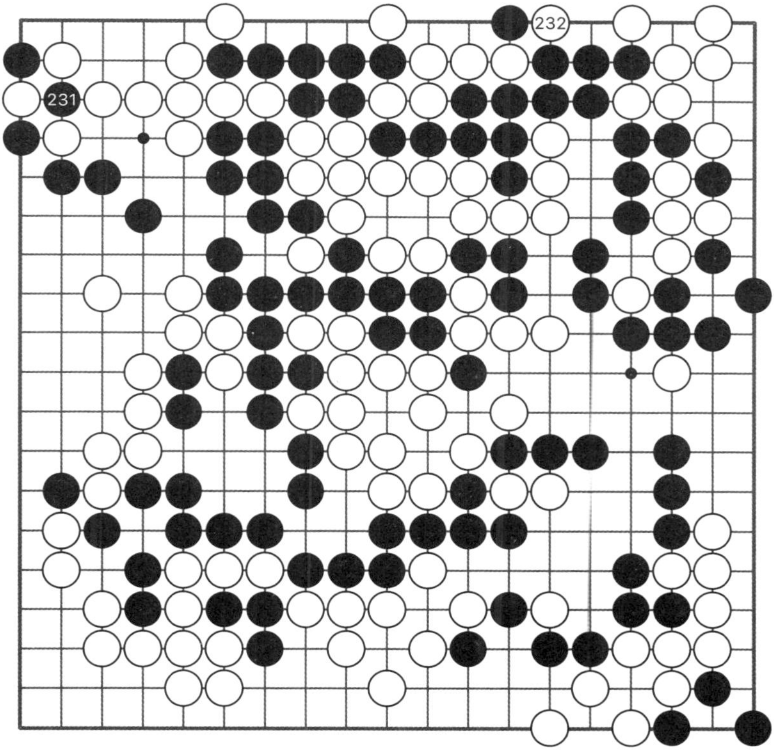

图 2–3–23

图 2–3–23：当我落下白 232 一路扑的时候，原本落子飞快的李轩豪突然停了下来，神态仿若如梦初醒。从李轩豪当时的反应来看，他忽略了白 232 这步好手。

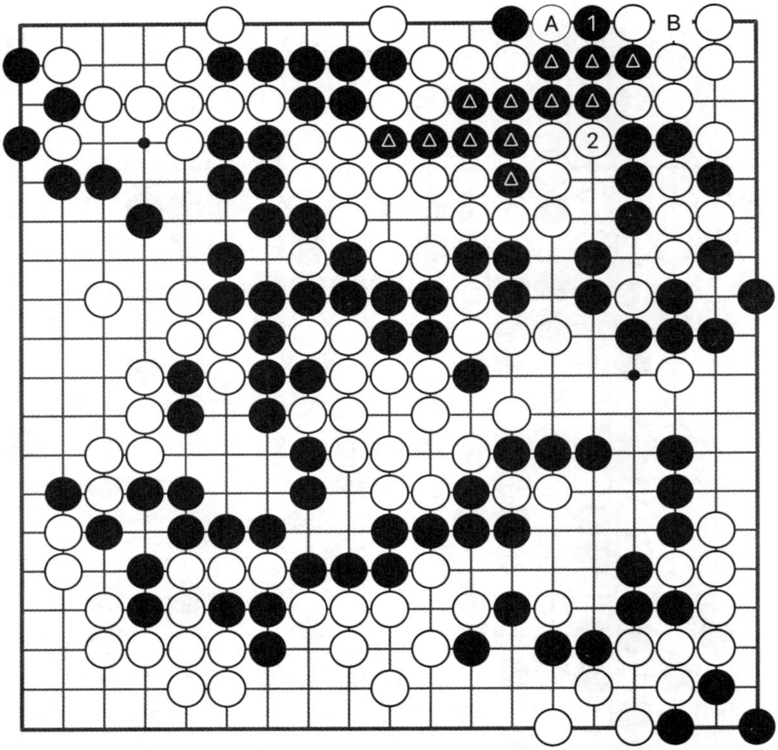

图 2–3–24

图 2–3–24：白 232（A 位）扑的时候，黑 1 若是提，白 2 切断黑三角大块的联络。黑三角大块只剩下 A 位一口气，必须靠在 B 位提劫来求生。这等于是白白出现一个黑棋不能打输而白棋无忧的大劫，这就没法看了。

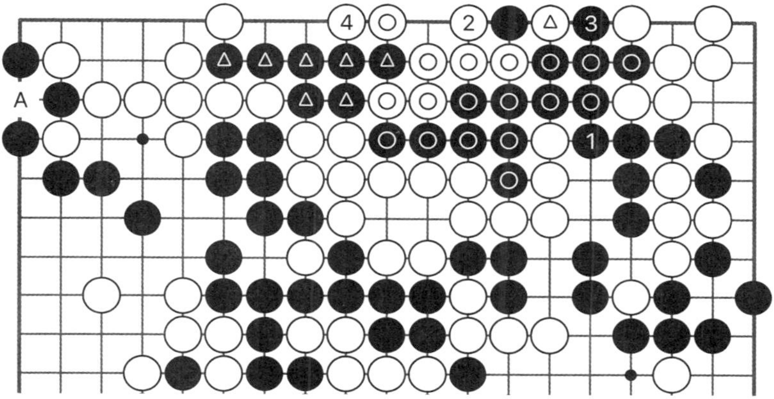

图 2–3–25

图 2–3–25：白三角扑的时候，黑 1 要是先把圆圈大块连回家呢？黑圆圈大块是没问题了，但上方白圆圈六子由于多了白三角的接应，气顿时变长。我当时看到的是白 2 先手提一下，然后白 4 一爬，局部白圆圈大块和黑三角大块形成紧气劫。这个劫对于黑棋来说是不能打输的，而对于白棋来说几乎是白来的。因此接下来白棋只需要在左上 A 位提劫，左上劫争白棋将无条件打赢，这黑棋顿时无法再争胜了。

虽然这时候我只剩下 4 分钟就要超时了，但李轩豪还是很大度、很爽快地认输了。当他认输的一刹那，我紧绷了近 7 个小时的神经才彻底放松下来，我不禁感叹这场胜利来得太不容易了。局后我们进行了长时间的复盘和交流，下面我和大家分享一下李轩豪的思路。

首先，本图我预想的白 2 提是一步问题手，虽然无关胜负，但也必须自我检讨一下。

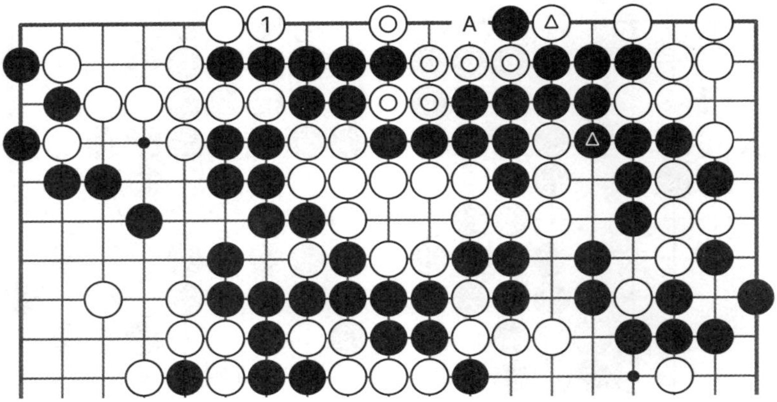

图 2–3–26

图 2–3–26：我预想黑三角粘的时候，我在 A 位提，虽然这样也赢了，但就技术本身而言，这 A 位提是步大臭棋。李轩豪在局后告诉我，白 1 单爬才是绝妙的一手！由于白三角一子的存在，黑棋对白圆圈六子已经不入气了，白明显快一气净杀黑棋。看到这一手时，我不禁感到惭愧，这说明在这种微小的技术方面，我还有所不足。

这要是作为一道死活题来做，我肯定能看到白 1 单爬的妙手。但就是在实战中，尤其是在各方因素的压力下，我没有看到白 1 单爬这步好手。而在同样的压力下，李轩豪却可以本能地看到这步棋，说明我在这方面还需提高。

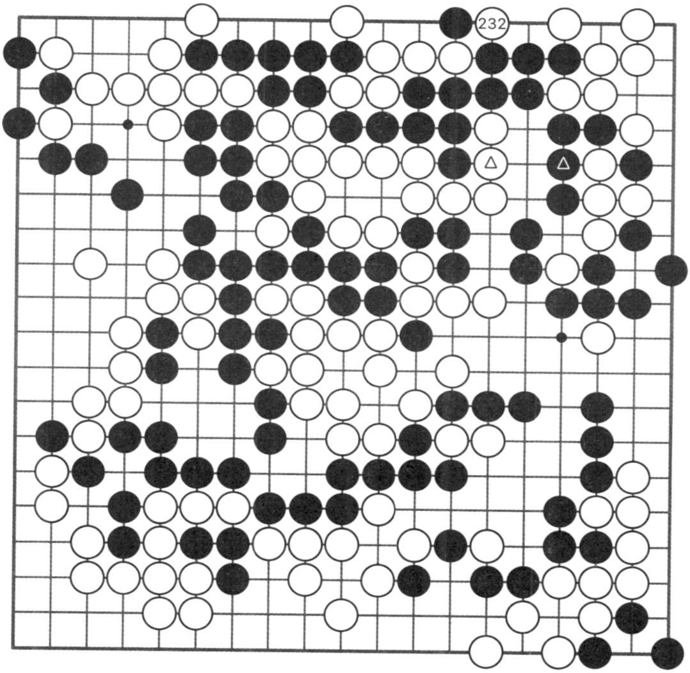

图 2–3–27

图 2–3–27：赛后，李轩豪坦言他没注意到我白 232 一路扑的好手，他本以为我白 218（白三角一子）是个大问题手，他黑 219 一粘（黑三角一子）可以逆转局势。现在来看，黑棋在左上的劫打不过白棋，问题出在前面。

于是我们开始对之前整个上方的战役进行交流和探讨，对此我最想问李轩豪的问题是：在我那段最挣扎的时期，你在想什么？为什么你会连续长考？下面让我们回到白 134 手之前，看看李轩豪当时的想法，接下来我会在李轩豪的想法旁边再简单地说一下我当时的想法，以便大家可以对照理解。

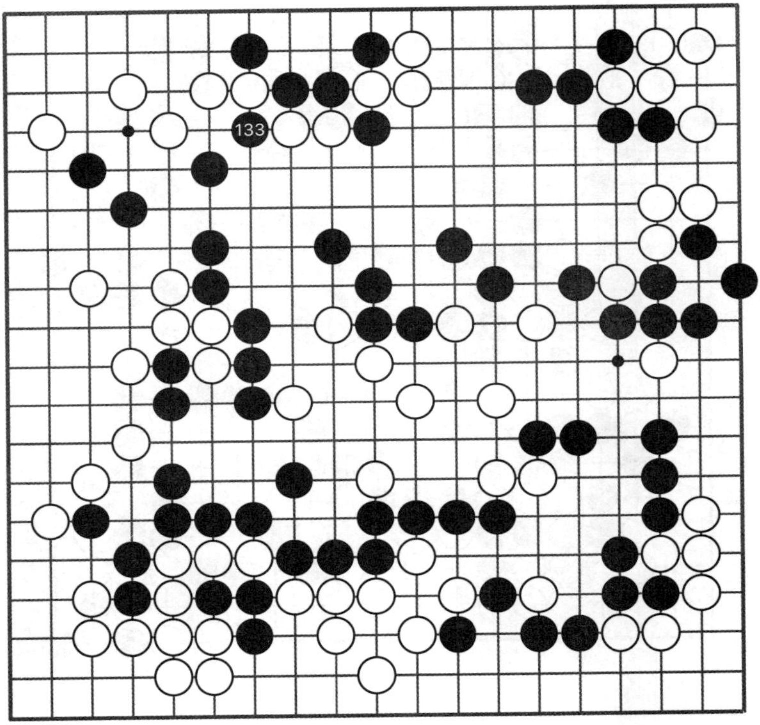

图 2–3–28

图 2–3–28：李轩豪下出黑 133 断的时候，觉得白棋接下来很难办。（我当时也是头疼得不得了。）他计算的方向是白棋直接和黑棋对杀。

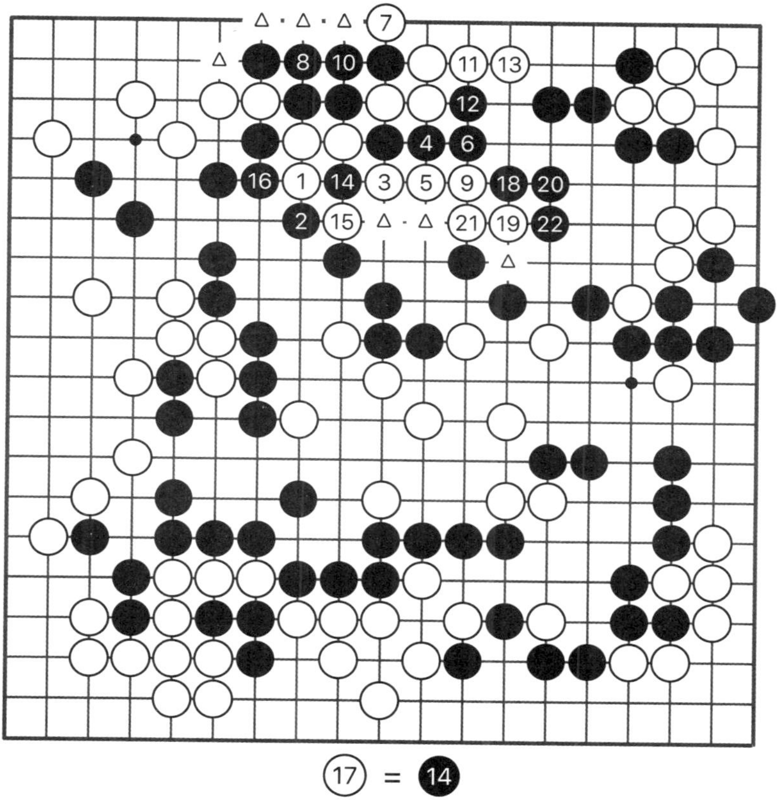

图 2-3-29

图 2-3-29：李轩豪最担心的就是白 1 勾出，接下来他利用我思考的时间，基本将黑白的手段都算到了，直到黑 22 拐。黑 22 拐之后，白外围大块只剩下三口气（三角标识处），而黑上边大块还剩四口气（三角标识处），黑快一气杀白。所以当时看到我在苦苦思索，李轩豪内心还是比较淡定的，直到白 134 手这步棋下出。

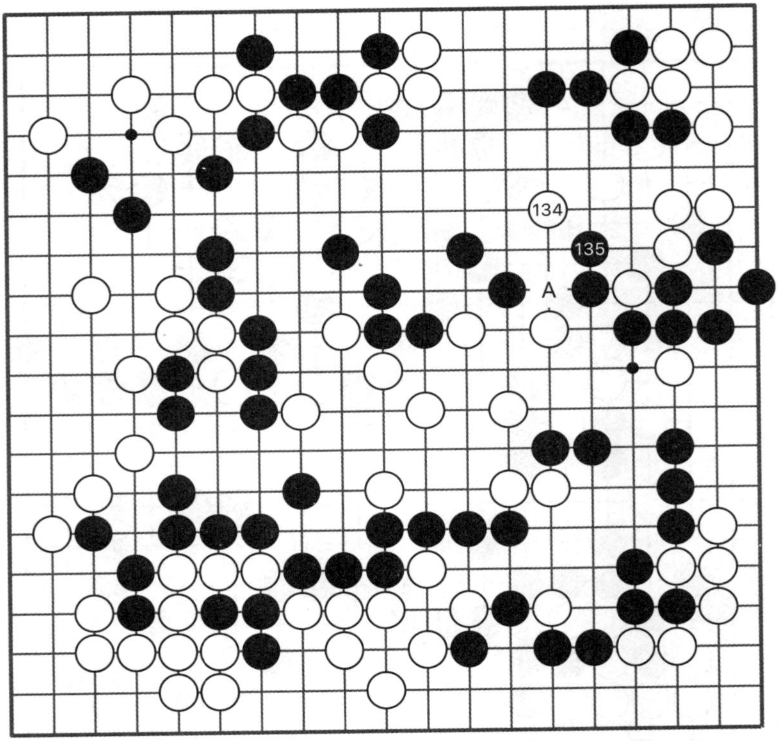

图 2–3–30

图 2–3–30：我下出白 134 时，李轩豪突然发现他之前忽略了这步棋。虽然他很想脱先，可接下来白 A 位冲出过于严厉。但若黑 135 跟着应的话，他原先计划的图 2–3–29 中的变化将由于白 134 这颗子的接应而改变。（我当时还没想那么多，只是投石问路。）经过思考后，实在没有办法，只能黑 135 跟着应一手。（这就是我纳闷的李轩豪第一次长考。）白 134 这颗子为何让李轩豪那么头疼？

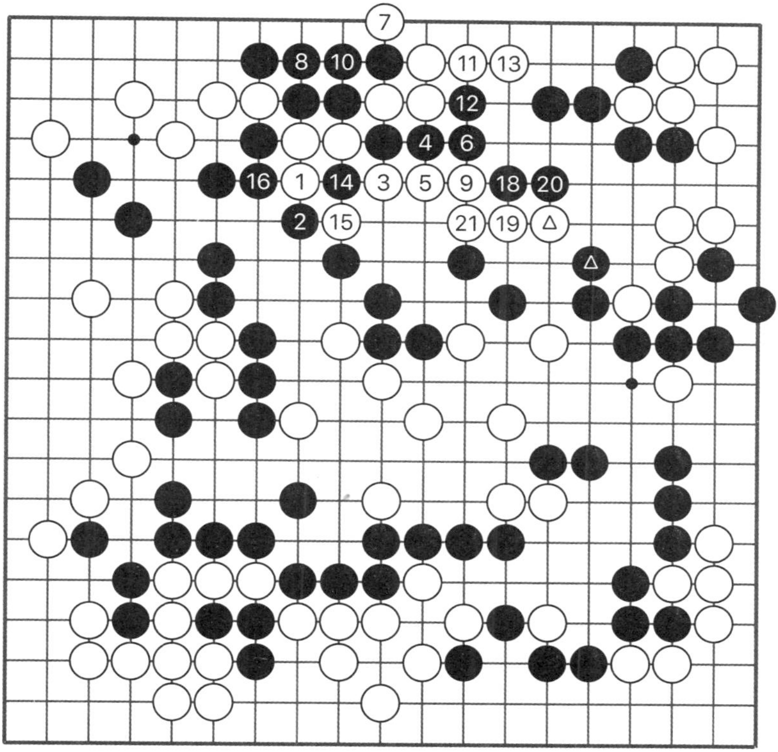

图 2–3–31

图 2–3–31：这是在还原图 2–3–29 的变化，本来在图 2–3–29 中，李轩豪预想的是白 21 粘后，黑 22 在白三角位一拐，白棋外围大块就只有三气而阵亡。但现在多了白三角一子的接应，情况就完全不同了。白 21 粘后，白外围大块已经五口气了，黑棋不行。这就是白 134 这颗子让李轩豪头疼的原因。

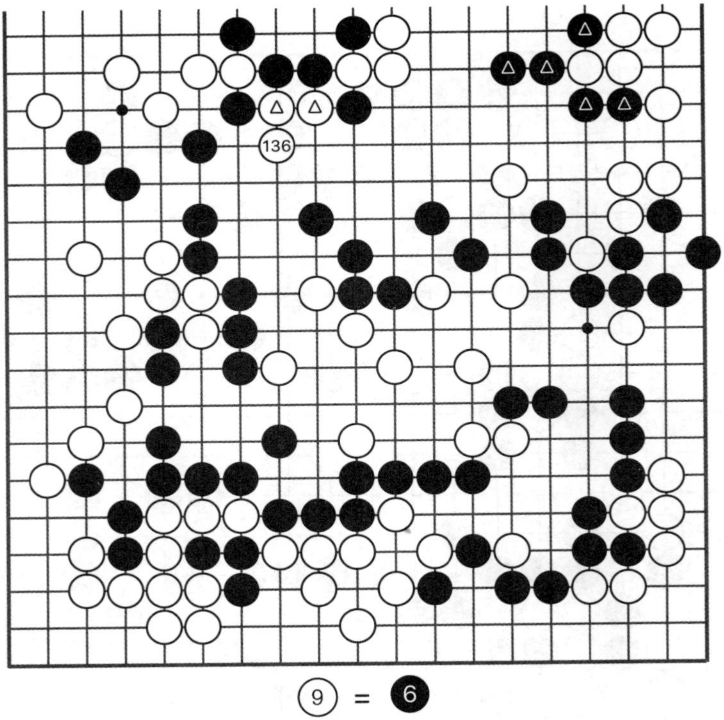

图 2–3–32

图 2–3–32：紧接着白 136 勾出后，李轩豪进行了我当时纳闷的第二次长考，他认为我白 134 先手吊一下再白 136 勾出是一场有预谋的计划。（当时我的确有计划，但跟李轩豪思考的方向不一样。我想的是如何通过弃子来鲸吞右上黑三角五子，但李轩豪担心的是我直接与他对杀。）这时候李轩豪已经算到很多手以后的步数了。

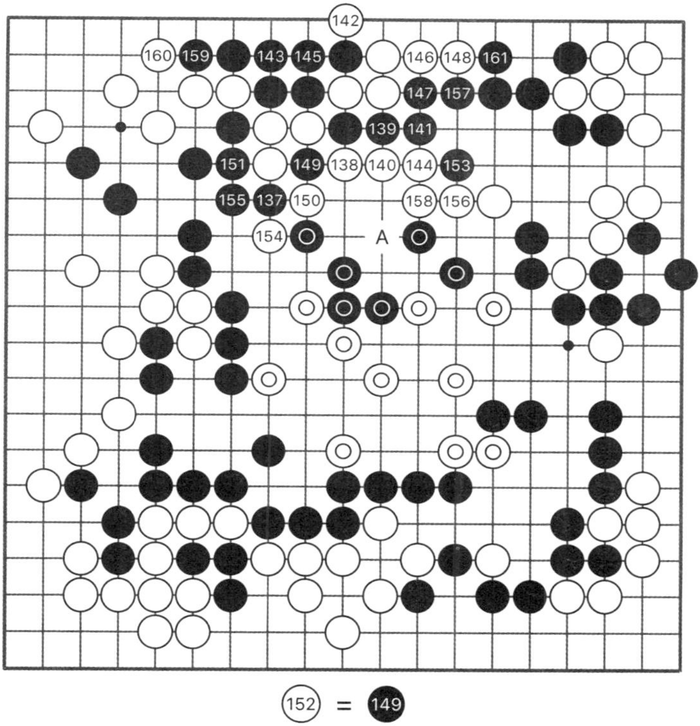

图 2-3-33

图 2–3–33：实战黑 137 至黑 161，这 25 手之内的变化，李轩豪都早已心算到。他看到了黑 161 可以吃掉白上方六子，打赢局部战争，也看到了白中央圆圈大块由于黑圆圈六子气紧而有重生的可能。（当时我还在摸着石头过河呢。）但他没有算清白 A 位扳后，中央黑棋到底行不行，所以一直在长考。这必须是心算 25 手之后再心算的内容，如同电影《盗梦空间》中的梦中梦一样，实在是难以算清，所以李轩豪还是决定先下黑 137 顶再说。

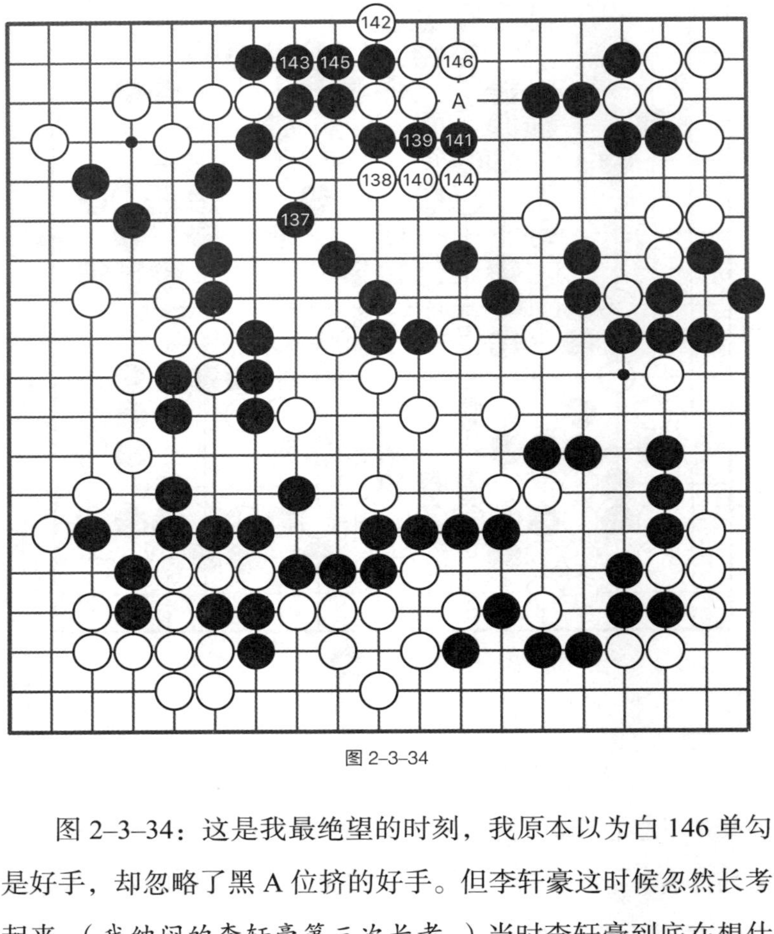

图 2–3–34

图 2–3–34：这是我最绝望的时刻，我原本以为白 146 单勾是好手，却忽略了黑 A 位挤的好手。但李轩豪这时候忽然长考起来。（我纳闷的李轩豪第三次长考。）当时李轩豪到底在想什么呢？

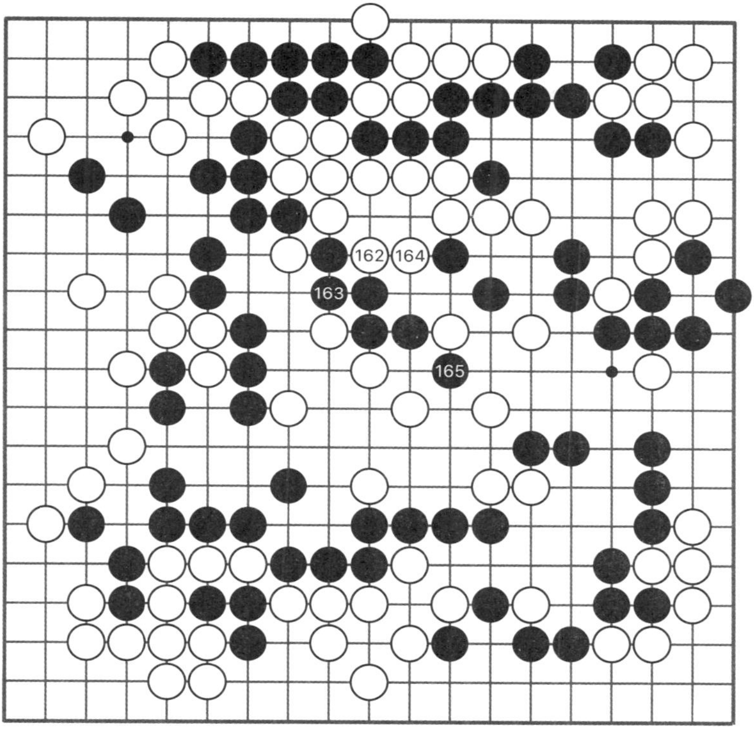

图 2–3–35

图 2–3–35：李轩豪一直在计算中央的变化，直到他看到了黑 165 扳的好手。白 162 虽然应该在白 164 单虎，但黑还是可以下黑 165 扳，不过这样白棋比实战结果要便宜不少目数。而这时候我都没看到中央别有洞天，还在等待黑 147 挤宣判白棋的死刑呢。

从以上李轩豪的思路中我们可以看出，他的直线计算力非常强。但人算不如天算，李轩豪还是漏算了黑 165 扳后，中央白棋还可以做活。

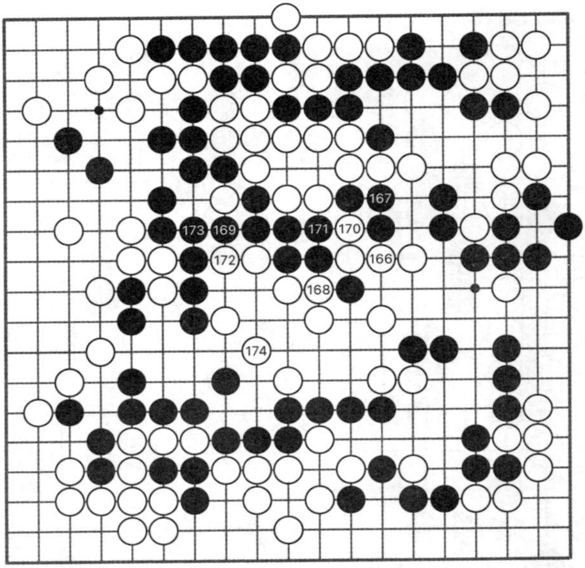

图 2–3–36

图 2–3–36：李轩豪漏算了白 172 打吃先手后，白 174 小尖可搭出一只眼而净活。但李轩豪的计算力已经非常了得了！大家要知道，若只是从现在开始计算，职业棋手都能看到白做活的手段。但这一切都是李轩豪从黑 137 手时就需要心算到的结果，先不说其中变化多端，就算让你直线一条路算到这里，脑子都很难储存下那么多手的图形记忆。所以白 172、白 174 这两手棋，要求李轩豪在黑 137 手时就计算到，基本超出了人类计算的极限，因此漏算也是很自然的事。

但李轩豪的直线计算力之强，实在让我佩服！可以说我一直是在摸着石头过河，而他早已看到河对岸的风景。不过，有一个细节特别能说明我和李轩豪在行棋时看问题角度的不同。

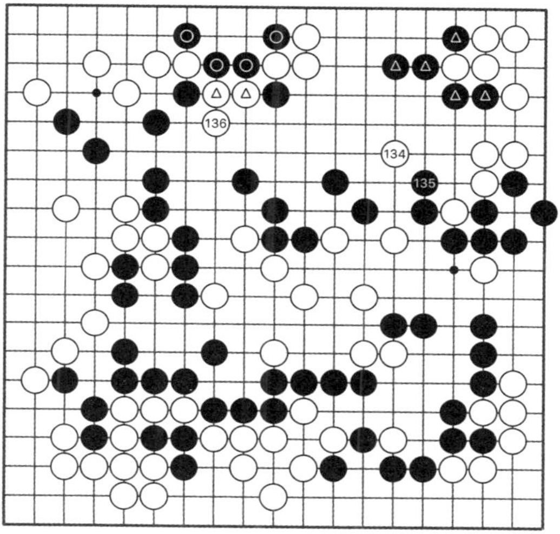

图 2–3–37

图 2–3–37：当我白 134 先手吊一下，再白 136 勾出的时候，我和李轩豪当时思考的方向是完全不同的。

我首先思考的是如何通过弃白三角二子转身将右上黑三角五子鲸吞，而李轩豪首先思考的则是白 36 勾出后，黑圆圈四子和白三角二子的直线对杀是什么情况。在面临复杂的未知局面时，李轩豪第一思维是直线计算成不成立，而我的第一思维是判断如何通过转身而获取价值便宜。这才是我们俩在这场战役中产生如此精彩的对手戏的关键。

那到底棋手是应该奔着直线计算好呢，还是先考虑周边因素，然后通过子效的转化而获取价值便宜好呢？我觉得对李轩豪来说，他可能应该多看看周边的棋形，这样他手上就有了两件武器，需要直线计算时就直线计算，需要灵活转身时就灵活转身，无论选哪个都可立于不败之地。而对我来说，有时候如果可以通过直线计算来解决问题，那就不要兜圈子了。我也需要同时拥有这两件武器，才能在未知的棋局中更加游刃有余。所以我和李轩豪应该互相学习，优势互补，一起成长。

在我完成本局的分析后，不禁思考一个问题：围棋对弈为何如此精彩？

我想，最重要的一点是围棋是由两位有血有肉的人下出来的。在这下棋的过程中，两位对局者因为心理活动信息不对称而产生的心理上的激烈冲突，总在不经意间影响着棋局的变化和走向。由于这些信息量过于庞大，并且相互交织，因此棋局的发展总是让人无法预测。无论是旁观者还是对局者，不到最后，永远都不知道这局棋下一步会如何发展。

但这不就是我们希望看到的吗？小小的棋盘，就是我们所生活世界的缩影。在这里，你可以了解真实的自己，了解你的对手，同时也可以在不可预知的棋局中磨炼自己的心性。

通过这盘对局，我深深感悟到：棋局即人生，有些时候，当你不知道怎样才能取得胜利的时候，不要着急，先从如何避免失败开始。只要自己不放弃，那就是尽人事，至于怎么才能胜利，有时真的需要听天命。但你若是连人事都不尽，那就会连听天命的机会都没有。

最后，我突然想到一个问题：李轩豪的直线计算能算到那么深，真的很牛！但如果他没算那么深，也许就不会出现那三次让我找到方向的长考。那么结局是否会有所改变？

不打开盒子，我们就永远不知道薛定谔猫的死活，人与人之间的手谈，恐怕也是如此。

第三章

大师名局篇：

心之相惜

围棋的名局有很多，但本章我要介绍的三盘棋，是2005年至2012年这7年间，对世界棋坛影响重大的三盘棋。2005年是中韩围棋命运的转折点。2005年年初，新中国围棋的第四代领军人物常昊，在经历了6次世界亚军，尤其是2005年1月大好局势下被韩国天才少年李世石逆转而痛失第二届丰田杯冠军后，陷入了职业生涯的最低谷。此时常昊在两个月后还有一次世界大赛决赛的夺冠机会，但当时几乎所有人都不再对常昊抱有希望了。可是在短短的两个月后，常昊以全新面貌在第5届应氏杯中以3∶1的比分击败了韩国名将崔哲瀚，夺得了他职业生涯中第一个世界冠军，涅槃重生！这个世界冠军不仅是常昊的个人成就，也是中韩围棋命运的转折点。在这个冠军之前，中国围棋在10年间仅仅拿下了3个世界冠军。从常昊这个世界冠军开始，中国围棋唱响了反击的号角，在之后短短15年间，中国围棋一共夺得了40个世界冠军！那么常昊在应氏杯决赛中有了什么重要改变？在短短两个月内，他为何能脱胎换骨？本章收录的第5届 应氏杯五番胜负决赛第三局棋评，将为大家带来答案。

2005年的年末，在第10届三星杯半决赛中，罗洗河以天才般的构思导演了一盘千古名局，淘汰了韩国名将崔哲瀚，进入了最后的决赛。在决赛中，罗洗河力斩“世界第一人”、韩国围棋领军人物李昌镐，并使李昌镐从此陷入了连续世界亚军的怪圈中，从神坛上跌落。那么这位智商160的天才棋手是如何导演这场好戏的？

2005年到2012年间，新中国围棋的第五代领军人物古力登场，他碰到了一位好对手——韩国棋手李世石。这两位棋手个性鲜明，所以他们在棋盘上的争斗总是充斥着浓浓的火药味。而他们在比赛中共对弈了51局，战绩是25∶25，外加一盘无胜负。本章我要介绍的就是他们的那盘无胜负之局。围棋比赛一般非输即赢，极少概率出现无胜负状况。那么古力和李世石这盘棋是怎么出现无胜负的？在这个过程中又有什么鲜为人知的幕后故事？

第1节
第5届应氏杯世界赛决赛第三局
（常昊对战崔哲瀚）

（此照片由谢锐先生提供）

2005年3月3日，第5届应氏杯世界职业围棋锦标赛决赛五番胜负第三局将在北京昆仑饭店上演，争冠的两位棋手是当时中国围棋的领军人物常昊和韩国名将崔哲瀚。在3个月前的决赛前两局，双方战成了1∶1。3月3日的决赛第三局是五番胜负的天王山，大家都特别关注，同时心情也很复杂，既期盼又担心。

大家期盼的是，中国围棋能拿下这个世界冠军。从 1995 年马晓春首夺世界冠军开始到当时的这 10 年间，中国围棋仅仅获得了 3 个世界冠军，因此中国围棋太需要一个世界冠军来振奋人心了。

大家担心的是，在两个月前的第二届丰田杯世界围棋王座战决赛三番胜负决胜局中，常昊在很大的优势下被韩国天才少年李世石逆转，这是常昊第六次冲击世界冠军未果，也是他最接近世界冠军的一次。作为一名有责任心的领军人物，这次惨痛失利对常昊来说是一个巨大的打击。所以大家很担心他在短短的两个月内，能否走出丰田杯的阴影。

而对常昊来说，在两个月前刚刚经历了职业生涯中最惨痛的失利后，此刻坐在棋盘前的他，会以什么样的精神面貌来面对这次不容有失的应氏杯决赛？作为比赛现场研究室的亲身经历者，我将带大家回到 2005 年 3 月 3 日这一天，一起去寻找答案。

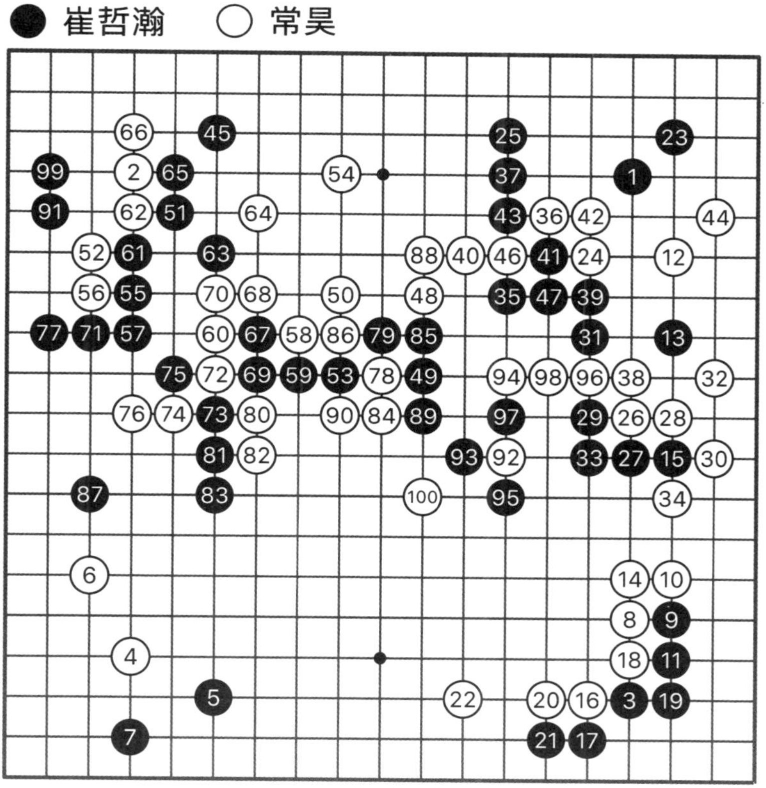

实战谱 1（1–100）

中国棋手常昊是 1976 年出生，下这场决赛时 29 岁。

韩国棋手崔哲瀚是 1985 年出生，比常昊小 9 岁。

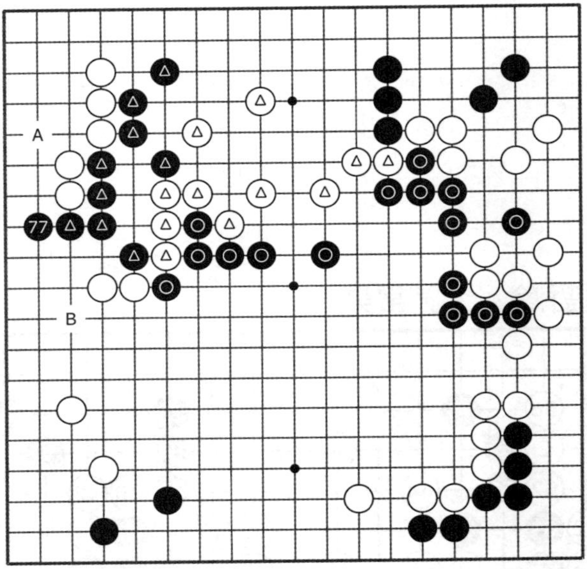

图 1–1–1

图 1–1–1：我们从崔哲瀚黑 77 二路立开始看起。黑 77 二路立后，当前局面的态势是这样的：上方白三角大块处在黑棋的包围圈之中，并且尚未安定。左上黑三角大块虽然也未安定，可是黑这块棋可以在 A 位二路点，在左上白角处做文章，而且可以 B 位往下寻求出路。因此与白三角大块相比，黑三角大块明显安全得多。而中央黑圆圈数子的包围圈看上去似乎也很厚实，没有什么漏洞。所以此局面粗粗一看，常昊正面临难题。

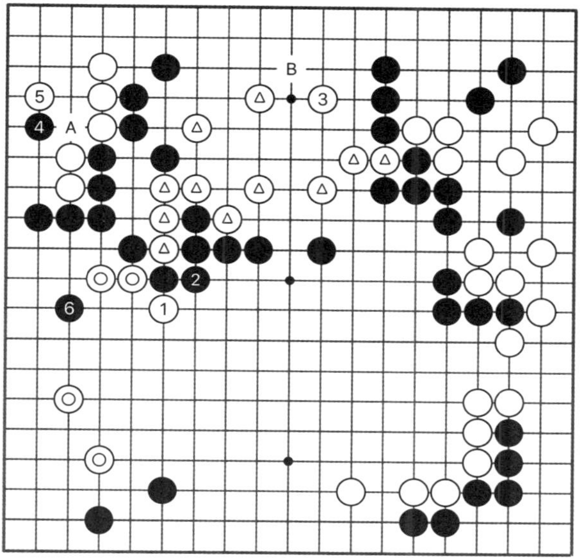

图 1–1–2

图 1–1–2：白 1 先手叫吃一下的确愉快，但是接下来白 3 就只能花一手棋补活白三角大块。得到先手的黑棋可以先黑 4 二路点试白应手，对此白 5 大致靠住，给黑棋留下 A 位吃白两子的手段。白 5 若是粘在 A 位，黑下一手在白 5 位一挺，由于白角需要苦活，白未必便宜。在左上获得便宜后，黑 6 二间跳出也非常愉快，在加强自身的同时破了白棋左边的阵势，关键顺便还威胁着左下白圆圈四子的安危。而白上方三角大块也还未完全安定，将来黑 B 位点的搜刮手段非常严厉。

常昊若是按此图进行的话，局面的主动权将落在崔哲瀚手中。正当我们在研究室里为常昊担心的时候，常昊下出了一步解局的好手。

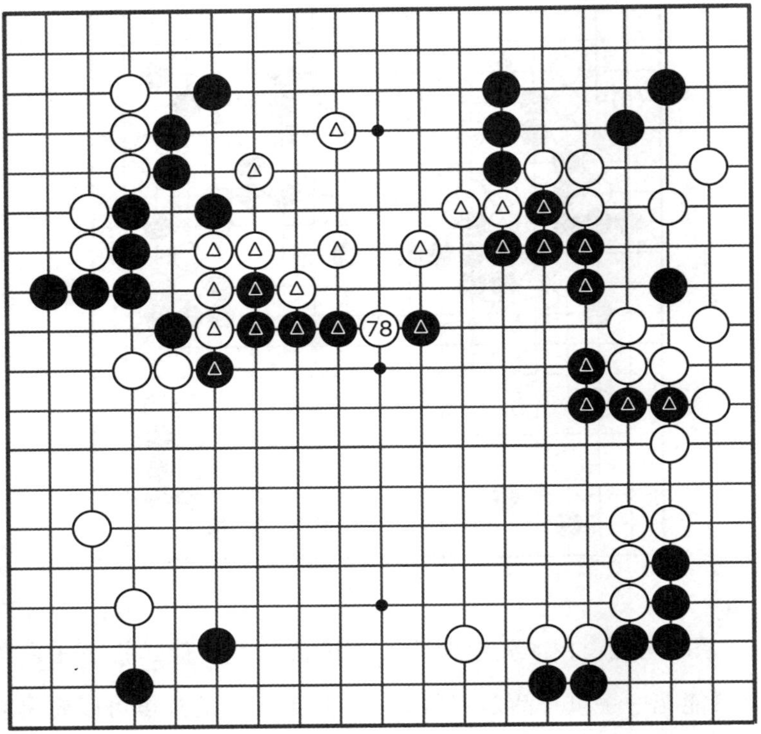

图 1–1–3

图 1–1–3：白 78 挖！这是出乎我们意料的一手。我们细细研究后，才发现这步棋极为精妙！白 78 就像是一把利剑，刺中了崔哲瀚外围三角包围圈中唯一的破绽，顺便也解了白三角大块之围。

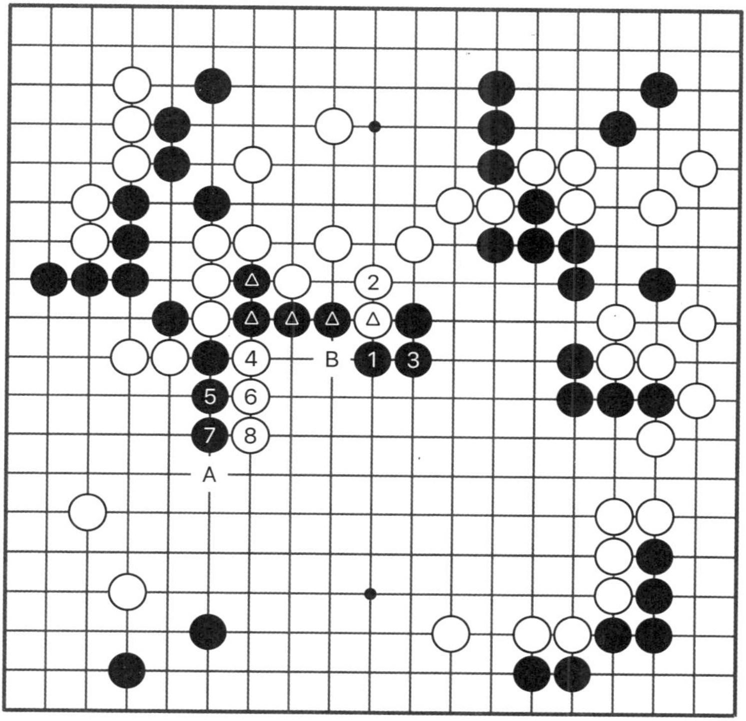

图 1–1–4

图 1–1–4：面对白 78（白三角一子）挖，黑 1 若是吃在外面，白 2 一退，黑 3 必须补右边断点，不然白在黑 3 位一断，由于黑右边大块很薄，黑包围圈将崩溃。黑 3 虽然补了一个断点，却防不住白 4 以下从另一处利用黑外围的断点做文章。以下至白 8 贴，接下来 A、B 两点必得其一，黑棋已经难以两全。白 78 挖的用意，就是让黑棋外围一下子生出两个断点，无法自补。

崔哲瀚开始长考，显然他也未曾想到常昊白 78 这步挖的妙手。长考良久后，崔哲瀚也没想出什么好办法，只好忍痛割爱。

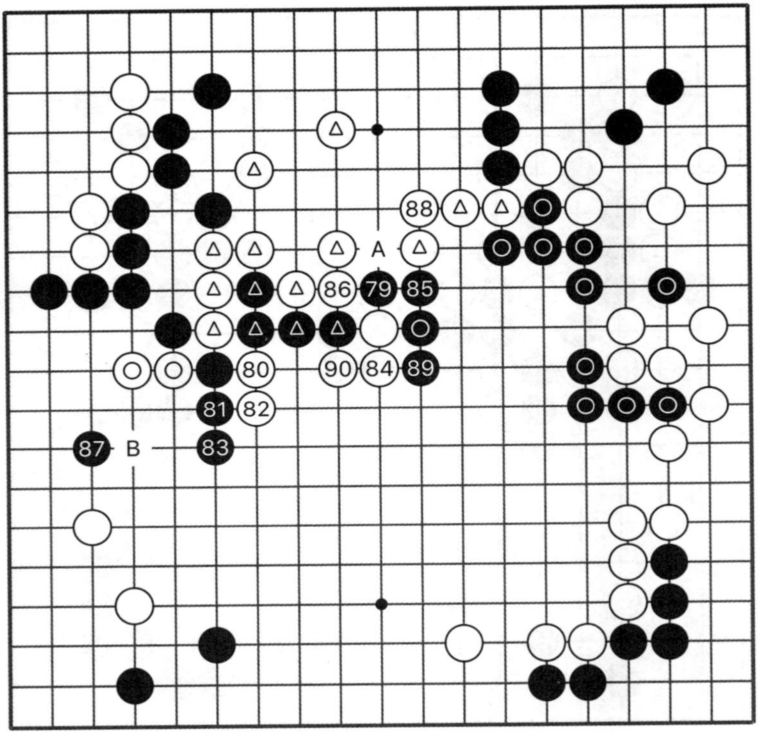

图 1–1–5

图 1–1–5：崔哲瀚黑 79 以下只能内打，对此常昊白 80、白 82 先打了贴一下后再白 84 长出，是正确的行棋次序。黑 85 虽然很想救黑三角四子，但由于自身周边太薄弱，救四子将得不偿失，因此只能粘上弃掉黑三角四子。白 86 断死黑三角四子后，自身实地获利 8 目不说，还顺势解了上方白三角大块的围，心情极为舒畅。

而反观黑棋，由于中央包围圈被白突破，现在只能各自为战忙于自救，这与之前图 1–1–2 的理想状态相差甚远。黑 87 打入攻杀白圆圈两子是必须的，这样才能让黑 81、黑 83 这两颗子发挥作用，弥补中央四子被吃的损失。白 88 特意花一手棋，是为了防住黑 A 位冲的手段，这也是崔哲瀚选择黑 79 内打的原因。至白 90 拐吃，中央战役告一段落。

对常昊来说，白 78 那犀利的一挖大获成功。中央吃黑四子棋筋的所得利益是巨大的，而左边虽然黑 87 打入很严厉，但白今后还是有 B 位靠的手段救出白圆圈两子。白 88 虽然花了一手棋补自身弱点，但黑棋右边大块也因此而未安定，需要补一手。所以总的来说，白棋在中央的战斗大获成功，现在全局的主动权落在了常昊手里。那么形势不利下的崔哲瀚，会采取什么样的对策呢？我们接着看实战。

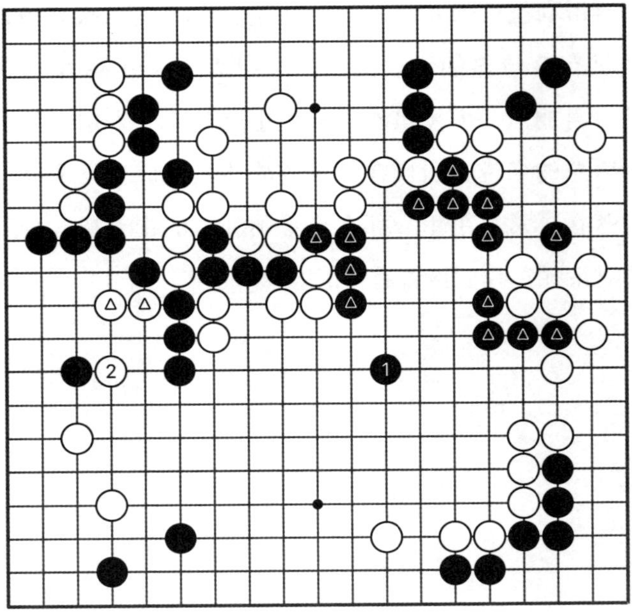

图 1–2–1

图 1–2–1：右边黑三角大块还未安定，所以正常来说，黑 1 飞补一手是必要的。这样黑右边大块不仅无生死之忧，还围出了近 7 目的小堡垒。对此白棋大致会白 2 靠压，利用白三角两子做文章。如此进行的话，虽然黑棋形势不利，但棋局尚早。

我感觉本图的行棋合情合理，棋向的发展似乎就应该这么走下去了。但是，人性的博弈，在此刻影响了本局行棋的走向。

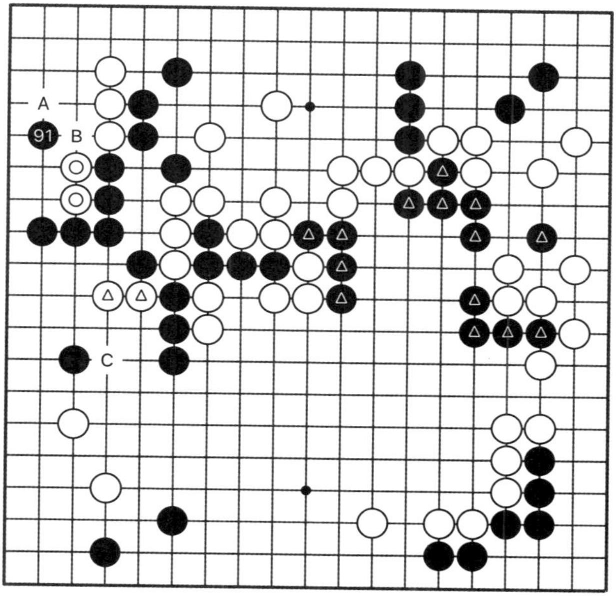

图 1–2–2

图 1–2–2：崔哲瀚没有补右边黑三角大块，而是黑 91 跑到白左上角二路点了一手，改变了整盘棋的走向。黑 91 这步棋到底是什么意思呢？

黑 91 在试白应手，白若是应在 A 位靠，那黑棋在局部就留下 B 位断吃白圆圈两子的手段。白若应在 B 位接不让黑吃两子，黑局部 A 位长非常严厉，白角顿时不仅实空受损，甚至自身的生死问题都要提上议程了。那白棋若是局部脱先呢？这样的话，黑下一手在 A 位一并，左上价值 30 余目的白角将全部阵亡。

崔哲瀚黑91这步试应手其实不是特别着急。但此时右边黑大块尚未安定，黑91在此时跑去试应手，白棋若真的脱先跑去强攻黑右边大块，黑棋是有很大风险的。

所以我没有想明白，崔哲瀚冒此风险到底是为了什么？事后与常昊聊到黑91这手棋时，我提出了自己的疑问，对此常昊回答道："这就是崔哲瀚在形势不利下常用的一种心理战术。他知道此时形势不利，所以他就要在此刻利用白棋的优势心理，来试你个应手。而且他也很了解我，知道我的风格不是那种很冒险的棋风，所以就是要趁我处于优势的时候来考验我一下。而从技术层面来说，黑91若是补黑右边大块的话，白下一手肯定是在左边C位靠，利用白三角两颗子做文章，那么这里势必会有一场战斗。一旦发生战斗，黑91能事先给黑棋留下B位吃白两子的手段，肯定是有百利而无一害的。虽然这个便宜是微小的，但他就是要在这里考验一下你的心情。"

面对崔哲瀚黑91的考验，常昊虽然很想针锋相对地脱先抢攻黑右边三角大块，但是左上角欠着一块价值30余目的死棋，风险也是很大的。况且这个局面白棋还优势，就算A位跟着应一手，前景依然不错。

因此常昊面临抉择：拼，还是不拼？

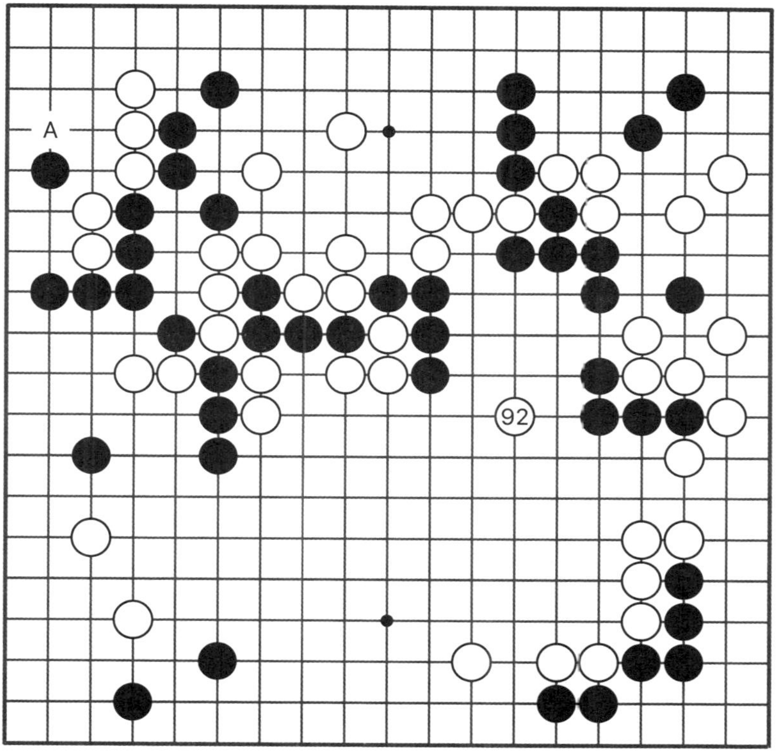

图 1–2–3

图 1–2–3：若是在从前，在形势不错的情况下，常昊可能就会选择在 A 位妥协应一手。但是这次决赛，常昊展现出与以往不同的气质。

常昊在局后回忆了这一刻的感觉：虽然在 A 位跟着应，我的局势也不差，但当时有一种“既然你敢不补，我就要让你付出代价”的心情和决心，所以也不顾左上角 30 余目价值的未活之棋，决定在白 92 位先抢攻黑棋右边大块。

在如此重大的比赛中，常昊若有一丝对胜负后果的牵挂，是很难有勇气置左上白大块不顾而先攻黑右边的。要知道，万一攻击落空了，后果是很严重的！但常昊这时候没有“万一”这个概念，只有“见招拆招”的当下感！从白 92 这步棋可以看出，常昊已经完全集中于棋盘上，棋盘外的事情早被他抛之脑后。

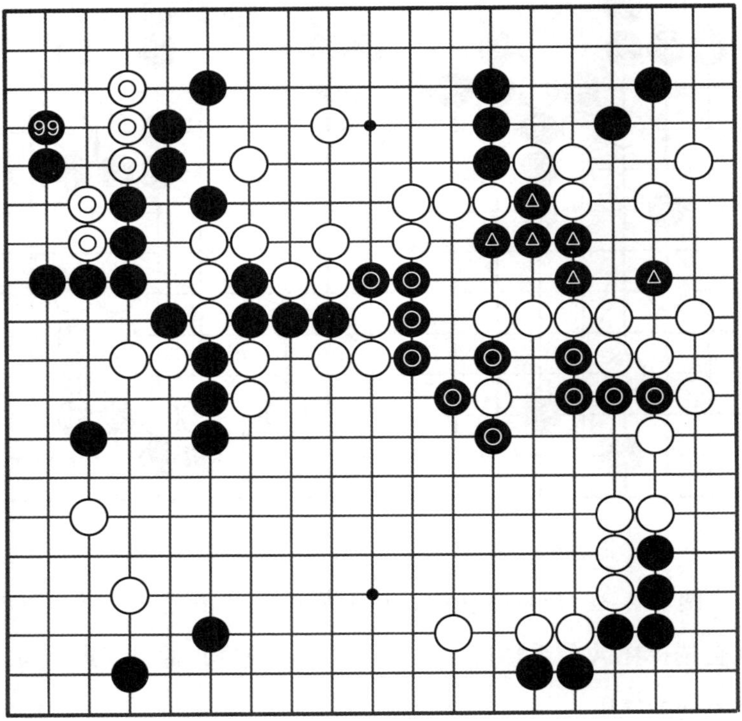

图 1–2–4

图 1–2–4：这是数手后的局面，右边白棋通过攻击，已经把黑大块的棋形冲破了。黑不仅尾巴要掉（黑三角六子），本身

圆圈大块主力部队就算再下一手，也是无根之棋。这时候，崔哲瀚真敢拼，居然再次脱先！黑 99 并！将左上白大角全部吃掉，与常昊一赌右边黑大龙的死活！其实黑右边大龙是真危险，但崔哲瀚既然敢赌，就一定有他的原因。

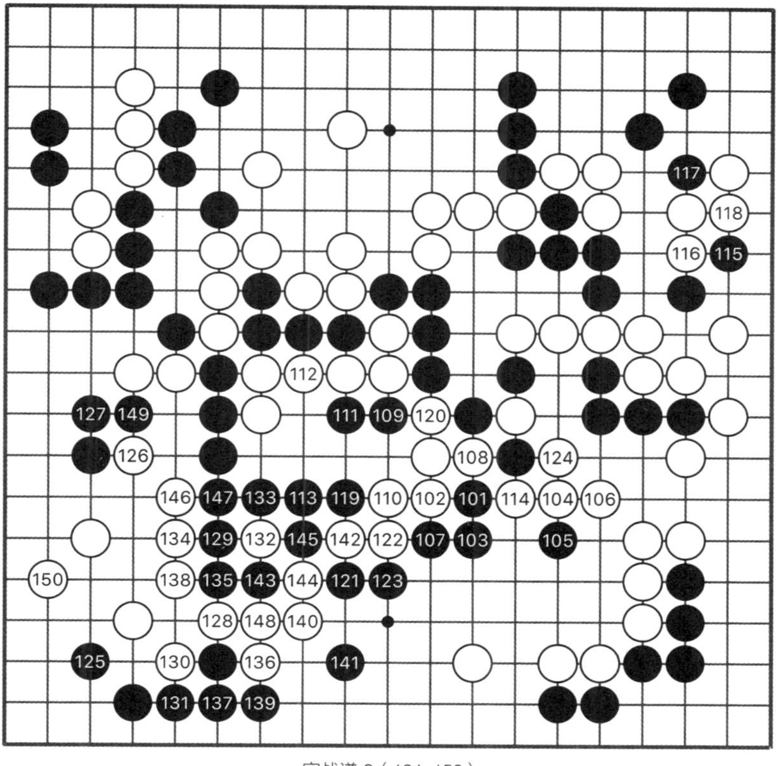

实战谱 2（101–150）

应氏杯的用时规则是：自由支配时间为 3 个半小时，自由支配时间用完后开始罚 2 目，之后每逾时 35 分钟罚 2 目，等到罚 6 目时，棋手就必须在剩下的 35 分钟自由保留时间内下完比赛，不然超时判负。

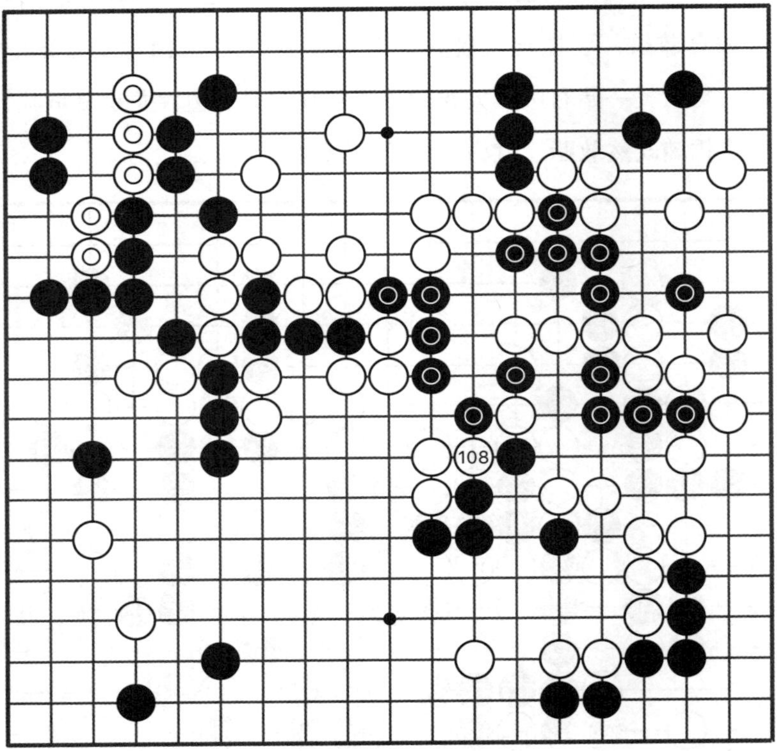

图 1–2–5

图 1–2–5：既然崔哲瀚敢再次脱先，常昊自然得拿起屠刀。白 108 断后，黑右边圆圈数子已经阵亡，白吃掉黑右边数子的所得，足以弥补左上白角的阵亡所失。记得我当时在研究室看到这里的时候，觉得常昊有望获胜。但我低估了崔哲瀚，如果他就此罢休的话，那就不是号称“毒蛇”的崔哲瀚了！他正在酝酿一个宏大的计划。

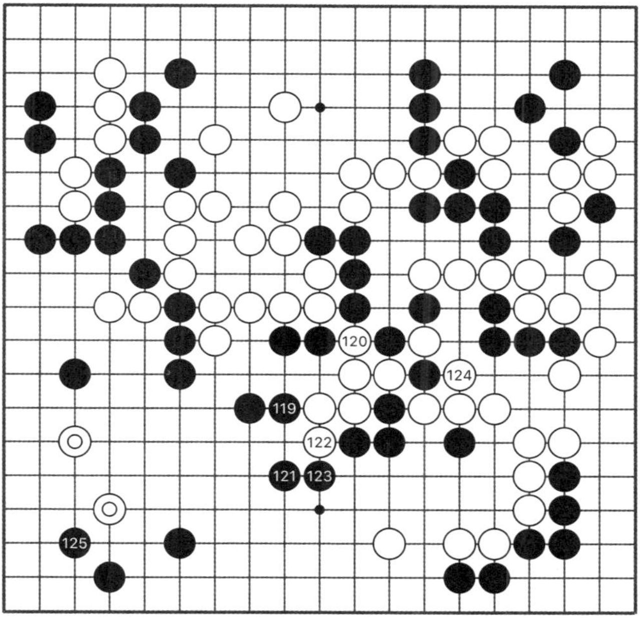

图 1–3–1

图 1–3–1：黑 119、黑 121、黑 123 通过弃子，使得黑棋在中央多了好几颗子。然后黑 125 尖三三，夺左下两颗白子的根据地！当初左下悠然自得的白圆圈两子，突然被黑棋悄悄包围了。原来崔哲瀚的目标是左下两颗白子，一旦这两颗白子被黑全部鲸吞，那当初白棋吃黑右边的大龙将得不偿失。这个计划真是够狠！胆子也够大！常昊迎来了本局最大的考验，而且是不容有一步失误的考验。

局后常昊谈到面对黑 125 小尖时说："当时真没想到崔哲瀚是要图谋我左下两子，等黑 125 尖三三时，我发现左下白棋治孤并不容易。但是黑棋要想吃白棋，同样也非易事。"

我记得这个时候，双方已经鏖战了近 7 个小时，每方 3 个半小时基本保留时间已快用完，都将要被罚目。但这时候，罚目已经无足轻重，关键是左下白棋能否做活。双方在这个局部都投入了大量的时间去计算。当时有很多关心棋局的朋友问我："这棋白棋能活吗？" 我回答道："完全看不清，50% 的概率吧。" 的确，就如常昊所言，左下的攻杀变化犹如一座迷宫，黑白双方都在未知中摸索前行，一时间看不清出路在哪里。

其实别说是对局者，就是我这个可以在棋盘上反复摆的旁观者，摆了半天都没有摆出个结论来。由于到了最关键的时刻，研究室里的人们都围着我，希望我能摆出一个结果，但变化实在太复杂！我很难摆出确切的结果，更重要的是，我这个摆棋的人都感到体力不支了，忍不住从团团围住我的人群中走出，跑到研究室外面透透气。我一边透气一边为常昊担心：研究室的气氛都已经快凝固了，这对局室该弥漫着什么样的杀气啊？相对来说，这种极度复杂的大型死活题不是常昊的强项。而且，已经 7 个小时了，我这个 23 岁的年轻人摆棋都摆得缺氧了，常昊的体力还行吗？他的注意力还能保持专注吗？这个局部可不容许有任何的闪失！

我在外面透了半天气，感觉脑子没那么缺氧了，就带着一份担心回到人潮涌动的研究室。

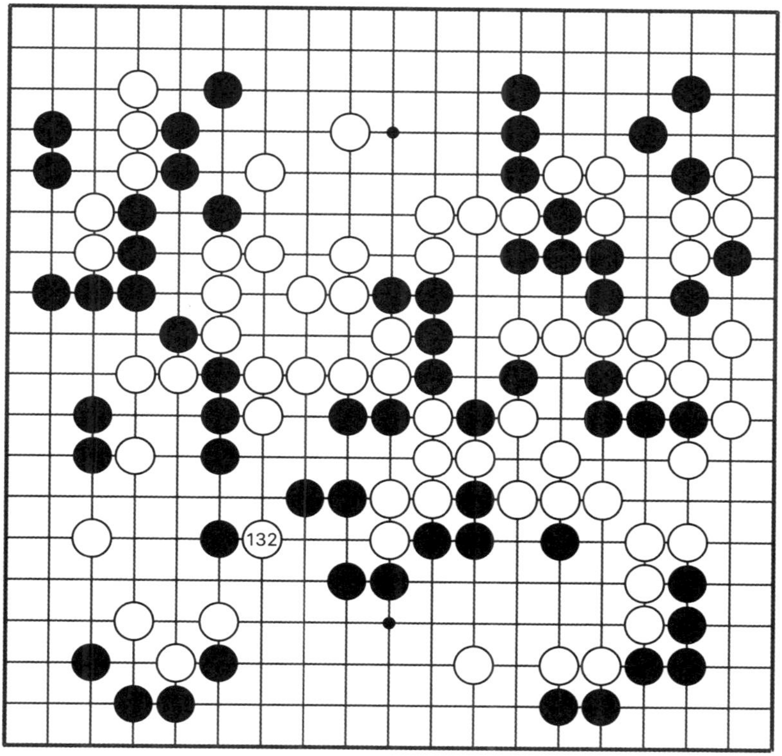

图 1–3–2

图 1–3–2：这是几个回合后的棋局，白 132 靠，常昊经过长考后下出了局部最强手！常昊在局后谈到此手时说：“虽然一时看不到怎么做活，但这步棋是我目前能想到的最佳手段，所以就先下上去再说。而且这样还可以利用崔哲瀚思考的时间让自己休息一下，毕竟比赛已经进行了近 8 个小时，我也需要调整一下自己的体力。”

白 132 落子后，难题抛给了崔哲瀚，黑棋下一步是关键！虽然黑棋下一步有好几种选择，但正解，可能只有一个。由于意识到了此刻的关键性，崔哲瀚整整长考了 45 分钟。这 45 分钟里，我一边研究着复杂的变化，一边抽空去吃些点心垫了一下饥饿的肚子。此时崔哲瀚一共有三条路可以走，我们来看看分别是哪三条路。

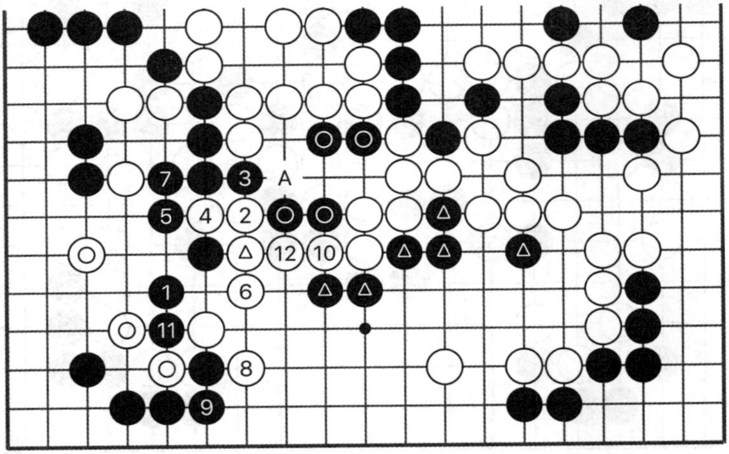

图 1–3–3

图 1–3–3：面对白 132（白三角一子）靠，黑 1 尖刺白虎口眼形，看着很犀利。但是白 2、白 4 冲两下后，白 6 长是先手，黑 7 只能粘上，不然白棋在黑 7 一断，黑棋崩溃。这样白 8、白 10 就可灵活转身。虽然黑 11 断吃了白圆圈三颗子，但白 12 后，黑圆圈四子留有白 A 位断的手段，而黑三角六子也还需花一番功夫来治孤。黑棋未必能满意。看来黑 1 尖刺是走不到的，白棋可以转身。

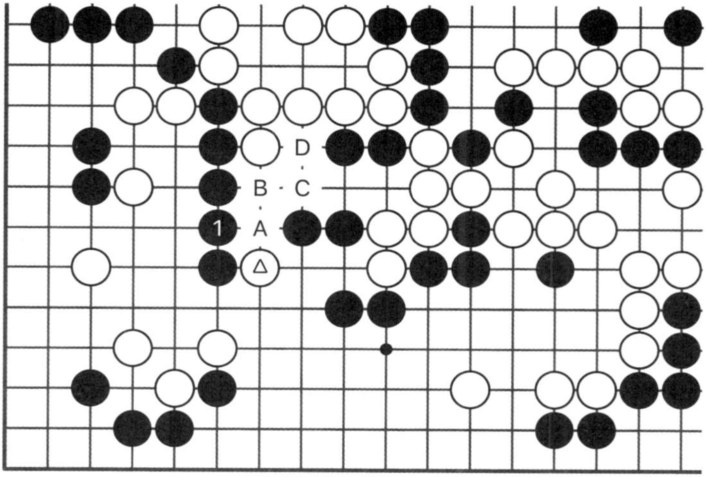

图 1–3–4

图 1–3–4：当白三角靠的时候，黑 1 粘，才是此局部的最强手。此手既防住了自身的断点（白 A 冲、黑 B 挡、白 C 断、黑可 D 位吃），又兼顾着左下不让白棋有搭眼位的形。

常昊局后说道："当时最担心黑 1 粘的下法，如此将是完全看不清的复杂攻杀。"的确，当时在研究室研究的我们也是担心崔哲瀚在黑 1 位粘。这样变化将十分复杂，反正我们当时在棋盘上都摆不清了。正当我们激烈讨论变化的时候，崔哲瀚终于落子。所谓"长考出臭棋"，这句话用在崔哲瀚的下一手，一点都不为过。

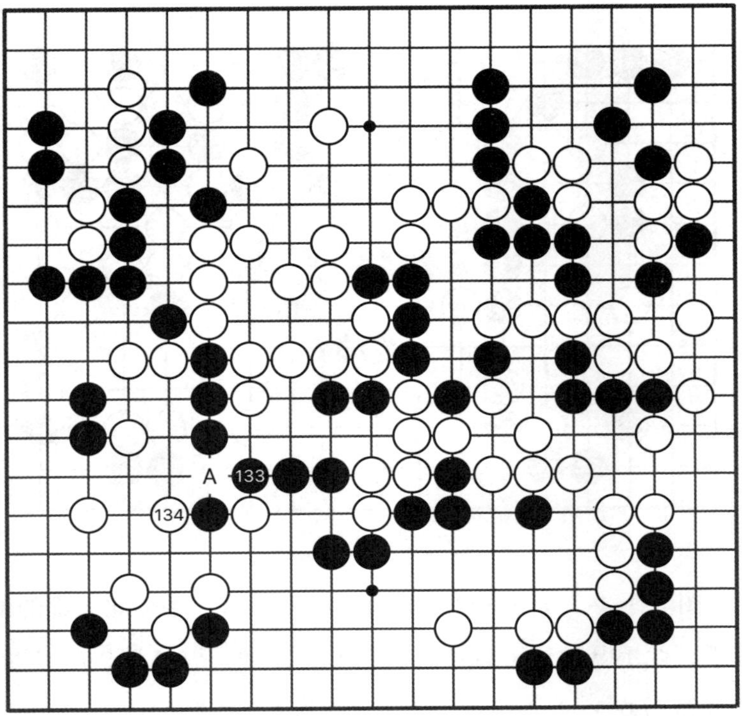

图 1–3–5

图 1–3–5：崔哲瀚估计是先缺氧了，他在长考了 45 分钟后，走了最差的一条路，也就是黑 133 挡的败着。同样是自身联络，黑 133 挡明显没有 A 位粘对白眼形的压迫大。实战黑 133 一挡，被常昊抓住机会白 134 一夹！虽然之后的变化依然很多，但只要白棋应对无误，黑已无法杀白。此刻，双方已经博弈了近 9 个小时，9 个小时的鏖战搏杀，一着分出了胜负。

那么崔哲瀚在这 45 分钟里到底在想什么？为什么想了那么长时间后，却下出了最臭的着法？由于无法问崔哲瀚本人，我只能从他的对手在局后的回忆中捕捉一些蛛丝马迹。

常昊说："当我白 134 夹的时候，崔哲瀚再次长考。这显然有违常理，因为他黑 133 刚刚长考了那么长时间，应该对我白 134 之后的应对早已成竹在胸。怎么会再次长考？"

根据他的回忆，我认为崔哲瀚很可能出现了什么误算，导致白 134 下了后，他发现不对劲，于是再次长考，但显然这时他的逻辑前后矛盾了。高手对决，胜负只在一着一念之间，一着错过，后面就再也没有机会了。

崔哲瀚比常昊小 9 岁，在体力上和精力上都有优势。所以按理说，左下这种大型复杂计算应该是他占优势的地方，最终出问题的却是崔哲瀚。我想这是因为常昊心无旁骛的状态给崔哲瀚带来了压力，导致两位对局者出现了一种此长彼消的气场转换。所以对弈双方在博弈时比拼的不仅是技术，还有一些棋盘外的因素。

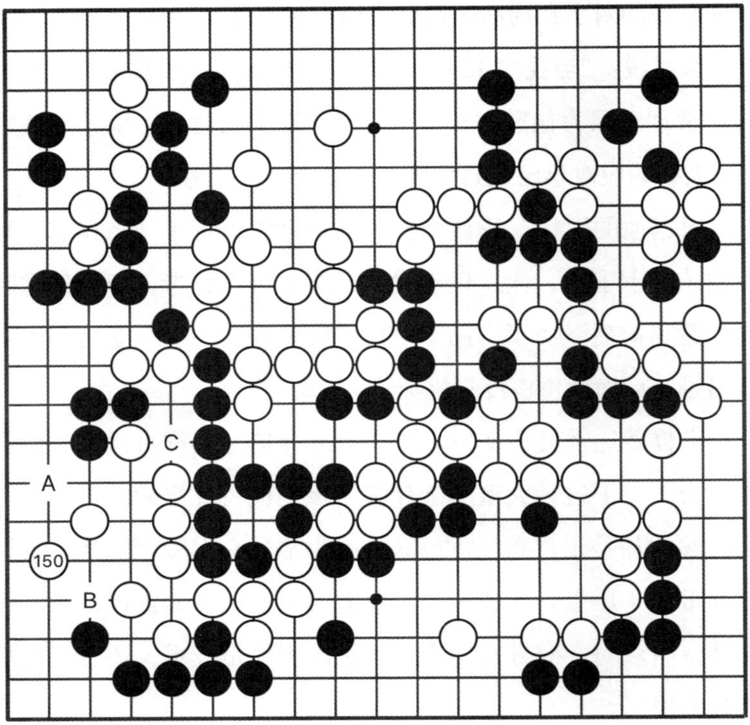

图 1–3–6

图 1–3–6：这是数手后的局面。当常昊白 150 小尖时，白 C 位团是绝对先手，因此白左下大块不仅安全做活，还活得很舒服（黑 A 的话，白 B；黑 B 的话，白 A）。局后我跟常昊交流时，他告诉我，在崔哲瀚下出黑 133 这步问题手后，他已经算清了白 134 至白 150 之间的所有变化。近 9 个小时的鏖战后，在不容有失的复杂计算中，常昊不仅能保持头脑清醒，还算到了白 150 这步关键好手，实在是太不容易了！

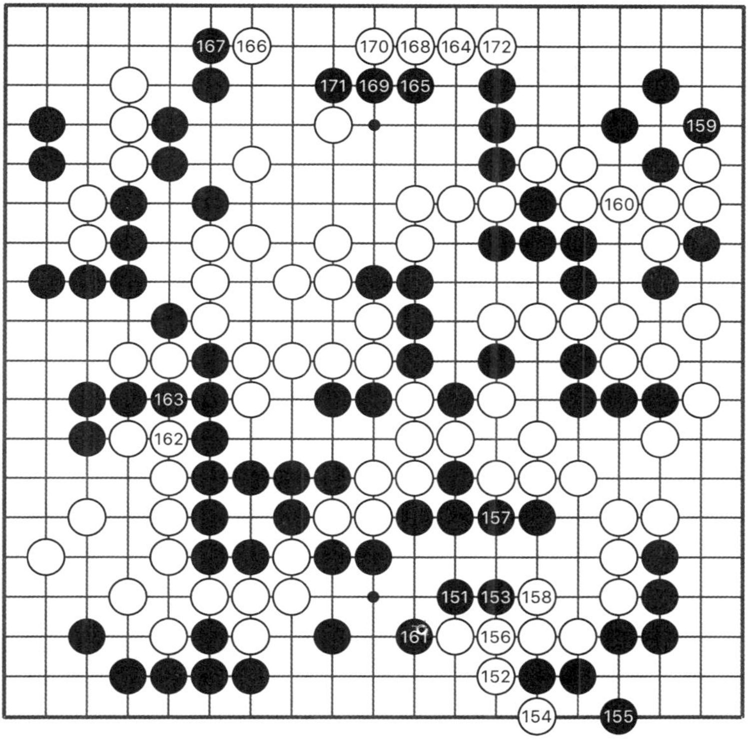

白中盘胜

实战谱 3（151–172）

这么重要的比赛，常昊若没有全心投入棋盘中，达到“忘我”的地步，是很难做到这一点的。由此可见，常昊已经做到了放下棋盘外的杂念，一心一意在棋局中下自己的棋。

第三局虽然不是常昊的夺冠之局，但是从其内容和意义来说，它不仅是五番胜负中的“天王山”之局，更是常昊的蜕变之局！常昊一旦真正做到了战胜自我，就势不可当了。

果然，在 2005 年 3 月 5 日的决赛第四局，常昊再接再厉，执黑 3 点胜崔哲瀚，突破了自我，也使中国围棋取得了突破！

我记得裁判宣布常昊获胜的那一刻，研究室里所有的人全体起立鼓掌，为常昊鼓掌！为中国围棋鼓掌！2005 年 3 月 5 日，常昊的应氏杯夺冠，是中韩围棋命运的转折点，中国围棋由此吹响了反击的号角！在之后的 15 年中，中国围棋共拿下了 40 个世界冠军。

从 1 月 8 日丰田杯痛失夺冠良机，掉入职业生涯最低谷，到 3 月 5 日站在职业生涯的巅峰，这中间只隔了不到两个月的时间，常昊是怎么做到的呢？

要知道，败走丰田杯后的这段时间里，虽然大家都在为常昊加油，但可以看出大家对他的期望值已经降到了历史最低点。当时无论是网络还是媒体，都觉得常昊很难在短短两个月内走出阴影，更有人已经开始断言常昊的性格将注定失败。一般人在这样的压力下，明知道不能去想这些杂念，但很难真正做到。带着这样的疑问，我与常昊进行了交流，想听听他的想法。

我问常昊："当年丰田杯失利到应氏杯登顶，这两个月不到的时间里，你做了什么心理上的调整，居然可以有那么大的改变？"

常昊说："丰田杯赛后的一个星期，我都没有缓过来，甚至一度怀疑自己还能赢棋吗。一个星期后，我慢慢地想通了，但这时候我还要面对一个最现实的问题：两个月后的应氏杯决赛。以前 6 次世界决赛前，我都会预先做好各种心理准备，以备不时之需。尤其是丰田杯决赛，是我自己感觉心理上准备得最成熟的一次。因为我在那之前经历了一年多的低谷期，所以我觉得自己的心智应该非常成熟了！没想到在决胜局时还是出现了问题。赛后我突然有了一个念头——既然已经不会比这次输得更惨的了，那我在心理上还有什么可准备的？就那样吧，爱谁谁。按理说，对我这样责任心很强的人来说，出现这样的‘消极’想法是很少见的。但有意思的是，抱着这种‘无所谓’的想法，我意外地发现自己比以往任何一次备战都更专注于围棋技术本身！而且吃得下睡得好，体力储存得非常好！以前老想着怎么学会放下，结果老放不下，这次我连放下这个念头都懒得去想了，反而全放下了。”

我听后感到很惊讶，这不正是无心插柳柳成荫吗？于是我接着问道：“是什么让你突然顿悟的？”

常昊说：“时隔多年，我也慢慢发现，一定是有什么更深层的原因导致了我的彻底放下。自从我 10 岁进入国家围棋少年队开始，大家就一直对我寄予厚望。当年属龙的聂卫平开疆辟土，比他小 12 岁、也属龙的马晓春首夺世界冠军，而我则比马晓春小 12 岁，也属龙。中国人很讲究传承轮回，所以无论是从我的成绩，还是从一种命运的暗示上看，大家都觉得常昊不仅仅会拿世界冠军，更会超越他的前辈，拿更多的世界冠军！这些厚望是对我的肯定，但是，可能是我生来就是很有责任心的人，所以这些正面的厚望到了我这里，反而变成了我的思想包袱。这种包袱，甚至已经变成了我的潜意识，一直伴随我成长，连我自己都没有察觉到。直到在自以为心智最成熟的那次丰田杯中，在离胜利最近的时候，潜意识跑出来捣乱了。之后，由于在丰田杯上表现得太糟糕，大家虽然都还在鼓励我，但我能感觉到，多年来大家对我寄予的厚望已经慢慢消失了。当然，还有更极端的人觉得我已经是扶不起的阿斗了。但正因如此，我多年来的潜意识包袱反而没了，我的内心更自由了。我本来就是热爱下棋的人，内心自由后，我反而更加纯粹地沉浸于围棋本身，让我无论是在备战时，还是在比赛中都很纯粹地在下棋。棋盘以外的事情考虑少了，夺冠的概率自然就大多了。”

所谓“放下”，非常广义，关键是放下了什么？我想，常昊放下的是他过于苛求自己的责任心。其实他一直不缺责任心，因为天赋秉性，责任心已经深深融入了他的血液，他缺的是一种很纯粹地、开开心心下棋的自由心态。祸福难料，2005 年年初最惨痛的失利让大家降低了对他的期望值，但也让他甩开了背负多年的包袱，可以开开心心地专注于围棋本身，从而在两个月后的应氏杯决赛中以全新的面貌出现，并夺得了冠军。当然，这一切必须建立在常昊多年来的精神修养之上。不然，面对如丰田杯失利一般的沉重打击，棋手是很容易崩溃并自暴自弃的。

常昊，不愧是常昊！

我觉得如果没有前 6 次在世界大赛上屈居亚军的经历，尤其是第六次惨痛的失利，常昊也就不会有第 7 次大赛夺冠时的辉煌。很多事情看似巧合，或许也是命运。常昊，也许就是为了中国围棋在 2005 年夺取应氏杯冠军而生的。

第 2 节
第 10 届三星杯世界赛半决赛决胜局
（罗洗河对战崔哲瀚）

（此照片由韩国棋院提供）

我在给孩子们做围棋普及时，会讲围棋最基本的吃子规则，但我也会讲，围棋不是靠吃子就能获胜的。讲到这里时，我常常会用一盘棋来举例：2005 年 12 月 16 日，罗洗河主动弃掉了 23 颗棋子，却获得了胜利。

2005 年 12 月 13 日，三星杯世界围棋公开赛半决赛三番胜负，中国与韩国分庭抗礼，我对阵李昌镐，罗洗河对阵崔哲瀚。两对选手在前两局分别战成了 1 ： 1 平，因此胜负将在 12 月

16 日决出。没有人能想到，这一天会出现一盘今后将被人无数次提起的经典名局。

罗洗河与崔哲瀚这盘棋，其构思之宏大，剧情之反转，让人难忘。下面我们来看看这盘棋到底发生了什么。

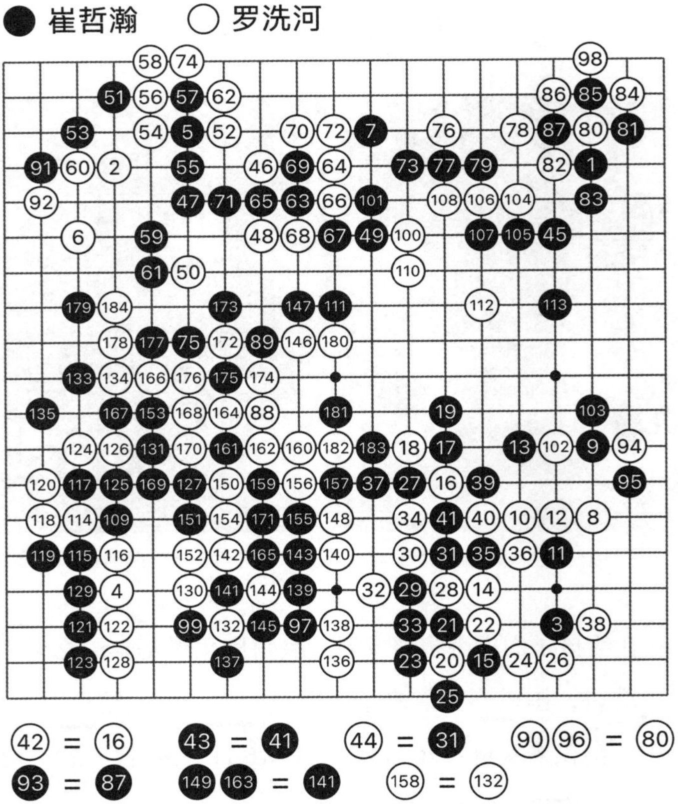

实战谱 1（1–184）

这次三星杯半决赛的另一场较量在我和李昌镐之间进行，最终罗洗河与李昌镐会师决赛。在决赛中，罗洗河以 2 ： 1 的比分战胜李昌镐，夺得了冠军。

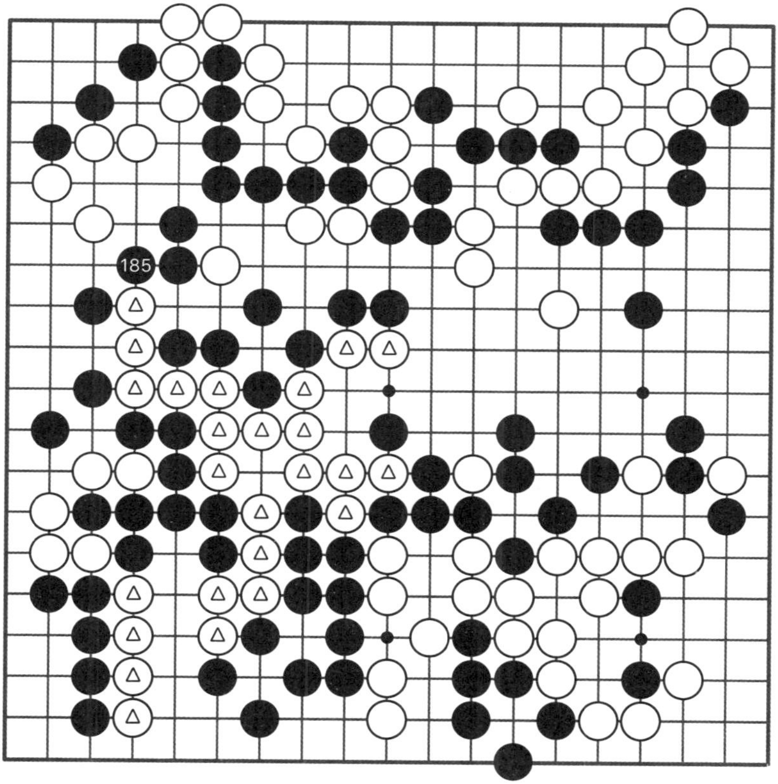

图 2–1–1

图 2–1–1：罗洗河执白，棋局进行到黑 185 的时候，双方都已经毫无退路。现在罗洗河只需要将左下 25 颗白三角大龙做

活就可获胜，而号称“毒蛇”的崔哲瀚也不会轻易放过白这块大龙。不过这时候白棋有脱身之计。

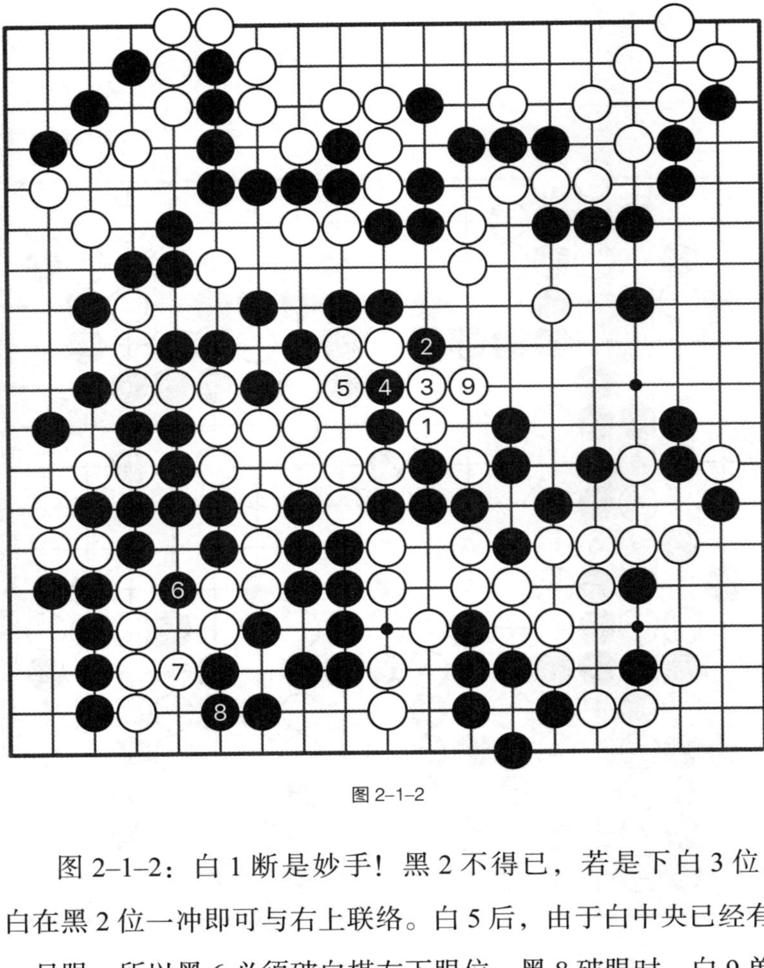

图 2–1–2

图 2–1–2：白 1 断是妙手！黑 2 不得已，若是下白 3 位，白在黑 2 位一冲即可与右上联络。白 5 后，由于白中央已经有一只眼，所以黑 6 必须破白棋左下眼位。黑 8 破眼时，白 9 单勾是脱身的好手。

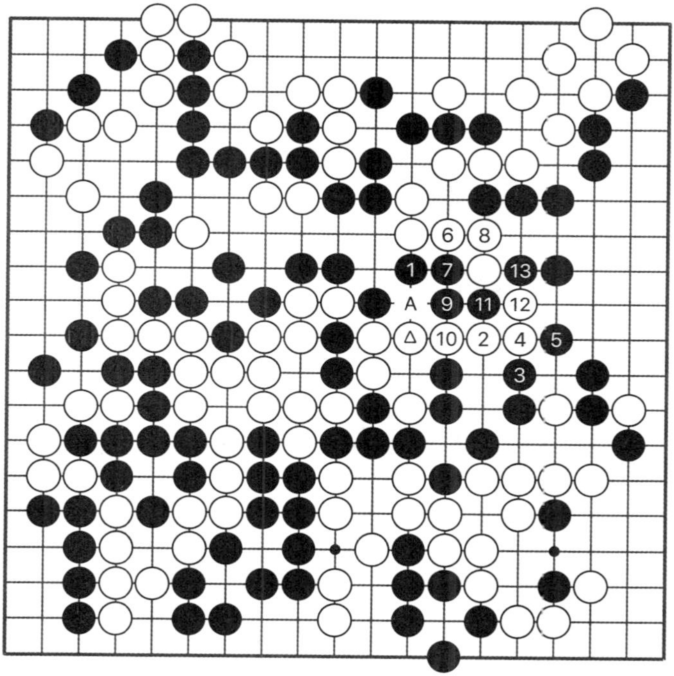

图 2–1–3

图 2–1–3：白三角一子勾出后，黑 1 虎是切断白大龙逃生之路的最强手段。对此白 2 单跳是局部的好手，接下来黑 3 防守不得已。黑 3 若是在白 10 位冲，白 A 位打吃是先手，黑棋反而在帮白棋行棋。以下至黑 13，黑棋还是切断了白大龙往右上回家的路。但是，由于黑 1 自身棋形不正，白棋可反戈一击。

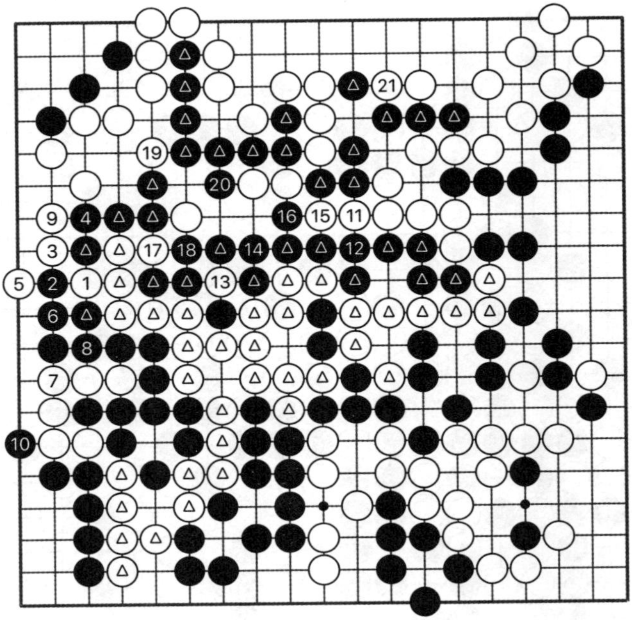

图 2–1–4

图 2–1–4：虽然白大龙被切断了归路，但是黑三角大龙也露出了破绽。白 1 冲至黑 10，是白棋的先手权利，至此白棋完成了切断并合围黑三角大龙的部署。由于之前我说到的图 2–1–3 中黑 1 虎的棋形不正，因此给了本图白 11 冲，破坏黑大龙眼位的手段。以下至黑 20，都是白棋的先手权利，黑整块超级大龙只有一只眼位。白 21 紧住黑大龙的气后，黑三角大龙和白三角大龙形成了对杀之势。但由于白大龙在之前往右边突围时延了不少气，因此本图白棋将稳操胜券。大家若一时看不清，可以将此图的结果与实战结果对比，就能发现此图白棋的气比实战多不少。

那么实战中的罗洗河看到了图 2–1–2 中白 9 单勾的好手以及之后图 2–1–3、图 2–1–4 的变化吗?

罗洗河看到了，他在回忆录《棋游九天》中是这样说的："这里的变化我早已算到（指图 2–1–3 和图 2–1–4 的变化），但由于此局关系重大，我想还是再看清楚一些。可由于过度紧张，我突然产生了错觉。"

罗洗河到底产生了什么错觉？我们接着往下看。

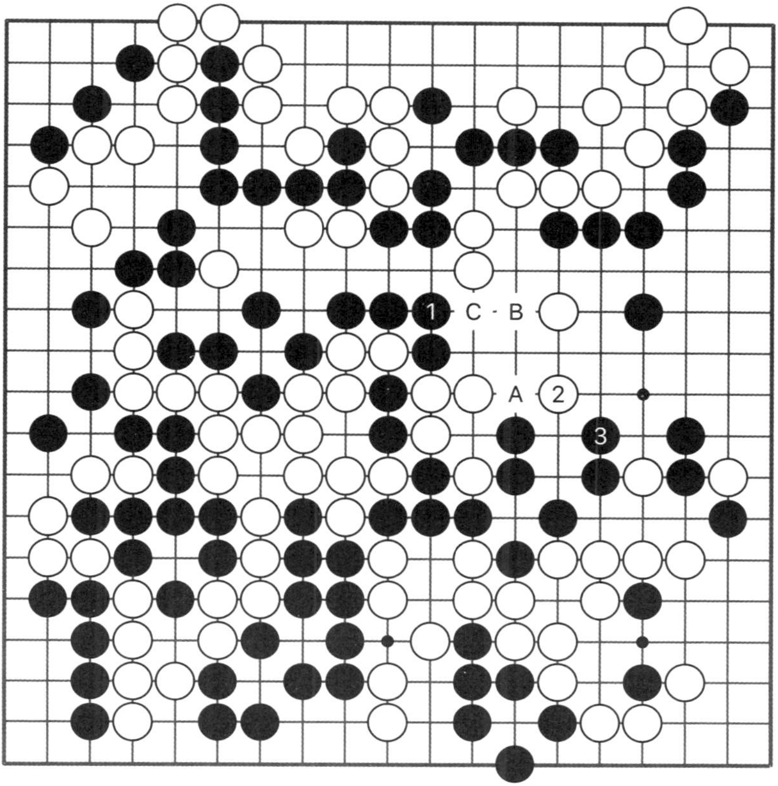

图 2–1–5

图 2–1–5：罗洗河突然发现黑 1 冷静粘上，白棋不好办。他当时预想的是白 2 跳的手法，但他发现黑 3 冷静防守后，白棋看着离右上自己的兄弟部队很近，可仔细一看，却发现怎么都联络不上了（比如白 A 粘，黑可 B 位靠断）。而此时黑 1 粘上的位置相比黑 C 位虎，黑自身大块已经没有破绽了。罗洗河情急之下，立刻改变了原计划，使得棋局风云突变。

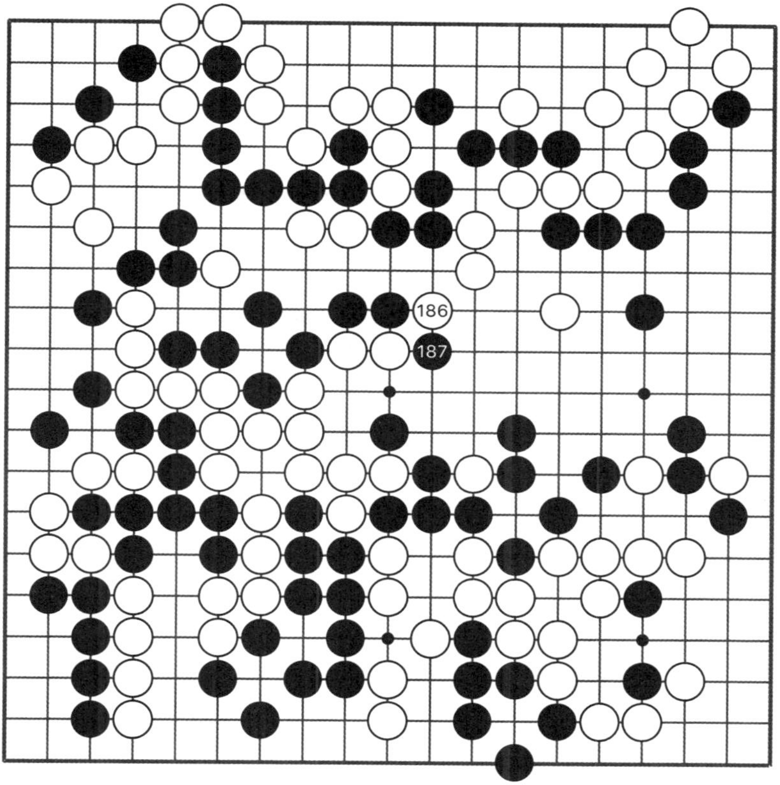

图 2-1-6

图 2–1–6：罗洗河回忆当时的情形："产生错觉发现活不了以后，我又发现白 186 扳似乎可以成立。见到白 186 扳后，原本萎靡不振的小崔突然精神大振！"

黑 187 断！严厉！罗洗河这才如梦初醒，发现自己错过了胜机，而崔哲瀚则有了一种重生的感觉。那么在下白 186 时，罗洗河到底出现了什么错觉呢？

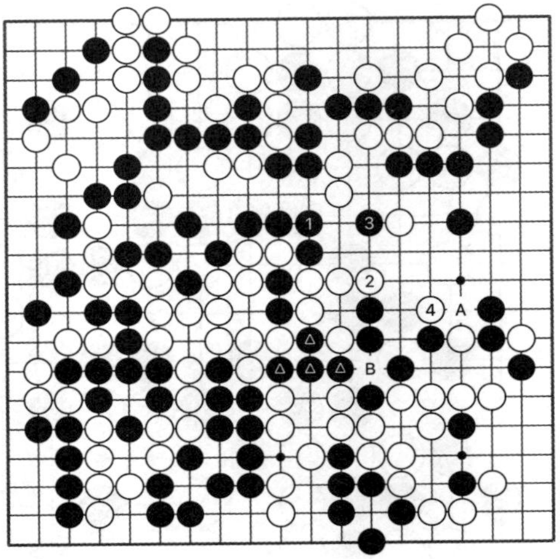

图 2–1–7

图 2–1–7：其实图 2–1–5 中黑 1 粘上时，白 2 只需朴实地贴一手，黑棋就无法两全了。黑 3 靠若是切断白棋联络，白 4 一扳，接下来黑若是在 A 位打吃，白 B 位一提劫，由于黑三角四子气紧无比，所以黑出现了接不归的情况。而一旦出现打劫，由于白棋劫材无数，黑棋根本无法争胜。此图的变化并不难，但罗洗河在当时自身用时还充裕的情况下没有看到此图的胜机，其原因有两点：

1. 在心算时，罗洗河一直认为图 2–1–5 中白 2 跳是棋形的要点。所以当他计算黑 1 粘上时，惯性地认为白 2 还是要跳，却忽略了本图最简单的白 2 一贴。

2. 罗洗河行棋非常果断，且基本不会重复验算。如果他稍微再验算一下，就能看到本图白 2 贴的手段。可是他没有在这里思考太长时间就认为此路不通了。

不过，如果罗洗河看到此图的下法而轻松赢下本局的话，我们也就没有后面那么精彩的棋局了。

二　黑 219 耗尽用时

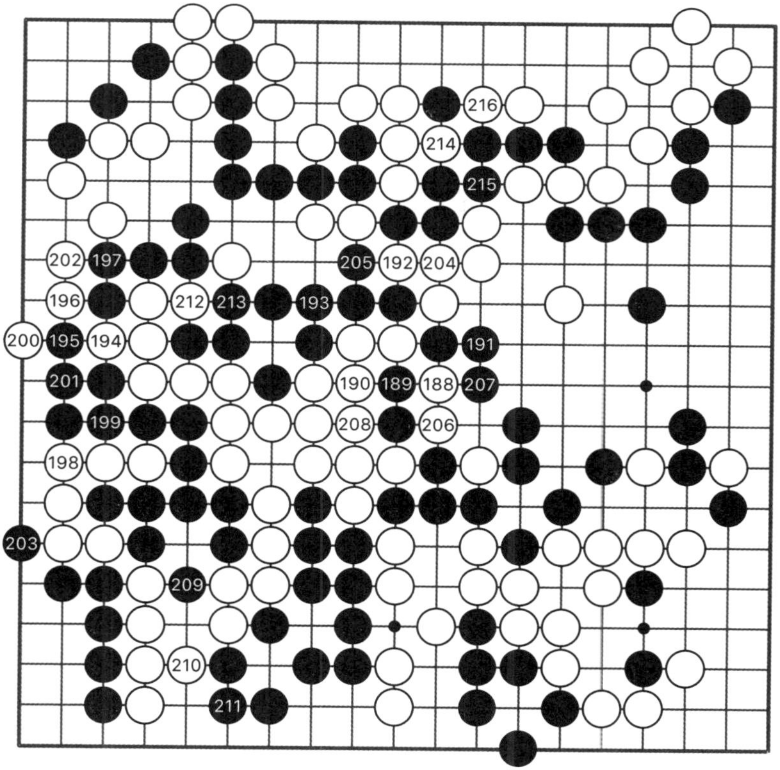

实战谱 2（188–216）

三劫循环在实战中出现的概率极低，所以很多职业棋手在职业生涯的比赛中从未下出过三劫循环。

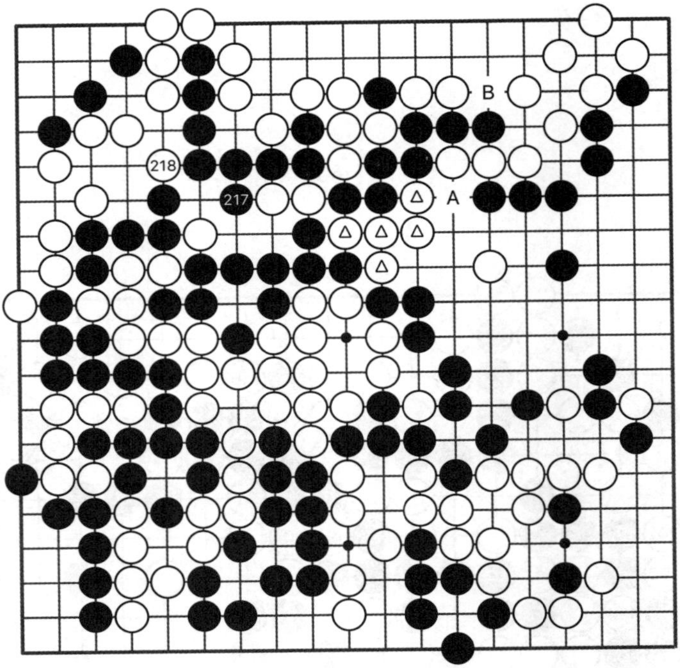

图 2–2–1

图 2–2–1：这是数回合后的局面。前面说到罗洗河白 186 错失一锤定音的良机，导致棋局再生波澜。现在是黑白两块超级大龙相互对杀的态势。黑 217 吃掉白两子后（这是个假眼），白 218 正常应该在 B 位打吃收黑气，并兼补白三角五子 A 位的断点。但那样的话，黑在白 218 位团可延气。这场对杀的差距就在一气之间，因此白棋绝对不能让黑棋延气，白 218 只有华山一条路，必须挤住黑棋，可这样就给了崔哲瀚一个选择。

崔哲瀚不仅可以和白大龙对杀，也可以选择在 A 位断开白三角五子，与白这五子对杀。

此时崔哲瀚还剩下大约15分钟就要进入一分钟必须下一步的读秒阶段。而崔哲瀚也已经算清楚，若是和白大龙对杀的话，将会出现极为罕见的三劫循环之棋局。若真是那样，本局将被判为无胜负和局。所以崔哲瀚的心情还是比较愉快的，他已经有了一条可以选择和棋的退路，然后还可以用剩下的15分钟计算一下能否在A位断开白三角五子。若此手段成立的话，那就能立刻结束本局。就算计算下来不成立，再选择实战的下法和棋也有退路，崔哲瀚似乎已经立于不败之地了。

但他若是知道本局最后的结果的话，再给他一次重来的机会，他可能会选择把15分钟留给后面。我们现在来看看崔哲瀚这15分钟内到底计算了什么变化，黑棋到底能不能在A位断开白三角五子？

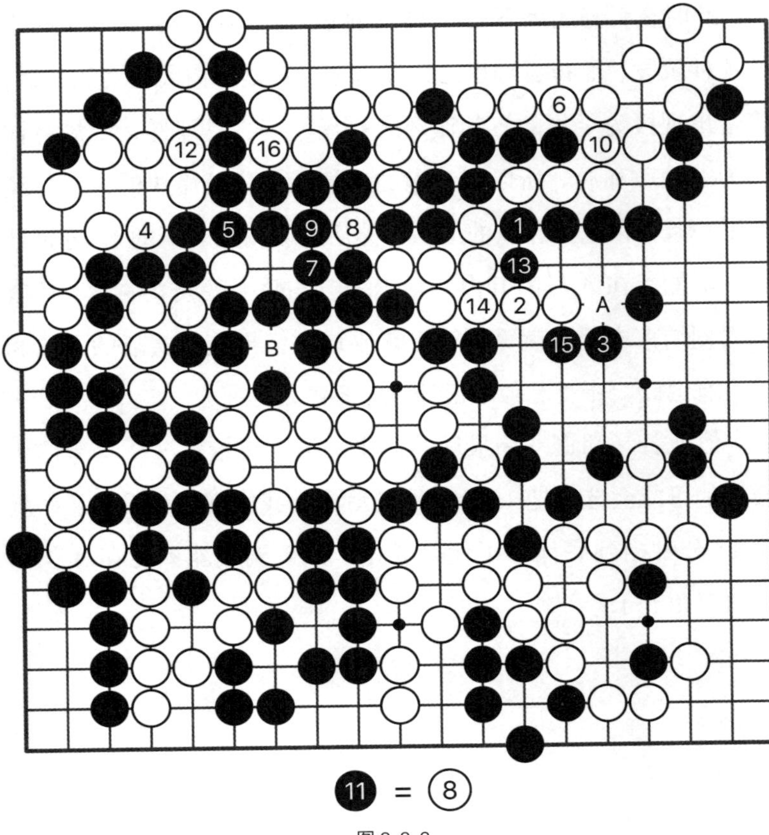

图 2–2–2

图 2–2–2：黑 1 若是断开白五子，白 2 必须并。对此黑 3 若是松着气封锁白棋的话，白 4 以下一连串先手后至白 16 紧气，白先手劫杀黑（黑 A 紧气，白 B 提劫）。看来黑 3 必须紧住白气才行。

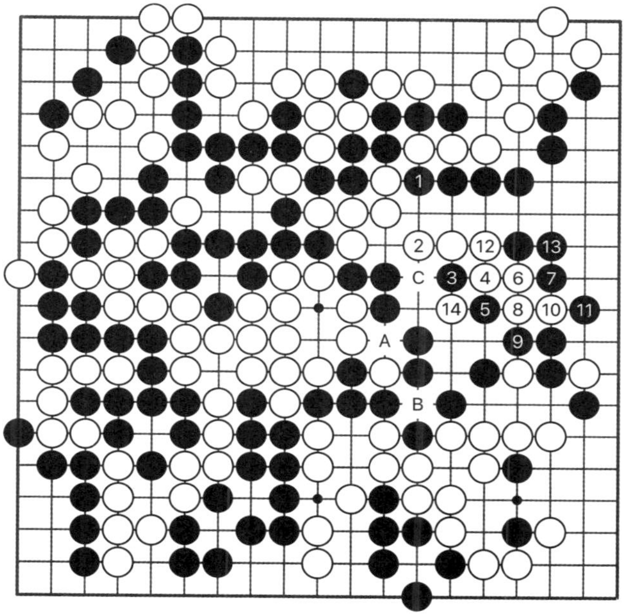

图 2–2–3

图 2–2–3：黑 3 必须紧住白气，但由于白 A 位接是绝对先手（黑必须在 B 位粘，不然打劫的话，黑棋肯定打不赢）。所以白 4 可扳出延气，以下至白 14，虽然黑棋奋力堵白气，可是黑自身棋形有弱点，所以依然无法阻止白棋延气的步伐。在这个过程中，黑 7 很想在白 12 位断，可是白 A 位是绝对先手，因此白 C 位一吃，黑棋难以两全。

当然这里的变化绝对不止就这一种，但仔细研究的话，一时半会儿是说不清的。对此我就不一一介绍了。下面我们来看崔哲瀚此时是如何做决策的。

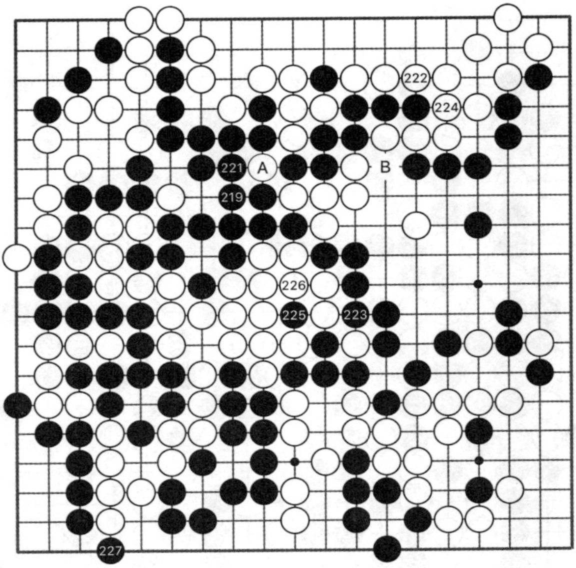

220 = A

图 2-2-4

图 2-2-4：崔哲瀚利用最后剩下的 15 分钟在拼命计算，但由于变化实在复杂，他一直没算出自己可行的变化。15 分钟过得很快，崔哲瀚用完了所有的时间，进入了读秒阶段。在读秒的催促中，崔哲瀚仍不死心，黑 219、黑 221 连打两将，给自己争取些时间来看看还有没有可能在 B 位断吃白三角五子。两分钟很快就过去了，崔哲瀚还是没有计算出可以吃掉白棋的变化，无奈之下，只好决定按原计划进行。

黑 223 提一子兼收白气后，白 224 肯定打吃黑棋七子收气的同时，兼补了自身 B 位的断点。这样一来，黑白两块超级巨龙之间的直接对杀在所难免。

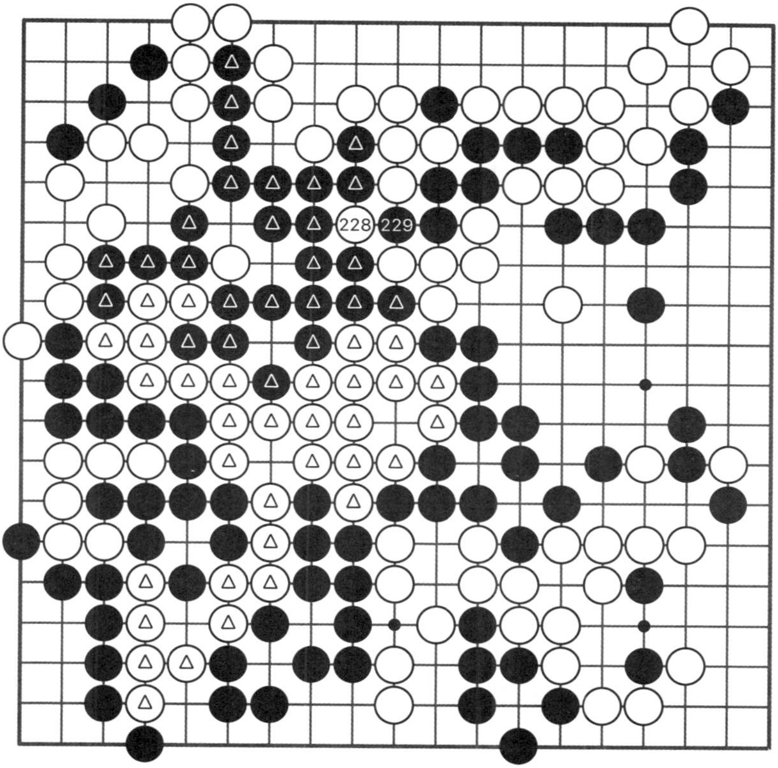

图 2–2–5

图 2–2–5：当白 228 提黑七子，黑 229 回提一子时，双方形成了白三角 33 颗子与黑三角 27 颗子两块超级大龙对杀的惨烈场面。那对杀的结果到底是什么？我们接着往下看。

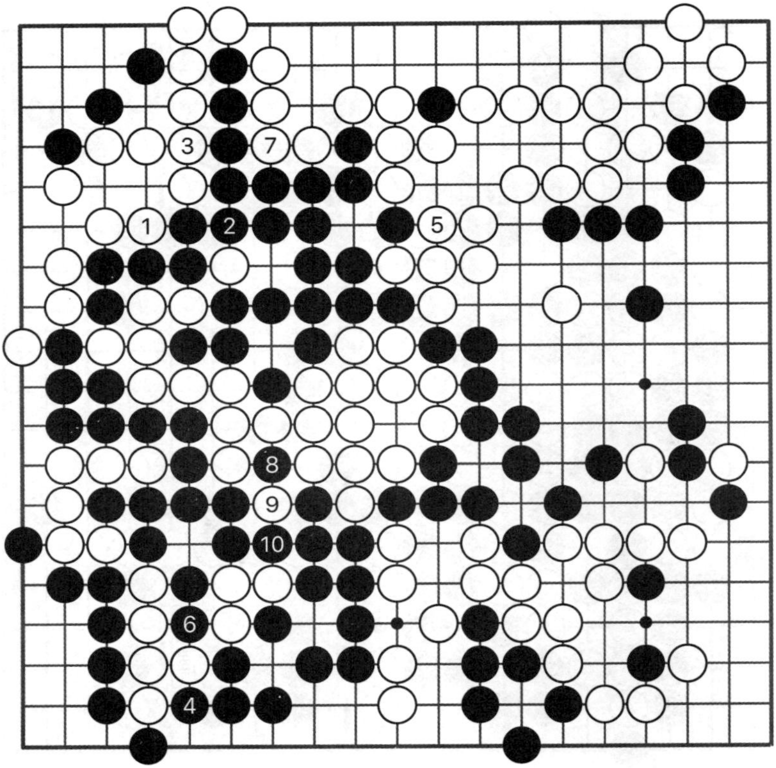

图 2–2–6

图 2–2–6：白 1 以下收气与黑对杀，至黑 10，中央形成了三个劫！这就是围棋实战棋局中出现概率极低的三劫循环。

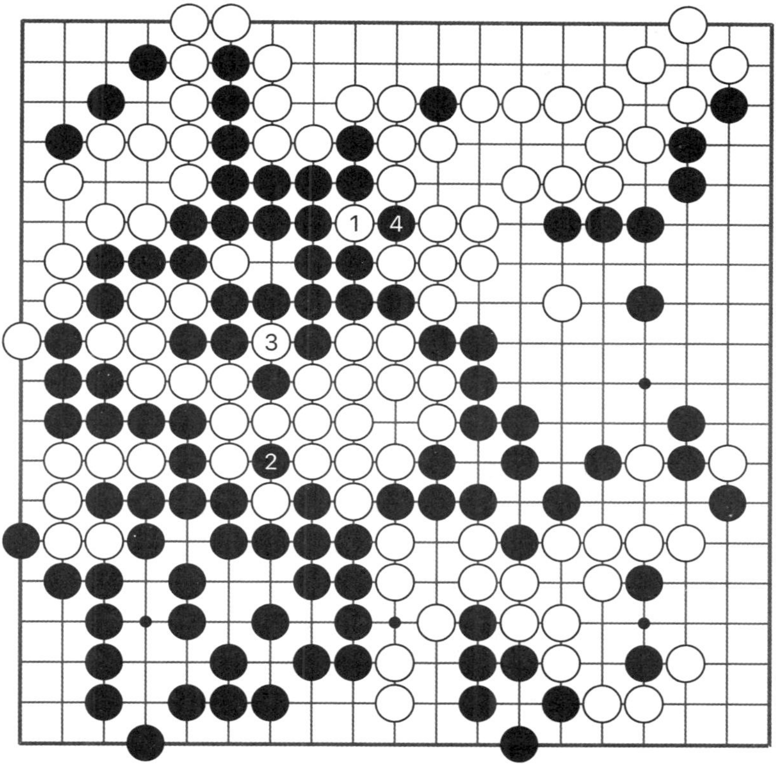

图 2-2-7

图 2–2–7：接上图，白 1 提劫，黑 2 也提劫，白 3 提劫，黑 4 接着提劫。三个劫循环往复，绵绵无绝期。围棋规则中提到：出现三劫循环的时候，双方若都不放弃劫争，就只能算和棋，立刻加赛一局。

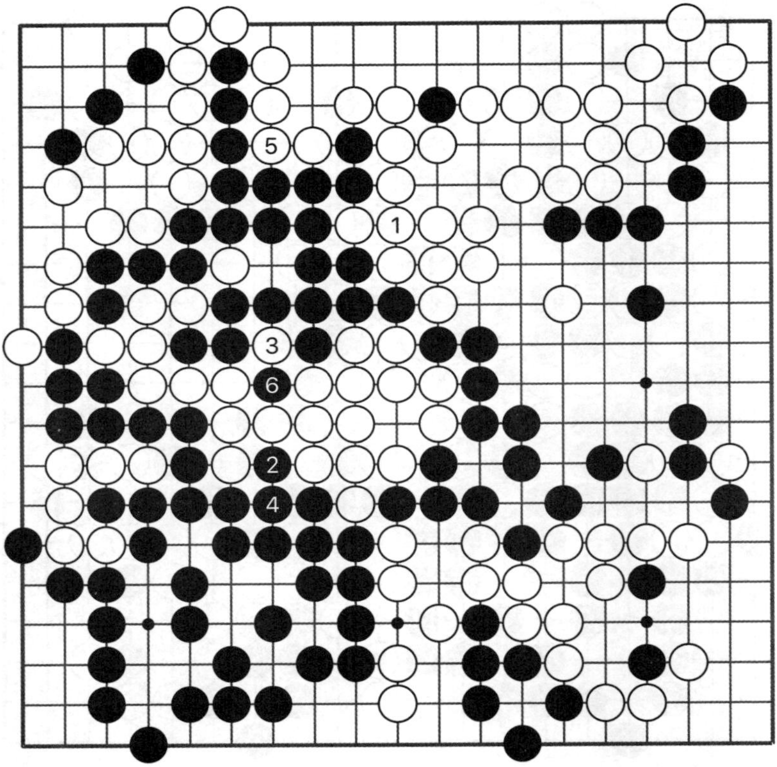

图 2–2–8

图 2–2–8：白棋还有一种选择，那就是不下白 5 位（形成三劫循环），而是下白 1 粘劫！但这样黑 2、黑 4 之后，中央形成了紧气劫，以下白 5 开劫，黑 6 先提劫，白棋没有本身劫，这个劫打不赢。

当时观战的高手们都认为重赛一局是必然的了。但是罗洗河却想到了另一个可能性，并且真的敢去尝试。

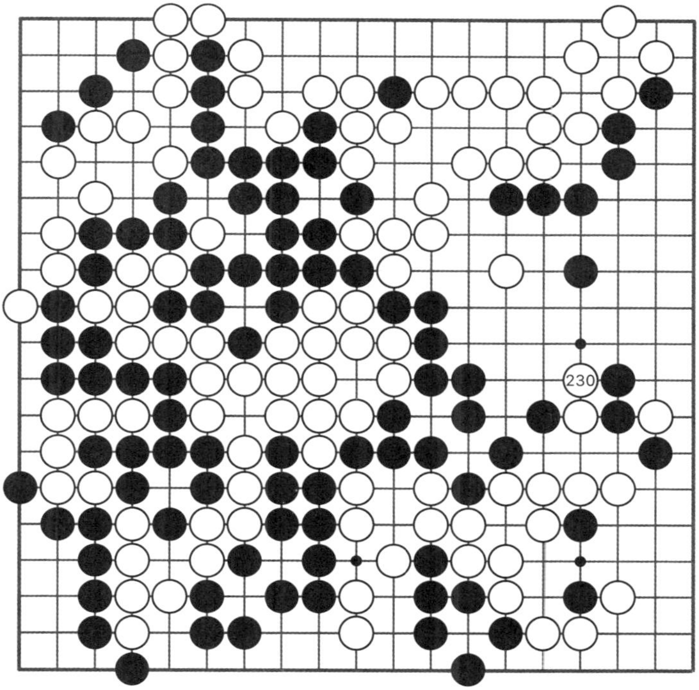

图 2–3–1

图 2–3–1：白 230 突然跑到右边去走了一个，虽然中央黑棋一下子无法净吃白棋，但是白棋跑到这里走一手是什么意思？其实这是罗洗河利用崔哲瀚正处在读秒阶段无暇细算走的一步考试棋。

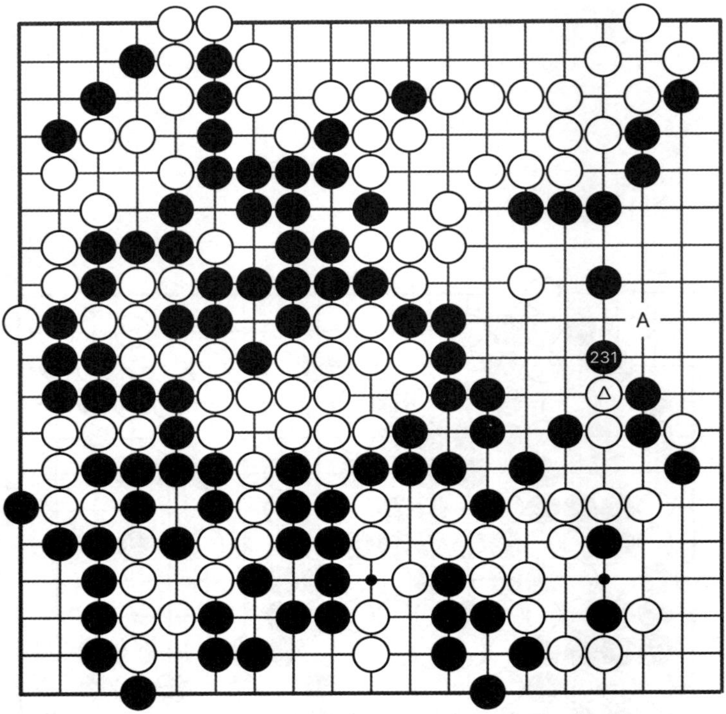

图 2–3–2

图 2–3–2：读秒中的崔哲瀚无暇思考，而且他认为这盘棋的结局就是三劫循环了，所以放松了警惕。

面对罗洗河白 230 冲，崔哲瀚认为罗洗河只是象征性地走几下，然后就会提和，所以也没当回事，黑 231 简单地跟着应。

而罗洗河这时候到底在想什么？我们来听听他的回忆："白 230 这步棋具有隐蔽性，因为这步棋看起来很笨很憨。崔哲瀚还是太年轻，将这步棋与我的外表联系起来后就上当了。此时黑 231 正确的下法应该在 237 位（A 位小尖），那样我将会马上提和。"

那么罗洗河白 230 的用意到底是什么？崔哲瀚黑 231 上的到底是什么当？我们接着往下看。

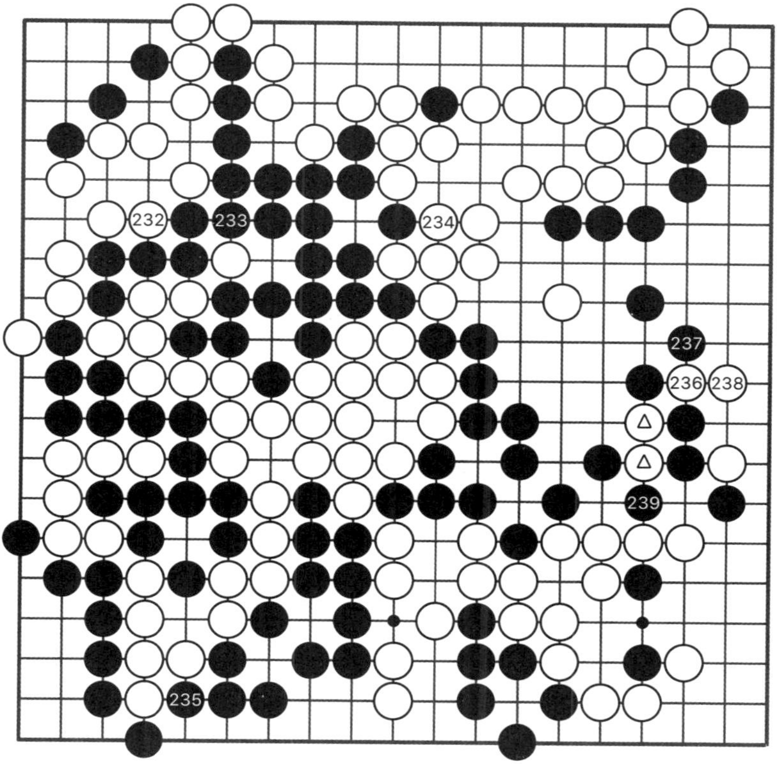

图 2–3–3

图 2–3–3：看到崔哲瀚黑 231 上当后，罗洗河十分兴奋。但为了不让崔哲瀚察觉，他白 232、白 234 中央大龙对杀处收了两口气，然后再白 236 断一个，表现出一副中央收了两气算清是三劫循环了，无奈在右边先手下两手就准备提和的样子。

其实当白 236 断的时候，刀已经架在黑棋的脖子上了，此时黑棋还有最后的机会，就是脱先继续收中央的气，那样虽然白棋胜率大，但差距很小，一切还未知。可崔哲瀚当时根本就没察觉到罗洗河的动机是什么，他以为罗洗河只是象征性走两下，所以黑 237 以下就不假思索地跟着应。当黑 239 吃掉白三角两子后，崔哲瀚觉得罗洗河该提和了吧。可他万万没想到，就在他无神经地在右边应了几手后，罗洗河已经借到了东风。

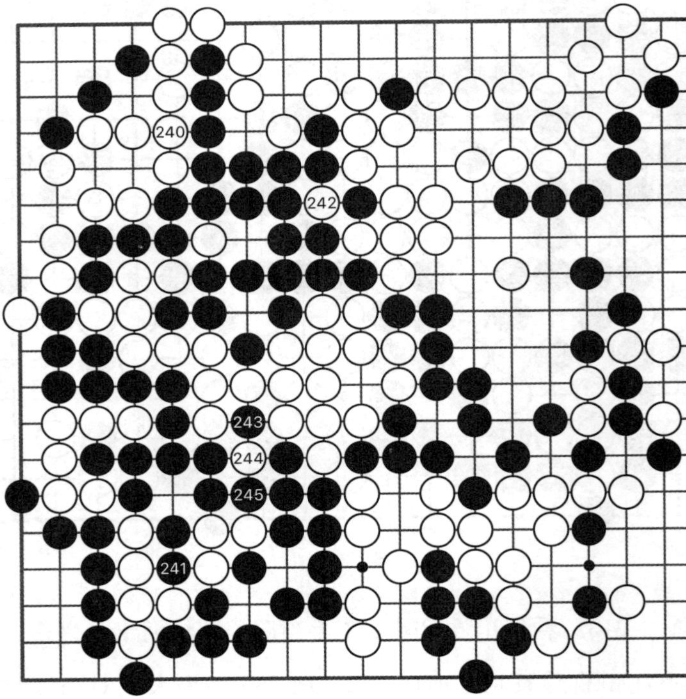

图 2–3–4

图 2–3–4：罗洗河白 240 开始在中央收气，至黑 245，似乎三劫循环在所难免。但棋局并不是这么发展的。

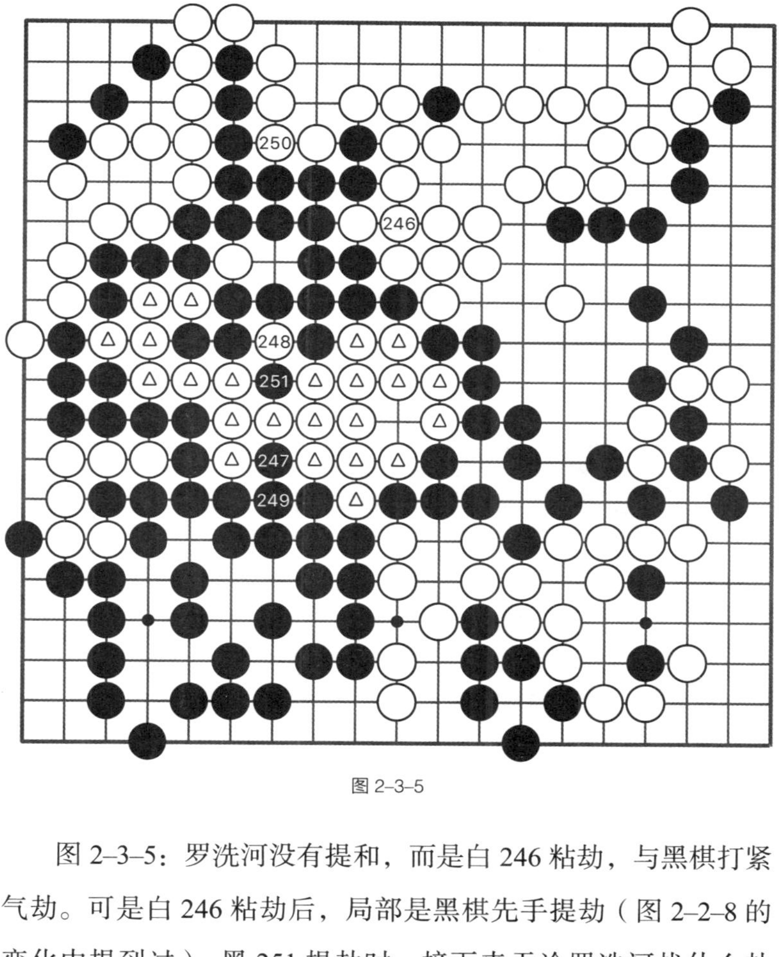

图 2–3–5

图 2–3–5：罗洗河没有提和，而是白 246 粘劫，与黑棋打紧气劫。可是白 246 粘劫后，局部是黑棋先手提劫（图 2–2–8 的变化中提到过）。黑 251 提劫时，接下来无论罗洗河找什么劫材，崔哲瀚都将闭着眼睛将白中央 23 颗子提起来。

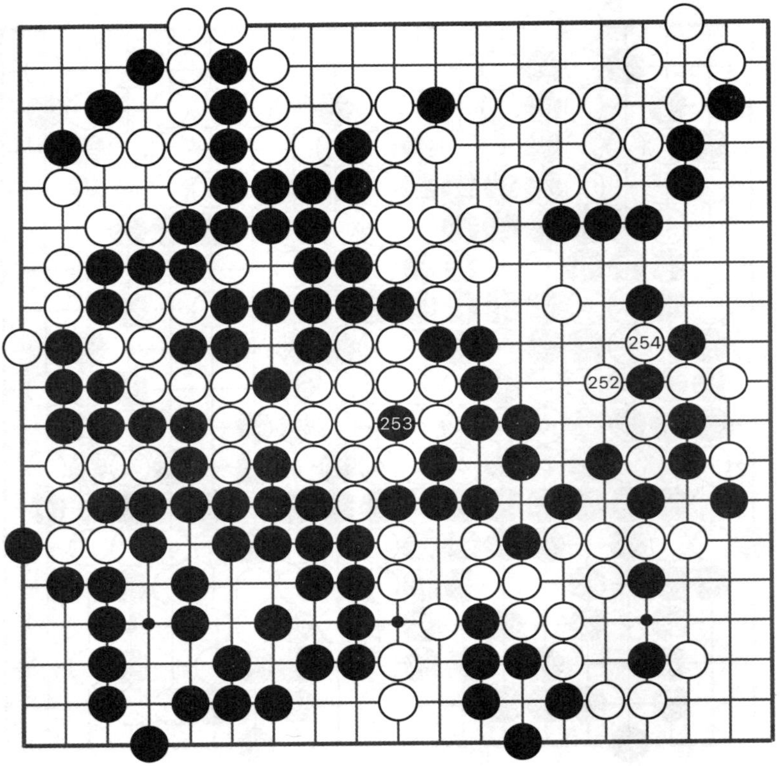

图 2-3-6

图 2–3–6：接上图，白 252 找劫材，黑 253 消劫，白 254 提一子。由于这个劫材一眼看去并不是吃掉黑大龙的劫材，所以崔哲瀚根本没想过白棋在中央全死光的前提下，罗洗河右边白 252、白 254 两手棋的劫材可以争胜负！

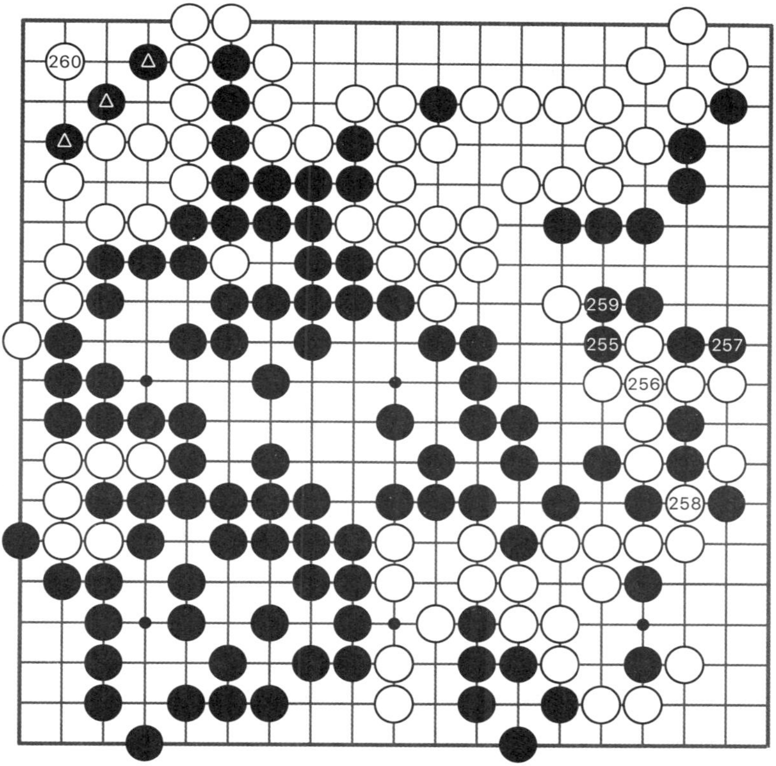

图 2–3–7

图 2–3–7：崔哲瀚黑 253 把白棋中央大龙全部吃掉。可是当白 260 吃净左上角黑三子的时候，他仔细判断形势后发现，自己的实空居然不够了！在没有死掉一块大龙，一共吃了对方左下近 50 颗棋子的情况下，自己实空居然不够了。他想都不敢想的事情，竟然真的发生了。

崔哲瀚这才如梦初醒，但为时晚矣。罗洗河当初白 230 的用意就是在制造劫材！

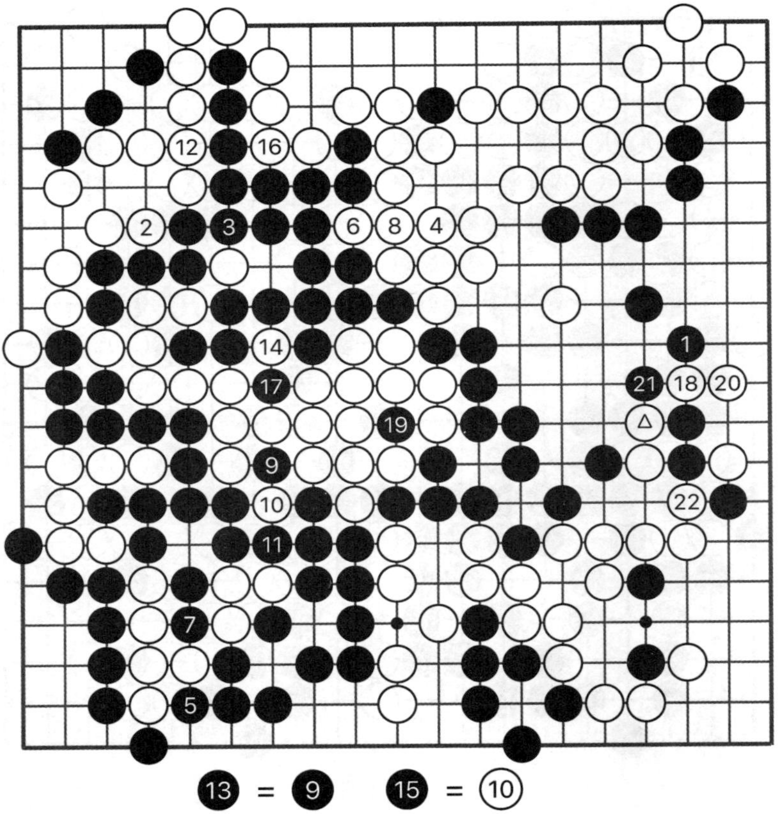

图 2–3–8

图 2–3–8：面对罗洗河“狡诈”的白 230（白三角一子），崔哲瀚应该黑 1 尖一个。这样白棋若再想像实战那样开劫，白右边只能找白 18、白 20 这样的劫材，如此是无法和黑棋争胜的。而在实战中罗洗河等于是骗到了以下这个效果。

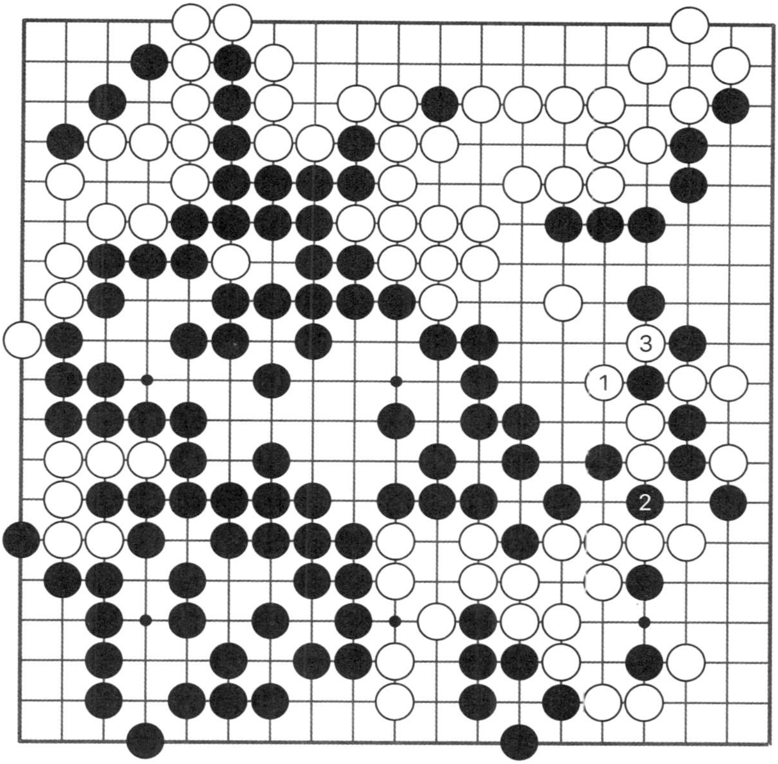

图 2–3–9

图 2–3–9：接上图，实战等于白 1 打吃的时候，黑棋没有在白 3 位粘，而是黑 2 跑去后面打吃白棋，被白 3 提掉了黑一颗极为重要的棋筋。这之间的差别实在是太大了！

其实以崔哲瀚的实力，若知道罗洗河是在这里制造劫材，他完全有能力下出上图中的黑 1 这步小尖。可他为什么没下出来呢？究其原因，有以下几个：

1. 中央事关 100 目的大龙对杀，所以崔哲瀚认为中央的对杀必定是三劫循环的结局，没想过白棋还有弃子开劫的可能。

2. 如果崔哲瀚还有时间思考，可能还会察觉到罗洗河白 230 背后的动机。但他此时每步棋必须在一分钟之内落子，因此更容易随着自己的惯性思维走下去。

3. 罗洗河从白 230 开始，一方面是利用了崔哲瀚读秒时间不够用的因素，还有一方面是他在这段行棋中，一会儿在右边走，一会儿又在中央走，让崔哲瀚一下子没搞清楚他到底想干什么，成功地把崔哲瀚“忽悠”了。

以上三个原因哪怕缺了一个，我们都可能见不到这盘千古名局了。

其实就算这三个原因都全了，若是之前崔哲瀚黑 219 没有把时间全用完，若是罗洗河白 186 没有错失良机，本局也无法走向最终的版本。当然，更重要的是，罗洗河在如此重要的大胜负中，居然能想到放弃三劫循环，把中央 23 颗白子弃了的可能性，并且还为这种可能性设计了一个完美的计划引诱崔哲瀚上当，他真是一个天才！也只有这样的天才，才能导演出这样一盘千古奇局！

不过罗洗河导演得再好，也需要他的对手崔哲瀚的“完美配合”。这就是围棋博弈的魅力，两位对局者在关键胜负处比拼的不仅仅是技术，更是对人性的洞察和理解。

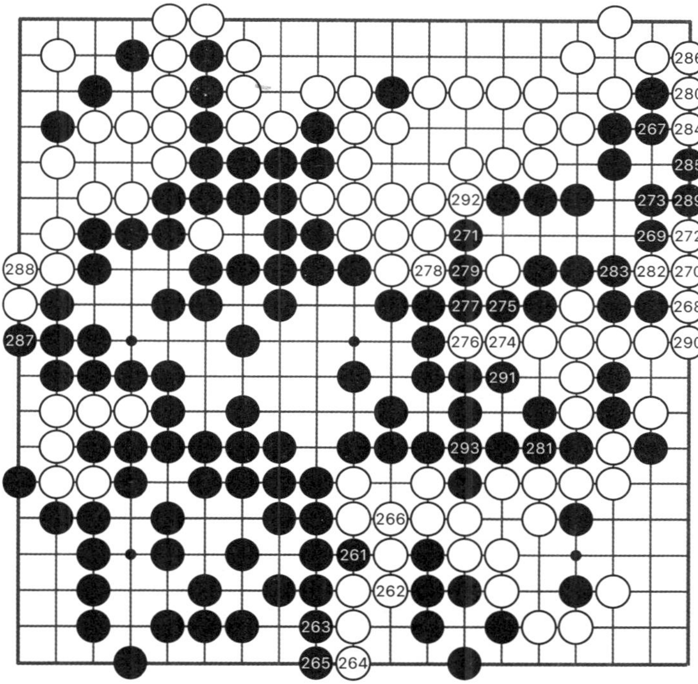

白胜 7 目半

实战谱 3（261–293）

罗洗河在《棋游九天》中有这样一段回忆：我曾经担任了三年时间的清风少年队的总教练，在教会他们一些技巧和思维方式的同时，我一再提醒他们不要把希望寄托在别人身上，也不要太在意胜负与我所教的东西。我告诉他们，我更加在乎他们养成学习的习惯，以及面对未知事物的勇气。我希望他们能够通过不断的学习和努力，培育和积累出一种坚定不移的信念，从而达致心灵的宁静和度过和谐的人生。

我想，只有拥有这样的境界的人，才能下出这样的棋吧！

第 3 节

第 17 届三星杯世界赛 32 强战

（古力对战李世石）

（此照片由谢锐先生提供）

2012 年 9 月 5 日，第 17 届三星杯世界围棋公开赛 32 强战第二轮在北京战罢。此轮最引人关注的一局棋，莫过于中韩围棋的两位领军人物，也是一生之敌友——古力和李世石之间的较量。

这是他们之间的第 29 次对决，前 28 次较量中，两人战成了 14 ： 14 平手，而这第 29 次对决更是给世界围棋历史留下了一盘奇局。

我觉得这盘奇局也只有在古力和李世石之间的碰撞下才能下出来，因为这两位绝代双骄有着相似的棋风和个性。

那么这盘棋的内容到底如何神奇？下面就让我带着大家回到 2012 年 9 月 5 日那一天，去一探究竟。

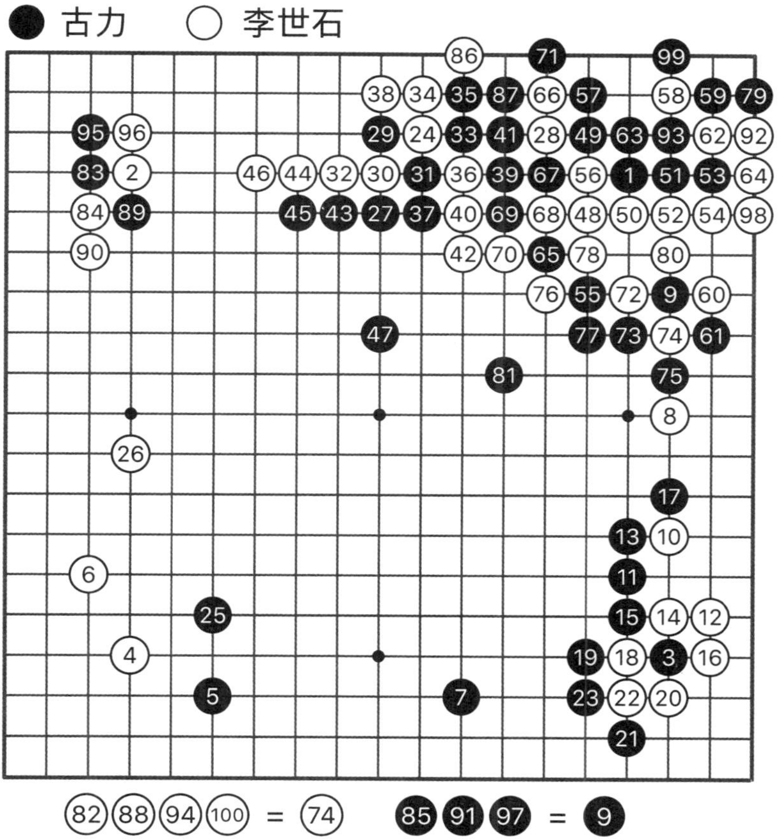

实战谱 1（1–100）

古力和李世石都是 1983 年出生，下此局时都是 29 岁。

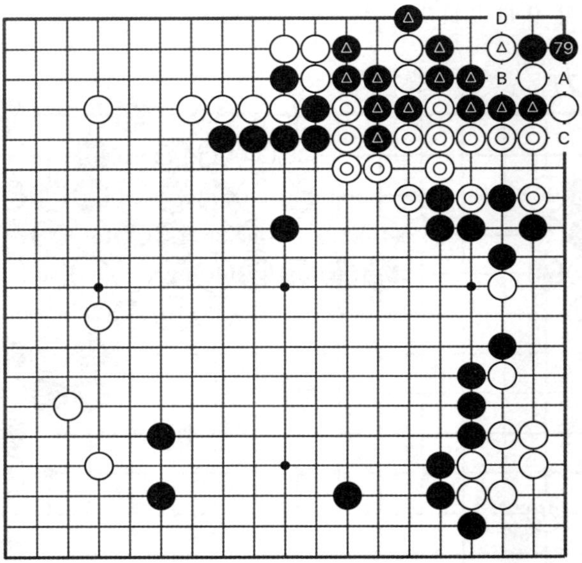

图 3–1–1

图 3–1–1：我们从古力黑 79 下立开始看起。此局一开始，古力和李世石就在右上角大打出手，形成了一个极为复杂的战斗局面。现在黑 79 下立后，局部战斗似乎要迎来和平，白三角一子已经救不回来了（白 A 的话，黑 B 打吃、白 C 粘、黑 D 可吃掉白三角一子）。这样一来，黑右上三角大块就彻底安定了。

现在局面的焦点落在了右边白圆圈大块上。白圆圈大块明显没有安定，在周围黑茫茫的子力中，白将如何治孤，是目前局势的关键点。此时作为白棋来说，正常下法应该如下图所示。

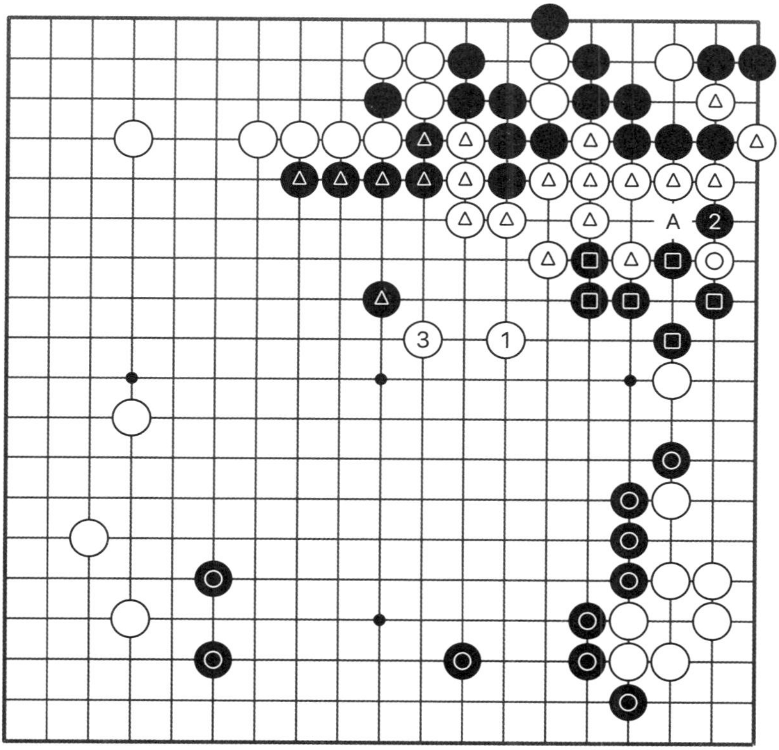

图 3–1–2

图 3–1–2：由于白三角大块无法就地做活，因此白 1 飞寻求出路，是正常的第一感。如此黑 2 大致会吃掉白圆圈一子，黑 2 这步棋似小实大，它不仅灭了白三角大块在右边的眼位，同时也使黑方块六子基本安定，为今后能放手攻击白三角大块积蓄力量，不然白 A 位先手打吃让黑棋很头疼。这样的话，白 3 就更要往外寻求生路。如此，虽然白三角大块在遭受猛攻，但是由于

黑三角六子也没安定，外加白棋往下的逃跑路线很可能将顺势破掉黑下方圆圈阵势大本营，因此若这样进行的话，白棋也完全可下。

若李世石按本图进行的话，棋局将变得漫长起来。但他放着阳关大道不走，偏偏就要拼一下。

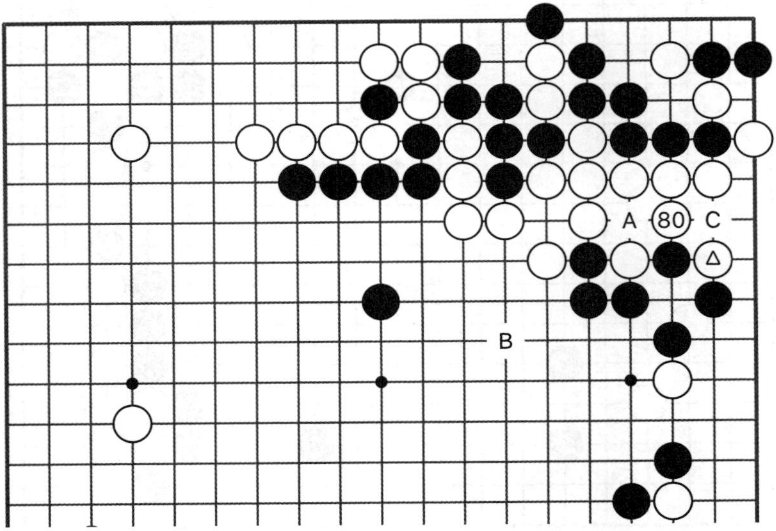

图 3–1–3

图 3–1–3：李世石选择了白 80 打吃，这步棋是什么意思呢？白 80 期待黑在 A 位跟着应，这样白棋再 B 位飞出。由于白 80 和黑 A 交换了一下，黑 C 位吃白三角一子的手段就被消除了。

由此可以看出，李世石在出逃前，还想再占一下古力的便宜。但古力岂是被随便占便宜的人？

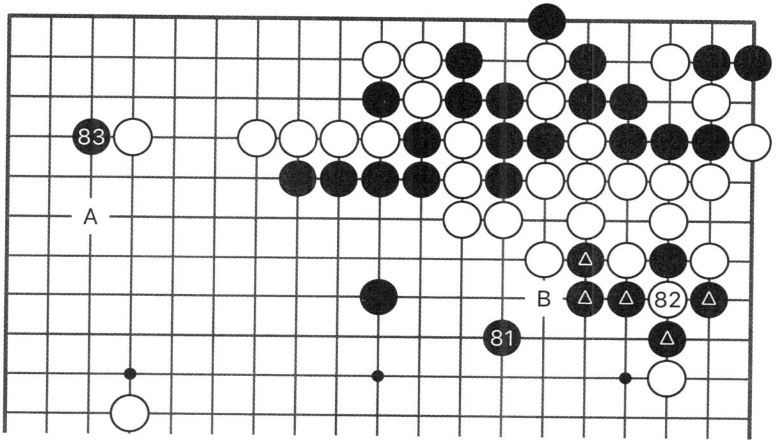

图 3–1–4

图 3–1–4：李世石白 80 打吃，是期待古力跟着应一手。但古力这样的暴脾气，是不可能让李世石如愿的。当然我觉得李世石也不认为古力会跟着应，毕竟他们彼此之间太熟悉了。黑 81 脱先将白右边大块飞封进去再说，对此白 82 就必须提劫。这样一来，这个劫争将成为胜负的焦点，棋局一下子变得激烈起来。我在研究古力和李世石的对局时，发现了这样一个现象：每当他们两个人可以和平相处的时候，总有一人想再占些便宜，另一个人则寸步不让，结果两人谈不拢就开始新的激烈战斗。

古力和李世石的对局总是在遵循着这无声的规律，而且两人之间似乎有默契似的，到这个地方总是要引起冲突。这恐怕就是我们所说的手谈吧。

白 82 提劫后，这个劫争的胜负关系到黑三角五子的安危，因此黑棋不会轻易放弃这个劫争。所以黑 83 必须找对白棋威胁更大的劫材。若找一般的 A 位挂角劫材，白棋下一手 B 位冲着消劫将十分严厉。但凡事都有两面，黑 83 这枚劫材虽然对白棋威胁大，但白棋若跟着应的话，这枚劫材也会给黑棋带来损失。所以李世石肯定会跟着应劫，然后利用右上角的劫材库来与古力周旋。这个突如其来的劫争，让全局的火药味变得越来越浓。

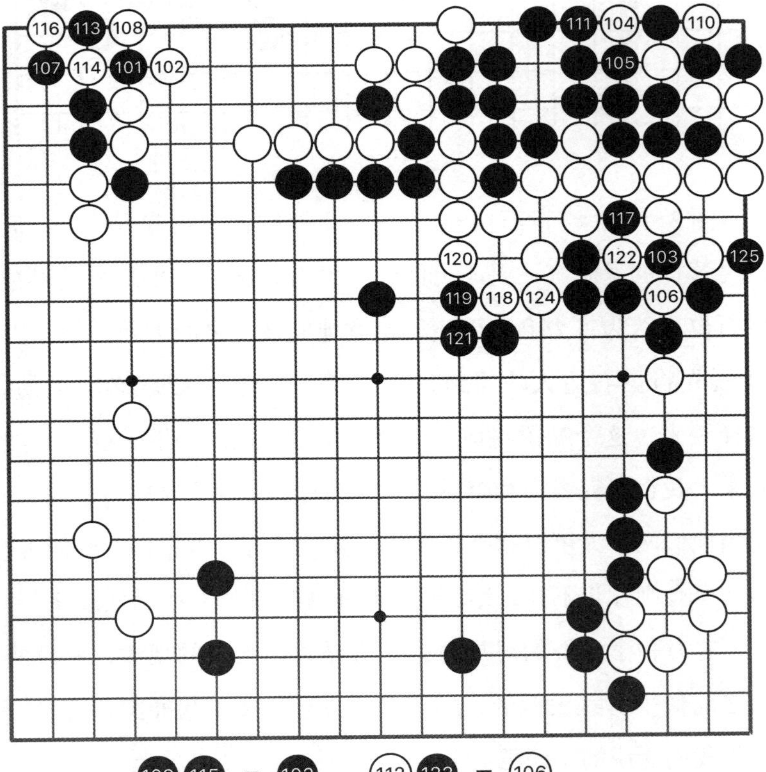

实战谱 2（101–125）

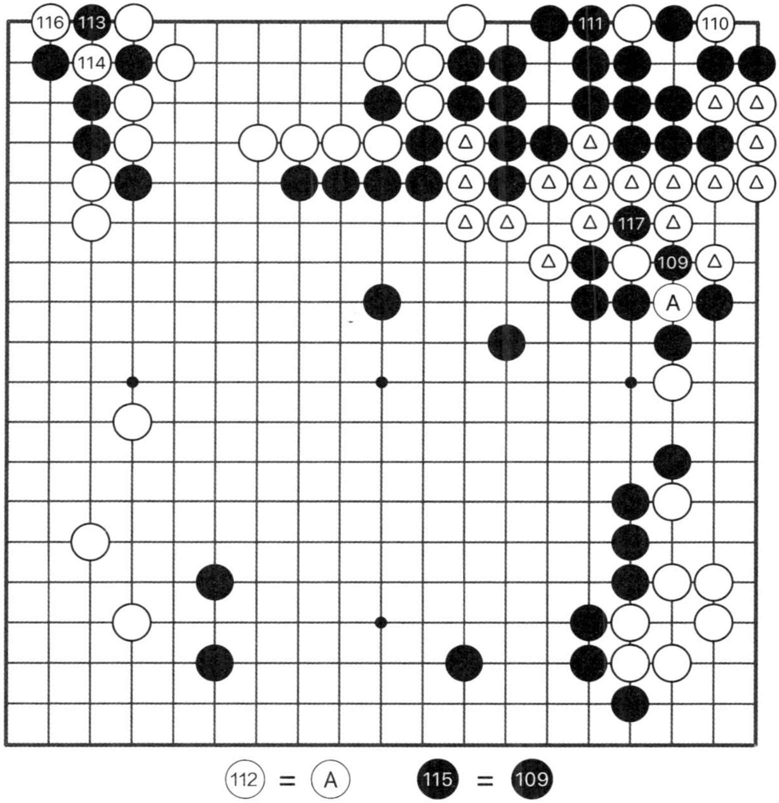

图 3–1–5

图 3–1–5：这是劫争进行了数回合后的局面。当李世石白 116 不顾右边关系到白棋大龙生死的劫争，先把黑左上全部吃掉后，两位对局者已经彻底谈不拢了。李世石和古力相互博弈时，总有一种“不搞大事情就不开心”的心情在左右着他们的决策。用古力的话说就是：“我们经常在棋盘上斗气”。

白 116 消劫后，左上黑棋损失惨重。但是古力黑 117 将右边的劫材解消后，右边白三角大龙被黑棋封住，里面又一下子看不出两只眼在哪里，顿时处于极为凶险的境地。虽然白棋大龙生死未卜，但古力之前为了打赢右边的劫争，在左上付出了惨重的代价。因此他也没有退路，必须歼灭白这条大龙，不然就无法争胜。

看来此时两位对局者都面临着一锤子买卖。大多数棋手都会对这种局面感到心惊肉跳。但对于古力和李世石这样风格的棋手来说，他们正在享受着这种在刀尖上起舞的感觉。不管怎么样，最终这块白棋大龙的生死将决定本局的胜负。到底谁能笑到最后？我们接着往下看。

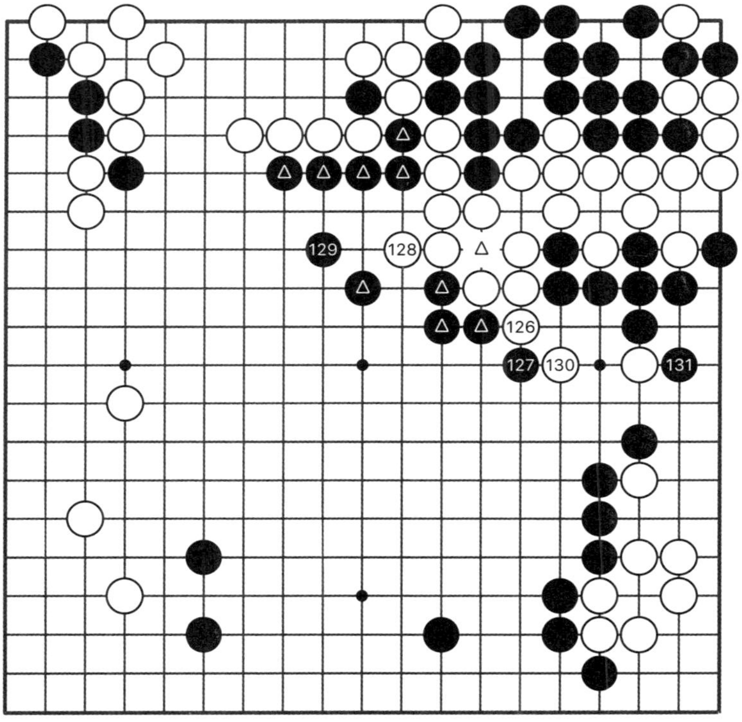

图 3-2-1

图 3-2-1：这是几回合后的局面。此时白右上大龙只有三角标识处一只真眼，所以白大龙想要生存，就必须利用黑三角包围圈的漏洞往外突围。李世石白 128 勾和白 130 扳，都是这

个用意。对此古力黑 131 应对无误。这里黑棋只要稍有差池，将万劫不复。

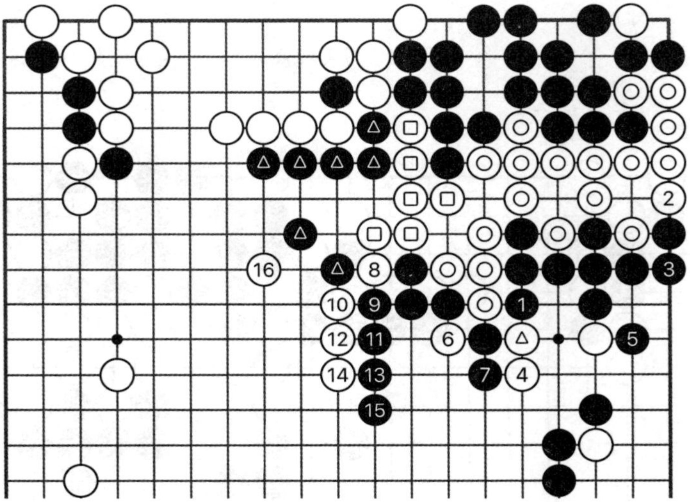

图 3–2–2

图 3–2–2：当李世石白 130（白三角一子）扳的时候，黑 1 若是断，就中白棋的计了。白 4 先手长一下是很关键的步骤，对此黑 5 只好将黑数子渡过，不然白下一手在黑 5 位立下极为严厉。因为有了白 4 这颗子，白 6 打吃一下后在白 8、白 10 冲断就变得严厉起来。

黑中央的破绽越来越明显。接下来白 12、白 14 连贴两下都是先手，最后白 16 将黑三角七子飞封进去，一剑封喉。

由于白可舍弃自身圆圈数子，只要确保白方块六子无碍即可，所以黑棋杀气杀不赢白棋。看来古力黑 131 冷静地虎，完美地应答了李世石的考试。黑 131 后，难题交给了李世石。

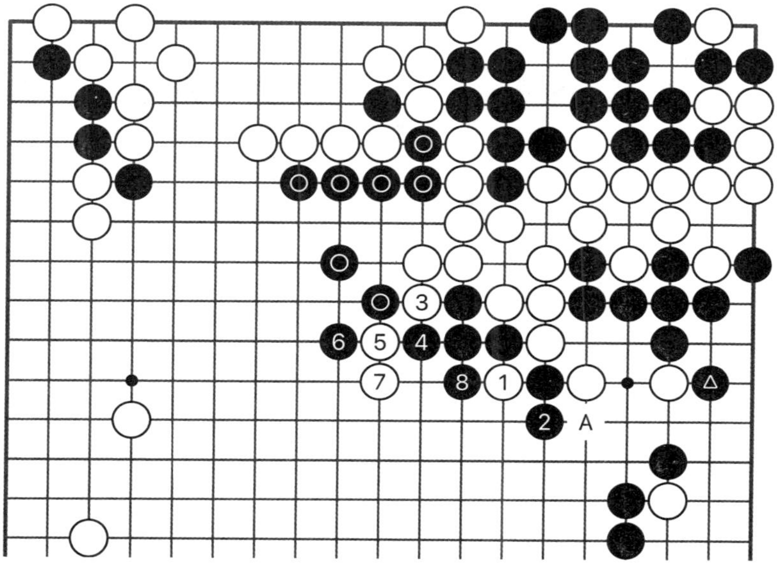

图 3–2–3

图 3–2–3：黑 131（黑三角一子）二路扳过的时候，白 1 以下要还是直接追究黑外围的缺陷，情况就有很大不同了。白 A 位处少了一颗子，所以当白 5 断的时候，黑 6 可以先打吃一下后再黑 8 勾打出来。不要小看了黑 6 这一下打，有了黑 6 这颗子，黑左上圆圈七子就不怕白棋封锁了。如此进行的话，白棋不行。

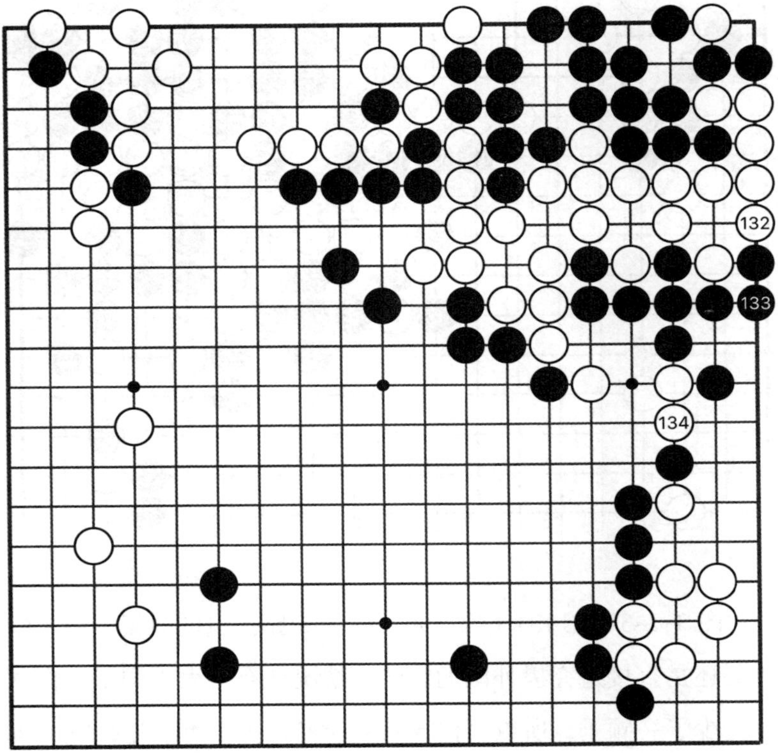

图 3–2–4

图 3–2–4：此时粗粗一看，似乎白棋已经很难办了，但李世石还真是近战能力了得。这盘棋若是白棋赢的话，下一手白 134 将是胜着。白 134 横顶，绝妙！我们来看看这步棋妙在何处。

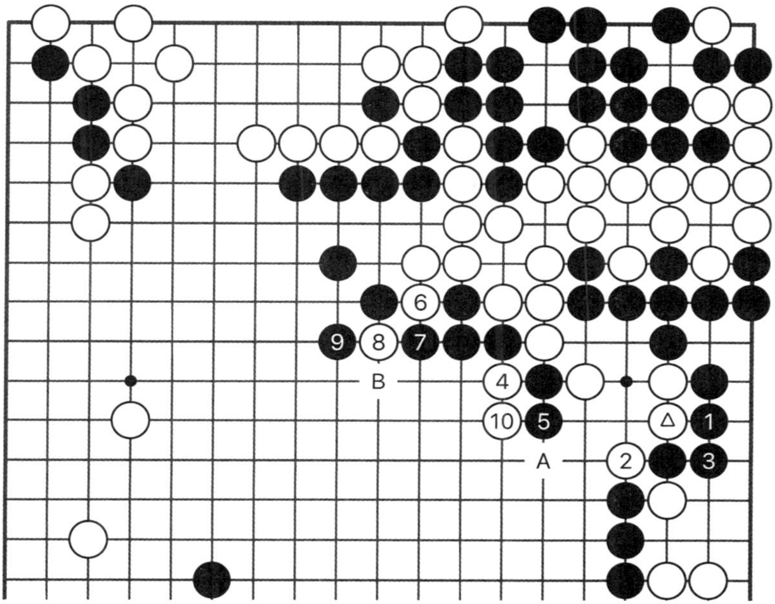

图 3–2–5

图 3–2–5：白 134（白三角一子）横顶的时候，黑 1 若是渡过跟着应的话，白 2 打吃是先手。白棋有了三角一子和白 2 这两颗子后，中央的情况再次发生变化。当白 8 断的时候，黑 9 必须打吃（我在图 3–2–3 中已经说明原因了）。但现在白 10 一贴后，由于白棋在右边多了白三角和白 2 这两颗子，所以白下一手可 A 位吃掉黑两子。再加上 B 位长出可吃掉黑中央四子，所以黑棋面临着 A、B 两点被白必得其一的绝境。

可以说李世石白 134 扭转了原先白棋的困境。古力也看到了李世石的用意，做出了最强的抵抗。

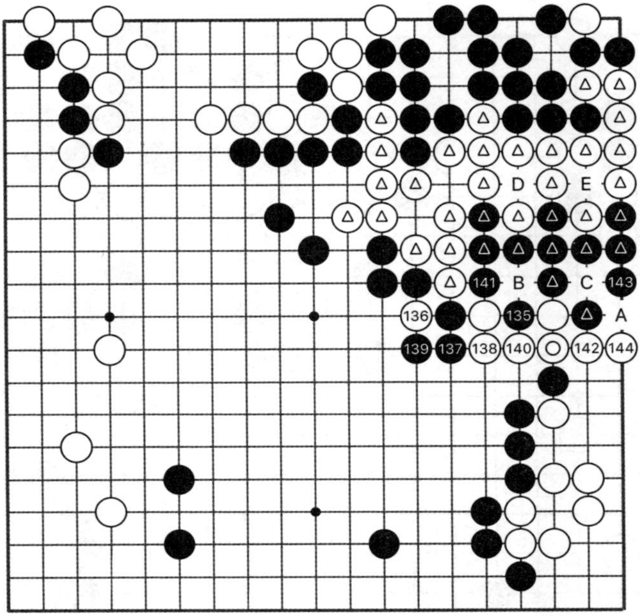

图 3–2–6

图 3–2–6：当李世石白 134（白圆圈一子）横顶的时候，古力在短短的一分钟之内已经算到绝对不能在白 142 位跟着应，于是决定黑 135 挖后黑 141 断反击。

黑 141 虽然断开了白棋，但是白 142 拐下后，原本追杀白棋追得很开心的黑棋，突然发现自己三角数子也进去了。现在到底是谁在杀谁？此时黑三角数子和白三角大龙形成了对杀，双方均已杀红了眼。

而古力黑 143 这步看似呆板的好手，更是将本局的剧情引向高潮。当李世石白 144 下立收气时，大家有没有发现：今后一旦白继续在 A 位收气后，右边出现了 B、C、D、E 四个劫争。

这四个劫争一旦提来提去，让人眼花缭乱。此时棋局已经到了白热化阶段，变化又极为复杂。别说两位当局者，就连我们这些在棋盘上摆着研究的旁观者都感到一阵发晕，一时摆不出个所以然来。

这一小节充分展现了古力和李世石在复杂战斗中出色的计算能力。要知道，这两位棋手早已进入读秒阶段，在时间和复杂局势的压迫下，还能相互你来我往，妙着迭出，可见这他们对杀的背后是有出色的技术能力作为支持的。那么右边的对杀到底是什么情况？我们接着往下看。

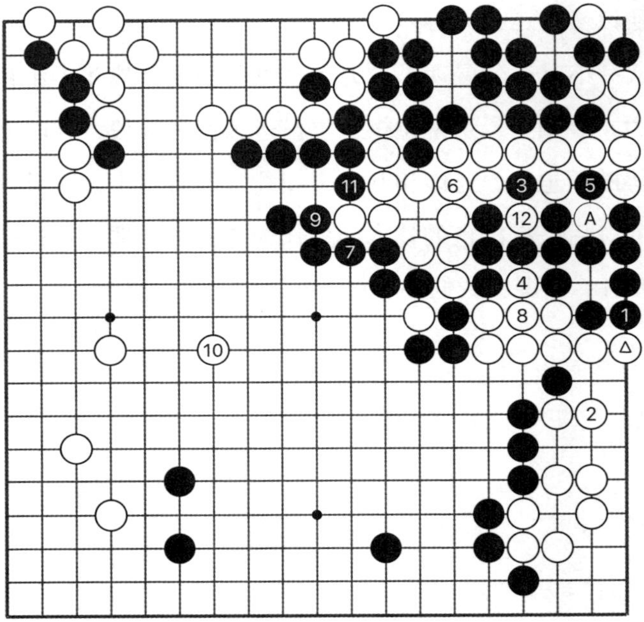

图 3–3–1

图 3–3–1：白 144（白三角一子）下立的时候，黑 1 自做一眼肯定是不行的。白 2 渡过后，我们来看看黑白两块的对杀结果。

当黑 5 提劫时，白 6 可以自粘回去，这是非常关键的地方。然后白 10 就算再脱一先，黑 11 收气时，白 12 提劫。以后黑 3 位提劫的话，白就在 A 位提劫，这里是一个连环劫。从整体来看，这是一个黑杀不了白、白杀不了黑的连环劫。通俗来说，黑白双活了。

黑白双活，就意味着白棋大龙活了，这样黑棋肯定不行。所以黑 1 绝对不能自做一眼。那么黑棋还有什么应对之策呢？

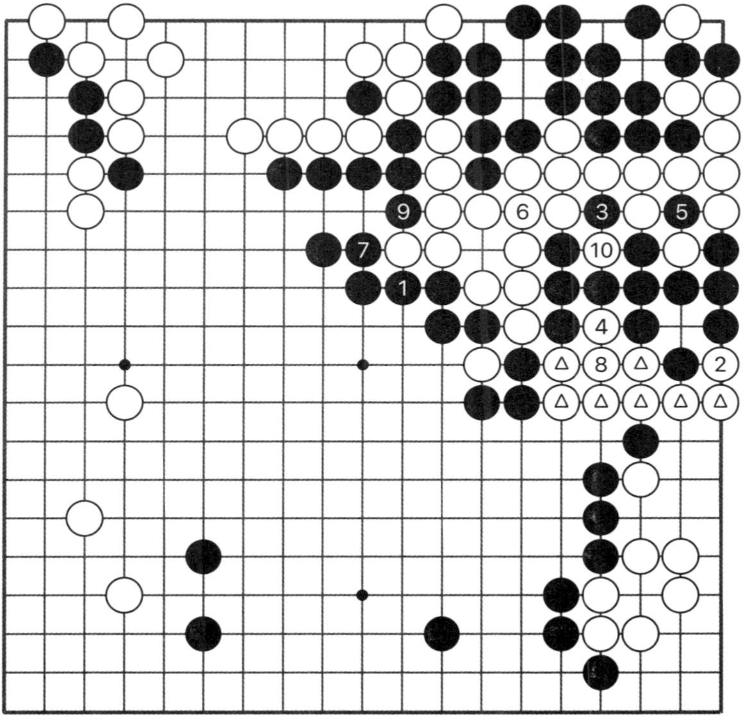

图 3–3–2

图 3–3–2：黑 1 若是直接收气，白 4 提劫后，白 6 自粘回去和白 8 粘劫是非常关键的两步棋。至白 10 提劫，局部是白有眼杀黑[①]。看来黑棋直接杀气是不行的，必须要对白外围的三角数子想办法了。

① 具体原因请参考第 484 页图 3–4–1 的解释。

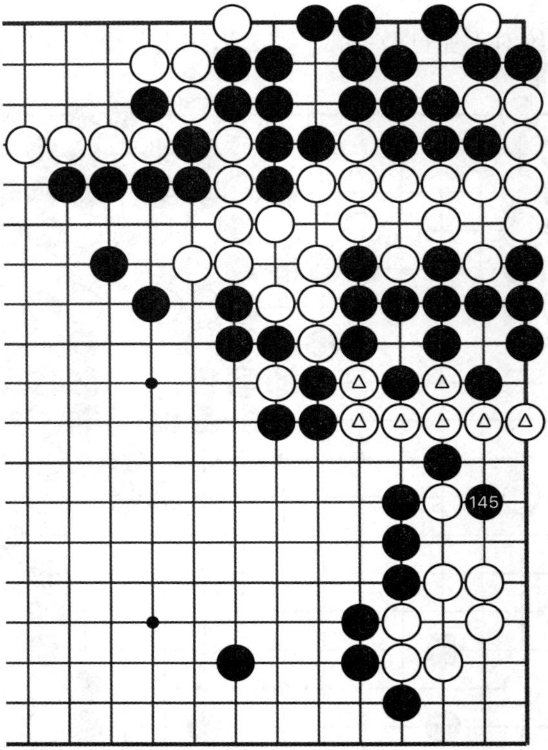

图 3–3–3

图 3–3–3：古力下出了黑 145 二路打吃，开始动白三角七子的脑筋，但黑 145 并没有切断白三角七子与右下的联络。

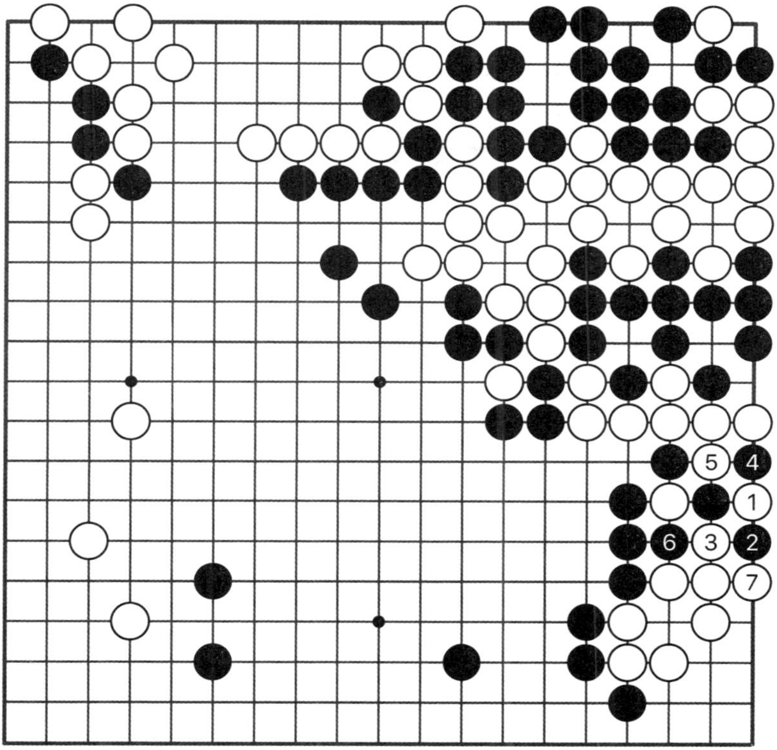

图 3–3–4

图 3–3–4：白 1 最简单一路托，就可安全渡过。白 7 后，白弃掉白 1 一子，达到了让黑棋接不归的目的。白棋如此轻松地就渡过了，黑棋怎么办？事情没那么简单，我们接着往下看。

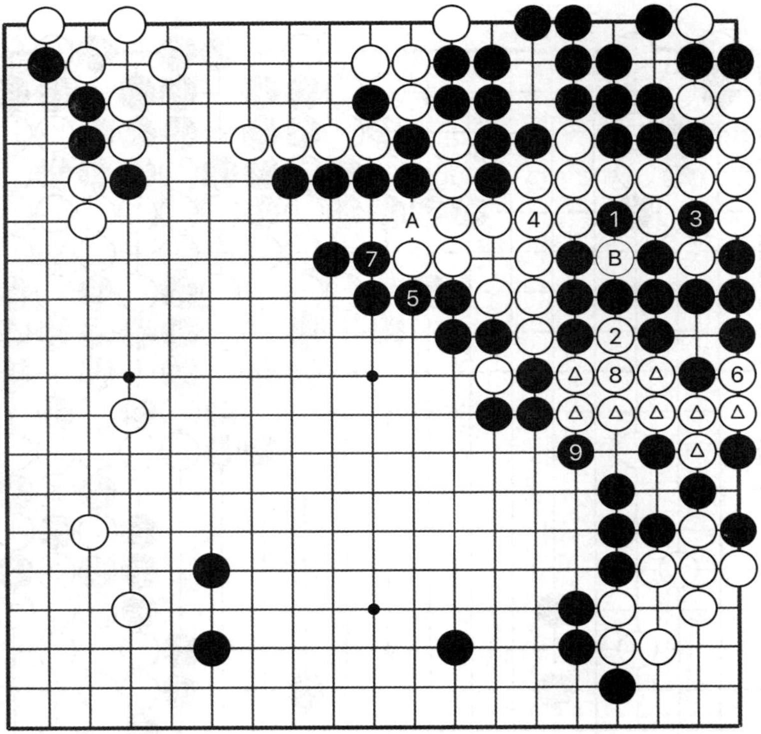

图 3–3–5

图 3–3–5：白棋虽然渡过了，但由于白三角数子气变紧了，黑 1 以下再收白大龙的气，情况已经不同了。

双方还是收气收到白 8 粘劫，此时黑若走 A 位紧气，白 B 位一提劫，局部还是白有眼杀黑[①]，黑棋不行。但是，黑 9 打吃白三角数子后，之前黑棋在右下做的准备工作开始起作用了。

① 具体原因请参考第 484 页图 3–4–1 的解释。

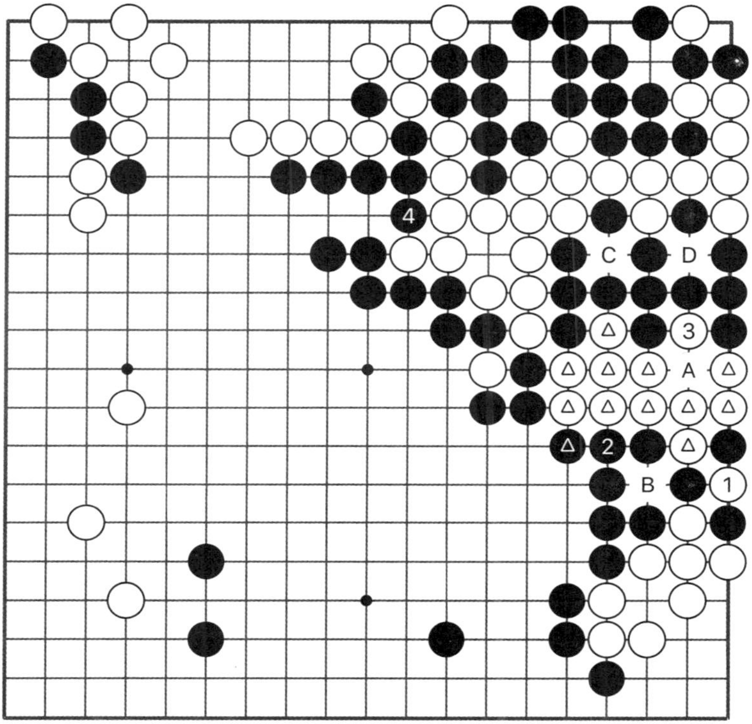

图 3–3–6

图 3–3–6：接上图，黑三角打吃的时候，白 1 只能提黑两子，黑 2 再打吃，白 3 提劫。

就右下局部而言，问题比较简单：由于有 A、B 两个连环劫，白棋三角大块没有问题。但是当黑 4 叫吃白右上大龙的时候，问题就变得复杂起来了。右上 C、D 处也是个连环劫，再加上右下 A、B 处的连环劫，整个右边的战役出现了四劫循环。照图 3–3–5 和图 3–3–6 两图的分析，李世石此时只要选择渡过，就可下成四劫循环了。那李世石还不赶紧？

然而，此时的李世石有一个顾虑和一个更高的追求。

他的顾虑是：右边战役虽然是四劫循环，但右边黑封锁太过严实，因此黑下方即将出现一块超级立体阵势。李世石搞不清黑棋下方立体阵势一旦全成实空，白棋全局的实地够不够。

他的更高的追求是：李世石看到了还有比这个四劫循环图更凶狠的下法，所以他还不甘心下成此图。

那么李世石看到更凶狠的下法是什么？

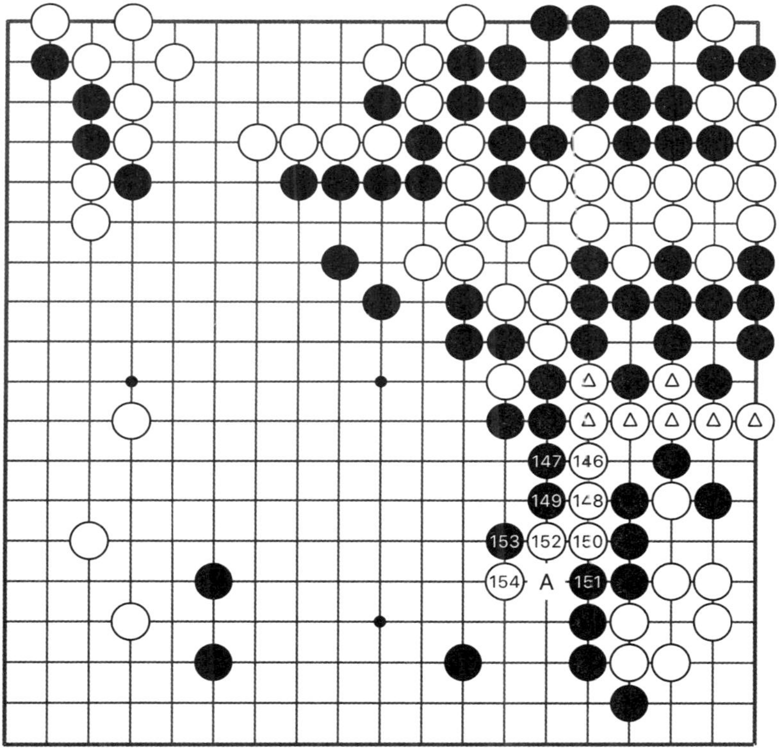

图 3-3-7

图 3–3–7：李世石看到了白 146 可以先勾出延气的手段。这里黑棋必须贴紧白三角七子的气，不然就没法下成图 3–3–6 的四劫循环，因此古力黑 147 以下拼死堵住白棋。当黑 153 扳的时候，白棋要是继续在 A 位跑，黑就在白 154 位贴住，白棋就没路了。此时李世石下出了白 154 扳，但这样白棋不是明摆着要被黑棋在 A 位断掉吗？

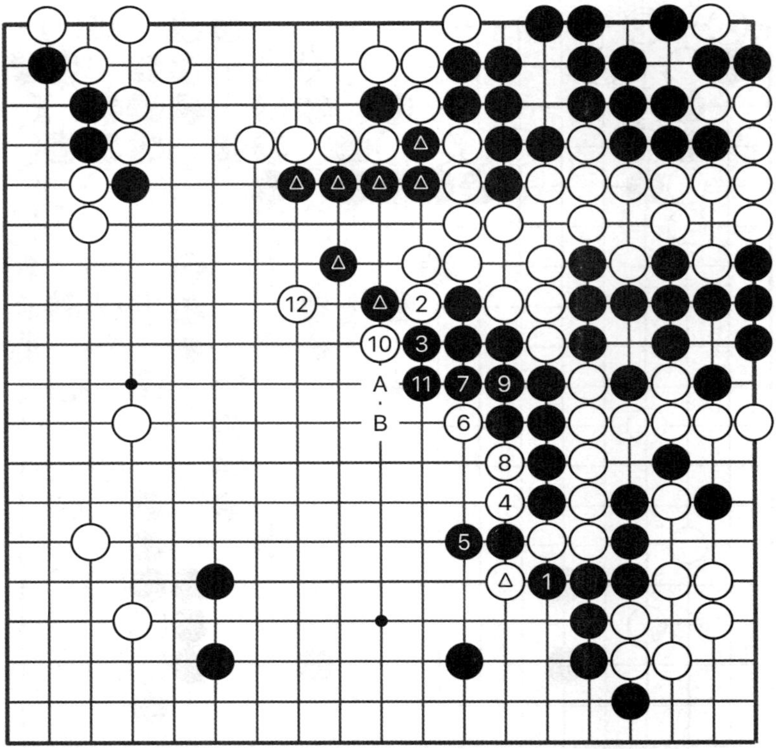

图 3–3–8

图 3–3–8：白 154（白三角一子）扳的时候，黑 1 是可以断开白棋，这样右下局部白棋是动弹不得了。但是，由于白 4 打吃是先手，白 6、白 8 可以滚打包收黑棋。所以白 2 一冲后，黑棋中央包围圈露出了破绽。白 12 后，由于白 A、B 两下是绝对先手，因此黑三角七子出逃无望，与白右上大龙杀气也无门（白右上大龙的尾巴可以不要）。

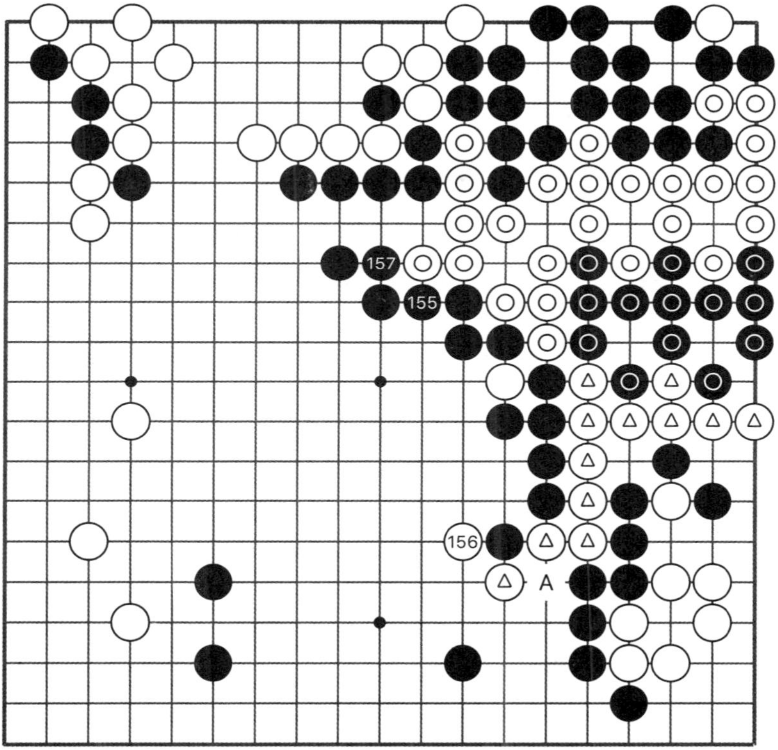

图 3–3–9

图 3–3–9：看来白 154 扳时，黑棋不能马上在 A 位断，因此古力黑 155 粘就是正着。黑 155 不仅补住了自身中央的弱点，为下一手 A 位断做好了准备，同时紧住了白圆圈大龙一气。由于黑 155 补住了中央的破绽，白 156 就必须打吃着补自身 A 位的断点。这样粗粗一看，似乎白棋右下三角大块已经逃出生天。但是黑棋也有所得。

黑棋的所得是：黑 155、黑 157 得以连收右上白圆圈大龙两气。不要小看这连收两气，这直接导致右上黑白圆圈两块大龙的对杀出现了变数。

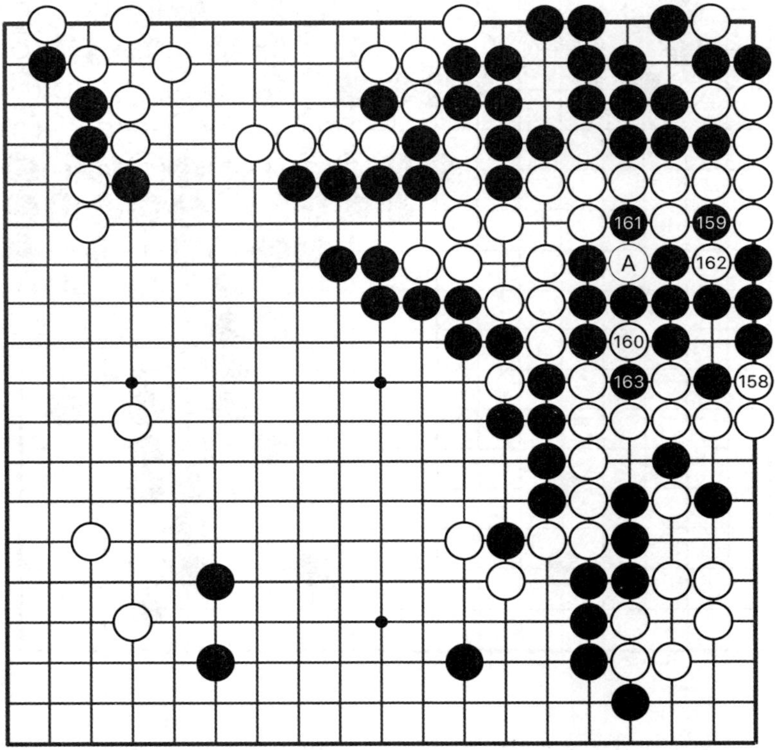

图 3–3–10

图 3–3–10：李世石实战是白 158 打吃着收气，之后从古力黑 159 提劫开始，双方连着提了好几下，至黑 163 提劫，对局双方发现这里已经出现一个四劫循环。而且白棋若脱先的话，黑棋可以在 A 位粘上连环劫杀白。因此这个四劫循环谁都不能退让，双方将在这里无尽地提下去。

按照围棋规则，一旦出现这种情况，棋局将被判为无胜负。所以，古力和李世石的第 29 次对决，就以如此戏剧性的和棋收场了。

这也是李世石的职业生涯中第一次出现和棋[①]。我想，这是上天送给这两位一生的对手最好的“惊喜礼物”。本以为精彩的棋局伴随着这段结尾而落幕了，但谁能想到，在局后的研究中，我们突然发现，就在李世石白 158 这步棋未下之前，还有一个隐藏的精彩情节。

① 古力之前下出过和棋。

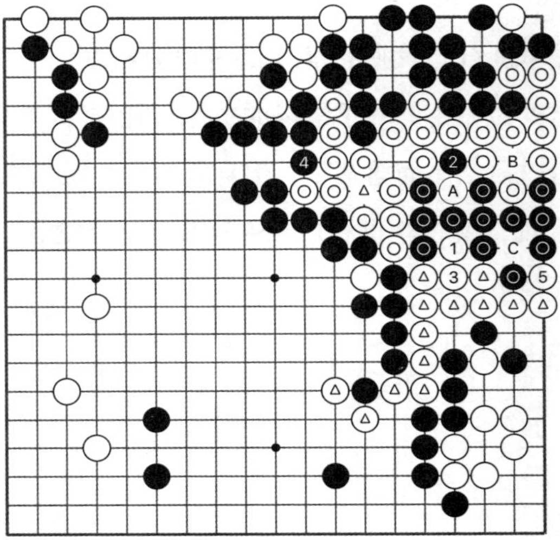

图 3–4–1

图 3–4–1：原来李世石白 158 掐吃进去（白 5）并不是最佳手段，白 1 提劫才是右边黑白圆圈两块大龙对杀的关键要点。白 1 提劫时，黑 2 若是也提劫，白 3 自粘先补掉一个劫是关键一手。以下至白 5，虽然局部黑白双方形成了一个 A、B、C 三个劫的三劫循环，但是由于白圆圈大块在三角标识处有一只真眼，而黑圆圈大块没有真眼，所以只要白外围三角大龙是活棋，按照围棋规则，这个局部就会被判为黑棋死棋。

此图白 1 先提劫、白 3 自补的关键，就是先把一个劫给消除掉，这样就可以避免出现实战中的四劫循环。既然白棋不走白 5 掐吃，那白 3 粘劫的时候，黑棋要是抢先在白 5 位自做一眼会怎样？

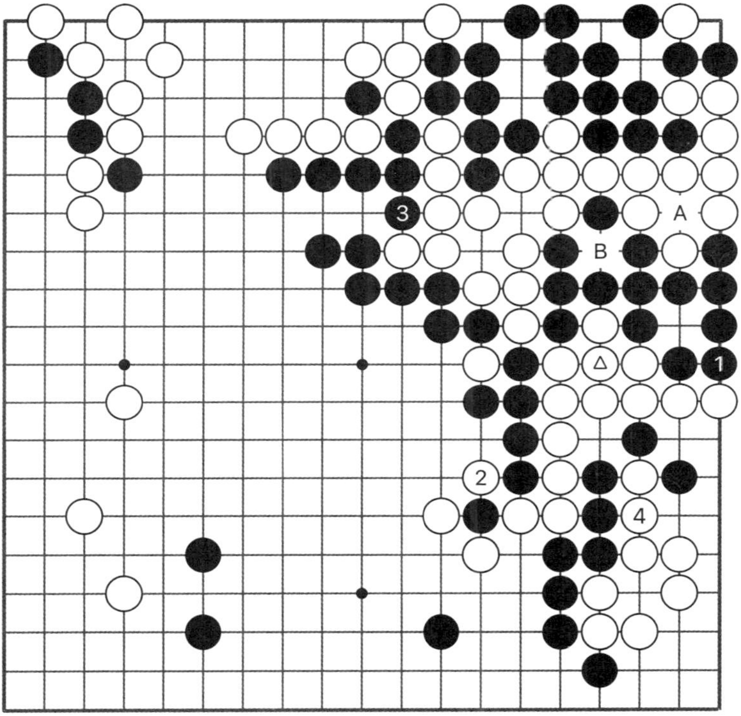

图 3–4–2

图 3–4–2：白三角粘劫时，黑 1 若是自团一眼，看上去黑棋有了一只眼。但是由于黑 1 自团也紧了自己不少气，白 2 以下可以很愉快地各种脱先。黑棋连续收气后，发现右上由于 A、B 连环劫的缘故，黑白还是双活。此图黑棋断然不行。

当时我们经过研究后发现，李世石白 158 应该下图 3–4–1 中的白 1 提劫，这样白棋胜望极大。

可是突然有人提出：图 3–4–1 中白 1 提劫的时候，黑 2 为何要跟着应呢？我们再定睛一看，发现这里原来别有洞天。

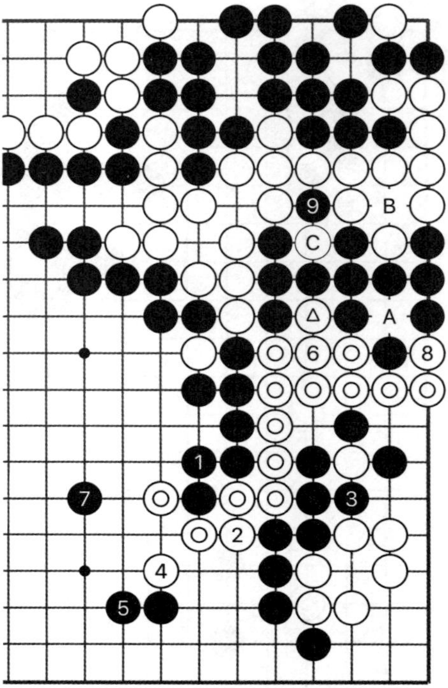

图 3–4–3

图 3–4–3：图 3–4–1 中的白三角提劫时，黑棋不用马上在黑 9 位提劫。但是不提劫又该干什么呢？当然是动外围白圆圈大块的脑筋。黑 1 先手粘一下便宜不少，然后黑 3 提掉白一子后，彻底断了白圆圈大块的归路。由于黑棋随时可在白 6 位提劫提回来，因此白棋最强的应对是白 6 消劫。如此右上黑白两块对杀的结果是白棋有眼杀黑。但是黑 7 将白右下大块一罩进去后，白棋突然发现白圆圈大块一只眼都没有，基本要被黑棋全歼了。

不过此时白棋还有退路，白棋可以先在下方做活试试，若是不行，还可以白 8 打吃和黑棋打三劫循环（黑 9 提后，白 A、黑 B、白 C）。如此将形成一盘“劫中劫”的奇局：单看右上局部对杀，白本可以有眼杀黑（请参考图 3–4–1 的解释），但是由于右下白圆圈大块不活，导致白棋必须要去 A 位提劫求生。这样一来，右上就变成了三劫循环。

正当我们改变主意，认为此局无胜负的结局还是无法改变的时候，突然发现白 158 还有别的下法。

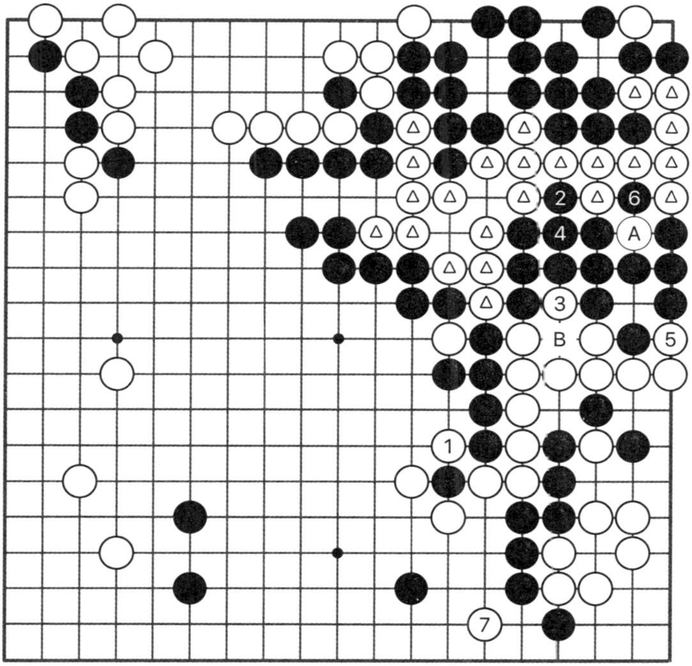

图 3–4–4

图 3–4–4：白 1 不管右上火急火燎的对杀，自拔一花，是一步极为冷静的好手。但大家看到这里不禁会提出疑问：黑 2、黑 4 就提了把劫粘上，右上对杀结果不是黑棋连环劫杀白三角大龙吗（以后白 A 提劫、黑 B 提劫）？对！的确是黑棋把白 23 颗子全部吃掉，但是有意思的是，白 7 脱先抢先攻击黑右下大块时，我们冷静地判断了一下全局的形势，竟然意外地发现此局面白棋不仅不差，还稍稍占有优势！

这不由让我们想到 2005 年三星杯半决赛罗洗河与崔哲瀚那盘千古奇局。围棋实在太令人匪夷所思了！那么如果白 1 拔花时，黑棋不急着杀右上白大龙呢？

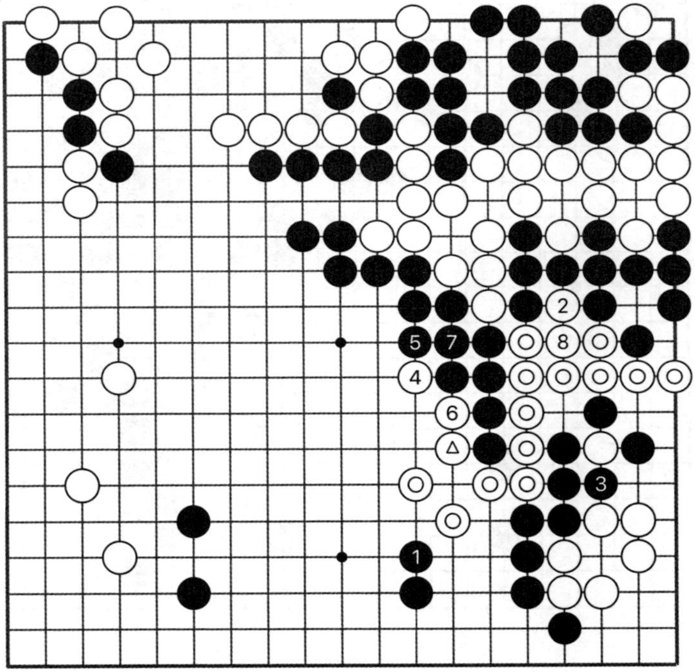

图 3–4–5

图 3–4–5：白三角拔花时，黑 1 若是跟着应，那白 2 再提劫，情况就完全不同了。虽然黑 3 还是可以断了白圆圈大块的归路，但由于白三角拔花在先，白 4 以下先手滚打包收极为愉快！

然后白 8 粘劫后，相比于图 3–4–3，白右下圆圈大龙的眼形丰富多了，黑棋无法杀白。

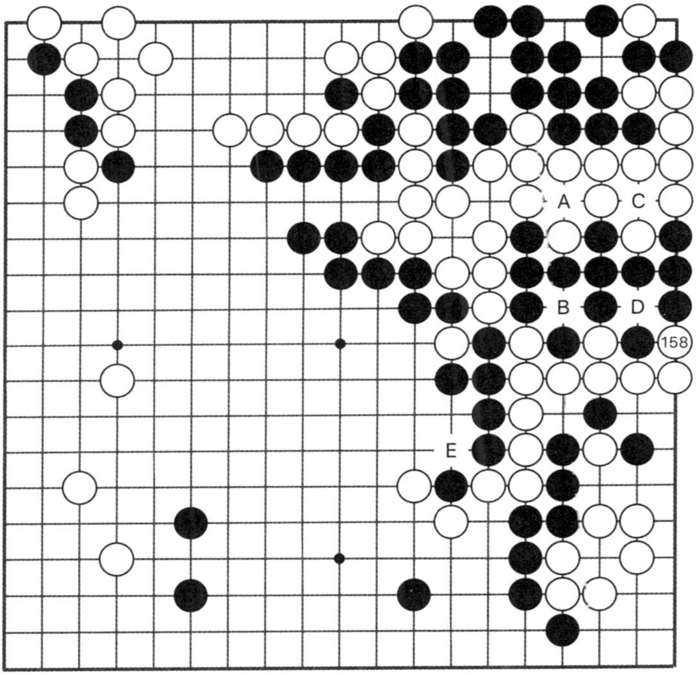

图 3–4–6

图 3–4–6：因此我们最后的结论是：李世石白 158 若是脱先在 E 位拔花，白棋的胜望将更大。实战白 158 打吃后，这盘棋已经形成四劫循环和棋（A、B、C、D 四个劫）。但这只是我们众人在局后经过反复研讨的结论。在局后的复盘研究中，其实存在两个结论：

1. 这是这盘棋相对的最优解。

2. 这是站在对局者实战中的境地去设身处地地思考，他能做到的最优解是什么。

就拿白158来说吧，当时李世石必须要在一分钟内做出抉择。在这短短一分钟之内，首先，李世石需要计算白158打吃后局部到底是不是保证能四劫循环。这已经花费了他大量的精力。

其次，李世石就算看到了脱先在E位拔花，把右上白大龙弃给黑棋的下法，他在短时间内也无法判断清局势。若是判断不清局势，在可以四劫循环的情况下，他哪敢冒这个大风险？

最后，当然是最关键的一点，这一点从李世石的对手古力口中说出，是那么有人情味。古力在局后说："李世石与我征战数盘，虽然每局都厮杀得天昏地暗，但像这样的四劫循环结果，他还从来没有遇到过。我记得他当时很果断地选择了四劫循环下法，想必他是不想错过这个上天赠予我们俩的'厚礼'吧。"

这是两位顶尖围棋棋手之间的惺惺相惜。

在围棋对弈中，人性的特点会对棋局产生很大的影响，就像古力和李世石这对老对手。古力生性豪迈，行棋大开大阖，而李世石则精于细微处的"算计"。两人又是决不妥协之人，再加上彼此都有一种"唯恐天下不乱"的好战性格，导致他们之间的对弈总是出现一言不合就通盘血战的现象。这种现象在古李的51次对决中屡见不鲜。这两位个性极强的顶尖棋手，不仅在棋盘上进行着技术上的较量，在心理和气势上也想压过对方。当然，这盘棋是他们之间最具传奇性和代表性的一局。我在本书中与大家分享自己对这盘棋的感想，是希望大家在欣赏棋艺的同时，可以通过这局棋更加了解这两位一生相惜之敌友。

后　记

2017年初，我创办了“耀宇围棋”公众号，这是因为我喜欢把自己对围棋的理解和在胜负世界的经历通过棋评的方式分享给大家。但3年过后，写棋评除了是我的兴趣爱好外，也成为我事业的一部分。

这其中的动力来自三个方面。

第一是读者们一直以来对我的棋评的鼓励和认可。我没有想到自己的棋评能得到大家的厚爱，这让我备受鼓舞。而且从评论区的留言中，我也能感受到大家对围棋的热爱。正是这些正面的反馈让我更有动力去创作，并因此与大家共享围棋的乐趣和魅力。在此，我想向各位读者表示由衷的感谢！

第二是在创作棋评的过程中，我自己也得到了成长。在本书里我和李轩豪那盘精彩的对局中，我曾忆起，当自己处于未知的迷雾中时，突然想到自己在棋评中跟大家说过：虽然你不知道通往胜利的光明之路在哪里，但起码你要先知道哪些路是绝对不能走的。正是抱着“尽人事，听天命”的达观心境，我才得以从这片迷雾中走出来，当然这也得益于李轩豪的“配合”以及上天的眷顾，但是，若没有在黑暗中寻找光明的勇气并采取行动，我恐怕连等到对手犯错和得到上天眷顾的机会都没有。所以，在与大家分享棋评时，我的思想脉络也得到了梳理，并能有效地将这些成果运用在自己的比赛对局中。

第三是我越来越感到一种责任感和使命感。AI 应用在围棋界后，的确给围棋的技术方面带来了进步。但是，若我们过于依赖 AI 提供给我们“相对正确的答案”，那么我们将失去很多宝贵的东西，比如独立思考的能力和乐趣，以及探索未知的动力和勇气。

更让我担心的是，由于每一盘棋都有 AI 胜率这个可以评判棋局中着法好坏的重要标准，人们往往就容易忽视坐在棋盘前的主角——人，以及这个有血有肉有感情的对弈者的想法。

围棋对弈也称手谈，是两位对弈者之间无声的交流。他们的着法背后隐藏着什么样的思维轨迹和思想逻辑？他们遇到未知的抉择时，又是如何做决策的？当他们遇到困难时，在心理上又会产生什么样的波动？而最终他们是与自己内心的波动达成和解，还是随着惯性思维一路走向深渊？

只有把以上这些对弈者之间的心战展现出来，围棋对弈中最具观赏性的艺术价值才能得到体现。而我要做的，就是挖掘这些现实存在而大家肉眼看不见的潜在信息，将其记录下来，并通过文字分享给大家。《心战》所记录的，就是围棋顶尖高手之间无声的交流和博弈。

在《心战》的创作和出版过程中，我得到了很多良师益友的鼓励和帮助。在前中信集团董事长、现任世界围棋联盟主席常振明先生的引荐下，我得以和中信出版集团合作。同时，我非常感谢聂卫平老师、李昌镐先生、常振明先生，以及我的好友杨立华教授和常昊先生在百忙之中，为《心战》题写了推荐语和推荐序。

在《心战》的出版过程中，中信出版集团阅读事业部总经理蒋永军先生、策划编辑吴静怡女士以及特约编辑罗庚先生付出了辛勤的劳动，完成了全书的策划、设计、校对、美工等诸多工作。此外，中信出版集团前执行总编辑肖新明先生也一直在关注本书的出版工作，并为此配备了各方面的资源。在此，我想向他们表示诚挚的感谢。

最后，我想感谢我的家人。没有你们的支持，我很难有时间和精力进行长期、持续的棋评创作。

只要人类围棋的对弈一直存在，人类棋手之间的心战就永不停歇。而我，会一直作为心战的观察者，将人类围棋对弈的精彩故事记录下去。